ʼHISTOIRE

DE LA

SCANDINAVIE.

DANEMARCK,

SUÈDE ET NORVÉGE,

PAR M. X. MARMIER.

———————— ⊰❋⊱ ————————

PARIS,

ARTHUS BERTRAND, ÉDITEUR,

LIBRAIRE DE LA SOCIÉTÉ DE GÉOGRAPHIE,

RUE HAUTEFEUILLE, 21.

VOYAGES

EN

SCANDINAVIE, EN LAPONIE,

AU SPITZBERG ET AUX FÉRÖE.

~~~~~~

HISTOIRE DE DANEMARK ET DE NORVÉGE.

——••••——

CHAPITRE PREMIER.

Topographie du Danemark. — Climat. — Produits agricoles. —
Anciennes notions sur le Nord. — Anciens monuments. — Première époque historique. — Invasion d'Odin. — Successeurs
d'Odin. — Dynastie des Skioldungues.

———————

Le Danemark, qui a possédé autrefois une partie
de l'Angleterre, la Norvége, des provinces en Sicile
et des provinces en l'Allemagne, se compose à présent de l'archipel où fut le siége primitif de son
ancienne puissance, de la presqu'île du Jutland, des
duchés de Schleswig et de Holstein, du petit duché de
Lauenbourg, des Férõe, de l'Islande et du Groënland. Sur la côte de Guinée il possède quelques
forts; dans l'Inde occidentale il possède les colonies
de Sainte-Croix, Saint-Thomas et Saint-Jean ; dans
l'Inde orientale, Trankebar et Frédériksnagor.

Le royaume de Danemark proprement dit s'étend du 54° 20′ au 58° 40′ de latitude, entre le 24° 20′ et le 30° 40′ de longitude, et présente en tout une superficie de 2822 lieues carrées de 25 au degré.

A l'exception de quelques coteaux du Holstein et de Schleswig, de quelques pointes de roc crayeux tel que celui de Mö, le pays n'offre partout qu'une surface plane. Son sol est formé d'un mélange d'argile, de calcaire, de graviers, de galets; sol d'alluvion recouvert d'une bonne couche de terre végétale. Le climat n'est point aussi rigoureux qu'on pourrait le supposer d'après sa latitude. Le voisinage de la mer adoucit sur chaque point l'effet de la température septentrionale. Le terme moyen de cette température est, d'après le résultat général des observations de l'année, de six degrés et demi. En été, le thermomètre monte ordinairement à 15 ou 16 degrés, quelquefois à 20; en hiver, il ne descend à plus de 12 ou 13 degrés au-dessous du point de congélation. Le caractère particulier de ce climat est une humidité presque constante, entretenue par les exhalaisons des eaux qui, en été même, remplissent l'atmosphère de brouillards pluvieux. Si les étrangers se plaignent de cet inconvénient; si, au mois d'août, on passe subitement de la chaleur du jour à une froide soirée; si parfois, au temps de la canicule, il faut pendant la nuit s'envelopper de couvertures, comme ailleurs en plein hiver, les Danois, habitués à ces brusques variations de température, savent en apprécier l'heureuse influence. C'est à cette

humidité continue qu'ils doivent l'éclat de leur végétation. Rien de plus beau à voir que les plaines du
Danemark, par un jour d'été, avec leurs moissons on-
dulantes, leurs fécondes prairies et leurs forêts de
hêtres. Nulle part le feuillage des bois, la verdure
des champs n'a des teintes si douces, un éclat si
riant.

Aux dixième et onzième siècles, la contrée était couverte d'épaisses forêts. Elles ont été abattues avec une
imprévoyance qui a livré plusieurs plages aux enva-
hissements des dunes. Cependant il en existe encore
plusieurs le long de la péninsule du Jutland, dans la
Fionie, dans l'île de Falsten, et surtout dans celle de
Seeland. Le frêne, le chêne, le hêtre en forment la
principale partie; le pin et le sapin sont rares; le
bouleau se trouve en quantité dans l'île de Bornholm.

Quelques districts du Danemark, notamment les
côtes occidentales du Jutland et du Holstein, présentent des pâturages si fertiles qu'ils n'exigent aucune culture. Le reste des terres est cultivé avec soin.
Plusieurs marais ont été desséchés et transformés
en prairies artificielles, et sur plusieurs côtes les
habitants opposent à l'envahissement des sables
des plantations de roseaux qui, par la suite, pourront peut-être produire le fructueux résultat qu'un
travail du même genre donne aujourd'hui à la Hollande.

On récolte dans le Holstein et dans les îles beaucoup plus de blé que le pays n'en consomme, et

d'autres céréales. On récolte aussi dans plusieurs provinces du lin et du chanvre. Les arbres fruitiers, surtout le pommier, prospèrent de telle sorte qu'on exporte une quantité de leurs produits en Suède et en Russie. Autour de chaque habitation s'étendent des potagers remplis de légumes. En 1708, une flotte danoise ayant abordé en Angleterre, les matelots remarquèrent dans les champs une plante qui leur était inconnue, et qui servait à la nourriture des gens du pays; mais leurs officiers leur défendirent formellement de toucher à un tel aliment. Cette plante si nouvelle, et qui inspirait aux marins danois de si vives craintes, c'était la pomme de terre. Les terreurs de l'ignorance se sont dissipées, et la pomme de terre est aujourd'hui en Danemark, comme dans toutes les autres contrées de l'Europe, une des ressources journalières du peuple.

Les eaux, qui de toutes parts environnent, traversent le pays, sont un des principaux aliments d'activité et une des principales richesses de la nation danoise. La Fionie est enclavée entre deux bras de mer : le grand Belt, qui la sépare de la Seeland; le petit Belt, qui la sépare du Jutland. Le Schleswig est séparé du Holstein par l'Eider. Dans le Cattégat sont les îles d'Anholt et Lessö; dans la Baltique, les îles de Seeland, Möe, Falster, Laaland, Bornholm, Samsöe; le long de la côte occidentale du Schleswig et du Jutland sont celles de Nordstrand, Pelivorm, Föhr, Sylt, Romö, Fanö, Holmstand. Plusieurs rivières assez considérables le Guden Aae, le Stor Aae, l'Eider, la

Trave, sillonnent le Jutland, le Schleswig, le Holstein,
et une quarantaine de lacs sont disséminés çà et là.
Les rivières, les lacs, les marais forment la seizième
partie de la surface du royaume. A l'est, à l'ouest, au
nord de l'archipel danois et de ses duchés, s'étend
la vaste mer. Cette mer, sur laquelle les flottilles des
Vikings s'élançaient autrefois pour s'en aller ravager
les côtes de France, d'Angleterre, de Sicile, porte
aujourd'hui les paisibles bâtiments de commerce dans
toutes les régions du globe, et dans les échancrures
profondes de ses côtes, dans ses golfes, dans ses
fiords, livre les trésors de son sein à l'industrie des
marchands, au bras vigoureux des pêcheurs.

A quelle époque remonte l'histoire de cette curieuse contrée? Par quel peuple a-t-elle été primitive-
ment occupée? En quel temps et comment une autre
race s'y est-elle établie? Telles sont, au début de ce
récit, les questions que nous devons nous poser.
Faute de documents, une partie de ces questions est à
peu près insoluble, une autre est pendant plusieurs
siècles vague et incertaine.

Les premiers renseignements que nous ayons sur
les régions du nord nous viennent de Pythéas, dont
malheureusement la relation de voyage est perdue,
et dont Strabon nous a seulement conservé quelques
fragments. C'est là que se trouve cette brève notice
sur Thulé, qui a tant occupé les savants et qui est
devenue l'objet d'une si grande quantité de commen-
taires, dont pas un ne présente, il faut le dire,
une solution définitive. Les uns ont placé l'Ultima

Thulé en Islande (1); Vossius l'a mise aux Hébri-
des ou aux Orcades; Cellarius aux Féröe; d'autres en Écosse; d'autres au sud de la mer Baltique;
Rudbeck affirme qu'elle est en Suède; quelques écrivains la fixent en Norvége (2). Enfin Hoft rapporte
qu'en l'année 1477 Christophe Colomb aborda dans
une île fréquentée par les Anglais, et qui portait le
nom de Tile (3). Mais quelle est cette Tile : l'île de
Jean Mayen, le Spitzberg, ou une île de Norvége?
C'est encore une autre question.

Quoi qu'il en soit de ces diverses assertions, qui
toutes s'étayent sur des observations de sites et de climat, ce qui résulte pour nous de l'histoire de Pythéas, c'est qu'au quatrième siècle avant l'ère chrétienne les contrées septentrionales attiraient déjà assez
l'attention, et paraissaient déjà accessibles, pour
qu'un Marseillais entreprît de les explorer. Quant au
résultat de cette exploration, il est, comme on le voit
par le fait même de tant d'opinions contradictoires,
très-problématique.

Plusieurs siècles se passent, et voici Pline qui cite
plusieurs noms dont on peut tirer quelques importantes inductions. Strabon, dont les œuvres peuvent
être considérées comme le résumé des connaissances
géographiques des Grecs et des Romains au temps

(1) Adam de Brême, Claverius, Hardouin, Dalechamp, Bou-
gainville, Hill, Penzel, Pontanus, Thile, Marmert, Fradin.

(2) Ortelius, Schöning, Murray, Wedel, Schlozer.

(3) *Geschichte der durch Ueberlieferung machgewiesenen natür-*
lichen Veränderungen der Oberfläche. Gotha, 1822; t. I, p. 185.

d'Auguste, regardait l'Islande comme la derniere terre
septentrionale qui fût habitée. Ptolémée étendait la
pointe de la Grande-Bretagne à un demi-degré au
delà de l'embouchure de l'Elbe. Pline l'ancien est le
premier qui désigne positivement la Scandinavie. Il
visita lui-même les côtes de la mer du Nord, et il dit
qu'il a eu des renseignements sur des îles immenses
qui ne sont pas très-éloignées de l'Allemagne, et dont
la plus considérable est la Scandinavie (1), occupée
par les Hillevionens. Il parle aussi des îles de Scandia,
de Nérigon; mais il se trompe sur la position et la
cosmographie de ces contrées. Quant à ces Hillevionens qui habitent la Scandinavie, sont-ce les Levoni
de Ptolémée, et peut-on mettre à la place de ce mot
inexplicable celui de Sevoni ou Sueoni? Une telle altération n'est point inadmissible, et nous arrivons à
ces peuples du Nord décrits par Tacite, à ces Suiones
redoutables non-seulement par leurs guerriers bien
armés, mais encore par leurs flottes (2). Au second
siècle de l'ère chrétienne, Ptolémée, qui avait à sa
disposition les trésors de la bibliothèque d'Alexan-
drie, parle de la *Scandia*, et la place près de l'embouchure de la Vistule. A cette époque les Romains se
représentaient la Norvége, la Suède et une partie du
Danemark comme une grande île. Ptolémée dit qu'il

(1) Quarum clarissima Scandinavia est.

(2) Dans sa traduction de la *Germanie*, M. Panckoucke établit
par d'assez bonnes raisons, ce nous semble, que les Suiones de
Tacite ne sont point, comme on l'a cru longtemps, les ancêtres des
Suédois, mais des Danois.

y a là six races de peuples. Le nom des quatre premiers n'a pas encore été expliqué; mais les deux
autres, les *Gutes* et les *Dankiones*, sont vraisemblablement les Goths et les Danois.

Après Ptolémée, plus rien pendant longtemps sur les
peuplades scandinaves. Au sixième siècle seulement
apparaît Procope, qui nous donne quelques intéres-
sants détails sur les Goths et sur l'île de Thulé, qui,
d'après la description qu'il en fait, doit être sans aucun doute la Scandinavie. Procope ajoute que les renseignements qu'il donne sur ces régions lointaines
lui ont été donnés par des personnes qui venaient
de là; ce qui indiquerait qu'il y avait alors quelques
relations entre la Scandinavie et l'Europe méridionale.

A peu près à la même époque, voici venir Jornan-
dès, ou plutôt Jordanès, qui, le premier, nous retrace les migrations des Goths vers les contrées du
sud, et nous ouvre par là un large point de vue sur
un des points essentiels de l'histoire du Nord. Il cor-
rige sur certains points les erreurs géographiques de
ses prédécesseurs; il établit que la Scandinavie n'est
point une île, comme on l'avait prétendu, mais
qu'elle est liée au nord-est de l'Europe. Cette remarque a produit une autre confusion; de là est née l'idée
de cette Scythie, de cette grande Swithiod que Jor-
nandès appelle la matrice des nations, *Vagina gen-
tium*.

Quelle que soit leur importance relative, tous ces
écrivains ne nous offrent cependant, comme on le
voit, que de vagues notions sur la constitution pri-

mitive des peuplades septentrionales. Pour entrer
plus avant dans l'examen de leur caractère, de leurs
mœurs, pour connaître leur époque païenne, il nous
reste deux sortes de documents : les sagas islandaises
et les monuments scandinaves, c'est-à-dire les pierres
servant aux assemblées du thing, les autels des sacrifices, les pierres runiques, les tombeaux. Ces monuments sont moins nombreux en Danemark qu'en
Suède et en Norvége; cependant il en existe encore
une assez grande quantité dispersés à travers la Seelande, le Jutland, le Holstein, et les antiquaires les
ont explorés avec zèle. Un archéologue en compte
plus de quatre mille dans les diverses provinces du
Danemark (1). La terre de Leire en Seelande, la demeure des vieux rois, est le sol classique de cette an-
tiquité. Ces monuments sont les derniers vestiges
d'une époque barbare, les témoins authentiques de
ce qui se passait dans les siècles passés, témoins im-
muables et fidèles qui répondent aux recherches des
savants, comme les pyramides du Caire et les sépul-
cres de Sakkara.

Ce qu'on appelle thingsted est une enceinte de
pierres grossièrement taillées. C'est là que le peuple
s'assemblait pour délibérer sur ses intérêts; c'est là
qu'on proclamait le cri de guerre, qu'on jugeait les
procès. Dans le district d'Aarhuus, on voit encore
une de ces enceintes formées par sept grandes pier-

(1) Thorlacius. *Bemaerkninger over de i Danemark endnu til-*
värende Hedenoldshöie.

res. La tradition populaire dit qu'il y avait là jadis sept hommes qui furent changés en pierres pour avoir prêté un faux serment.

Les autels servant aux sacrifices se composaient d'une large pierre aplatie à sa surface, élevée à quelques pieds du sol, et placée sur sept autres pierres taillées en pointe. Il existe près de Skalstrup un autel qui a trente pieds de long. On dit que c'était la pierre d'holocauste des rois de Leire. Ils faisaient là un sacrifice tous les ans, tous les trois ans et tous les neuf ans. Celui-ci était le plus atroce et le plus solennel : on immolait alors neuf garçons, neuf filles, neuf chevaux, neuf chiens, neuf coqs.

La *steenkammer* (salle de pierre) est une espèce de grotte élevée à quelques pieds du sol, et formée par une quantité de pierres taillées régulièrement, serrées l'une contre l'autre, et recouvertes de pierres plus larges. Du côté de l'est, la grotte est ouverte, et une pierre enfoncée dans le sol sert de seuil. On pense que ces steenkammers étaient réservées aux cérémonies mystérieuses. Un prêtre danois, M. Foglesang, dit qu'elles ressemblent beaucoup aux sanctuaires d'idoles, aux sanctuaires grossiers, mais imposants, qu'il a vus dans l'Inde.

De tous ces monuments, les plus curieux à étudier sont les collines tumulaires et les grottes souterraines qui servaient de tombeau, quelquefois à toute une famille, quelquefois à une tribu entière. Dans la Seelande, on voit encore une de ces collines qui a plus de deux cents pieds de long. Ailleurs, on trouve assez souvent trois tertres de gazon réunis l'un à l'autre. Le premier servait peut-être de sépulture au guerrier ; autour de lui on ensevelissait sa famille et ses compagnons d'armes.

« Les païens nos ancêtres avaient, dit Thorlacius, « trois espèces de tombeaux : haugr, kuml, dys.» Le premier est spacieux, élevé et construit avec soin : au dehors, il est recouvert de gazon; au dedans on trouve une caisse de pierre (*steenkiste*) de forme carrée, mais plus longue que large. C'est là qu'on déposait, après qu'il avait été brûlé, les os du mort ou l'urne dans laquelle on recueillait ses cendres. Quelquefois aussi on ne brûlait pas les morts, on les enterrait là assis sur une pierre en forme de navire ou en forme de chaise, comme s'ils devaient encore naviguer sur les mers ou présider aux banquets. Ces tombeaux étaient réservés aux hommes riches et puissants, et des pierres élevées à leur sommité, parfois des inscriptions runiques les signalaient à l'attention des passants.

Le second, le kuml, moins large, moins apparent, mais également couvert de gazon, était le tombeau des paysans.

Le troisième était réservé aux esclaves, aux malfaiteurs, aux prisonniers de guerre. Ces hommes, qui subissaient après la mort la proscription qui les avait frappés pendant leur vie, étaient jetés dans une fosse. On amassait quelques pierres sur leur cadavre, et tout était dit.

On a trouvé dans ces tombeaux des squelettes, des urnes cinéraires, des ossements d'animaux, des ar-

mes en pierre ou en bronze et quelques bijoux en or.
Tous remontent à un temps très-reculé, et ceux où
l'on n'a trouvé que des instruments en pierre datent
sans doute d'une époque antérieure même à l'invasion
des Goths, car les Goths connaissaient l'usage du fer.

En fouillant dans ces collines tumulaires, dans ces
cercueils de roc, en recueillant les ossements et les
crânes qui s'y trouvent, la science anatomique parviendrait peut-être à jeter quelques rayons de lumière
sur une question que les historiens et les philologues
n'ont point éclaircie. Peut-être qu'en examinant le
type de ces têtes conservées dans les tombeaux on
pourrait déterminer à quelle race elles appartiennent.
Peut-être pourrait-on savoir par là quelles étaient les
premières tribus du Nord, quels étaient ces Jettes, ces
Troldes, ces Alfes dont parlent confusément les sagas,
et si ce pays n'a été occupé, avant la migration d'A-
sie, que par une race ou par plusieurs. Un professeur de Copenhague, M. Eschricht, a publié dernie-
rement sur ce sujet une intéressante dissertation. Il
a fait un examen attentif de deux crânes trouvés en
Danemark. Le premier a les traits caractéristiques de
la race caucasienne; le second est remarquable par sa
grosseur, et semble avoir appartenu à un corps de
géant.

Les sagas islandaises offrent une source d'observations vaste et féconde. Les unes remontent par la tradition à une époque très-éloignée; les autres ont été
faites en présence des hommes dont elles racontent
la vie et des événements qu'elles dépeignent. Les Is-

landais étaient, comme les Arabes, d'intrépides aventu-
riers et d'infatigables conteurs. L'été ils partaient pour
les côtes étrangères ; l'hiver ils revenaient dans leur
demeure, ou s'arrêtaient dans les maisons des Jarls.
Là ils racontaient leurs navigations lointaines, leurs
guerres de pirates, leurs combats; ils décrivaient les
lieux où ils s'étaient arrêtés et les héros qu'ils avaient
vus. Toute l'histoire du Nord a été faite ainsi par ces
coureurs d'aventures, qui avec leurs frêles bateaux
s'en allaient aborder un jour à Leire et un autre jour
à Drontheim. Les contes du pirate ont passé de bouche en bouche; ils ont été répétés au foyer de famille,
aux séances de l'Althing ; puis l'écrivain est venu, qui
les a transcrits d'après la tradition vivante. C'est là le
miroir où se reflète vraiment le paganisme scandinave, c'est le Panthéon où chaque homme célèbre a
sa statue, et chaque événement son inscription. L'Islande a été pour le Nord comme une de ces bibliothèques que l'on bâtit à l'écart pour les mettre à l'abri
de tout contact étranger : elle a gardé fidèlement le
dépôt qu'elle avait reçu, et le rend aujourd'hui à ceux
qui le lui ont confié.

Il faut remarquer cependant que dans cette nombreuse collection de sagas, il n'y a ni ordre chronologique ni une régulière succession de faits. Ce sont
des tableaux vigoureusement dessinés, mais des tableaux épars; ce sont les scènes de la vie privée
plutôt que les grands drames de la vie morale, des
biographies d'individus parfois admirablement faites,
mais qui ne constituent pas l'histoire d'une nation.

Les Islandais, à qui nous devons ces récits souvent si
vrais et parfois si étranges, n'ont sans doute guère
songé à ce que nous appelons écrire l'histoire. Ils aiment à conter, à entendre conter, voilà leur caractère. S'il leur survient une bonne bataille, c'est le
premier chant de leur épopée; s'ils rencontrent un
brave pirate, c'est là leur héros. Ils entassent événements sur événements, biographies sur biographies,
sans se soucier de rattacher à un même lien ces récits
décousus, de les classer et de les coordonner. Outre
ces sagas où le voyageur retrace fidèlement ses voyages, ses aventures, et qu'on peut appeler sagas historiques, il existe encore des sagas poétiques où l'histoire se mêle à la fable, et des sagas mythiques dans
lesquelles une scène de guerre ou d'amour n'est qu'un
symbole. Mais il n'existe rien de plus vrai, de plus
explicite sur ce que furent jadis les peuplades septentrionales, et c'est à l'aide de ces documents que les
deux plus anciens historiens du Nord, Snorre Sturleson et Saxo le grammairien, ont composé une grande
partie de leurs œuvres.

Avant d'entrer dans l'histoire lucide du Danemark,
il faut donc distinguer d'abord deux époques, une
époque à peu près ignorée, que les historiens danois
nomment l'époque obscure (*mörke tidsrum*), qui
commence on ne sait où, et renferme on ne sait quels
événements, qui n'est éclaircie sur quelques points
que par l'étude des monuments, par quelques vagues
traditions, et voilée sur tout le reste d'un nuage impénétrable; puis, à partir d'un siècle antérieur à l'ère

chrétienne, une époque mythique dépeinte dans les
sagas, chantée par les scaldes, pleine de contes merveilleux, de fables mythologiques et poétiques.

Pendant la première époque, les contrées scandinaves ont été occupées par une autre race d'hommes
que celle qui s'y trouve à présent, vraisemblablement
par les Finnois, qui furent peu à peu dépossédés de
leur territoire et refoulés jusqu'aux extrémités du
Nord, où ils se divisèrent en deux branches : les Lapons nomades, et les Finlandais établis le long du
golfe de Bothnie. Il est probable aussi qu'une tribu
de Celtes se fixa dans le Jutland, et qu'elle en fut chassée, comme celle des Finnois, par les hordes guerrières
des Goths. D'une part, ce fait semble constaté par
l'examen des anciens tumulus, où l'on trouve, comme
nous l'avons dit, des crânes qui n'ont pu appartenir
à la race scandinave, et des armes, des ustensiles
en pierre antérieurs aux Goths; de l'autre, c'est la
meilleure interprétation que l'on puisse donner aux
chants mythiques qui racontent les guerres des
Dieux contre les *Thurses*, les *Jaettes* et les nains rusés,
qui sont sans doute les Finnois et les Lapons.

Les tribus qui expulsèrent les premiers habitants
du Nord appartenaient à cette innombrable famille
nomade qui, du sein de l'Asie, des gorges du Caucase,
s'avança d'abord sur les rives de la mer d'Asof, de la
mer Noire, puis de là se répandit en Allemagne et
dans l'est de l'Europe. Issues de la même souche, elles
se divisèrent en deux rameaux, dont il est facile encore de reconnaître, par de nombreuses analogies,

l'étroite parenté. L'un fut le rameau germanique, l'autre le rameau gothique proprement dit. Au premier se rattachent les Saxons, qui envahirent le Holstein; les Finnois, qui s'établirent sur la côte occidentale du même district; les Angles et les Juttes, qui occupèrent le Schleswig et le Jutland, et dont une grande partie émigra, vers le milieu du cinquième siècle, en Angleterre. Du rameau gothique sont sortis les trois peuples scandinaves : les Danois et les Norvégiens, qui reçurent leur nom de la nature du sol dont ils s'emparaient (1), et les Suédois.

D'après les anciens écrivains scandinaves, un Odin aurait quitté les plaines de l'Asie avec ses légions, et serait venu dans le Nord au temps où Darius Hystaspe entreprit son expédition contre les Scythes.

Environ l'an 70 avant la naissance de Jésus-Christ, arriva un autre Odin qui se faisait passer pour l'ancien dieu du même nom; et ici commence la seconde époque de l'histoire danoise, époque incertaine encore, comme nous l'avons dit, mais où le fait réel apparaît cependant sous le tissu des chroniques populaires, des récits fabuleux.

Cet Odin, qui fut le chef d'une religion guerrière, le dieu du Valhalla, était, à ce qu'il paraît, un homme doué de toutes les qualités qui subjuguent l'esprit d'un peuple. A une ferme résolution de caractère il

(1) Danmark. *Dawn, don,* bas; *mark,* terre : terre basse. Notre mot de Norvége est l'altération du mot allemand norwegen, anglais, norway, chemin du nord. Le mot scandinave est norrige, norrigen, royaume du Nord.

joignait un génie aventureux et une rare habileté.
« Il occupait, dit Snorre Sturleson, sur les rives du
Tanaïs une contrée appelée Asahem, dont la capitale
était Asgård, où l'on rendait un culte solennel aux
Dieux. Douze des principaux personnages du pays
présidaient à ce culte, et rendaient en même temps la
justice au peuple. On les appelait *Drottnar*. Odin
leur chef était un excellent guerrier, et un homme
habile qui conquit plusieurs royaumes. Il fut heureux dans toutes ses batailles, et fit un grand butin.
Ses soldats en vinrent à croire qu'il disposait à son
gré de la victoire. Lorsqu'il les envoyait au combat,
ou qu'il leur confiait quelque autre mission, il leur
imposait les mains sur le front et les bénissait, et ces
gens pensaient qu'une telle bénédiction assurait le
succès de leur entreprise (1). »

Soit pour échapper aux armes de Pompée qui envahissait les régions asiatiques, ou pour satisfaire au
goût aventureux des tribus qu'il gouvernait, ou peut-
être par l'espoir de s'acquérir une autorité divine
parmi des peuplades grossières dont il avait entendu
parler dans ses voyages, Odin quitta son Asahem avec
ses Drottes et une quantité d'hommes, de femmes,
d'enfants. « Qu'on ne s'imagine pas, dit Lagerbring,
que cette foule d'émigrants voyageât comme une
misérable troupe de Bohémiens : non, elle éblouissait
par ses richesses les peuples primitifs qui n'avaient
jamais rien vu de semblable, et devait par là même

(1) Heimskriugla. *Ynglinga Saga*, p. 2.
Histoire de la Scandinavie.   2

exercer sur eux un nouvel ascendant. Un témoignage de ce fait existe dans un des poëmes de l'Edda, qui raconte comment Gylfe se rendit à Asgård, et quelle surprise il éprouva à la vue de toutes les splendeurs de ce séjour des Dieux (1).

Il n'est pas question ici, bien entendu, de l'Asgård asiatique, d'où était parti Odin, mais d'une demeure qu'il se construisit en Livonie. De là, Odin se rendit en Fionie, dont la ville principale porte encore son nom (Odensee, lac d'Odin). D'Odensee il envoya à Gylfe, roi de Suède, dont il avait reçu la visite à Asgård, une femme adroite, nommée Gefion, qui sut si bien s'emparer de l'esprit du bon roi, qu'il lui fit présent de l'île de Seelande (2), et permit à Odin de s'établir où bon lui semblerait. Odin institua son fils Skiold roi de Danemark, le maria avec l'habile Gefion, puis se rendit en Suède et se fixa à Sigtuna, près d'Upsal, où il implanta les lois, le culte d'Asgård. Saxo, en bon catholique, parle de ce prophète

(1) En arrivant dans la ville, il aperçut un palais si haut qu'il pouvait à peine en distinguer le faîte; et le toit de ce palais était couvert d'or.

(2) Il est dit, dans le *Voyage de Gylfe* que nous venons de citer, qu'il donna à cette femme tout l'espace de terre que quatre bœufs pourraient labourer en un jour. Gefion prit quatre bœufs monstrueux qu'elle avait enfantés avec un géant; le soc de la charrue s'enfonça si avant dans la terre qu'elle se détacha de sa base, et le formidable attelage l'entraîna dans la mer, où elle forma l'île de Seelande. A la place vide s'étendit le lac Mélar, dont les baies se rapportent encore, dit la même tradition poétique, au promontoire de l'île danoise.

païen avec un profond mépris ; mais Snorre dépeint naïvement son pouvoir surnaturel, ses attributs magiques. Il pouvait, dit-il, se changer en oiseau, en poisson, en serpent. Il pouvait, d'un seul mot, éteindre le feu, apaiser l'impétuosité des vents et la fureur des mers. Il possédait la tête du sage Minos, qui répondait à toutes ses questions : il avait en outre deux corbeaux qui au signe qu'il leur faisait prenaient leur essor, s'en allaient à l'est ou à l'ouest, et revenaient lui raconter à l'oreille les nouvelles des contrées lointaines. Enfin il avait importé l'usage des rames, et seize caractères primitifs auxquels le peuple attribua pendant longtemps une merveilleuse puissance.

Non content d'avoir subjugué la plus grande partie des États scandinaves, Odin voulut faire encore la conquête de la Norvége, et donna ce troisième royaume à son fils Säming ; puis il revint prendre son siége de pontife et de souverain à Upsala. Sa mort fut aussi extraordinaire que sa vie. Lorsqu'il se sentit affaibli par l'âge, il prit sa lance et se fit sur la poitrine neuf blessures en cercle, déclarant qu'il allait prendre sa place parmi les Dieux d'Asgard, où il ferait asseoir aux banquets solennels de Valhalla les guerriers qui seraient morts bravement sur les champs de bataille. Son corps fut brûlé en grande pompe, selon le rit qu'il avait lui-même prescrit. Dès ce jour, les habitants du pays, persuadés qu'il était en effet retourné parmi les êtres célestes, lui adressèrent leurs prières, leurs offrandes, et l'invoquèrent comme

2.

le Dieu des combats qui disposait de la victoire, et envoyait les valkyries recueillir sur les plaines sanglantes les âmes des héros.

Les royaumes que cet habile chef de hordes avait conquis, restèrent pendant de longs siècles au pouvoir de ses descendants. Son fils Säming transmit paisiblement la Norvége à ses héritiers. Son fils Niord fonda en Suède la dynastie des Ynglingues, et son fils Skiold celle des Skioldungues en Danemark. Voici, d'après Suhm, le tableau chronologique de cette dynastie, qui, selon quelqués historiens, se serait perpétuée pendant plus de 1100 ans.

Odin, arrivé dans le nord l'année avant Jésus-Christ.	70
Skiold, mort en.............................	40
Fridleif I...................................	23
Frode I, l'année après Jésus-Christ............	35
Fridleif II..................................	47
Havar........	59
Frode......................................	88
Vermund le Sage............................	140
Olaf le Doux................................	190
Dan le Magnifique...........................	270
Frode III, le Pacifique.......................	310
Halfdan I...................................	324
Fridleif III.................................	348
Frode IV....................................	407
Ingile......................................	436
Halfdan II..................................	447
Frode V....................................	460
Helge et Roe................................	494
Frode VI...................................	510
Rolf Krage..................................	522

Frode VII................................. 548

Halfdan III................................ 580

Rorik..................................... 588

Ivar le Voyageur.......................... 647

Harald à la Dent de feu.................... 735

Sigurd Ring 750

Ragnar Lodbrok........................... 794

Sigurd à l'OEil de serpent................. 803

Horda Knut............................... 850

Éric I.................................... 854

Éric II................................... 883

Gorm le Vieux............................ 941

Harald à la Dent bleue.................... 991

Svend Tveskäg............................ 1014

Canut le Grand........................... 1035

Horda Canut II........................... 1044

Rien ne démontre authentiquement, il faut le dire,
la rigoureuse exactitude de ce tableau. Les anciens
historiens du Danemark ne sont pas mieux d'accord
sur l'origine de leur monarchie. Dans notre histoire
de la littérature danoise, nous avons parlé des prétentions des écrivains des seizième et dix-septième
siècles, qui faisaient remonter la tige de leur dynastie royale jusqu'au déluge, jusqu'à Gomer, fils de Ja-
phet. Saxo, le grammairien, n'est pas si hardi. Il se
contente de fixer l'établissement de la monarchie danoise à quelques centaines d'années avant Jésus-
Christ. Sa chronique commence par la vie de deux
chefs de tribus : Dan et Angel, qui auraient donné
leur nom, le premier au Danemark, le second à
l'Angleterre. Mais il n'est pas éloigné d'admettre que

les Danois descendent en droite ligne des Grecs, en
appuyant son hypothèse sur leur surnom de Danaens.

Le troisième système, celui dont le tableau qui
précède nous donne les jalons, a été établi d'après
les documents islandais. C'est le seul admissible. Cependant, nous le répétons, il ne présente sur plusieurs points que des probabilités, plutôt que des cer-
titudes. Quant aux rois dont nous venons de citer le
nom, il en est plusieurs dont l'histoire ne présente
aucun intérêt ; d'autres dont les faits et gestes sont
entremêlés de fables que la raison se refuse à accepter. Nous essayerons de retracer ce qu'il y a de plus
saisissant et de moins problématique dans le cours
de cette époque, en partie si incertaine encore et si
confuse.

Au temps de Skiold, fils d'Odin, la contrée scandinave était divisée en deux grandes zones : *Ey Gott-
land* et *Reid-Gottland* (la terre gothique des îles, et
la terre gothique où l'on chevauche). Celle-ci se composait de la Suède et de la Norvége, du Jutland ;
dans l'autre était comprise l'île de Seeland, où Skiold,
époux de la puissante Gefion, fixa sa résidence. Il
construisit à Leire un temple et un palais qui furent
embellis par ses successeurs, mais dont il n'existe plus
de vestiges. Saxo fait un grand éloge de ce prince. Il
était, au dire du vénérable historien, également distingué par la force du corps et par les qualités de
l'esprit. A quinze ans, il domptait de ses propres
mains un ours monstrueux, et son règne fut marqué
par de sages institutions. Courageux et humain, il s'a-

vançait noblement dans les combats et montrait une
courageuse sympathie pour les malheureux, payant
les dettes des pauvres, secourant les blessés. Il mérita
par ses vertus de donner son nom à une longue succession de rois, à la dynastie des Skioldungues.

De son fils, Friedlef Ier, on ne sait rien, sinon qu'il
épousa une femme appelée Falka, et qu'il en eut un
fils nommé Frodle, dont la vie ressemble à un fabuleux roman de chevalerie.

Sous le règne d'un de ses successeurs, Frode second, deux de ces petits chefs de districts, décorés
dans les chroniques du nom de princes ou du nom
de rois, Nor et Gor, envahirent la Norvége, d'un
côté par la Laponie, de l'autre par mer, et y établirent
leur domination. De Frode II à Dan, l'histoire danoise
ne présente pas un fait important. Dan régnait vers le
milieu du troisième siècle. Ses vaillantes guerres et
son amour du luxe lui firent donner le surnom de
Magnifique. Une armée de Saxons ayant pénétré dans
le Schleswig et le Jutland, les habitants du pays appelèrent à leur secours le roi de Danemark. Il eut le
bonheur de les délivrer de leurs ennemis; et, pour le
remercier de les avoir si bravement défendus, ils se
soumirent à son pouvoir. Dan fut proclamé à Kovirke
souverain de Schleswig, et à Viborg, souverain du
Jutland. Cette royale intronisation s'accomplissait,
comme autrefois en France, en plein air. Le roi montait sur un bloc de pierre, et le peuple, rangé autour
de lui, le saluait de ses acclamations. Dan réunit ainsi
sous son sceptre les trois grands districts qui compo-

sent aujourd'hui la principale partie du royaume de
Danemark, mais il laissa à chacun de ses États ses
coutumes, ses lois, et ses armoiries particulières.

Il mourut à Leire dans un âge très-avancé, et à sa
mort introduisit dans les usages du Nord une réforme
que nous ne pouvons omettre de signaler. Jusqu'à
lui les corps des souverains avaient été brûlés, selon la
loi d'Odin. Dan se fit construire un vaste tumulus, et
ordonna qu'on l'ensevelît dans ce sépulcre, revêtu de
ses ornements royaux, assis sur un siége, et qu'on ensevelît avec lui son cheval sellé et une partie de ses
trésors.

Frode III, fils de Dan, n'avait que sept ans lorsque
son père mourut. Dès qu'il eut pris possession du pouvoir, il se signala par ses entreprises aventureuses,
par son courage dans les combats. On lui attribue
aussi quelques lois équitables. Ce fut peut-être par ces
prudentes institutions qu'après tant d'années passées
sur les champs de bataille, il eut encore la gloire
d'obtenir de son peuple l'heureux surnom de Pacifique. Après un règne de 70 ans, il mourut dans une
bataille navale. Ses compagnons d'armes, pour cacher
la perte qu'ils venaient de faire, embaumèrent son
corps et le conduisirent dans une voiture à travers le
pays, disant que la vieillesse empêchait leur bon
roi de marcher. Lorsque enfin son cadavre tomba en
putréfaction, il fut enseveli en grande pompe près de
Roeskilde dans un tumulus qui porte encore son nom;
et les Danois, pour rendre un solennel hommage à
sa mémoire, déclarèrent qu'ils reconnaîtraient pour

souverain celui qui le chanterait le mieux. Ce fut, dit
Saxo, un paysan nommé Hiarne qui remporta le prix
à cette nouvelle olympiade, par une épitaphe de quelques vers :

« On a conduit lentement à travers la contrée le
corps de celui dont la vie faisait la joie du Danemark.
Un tertre de gazon couvre à présent celui qui sié-
geait sur un trône. Les Danois ont voulu donner
l'immortalité à leur noble prince. Maintenant l'azur
du ciel sourit à la cendre de Frode. »

Si cet épisode de Saxo est vrai, il faut avouer que
nul peuple ne montra un plus grand enthousiasme
pour les vers que le peuple danois, et que jamais
composition poétique n'obtint une si splendide récompense.

Mais Frode avait un fils non moins vaillant que
lui, Fridleif III, qui fit une expédition en Irlande, et
s'empara de Dublin en attachant de l'amadou enflammé sous les ailes d'une quantité d'hirondelles qui,
en regagnant leur nid, mirent le feu à la ville. Les
chroniques rapportent aussi qu'il se rendit en Angleterre ; mais il y fut vaincu, et forcé de renoncer à
ses projets de conquêtes. Pendant qu'il s'aventurait
ainsi dans les contrées étrangères, son frère Halfdan
s'emparait de la Suède, et s'y maintenait par d'intrépides combats.

L'histoire de Frode IV, successeur de Fridleif, nous
offre quelques détails curieux sur l'intérieur de la maison royale du Danemark. A cette époque, les mœurs
étaient telles que, pour échapper aux poursuites licen-

cieuses des jeunes gens de la cour, Gunvor, la propre
sœur du roi, fut obligée de s'enfermer dans une retraite impénétrable ; et comme elle avait emmené avec
elle toutes ses compagnes, le linge manqua dans la
demeure du souverain. On n'avait personne pour
raccommoder le vieux ou pour en coudre du nouveau. Le roi était jeune, inexpérimenté, et ceux qui
l'entouraient n'obéissaient qu'à leurs brutales passions.
Sur ces entrefaites arriva un jeune prince de Norvége,
nommé Éric, d'une nature grossière comme on l'était
de son temps , mais honnête et brave. Il se rendit
à Leire, où était Frode. Le récit de cette entrevue, tel
qu'il nous a été transmis par Saxo et Suhm , mérite
d'être retracé, au moins en abrégé, comme un tableau
caractéristique. En franchissant le seuil de la maison
royale, Éric faillit tomber sur une peau de bouc qu'on
avait mise là exprès, pour l'exposer à la dérision des
assistants. Il entra dans une salle au milieu de laquelle
flamboyait un large brasier, car c'était en hiver. Le roi
et ses compagnons étaient assis sur des bancs autour
de cette salle. Au moment où Éric ouvrit la porte ,
tous se mirent à crier et à hurler. « Vous faites comme
les chiens, dit Éric ; dès que l'un d'eux aboie, tous les
autres l'imitent. » Puis il s'approcha du roi, s'assit à
côté de lui , et le dialogue suivant s'établit entre eux :

Frode. Toi qui parles si haut et si hardiment, d'où
viens-tu?

Éric. Je suis parti de Kennisö, et je me suis arrêté
sur une pierre.

Frode. Ensuite?

Éric. De cette pierre, je suis arrivé sur une montagne à une autre pierre.

Frode. Ensuite ?

Éric. De là à une autre montagne, où je me suis encore reposé sur une pierre.

Frode. Voilà bien des pierres. Ensuite ?

Éric. J'ai navigué dans une barque, et j'ai vu un marsouin.

Frode. Après ?

Éric. De ce marsouin, me voilà venu près d'un autre marsouin.

Pendant cet aimable entretien, on avait servi le repas. Éric essaye de goûter ce qu'on lui présente, et le rejette, disant que ce sont des restes. « Pourquoi, s'écrie Frode, n'as-tu pas appris à te conduire plus convenablement ? — Un homme habile, répond Éric, ne peut recevoir de leçons que d'un plus habile que lui. — Que m'enseigneras-tu donc, toi qui sais tant de choses ? — Je te dirai que quelques gens fidèles gardent mieux un roi qu'une quantité de mauvais serviteurs. »

Éric engage le combat avec les principaux hommes d'armes de Frode, les tue l'un après l'autre, délivre la jeune sœur du roi de sa triste réclusion, l'épouse, s'engage au service de Frode, et le dirige si bien par ses conseils, que ce jeune prince, d'abord détesté de ses sujets, reconquit leur affection et fut surnommé Frode le Généreux.

Au sixième siècle, voici venir un de ces hommes que les chroniques populaires entourent d'un pres-

tige fabuleux, dont les poëtes aiment à raconter la vie
dramatique. Cet homme est Rolf Krage. Les mœurs
présentent de son temps le même caractère de gros-
sièreté brutale que nous avons déjà remarqué, joint
aux ardentes passions qu'éveille perpétuellement un
cri de guerre. Rolf Krage a près de lui douze athlètes
renommés pour leur force et leur audace, douze de
ces terribles *Berserkir* qui jouent un si grand rôle dans
les sagas islandaises, qui font profession de tirer sans
cesse le glaive et de se jeter avec une sorte de fureur
au milieu de tous les dangers. Quand ils n'avaient
plus d'ennemis à combattre, ils s'en allaient de côté
et d'autre, demandant si l'on pensait qu'il y eût au
monde un guerrier capable de leur résister; et, selon
la réponse, il s'ensuivait des luttes sanglantes. Un
Norvégien Hialte, et un Suédois Biarke, eurent le courage de les braver, et en jetèrent deux sur le sol avec
une telle force qu'on entendit leurs os craquer. Rolf
apaisa cette dangereuse querelle, et prit les nouveaux
venus à son service. Quelque temps après, le roi de
Suède, Adil, ayant à se défendre contre un de ses voisins, appela Rolf à son secours. Celui-ci lui envoya ses
quatorze champions; puis, comme on ne lui payait
point les subsides qui lui avaient été promis pour
obtenir ces vaillants auxiliaires, Rolf partit pour la
Suède avec une flotte sur laquelle il avait embarqué
six mille hommes, et s'avança avec une faible escorte
jusque près d'Upsal. Adil à l'instant rassemble ses troupes et marche contre lui. Rolf, forcé de prendre la
fuite, laisse tomber sur son chemin des pièces d'or

qui arrêtent les avides Suédois, et regagne sa flotte. Les
dernières années de ce soldat aventureux s'écoulèrent
paisiblement. Dans notre Histoire de la littérature, en
analysant le drame d'Ewald, nous avons dit comment
il mourut victime de l'ambition de sa sœur, et comment sa mort fut vengée (1).

A ce règne orageux succéda celui de Frode VII, qui
eut la gloire d'éloigner des côtes du Danemark les
pirates du Mecklembourg et de la Poméranie, d'assu-
jettir à son pouvoir plusièurs petits rois de Norvége,
et de donner à son peuple les premières lois dont il
soit resté quelques traces. Deux articles de ces lois
entre autres sont assez caractéristiques. Il est dit qu'un
voyageur qui aurait à passer une rivière pourrait
prendre dans les champs le cheval dont il aurait besoin, à condition de le lâcher dès qu'il serait de l'autre
côté du gué. Il est dit encore qu'un voleur serait
pendu à côté d'un loup, pour montrer l'analogie qui
existe entre lui et cet animal vorace. Sa loi contre les
voleurs ne le préserva point de leur rapacité. Il fut
égorgé la nuit par un pirate qui n'aspirait qu'à s'emparer de ses trésors. Nous ne ferons que noter en passant
le nom de Halfdan III, dont le règne n'eut rien d'important, pour arriver à celui d'Ivar, qui se signala par ses
conquêtes et mérita le surnom de Vidfame (l'Illustre ou
le Voyageur). Dans sa jeunesse il était allé demander la
main de Gyrithe, fille d'un roi de Jutland. La belle Gyrithe répondit qu'elle n'épouserait point un prince qui ne

---

(1) *Histoire de la littérature scandinave*, p. 190.

s'était encore distingué dans aucun combat. Ivar se
jette dans la première guerre qui se présente, s'attaque aux athlètes les plus redoutés, et revient, couvert
de sang et de lauriers, épouser sa superbe princesse.
Ce premier exploit enflamma son courage et son
ambition. Maître par hérédité du Danemark, et par son
mariage d'une partie du Jutland, il envahit encore la
Scanie, la Suède, chasse le roi Olaf qui se réfugie
en Norvége, s'empare de son trône, puis conquiert
le Holstein, et s'avance dans une de ses audacieuses
expéditions jusqu'en Russie, dans une autre jusqu'en
Westphalie. Suvvre raconte qu'il s'empara même de
la cinquième partie de l'Angleterre (1); mais nous
n'avons point de détails sur cette expédition, qui
aurait précédé d'un siècle celle de Ragnar Lodbrok.

Les successeurs d'Ivar ne purent conserver les
conquêtes qu'il avait faites. Harald Hildetand, qui
après lui monta sur le trône, confia à son frère
Randver le royaume de Suède. Sigurd Ring, fils
de Randver, se révolta contre son bienfaiteur. Les
Danois et les Suédois se réunirent dans la plaine de
Bravalla, et s'y livrèrent une des batailles les plus
célèbres de l'ancienne histoire du Nord, une bataille
chantée par le scalde Sterkodder qui y assistait, et
racontée en détail par Saxo. Harald, après avoir vaillamment combattu à la tête de ses troupes, voyant
que la victoire lui échappait, se précipita au plus
fort de la mêlée, et tomba percé de coups. Autour de

(1) *Ynglinga Saga.* Éd. Perinyskiöld, p. 52.

lui tombèrent quinze rois. Sigurd alors fut proclamé
roi, et rendit de pompeux honneurs à celui qu'il venait de vaincre. Il plaça son corps sur un bûcher,
avec son cheval tout harnaché, avec des armes, des
bijoux en or et d'autres choses précieuses. Ensuite
il lui fit élever un large tumulus sur le lieu même du
combat. Trois jeunes filles, trois de ces vaillantes
amazones qui apparaissent souvent dans les sagas
islandaises, et qu'on appelait *skiöldmöer* (vierges au
bouclier), avaient pris part à cette bataille. L'une
d'elles s'élança sur Sterkodder, qui d'un coup d'épée
lui abattit la main gauche. Toutes trois succombèrent, et furent ensevelies près de leur malheureux roi.

Sigurd mourut en 750, laissant son héritage à l'illustre Ragnar Lodbrok, dont l'histoire véridique est
entremêlée d'une quantité de fables bizarres, mais
curieuses. Ragnar est l'un des types les plus remarquables de ces intrépides légions de Vikings que
l'amour des combats, la gloire des aventures, la soif
du pillage entraînaient sur la terre étrangère, qui s'en
allaient, dans leur ardeur impétueuse, de plage en
plage, bravant les tempêtes de la mer, les flèches et
les glaives de leurs adversaires, ravageant avec une
joie sauvage tout ce qu'ils trouvaient sur leur passage, et chantant dans les cloîtres ce qu'ils appelaient *la messe des lances*, la messe qui commençait
dès le matin et ne finissait qu'à la nuit.

Nous avons raconté dans un autre ouvrage (1) les

(1) *Histoire de la littérature islandaise*, p. 40; Paris, Arthus-
Bertrand, 1843.

principaux traits de la vie de Ragnar, sa lutte contre
le monstre de Gothland, son mariage avec Thora,
puis avec Kraka, et son expédition en Angleterre.
Nous avons rapporté le chant de guerre merveilleux
qu'il entonna, dit-on, dans la fosse pleine de serpents
où il avait été jeté.

Après la mort cruelle de Ragnar, ses fils se partagèrent ses possessions : Biörn fut roi de Suède ; Sigurd,
à l'œil de serpent, roi de la Scanie et des îles ; God-
frid, du Jutland ; Yvar York hérita des domaines conquis en Angleterre. Cette division subsista jusqu'au
règne de Gorm le Vieux, qui réunit sous son sceptre les
diverses principautés dont se compose encore aujour-
d'hui le royaume du Danemark. Ici commence dans
les annales du peuple danois une autre ère, ici s'arrête
l'époque païenne. Nous avons dans l'histoire d'Islande,
qui se lie étroitement à celle-ci, essayé de dépeindre
les mœurs grossières, farouches de cette époque, son
dogme et son culte, son esprit guerrier entretenu,
exalté par la religion d'Odin. Tout ce que nous avons
dit de l'état social et moral de l'Islande s'applique
aux autres contrées scandinaves. Désormais nous entrons dans une autre phase, et désormais aux écrits
poétiques, aux traditions populaires qui jusqu'à présent nous ont servi de guides, nous pouvons joindre
des chroniques authentiques, des documents incon-
testés.

CHAPITRE II.

Gorm le Vieux. — Introduction du christianisme en Danemark. — Saint Ansgard. — Organisation sociale du royaume.

A la fin du septième siècle et au commencement du huitième, des prédicateurs anglais, pénétrant parmi les Frisons, avaient opéré quelques conversions, et transformé en églises chrétiennes quelques temples païens. Mais leur enseignement avait échoué contre la ténacité des Danois. Ce n'était pas chose facile que de faire accepter une religion de paix et de miséricorde à ces hommes qui ne respiraient que la guerre et la vengeance, une religion qui proscrivait les habitudes les plus invétérées d'un peuple grossier, la débauche, le duel, le concubinage; qui imposait le jeûne et l'abstinence, le repos du dimanche et des jours de fêtes; qui enfin condamnait toutes les traditions mythologiques si chères à la nation; qui mettait à la place du vaillant Odin un Dieu dont on ne racontait aucune action héroïque, et à la place des joies matérielles du Valhalla un paradis dont ces êtres sensuels ne pouvaient comprendre le bonheur idéal. On raconte qu'un prince du Nord ayant fini

par céder aux exhortations d'un missionnaire, allait
se faire baptiser, lorsque l'idée lui vint de demander
où ils étaient allés après leur mort? « En enfer, répondit le prêtre. — Eh bien! s'écria le païen, j'aime
mieux être avec Odin et mes braves aïeux, que dans
votre ciel avec de timides chrétiens et des moines
chauves. » Dans une contrée voisine du Danemark,
le christianisme n'avait été implanté qu'après une
guerre qui dura plus de trente ans, par le puissant
effort de Charlemagne, par le fer et le feu. Les Saxons
vaincus avaient perdu leur indépendance, et payaient
la dîme. Un tel exemple devait mettre les Danois en
garde contre toutes les tentatives qui seraient faites
pour leur imposer une religion qui entraînait de
tels résultats.

Si la prédication du christianisme était entravée
par de tels obstacles, quelques circonstances aussi
la favorisaient. Les hommes du Nord n'avaient plus
cette foi naïve, cette foi déterminée de leurs aïeux.
Quelques-uns, dans l'orgueil de leur force, déclaraient qu'ils ne croyaient plus à aucun être supérieur; qu'ils ne croyaient qu'à leur courage et à la
vigueur de leur bras. D'autres, dans le cours de leurs
expéditions, avaient reçu certaines idées dont ils ne
se rendaient pas compte, mais qui s'éloignaient déjà
des traditions matérielles de l'odinisme. L'Islandais
Maane, se sentant près de mourir, se fit porter en
plein air, et confessa sa croyance au Dieu qui avait créé
le ciel, le soleil et les étoiles. Pour les esprits sérieux,
quelques points de la doctrine des Ases pouvaient

d'ailleurs servir de base à l'enseignement chrétien :
tel était, par exemple, le dogme du bon et innocent
Balder, de la chute du monde et de sa régénération,
des récompenses promises aux hommes vertueux,
des ténèbres du Niflheim, où étaient jetés les méchants. D'autres alliaient, par des analogies, les
croyances nouvelles à leurs croyances héréditaires.
La trinité catholique leur représentait leur trinité
d'Odin, de Thor et de Freïr; les diables étaient les
méchants enfants de Loke; les anges, leurs Elfes lu-
mineux; et la forme de la croix leur rappelait le
marteau de Thor. Les missionnaires, dans leur sage
prudence, comprenaient la nécessité de faire quelques concessions à ces néophytes grossiers et igno-
rants. Ils leur imposaient seulement l'obligation de
se laisser baptiser, de renoncer à leurs sacrifices
païens, à leurs coutumes sanguinaires et immorales.
Il y en avait qui d'abord consentaient seulement à
faire le signe de la croix, et qui recevaient le baptême
quand ils tombaient malades, persuadés que l'eau du
baptême devait alors les laver de leurs fautes. Il y en
avait qui se laissaient tenter par les présents et les
linges blancs qu'on leur donnait quand ils se conver-
tissaient au christianisme. Pour ceux-là, le baptême
n'était qu'un vil calcul qu'ils renouvelaient chaque
fois qu'ils en trouvaient l'occasion. On connaît cette
anecdote souvent citée. Dans une réunion à laquelle
présidait Louis le Débonnaire, tant de gens du Nord
demandèrent à recevoir le baptême, que le linge
manqua, et Louis ordonna de le couper par lam-

beaux. Lorsqu'on présenta un de ces lambeaux à un vieux Danois qui s'était rangé parmi les catéchumènes, il le rejeta avec mépris, et s'écria : « Vous moquez-vous de moi? Je me suis déjà fait laver vingt fois, et toujours on m'a donné la plus belle toile. Cette guenille est bonne pour un pâtre, et non pas pour un guerrier comme moi. »

Malgré les premiers indices de conversion que nous venons d'indiquer; malgré les vœux de Charlemagne, qui après avoir vaincu les Saxons se proposait de franchir l'Elbe, pour implanter dans le Nord la doctrine de l'Évangile; malgré le zèle ardent de Louis le Débonnaire et le dévouement des prédicateurs, plus de deux siècles s'écoulèrent avant que le christianisme fût établi dans toute l'étendue du Danemark.

Dans un congrès que Louis le Débonnaire réunit en 821 à Thionville, on prit la résolution de travailler activement à la conversion des peuples du Nord. Ebbon, archevêque de Reims, s'offrit à remplir cette dangereuse mission, et partit pour Rome afin de la faire sanctionner par le pape. La bulle que lui accorda Paschal 1er est le plus ancien document écrit qui existe sur cette importante question (1). Dans le même temps, un des petits rois du Jutland, Harald Klak, épuisé par les nombreuses guerres qu'il avait eu à soutenir, et chassé de ses domaines, cher-

(1) Elle a été imprimée dans les *Annales ecclséiastiques* de Pontoppidan, t. I.

cha un refuge auprès de Louis , qui le baptisa et le
réinstalla dans sa principauté (1). C'était un premier
appui pour les missionnaires , mais un appui trop faible. Ebbon se rendit en Jutland , enseigna, baptisa ,
mais ne s'avança pas dans les vraies régions scandinaves, dit M. Reuterdahl, le savant historien de l'É-
glise de Suède , qui regarde comme une hyperbole ce
passage d'un poëte du moyen âge :

> Ebbo sacer, dudum Nortmannica regna pererrans,
> Munia clara dabat nominis apta Dei (2).

Après cette excursion , Ebbon retourna en France;
mais l'œuvre évangélique devait être continuée par
une institution puissante, enfantée encore par la
France. Dans la province de Picardie, à quelques
lieues d'Amiens, s'élevait le cloître célèbre de Corbey ,
fondé vers le milieu du septième siècle par une reine,
illustré par des abbés d'une haute distinction. Charlemagne y fit entrer plusieurs jeunes Saxons, qui devaient ensuite porter dans leur pays les principes qu'ils
recevaient dans cette maison religieuse. Bientôt on
reconnut que cet établissement, si vaste qu'il fût, ne
pouvait suffire au but qu'on s'était proposé en faveur
des Saxons; et l'on résolut de construire un couvent
dans le pays même que Charlemagne avait eu tant de

(1) Le baptème de Harald, le premier roi chrétien du Nord, date
de l'an 826. Suhm donne de curieux détails sur cette cérémonie
dans son *Histoire du Danemark*, t. II, p. 53.

(2) Swenska. *Kyrkans Historia* , t. I, p. 189.

peine à subjuguer. Dès la seconde année du règne de
Louis le Débonnaire, on se mit à l'œuvre. Un premier
édifice fut bâti à l'est du Weser, non loin de la pointe
méridionale du Hanovre. Mais cet emplacement était
mal choisi; le terrain sec, aride, ne pouvait offrir aucune ressource à ceux qui s'y fixaient. Il fallut l'abandonner; et, en 822, les religieux qui y étaient déjà
installés se transportèrent dans un autre cloître élevé
au milieu d'une belle plaine de la Westphalie, et auquel
on donna, en mémoire du cloître de Picardie, le nom
de Corbey. Adelhard, supérieur de l'établissement
français, fut encore placé à la tête de celui-ci. L'un
était la métropole, l'autre la succursale; et tous deux
restèrent longtemps unis par une même communauté
d'action et une pieuse confraternité.

Le cloître saxon étant constitué, Louis manifesta
de nouveau plus vivement le désir de poursuivre ses
projets de conversion dans le Nord. Alors Walon, qui,
à la mort d'Adelhard, avait été nommé abbé du couvent de Picardie, annonça qu'il avait dans son établissement un jeune religieux, nommé Ansgard, instruit, zélé, qui aspirait à remplir cette mission, et
qui avait toutes les qualités nécessaires pour la bien
remplir. D'après cette proposition, Ansgard fut élu
pour entreprendre une œuvre qui, par ses difficultés
et ses périls, pouvait être comparée à celle des premiers apôtres de la chrétienté; et un religieux nommé
Authbert, enflammé aussi d'une généreuse ardeur,
s'adjoignit à lui.

Avant d'entrer dans le récit de leur voyage, nous

devons dire ce que l'on sait de la biographie de ce
saint prédicateur, qui établit dans les États scandinaves la religion du Christ sur les ruines du paganisme d'Odin. C'est un de ses successeurs, Rimbert,
évêque de Ribe, qui a écrit sa vie avec une pieuse
vénération, mais malheureusement avec trop peu de
détails.

Il naquit en Picardie vers l'année 8o1. Sa mère,
qui était d'une piété exemplaire, mourut lorsqu'il
n'avait encore que cinq ans. Son père le plaça à l'é-
cole du cloître de Corbey. On ne sait rien de plus
sur ses parents. Le jeune Ansgard se distingua, au milieu de ses compagnons d'étude, par son aimable nature. Il était d'un caractère gai, ouvert, et aimait à
s'appliquer aux choses sérieuses. Son chroniqueur
rapporte qu'il eut une nuit une sorte de vision prophétique. Il se trouvait sur un terrain fangeux, glis-
sant, dont il cherchait à s'éloigner ; en face de lui se
déroulait une campagne superbe, au milieu de laquelle il vit apparaître une femme majestueuse, re-
vêtue d'une splendeur royale, et entourée de plusieurs
femmes couvertes de robes blanches, parmi lesquelles il reconnut sa mère. Il s'efforça d'arriver près
d'elle, sans pouvoir y parvenir. Alors celle qui l'a-
vait frappé par son attitude imposante et son éclat
merveilleux, lui demanda si réellement il éprouvait
un vif désir de rejoindre sa mère ? « Oui, répondit
Ansgard. — Eh bien ! dit-elle, renonce aux vanités
de ce monde, et consacre-toi au service de Dieu. » Ce
rêve fit sur l'esprit du jeune disciple de Corbey une

profonde impression, et contribua à fixer sa vocation.

A l'âge de quatorze ans, il éprouva ses forces par le jeûne, la prière, la méditation; puis se consacra à la vie religieuse, et quelque temps après il eut une autre vison. Saint Pierre et saint Jean lui apparurent, et lui dirent qu'il devait recevoir la couronne du martyre. Dès ce moment il sentit s'éveiller en lui l'ardeur de l'apostolat.

Le zèle avec lequel il avait poursuivi ses études, au milieu de ses méditations pieuses, l'éleva promptement de l'état de disciple à l'état de maître. Il fut appelé à donner des leçons dans la même école où il avait reçu les premiers enseignements de la science, puis adjoint, à l'âge de vingt ans, comme un utile auxiliaire aux directeurs du cloître de Westphalie, puis rendu à son ancienne communauté; et c'est là qu'il reçut l'invitation d'entreprendre sa mission dans le Nord. En 827, il partit avec son fidèle compagnon Authbert, et Harald Klak qui retournait en Jutland. Tous trois s'embarquèrent sur le Rhin, descendirent à Cologne, où l'archevêque fit présent au jeune religieux d'un petit navire dans lequel se trouvaient deux cabines, ce qui fut un doux refuge pour Ansgard et son ami, qui avaient eu beaucoup à souffrir des mœurs grossières de Harald et de ses gens. Les voyageurs continuèrent leur trajet jusqu'à Dorstadt, puis de là jusqu'à la mer, d'où ils se dirigèrent vers le Jutland.

Ansgard établit le siége de son œuvre à Schleswig, que des relations de commerce unissaient à l'Allemagne septentrionale et à toutes les contrées du Nord.

Il organisa là une école destinée à former des prédicateurs, baptisa un grand nombre de personnes dans la ville et aux environs, acheta des esclaves qu'il convertit au christianisme, et donna au peuple, qu'il cherchait à éclairer, l'exemple d'un dévouement sans bornes, d'une charité infatigable. Trois années se passèrent ainsi, pendant lesquelles Authbert, qui n'avait point la force d'Ansgard, tomba si gravement malade qu'il fut obligé de retourner en France.

Sur ces entrefaites, Louis reçut une députation de Suède qui lui demandait des prédicateurs chrétiens. Il désigna Ansgard pour cette nouvelle tâche, et Ansgard partit. Attaqué le long de la route par des voleurs, dépouillé de tout ce qu'il emportait avec lui, et entre autres choses de quarante volumes qui étaient peut-être son plus précieux trésor, il arriva cependant en Suède, y passa un an et demi, et retourna vers Louis avec une lettre du roi, qui devait affermir le pieux empereur dans ses projets de conversion. Pour donner un appui aux missions du Nord, un archevêché fut formé en 834 à Hambourg, et Ansgard appelé à occuper ce siége, qui ressemblait fort à ceux que l'on désigne sous le nom d'*in partibus infidelium*. Encouragé par les premiers succès qu'il avait obtenus, par la nouvelle perspective qui s'ouvrait devant lui, l'ardent prélat visita son vaste district, prêchant et baptisant, rachetant les prisonniers, soulageant les malheureux, agissant à la fois sur l'esprit de tous ceux qui l'observaient par ses vertus et par l'onction de sa parole. Il fonda une école à Hambourg, y réunit quelques livres, et envoya une cohorte de jeunes néophytes au cloître de Turholt en Flandre, dont les revenus lui avaient été assignés pour servir aux dépenses de son siége archiépiscopal.

Cette œuvre apostolique, entreprise avec tant de courage, poursuivie avec tant de patience, donnait déjà de douces consolations et de nobles espérances au vénérable Ansgard, quand tout à coup une bande de vikings entre dans le port de Hambourg, pénètre dans la ville, brûle la chapelle et l'école, met en fuite les jeunes disciples de l'Évangile, anéantit en un jour l'intelligent travail de plusieurs années. Pour surcroît de malheur, Louis le Débonnaire meurt, et les fatales discussions qui éclatent dans son empire font oublier l'archevêché de Hambourg, son prélat, et sa mission.

Abandonné de tout le monde, Ansgard erra de lieu en lieu, pauvre et triste, mais non abattu, et ne cessant de croire et d'espérer. Il se réfugia dans une forêt à quelques lieues de sa ville archiépiscopale, y construisit une demeure et y rassembla quelques disciples. Louis le Germanique ayant apaisé les premiers troubles qui agitèrent les commencements de son règne, se souvint enfin d'Ansgard, et se fit un devoir de le seconder dans son entreprise. Brême fut réuni à l'archevêché de Hambourg. Ansgard alla s'établir dans cette première ville, et travailla avec plus d'ardeur que jamais à propager le christianisme en Suède et en Norvége. Ayant eu le bonheur de rendre quelques services au prince du Jutland, favori du roi Éric, il obtint la permission d'établir une école à Schleswig.

De Schleswig il retourna en l'année 861 en Suède, où il prêcha pendant un an. A son retour en Danemark, il trouva un terrible changement. Le roi Éric, dont il avait gagné la faveur, était mort; et son fils, cédant à de mauvais conseils, persécutait les chrétiens, et venait de faire renverser l'église de Schleswig. Ansgard se présenta à lui hardiment, lui reprocha sa dureté, et obtint par son éloquence non-seulement l'autorisation de relever l'église de Schleswig, mais encore celle d'en faire construire une à Ribe, qu'il confia à la direction de son disciple Rembert.

Ansgard n'avait encore à cette époque que soixante-trois ans; mais les sollicitudes, les fatigues, les privations de toute sorte avaient peu à peu ébranlé son robuste tempérament et épuisé ses forces. Il rentra à Brême et y mourut le 3 février 865, amèrement pleuré de tous ceux qui constituaient sa communauté naissante. C'était un de ces hommes qui font la gloire du catholicisme, un de ces apôtres de l'Église primitive, à l'âme pure, au cœur ardent, dur envers lui-même, et plein de commisération, de tendresse pour les autres, portant la rude chemise de crin sur son corps vivant de pain et d'eau, travaillant comme un manœuvre, mais répandant généreusement les dons de sa charité entre les mains des pauvres. Son désir était de gagner la palme du martyre, et plus d'une fois on l'a surpris pleurant et se désolant de ce que le ciel lui refusait cette grâce. En mourant, il eut au moins la joie de penser que l'œuvre à laquelle il s'était dévoué ne serait point abandonnée. Il fut remplacé dans

sa dignité de prélat par son disciple Rembert, qui
suivit fidèlement la voie que le saint homme lui avait
tracée.

Nous verrons en continuant notre récit combien il
était nécessaire que l'apôtre du Nord eût un si digne
successeur, et combien les prédicateurs de l'Évangile
eurent encore d'obstacles à surmonter avant que le
christianisme fût définitivement admis en Danemark
et en Suède.

Au fils de Ragnar Lodbrok avait succédé Horda
Kunt, puis Éric Ier et Éric II, qui permit de bâtir
l'église de Schleswig. Gorm le Vieux, qui monta sur
le trône de Danemark en 883, était l'ennemi déclaré
de cette religion qui s'avançait au sein des peuplades
du Nord par l'active coopération d'une puissance
étrangère. Son ambition, soutenue par une rare habileté, opéra dans ses États une grande réforme. Tantôt par ruse, tantôt par force, il parvint à subjuguer
ces petits rois qui se partageaient les divers districts
du Danemark, et réunit sous son sceptre le Jutland,
le Schleswig, les provinces suédoises de Scanie, de
Halland, de Blekinge, et les îles danoises, à l'exception de Bornholm, qui conserva longtemps encore
son indépendance. Il voulait être le maître absolu de
ces conquêtes, et cette nouvelle religion importée
dans le Nord par la volonté des empereurs d'Allemagne l'inquiétait, l'effrayait. Elle en était venue à ce
point qu'il fallait ou courber la tête sous ses lois, ou
tenter d'en déraciner le germe. Ce fut ce dernier parti
qu'il adopta. Par ses ordres, l'église de Schleswig fut

de nouveau dévastée, les prédicateurs chrétiens poursuivis, chassés, et un grand nombre de leurs disciples massacrés sans pitié. Henri l'Oiseleur entendit
les plaintes des chrétiens du Danemark, marcha à
leur secours, et obligea l'intraitable païen à tolérer la
prédication de l'Évangile (1). Pour se défendre contre
une nouvelle invasion, Gorm fit bâtir sur les frontières du Schleswig un vaste rempart, une espèce de
muraille chinoise flanquée d'une citadelle, et protégée
du côté de l'Allemagne par un fossé de dix brasses de
largeur. Les habitants de toutes les provinces furent
appelés à travailler à ce boulevard national, dont la
construction dura trois ans. On l'appela Danevirke
(Protection du Danemark); et Thyra, épouse de
Gorm, qui avait donné l'idée de cette construction
et qui en avait elle-même dirigé les travaux, reçut le
nom de *Dannbod* (Orgueil des Danois). A l'abri de ce
rempart, le vieux Gorm continua paisiblement son
règne. Un malheur domestique abrégea ses jours. Il
avait un fils qu'il chérissait par-dessus tout, qui,
emporté par son courage, voulut se joindre à une
expédition de vikings et fut tué en Angleterre. Gorm
avait déclaré que si ce fils bien-aimé venait à succomber, il égorgerait de sa propre main celui qui oserait
lui annoncer cette nouvelle. Thyra usa d'un strata-
gème pour la lui apprendre. Elle fit tendre en drap

(1) Deinde cum exercitu ingressus Daniam, Gorm regem primo
impetu adeo perterruit, ut imperata se facere mandaret et pacem
upplex deposceret. (*Adam de Brême.*)

noir une des salles de sa demeure, se couvrit de vêtements de deuil, ordonna à ses femmes de prendre
le même vêtement, et de garder un morne silence
quand le roi entrerait. A la vue de ce sombre appareil, Gorm s'écria : « Ah ! quel malheur est arrivé dans
ma maison ? Sans doute mon fils est mort. — C'est toi
qui l'as dit, » répondit Thyra. Le même jour, Gorm
tomba malade, et le lendemain il mourut à l'âge de
soixante-dix ans.

Dans le temps où Gorm réunissait sous son pouvoir les divers États danois, déjà subjugués par un
de ses prédécesseurs, puis de nouveau divisés entre
plusieurs princes, la même concentration monarchique s'opérait en Norvége. Comme la Suède, comme
le Danemark, cette contrée était restée partagée entre
différents chefs de provinces, ou chefs de clans, qui
prenaient pompeusement le titre de rois. C'étaient
les rois de district (*Fylkeskonung*), les rois des îles
et des promontoires, les rois des montagnes, sans
parler de ces intrépides pirates qui s'appelaient les
rois de la mer. On comprend que des rivalités devaient s'élever entre ces hommes voisins l'un de l'autre, également avides de pouvoir et de butin, pas-
sionnés pour la guerre, et sacrifiant à la force les lois
de l'équité. Aussi, que de fois ces divisions de provinces, de district furent bouleversées ; que de fois
les domaines du plus faible envahis par un rival ambitieux, jusqu'à ce qu'un autre concurrent plus habile ou plus heureux vint lui ravir sa proie !

Un de ces petits princes, Halfdan le Noir, avait,

par une suite d'expéditions victorieuses, réuni sous
son pouvoir une grande partie des États méridionaux
et des États septentrionaux de la Norvége. C'était un
homme distingué à la fois par son courage et par son
intelligence. Il s'appliqua à régir sagement les domaines qu'il avait conquis; il fut, dit Schöning, le
premier législateur de la contrée, et, après s'être fait
craindre, il sut se faire aimer. Halfdan était le père
de Harald. Il mourut jeune encore, et laissa à son fils
âgé de dix ans une vaste principauté, des soldats
aguerris, et un tuteur excellent. Harald aux beaux
cheveux grandit, avec l'impression de la gloire que
son père s'était acquise, des succès qu'il avait obtenus;
et sa jeune et ardente imagination, aiguillonnée par
ces souvenirs, par les leçons de celui qui le dirigeait,
s'exalta à l'idée de poursuivre l'œuvre commencée, à
étendre plus au loin les conquêtes paternelles. Gorm
le Vieux venait de subjuguer tout le Danemark. Éric
Emund dominait également les diverses seigneuries
de Suède. De tels exemples devaient exciter l'ambition de Harald. Un incident particulier acheva de
mûrir sa résolution.

Harald devint amoureux de la belle Gida, fille d'un
jarl, du roi Éric de Hardeland, et la demanda en mariage. La fière Norvégienne répondit qu'elle ne se
souciait point de prendre pour époux un si petit
prince (1), et qu'elle ne comprenait pas que nul

(1) Hun svarar a thessa lund at eigi will hun spilla meydome
sinum till dess at taka till mann thann kong er ei hefur meira

homme n'osât faire en Norvége ce que Gorm avait fait
en Danemark. Harald irrité jura qu'on ne lui adres-
serait pas deux fois cette remontrance, se mit en campagne, et asservit toutes les provinces soumises jusque-
là à des chefs indépendants. Cet événement s'accomplit vers la fin du neuvième siècle. Il changea la face
de la Norvége, et eut encore un autre mémorable
résultat. C'est par suite de cet envahissement continu
de Harald, que l'Islande fut peuplée. Les vieilles familles seigneuriales de Norvége, dépossédées de leur
pouvoir par Harald, trop faibles pour lui résister,
trop fières pour se courber sous son autorité, abandonnèrent le sol natal, et s'en allèrent chercher, dans
l'île sauvage découverte par Floke, un libre asile (1).
Ce fut aussi sous le règne de Harald, et par suite
d'une mesure que ce prince avait prise pour punir un
acte de rapine qu'un aventurier norvégien, l'audacieux
Rollon, surnommé le Marcheur, parce qu'il était,
disent les chroniques, si lourd qu'aucun cheval ne
pouvait le porter, s'élança du fond de ses montagnes vers les rives de la Seine, et s'empara de la
Normandie.

A cette époque si notable de l'histoire du Nord,
époque où commence l'unité monarchique dans les
trois États scandinaves, et où le christianisme s'im-
plante en Danemark et en Suède, la population de la

riki, enn nockor fylke til forratha. Snorri Sturles. Heimskringla.
Éd. Peringskiöld, p. 75.

(1) *Histoire de l'Islande*, p. 55; Paris, Arth.-Bertrand, 1840.

contrée était divisée en trois classes distinctes : les
esclaves, les hommes libres, les hommes de haut
rang, désignés sous le nom de Herses ou de Jarls. L'un
des poëmes de l'Edda, le *Rigsmàl*, donne à ces trois
classes une origine mythologique. Le dieu Rig, dans
un de ses voyages, entre dans une cabane habitée par
deux vieilles gens, passe trois nuits entre eux ; neuf
mois après, la femme met au monde un enfant à la
peau rude, aux membres épais : c'est l'esclave. Une
autre fois, Rig entre dans une maison occupée par
un homme qui charpente des ustensiles, par une
femme qui coud des vêtements ; il y passe trois nuits,
et neuf mois après la femme accouche d'un enfant
au visage rose et à l'œil animé : c'est le paysan. Une
troisième fois enfin, Rig fait la même halte dans une
maison plus belle, et la femme accouche d'un enfant
aux cheveux blonds, à la figure riante, qui apprend
dès son bas âge à tendre l'arc, à lancer un dard, à
manier une lance et à dompter un cheval : c'est le
jarl.

La classe des esclaves se composait en grande partie des malheureux qu'on enlevait à leur plage natale
dans les expéditions de piraterie, ou que l'on faisait
prisonniers dans les combats. Ils étaient assujettis aux
plus rudes travaux, leurs maîtres avaient sur eux
droit de vie et de mort, et leurs enfants étaient dès
leur naissance voués à la même servitude.

Les hommes libres formaient la majeure partie de
la nation. C'étaient les propriétaires territoriaux, les
cultivateurs et les marchands. Assujettis aux plus mi-

nimes impôts, vivant librement du produit de leur travail, appelés à prendre part à toutes les réunions du *thing* ou diète du pays, à y émettre leurs vœux, à y faire entendre leurs protestations, ils composaient une vraie république autour d'une autorité monarchique.

Pendant longtemps même, et dans plusieurs districts, le roi ne fut, à proprement parler, que le premier de ces hommes libres, le plus puissant par sa richesse, le plus fort par son courage, et non point par le fait d'une institution autocratique.

La classe aristocratique n'avait pas plus de priviléges héréditaires que cette mâle et vigoureuse réunion d'*Odelbonde*, de paysans propriétaires, d'hommes libres. Les titres de herses, de jarls n'étaient point des titres purement honorifiques; ils impliquaient une fonction dont le roi disposait, et qu'un père ne pouvait, par conséquent, transmettre à son fils comme un patrimoine. Snorre Sturleson dit qu'après avoir subjugué la Norvége, Harald plaça chaque district sous l'administration d'un jarl. Ce jarl prenait pour sa part un tiers des impôts qu'il percevait au nom du roi, à la charge d'entretenir constamment soixante hommes armés à la disposition de son maître, et de l'héberger, lui et sa suite, une fois l'an. Au-dessous du jarl étaient quatre herses, qui devaient équiper chacun vingt hommes.

Les impôts s'acquittaient en nature, blé, beurre, bestiaux; et c'était ainsi que le roi recevait ses revenus.

Le commerce était fort entravé par les habitudes de piraterie du temps. Cependant plusieurs villes, telles que Ribe, Lund, Tönsberg, Konghell, attiraient au neuvième siècle les navires marchands, et il y avait à cette même époque de fréquents rapports entre le Danemark, l'Angleterre, l'Écosse, l'Irlande, l'Allemagne et la Flandre.

4.

CHAPITRE III.

Harald à la Dent bleue. — Svend à la Barbe fourchue. — Canut le Grand. — Conquête de l'Angleterre. — Invasion de la Norvége. — Mort d'Olaf le Saint.

———

L'unité monarchique, établie en Danemark par Gorm et en Norvége par Harald, se maintint dans le premier pays, et s'écroula dans le second peu de temps après la mort de Harald. Le vaillant prince poussait un peu loin les licences de la polygamie. En conquérant les États des petits rois de Norvége, il conquérait en même temps leurs filles. Il n'avait pas moins de dix femmes légitimes et d'une vingtaine de concubines; et il devint le chef d'une postérité si nombreuse, qu'à présent encore il n'est pas une province norvégienne où l'on ne trouve quelques familles qui prétendent descendre de lui. Ses nombreux enfants se déclaraient tous en droit d'hériter de ses États. Pour prévenir une division redoutable, Harald résolut de contracter un nouveau mariage, et s'il avait un fils, de le déclarer héritier de son trône. Il eut un fils en effet, nommé Éric, entre les mains duquel il déposa, à l'âge de quatre-vingts ans, son autorité souveraine, déclarant que celui-là seul était son successeur légal, et tâchant de calmer l'ambition de ses autres enfants en leur donnant un titre et une autorité secondaires.

Harald mourut en 936, et à peine était-il enseveli que la guerre éclata. Éric n'avait point les qualités nécessaires pour gouverner son royaume. Il se rendit odieux à ses sujets par ses actes de violence, et mérita, par les cruautés qu'il exerça envers ses frères, l'affreux surnom d'Éric à la Hache sanglante. A la diète de Drontheim, Sigurd Jarl lança contre lui un manifeste de révolte. Éric fut chassé de ses États, et mourut en 963. A sa place les Norvégiens adoptèrent pour leur souverain Hakon, qui ajouta à son nom celui du roi anglais Adelsteen, chez qui il avait été élevé.

Pendant ce temps, Harald, surnommé à la Dent bleue, succédait en Danemark au vieux Gorm. Comme son père, il passa sa vie à guerroyer d'un côté et de l'autre. Dès les commencements de son règne, il fut appelé au secours de ses frères d'armes, menacés de perdre la Normandie. Il équipa une flotte considérable, combattit avec eux, et parvint à leur rendre la libre possession de cette belle province. Bientôt nous le voyons prendre sous son patronage Harald Graafeld (à la Pelisse grise), un des fils d'Éric, et le porter au trône de Norvége. Celui-ci ayant oublié ce qu'il devait à son bienfaiteur, et refusant de payer le tribut qu'il lui avait promis, Harald le fait tuer, s'embarque pour la Norvége avec une flotte de six cents navires,

s'empare du pays et le soumet à la domination de
Hakon Jarl, en imposant à ce nouveau roi des conditions qui en faisaient un vassal du Danemark.

A peine cette expédition était-elle terminée, que
l'infatigable Harald se trouve engagé dans une autre
guerre plus difficile pour lui, et dont il ne devait pas
obtenir le même succès. L'empereur d'Allemagne, Othon
le Grand, animé d'un zèle ardent de propagation religieuse, et voulant aider aux progrès du christianisme dans le Nord, assigna aux évêques de Schleswig,
de Ribe et d'Aarhuus, plusieurs domaines danois qu'il
enlevait, en sa qualité d'empereur, à l'autorité royale,
pour les soumettre à la juridiction épiscopale. Harald
refusa de reconnaître cette donation. Pendant que ce
débat excitait de part et d'autre une vive animosité,
Othon mourut; mais son fils Othon II, fidèle aux intentions de son père, s'avança vers le Danemark pour
vaincre la résistance de Harald, et attaqua le boulevard dont nous avons parlé, le Dannevirke. Après une
lutte opiniâtre, Harald, vaincu, se soumit aux lois
qui lui étaient prescrites. Il reçut le baptême, et s'engagea à ne plus mettre d'entraves à la prédication et
à l'extension du christianisme. Son fils Svend, et
ses principaux compagnons d'armes, furent également
baptisés, et un nouveau siége épiscopal fut érigé en
Fionie.

Tandis que la religion du Christ étendait ainsi ses
conquêtes et subjuguait ces farouches natures scandinaves, il se formait au sein même de la communauté
des nouveaux néophytes un parti de vieux païens qui

protestait avec ardeur contre l'ascendant de ce dogme ,
soutenu par une influence étrangère. Les hommes de
ce parti ne pouvaient se résoudre à la pensée de voir
le peuple danois renoncer à ses vieilles mœurs, à ses
temples, à ses sacrifices ; et la colère qu'ils en res-
sentaient retombait sur le roi, qu'ils accusaient d'a-
voir honteusement renié la foi de ses pères. A la tête
de ces indomptables païens était le vaillant Palnatoke, dont l'histoire présente sur quelques points une
si frappante analogie avec celle de Guillaume Tell ,
qu'on s'est demandé si la tradition helvétique n'avait
pas été en partie calquée sur la tradition danoise.
Comme le héros suisse, Palnatoke s'était rendu célèbre
par son adresse d'archer. Comme lui, il fut soumis à
une cruelle épreuve. Obligé de tirer une pomme sur
la tête de son fils, après avoir lancé le dard qui menaçait cette tête chérie, il en tenait encore une à la
main. « Que voulais-tu faire de cette flèche? lui demanda Harald. — Elle était pour toi, répondit Palnatoke, si j'avais manqué mon coup (1). »

Cet implacable Danois s'était emparé de Svend, fils
naturel de Harald , et l'élevait dans la haine du christianisme et la haine du roi. Les leçons d'un tel maître ne tardèrent pas à porter leurs fruits. Svend leva
contre son père l'étendard de la révolte. Palnatoke tua
Harald (985), puis, prenant son pupille avec lui, le

(1) Saxo le grammairien raconte en détail cette tradition de Palnatoke, et Ochlenschläger l'a illustrée dans une de ses meilleures
tragédies.

conduisit aux assemblées populaires, et le fit reconnaître souverain du Danemark.

Un mot encore sur cet audacieux archer, dont la
vie présente une image caractéristique des anciennes
mœurs du Danemark. Il avait d'abord cherché à dissimuler le meurtre dont il s'était rendu coupable sur
la personne du roi ; lorsque la vérité fut connue, il
comprit qu'il ne pouvait rester près de son pupille,
que les mœurs du pays obligeaient à venger la mort
de son père. Il se retira dans la forteresse de Jomsborg, construite par Harald, à l'embouchure de l'O-
der, et y organisa une corporation de guerriers, de
pirates, célèbre dans les anciennes sagas islandaises.
D'après les règlements qu'il composa lui-même, personne ne pouvait être reçu dans sa cohorte avant l'âge
de quinze ans, ni au-dessus de vingt ans. Les soldats
de Jomsborg devaient tous se vouer au célibat, n'a-
voir aucune femme près d'eux, et ne pas s'absenter de
la forteresse plus de trois jours. Ils devaient se considérer comme des frères, venger la mort de ceux d'entre eux qui succombaient sur le champ de bataille, et
s'il survenait dans la communauté quelque dissension,
la soumettre au jugement de leur chef. Ils devaient
annoncer immédiatement à leur commandant toutes
les nouvelles qu'ils apprenaient sur ce qui se passait
au dehors, et rapporter fidèlement à la forteresse
tout le butin qu'ils avaient amassé, pour qu'il fût partagé par égales parts.

Palnatoke mourut, après avoir rendu redoutable
dans tout le Nord sa cohorte de pirates et sa forte-

resse. Il fut remplacé dans son commandement par un rusé Danois, nommé Sigvald, qui, s'étant emparé par surprise du trop confiant Svend, l'emmena dans l'enceinte de Jomsborg, et ne le relâcha qu'en lui faisant payer une bonne rançon.

Svend, que les historiens désignent par le surnom de *Barbe fourchue*, résolut de se venger. Dans une réunion solennelle, il fit un vœu qui obligeait en quelque sorte son perfide ennemi à en faire un de même nature. Il s'engagea à tenter une expédition en Angleterre, et Sigvald qui ne voulait pas se montrer moins entreprenant, s'engagea à s'en aller en Norvège châtier Hakon Jarl, qui avait oublié ses promesses de vassal envers le Danemark. Les deux expéditions eurent lieu. Sigvald fut vaincu et prit la fuite, laissant sur le champ de bataille une quantité de ses vaillants soldats. Cette défaite affaiblit considérablement la terrible forteresse. Bientôt pourtant elle recouvra sa première audace, et étendit longtemps encore ses ravages sur les côtes de la Baltique, jusqu'à ce qu'enfin ce repaire de pirates fut saccagé et anéanti par Magnus le Bon.

Svend pourtant débarqua heureusement en Angleterre, et, profitant de l'état de faiblesse et de démoralisation dans lequel le roi Éthelred avait plongé ce pays, s'en alla, sans trouver pour ainsi dire aucune résistance, d'une des limites du royaume à l'autre, pillant les villes et les cloîtres, portant partout le fer et le feu. Éthelred, haï du peuple, méprisé des nobles, hors d'état de lutter contre un tel adversaire,

acheta sa retraite moyennant un tribut considérable,
inscrit dans l'histoire d'Angleterre sous le titre de
Danageld (argent des Danois).

Dans cette victorieuse expédition, Svend avait été
habilement secondé par un prince de Norvége, Olaf
Tryggveson. Dès les premières propositions de paix
faites par Éthelred, Olaf, entraîné par une autre ambition, se détacha du roi de Danemark, se rendit en
Norvége, attaqua Hakon Jarl, et, l'ayant vaincu, fut
déclaré roi à sa place. Svend, cédant aux instances
de sa femme, qui avait reçu d'Olaf une offense dont
elle voulait à tout prix se venger, part aussi pour la
Norvége, livre un combat au nouveau souverain, le
tue, prend une portion de ses États, et donne le reste
à Olaf *Skiödkonning* (le Roi en giron) et à Jarl Éric,
qui s'étaient rangés de son côté.

Pendant que l'heureux Svend disposait ainsi de
l'héritage de Harald aux Beaux cheveux, il arrivait
en Angleterre une catastrophe qui devait enflammer
sa rage, et le ramener comme un fléau dévastateur
dans ce pays. Éthelred, trop lâche pour oser se mesurer avec des légions de soldats aguerris, et ne pouvant supporter l'affront qu'il avait reçu, résolut de se
venger en faisant massacrer tous les Danois établis,
sous la sauvegarde des traités, dans ses États. Ces autres Vêpres siciliennes s'accomplirent un dimanche,
en l'an 1002. En apprenant cette nouvelle, Svend,
bondissant de rage, appela à lui tous les hommes
d'armes de Norvége et de Danemark, tomba comme
la foudre sur le sol anglais, le mit à feu et à sang, et

réduisit la contrée à un tel état de misère, que les
pères de famille vendaient leurs enfants pour acheter
quelque subsistance. Ethelred s'enfuit en Normandie,
chargé des malédictions d'un peuple victime à la fois
de sa lâcheté et de sa trahison. Svend se proclama
roi d'Angleterre, mais il ne jouit que peu d'années
de cette nouvelle souveraineté. Il mourut subitement
en 1014, laissant deux royaumes et deux fils : Harold,
qui fut reconnu comme roi de Danemark, et Canut,
qui monta sur le trône d'Angleterre.

La mort subite de Svend réveilla dans les Anglais
l'espoir de s'affranchir d'une domination étrangère.
A la place de celui qui les avait deux fois vaincus, ils
voyaient un jeune prince qui ne s'était encore signalé
par aucune action d'éclat, qui, en héritant des conquêtes de son père, pouvait bien ne pas avoir hérité
de ses qualités. L'occasion était belle ; Éthelred sut en
profiter. Il revint en Angleterre avec son fils Edmond,
brave et noble jeune homme qui défendit vaillamment la cause nationale. De tous côtés, la révolte
éclata contre les Danois. Canut, se voyant hors d'état
de la maîtriser, se retira en Danemark, où son frère
Harald partagea généreusement avec lui les domaines
paternels. Mais un tel lot ne suffisait point à l'ambition de celui qui avait porté une plus belle couronne.
Le souvenir de l'Angleterre poursuivait le fils aîné de
Svend sur les bords de la Baltique ; et, après avoir
combiné toutes ses chances de succès, il résolut de
tenter la fortune. Il partit avec une flotte de plusieurs centaines de navires et des compagnons d'ar-

mes choisis parmi les plus vaillants. En 1015, il
aborda sur la côte anglaise près de Sandvich, et commença aussitôt les hostilités. La lutte fut, de part et
d'autre, hardie, résolue, opiniâtre, et pendant près
de trois ans on ne cessa de se battre. Les deux rivaux, las enfin d'un état de guerre qui ruinait le pays
sans amener aucune solution, se décidèrent à en venir à un accommodement. En l'an 1017, ils se rencontrèrent près de l'île de Light, et se partagèrent
l'Angleterre. Edmond eut pour lui la partie méridionale de la contrée, et Canut la partie septentrionale.
Un mois après, Edmond mourut vraisemblablement de
la main même de son beau-frère, qui, en vue d'une
récompense splendide, voulait donner cette preuve
de dévouement aux Danois.

Dans une assemblée de la noblesse et du clergé,
Canut fut proclamé souverain de l'Angleterre. A
peine entré en possession de son pouvoir, il montra
qu'au courage du guerrier il joignait une rare habileté d'esprit. Il commença par faire mettre à mort le
meurtrier d'Edmond, protestant ainsi aux yeux de
toute l'Angleterre contre un crime auquel il devait
pourtant la moitié de son royaume. Il écarta de lui
tous ceux de ses compagnons d'armes qui semblaient
vouloir prendre sur lui quelque ascendant. Il éloigna
les Danois des plus hautes charges de l'État, et se mit
à courtiser la faveur des Anglais en leur témoignant
une distinction particulière, en les appelant à exercer les fonctions les plus importantes. Il s'appliqua
surtout à gagner l'affection du clergé en faisant de

riches présents aux églises et aux cloîtres. Enfin,
pour s'acquérir plus de titres encore à l'affection de
ses nouveaux sujets, il épousa Emma, veuve d'É-
thelred, et reçut d'elle d'excellents conseils, dont il
sut parfaitement user.

En 1019, son frère Harald étant mort, Canut partit pour le Danemark, et prit sans obstacle possession de ce royaume. Il ne resta que peu de temps
dans ce pays, et employa son séjour à y seconder de
tout son pouvoir les progrès du christianisme. Il fit
venir d'Angleterre des architectes, des ouvriers, et à
la place des vieilles églises grossièrement construites
éleva des édifices plus imposants et plus durables.
Pour mieux manifester encore son respect et son
amour pour la religion chrétienne, il s'en alla à Rome
se prosterner aux pieds du pape. Sur toute sa route il
se signala par les dons qu'il faisait à diverses églises,
par la piété avec laquelle il accomplit cette sorte de
pèlerinage. A Rome, il fonda une sorte d'hospice pour
les voyageurs du Nord. Tout en accomplissant ces
devoirs de religion, il n'oubliait point le bien-être de
ses peuples. Il obtint du pape une diminution sur
les taxes que le clergé danois et anglais payait à la cour
de Rome, et de plusieurs princes d'Europe qui se
trouvaient là, des exemptions de droits de douane
pour les marchands de sa nation.

Avant d'entreprendre ce voyage, ce puissant souverain, qui possédait déjà le Danemark et l'Angleterre,
projetait d'envahir encore la Norvége. Il revint de
Rome avec la même pensée, et la mit à exécution.

Cette contrée était alors gouvernée par Olaf, catholique ardent, qui se rendit odieux à ses sujets par la
violence avec laquelle il s'efforça d'implanter parmi
eux le christianisme. Si Canut avait été, comme ses
caresses au clergé, ses voyages et ses aumônes devaient le faire croire, réellement et sincèrement dévoué à la propagation de la doctrine évangélique, il
eût, au lieu de le combattre, cherché à maintenir sur
le trône ce fervent Olaf, qui mourut victime de son
zèle de prosélytisme. Mais Canut avait des motifs particuliers de haine contre Olaf; de plus, la conquête
de la Norvége tentait son ambition : il n'en fallait pas
plus pour étouffer en lui tout scrupule religieux.

En partant pour l'Italie, Canut avait confié l'administration du Danemark, et la tutelle de son fils
Haardknut (Canut le Dur), à son beau-frère Ulf
Jarl, un de ces braves soldats qui faisaient du courage la première vertu. Un jour, soit par une sollicitude généreuse pour l'avenir de la royauté, soit par
une ambition secrète, Ulf, sentant son beau-frère si
loin, eut la fatale idée de faire proclamer roi son
jeune pupille. A son arrivée, Canut apprend avec colère cette action, qu'il considère comme une offense
faite à sa personne. Cependant, comme il avait encore
besoin d'un homme si vaillant, il dissimule avec lui,
et l'emmène dans son expédition de Norvége; et bien
lui en prit, car dans une bataille navale qui se livra
près de Helgeaae (1028) entre les troupes danoises et
les troupes norvégiennes, les Danois ayant été mis
en désordre, le navire que montait Canut fut cerné

par les ennemis, et, sans l'intrépidité de son beau-
frère, c'en était fait du puissant roi d'Angleterre. Il
semble qu'après un si éminent service, Canut aurait
dû abdiquer le ressentiment d'une faute que des circonstances particulières semblaient d'ailleurs excuser.
Mais peut-être l'humiliation qu'il éprouva dans cette
bataille aggrava-t-elle encore sa haine. A quelque
temps de là, il jouait un soir à Roeskilde aux échecs
avec Ulf. Sur un coup douteux que Canut voulait juger en sa faveur, Ulf se lève, repousse d'une main
irritée les échecs, et s'avance vers la porte. « Prends-
tu la fuite, lâche? s'écrie le roi. — C'est toi, répond
Ulf, qui près de Helgeaae aurais pris la fuite, si tu
l'avais pu. »

Canut, furieux, ordonna à un de ses hommes
d'armes de le délivrer de cet odieux personnage. Le
pauvre Ulf fut massacré dans l'église de Sainte-Lucie.
L'évêque interdit aussitôt le service religieux dans le
temple profané. Mais Canut se réconcilia avec lui en
dotant la cathédrale d'un domaine considérable. Pour
apaiser sa sœur, il lui concéda deux autres domaines que la généreuse femme ne voulut point garder,
et qu'elle remit à la même église, ce qui fit du siége
épiscopal de Roeskilde le plus riche évêché de Danemark.

Ulf laissait un fils, que nous verrons bientôt, par
une sorte de justice providentielle, remplacer sur le
trône danois la postérité éteinte de Canut.

Ce cruel épisode n'avait fait que distraire un instant l'avide Canut de ses projets sur la Norvége. Ha-

bile diplomate, il ne cessait d'agir sur ce pays par ses
intrigues, de fomenter les animosités qui s'éveillaient
autour d'Olaf, de miner son pouvoir en lui enlevant
ses principaux soutiens. En l'an 1029, il arma une
nouvelle flotte, une flotte de douze cents navires,
dit Suhm (1), et fit voile vers la Norvége. A son arrivée sur la côte d'Opsloe (aujourd'hui Christiania),
les paysans de la contrée accoururent au-devant de
lui, et lui promirent leur appui. Il continua sa route
vers les provinces septentrionales, recevant partout
les mêmes témoignages de sympathie. A Drontheim,
il proclama dans une assemblée populaire Hakon Jarl
régent du pays, prit des otages des principales familles, et retourna en Danemark attendre la suite des
événements.

Olaf, se voyant abandonné de tout côté, se retira
en Suède, où, apprenant la mort de Hakon Jarl, il
résolut de revenir en Norvége. Mais déjà Canut avait
installé son fils Svend à la place de Hakon Jarl. Quand
le malheureux Olaf entra dans la province de Drontheim, plus de dix mille paysans étaient rassemblés
contre lui. Au mois de juin 1030, il leur livra bataille
dans la plaine de Stikklestad, et y fut tué. Un an après,
ce même homme que les Norvégiens avaient arraché
à son trône, chassé de la contrée, massacré sur le

_____

(1) *Histoire du Danemark*, t. III, p. 650. Chaque navire portait,
dit le savant historien, cinquante hommes, ce qui ferait une armée
de 60,000 hommes. Si le fait est vrai, il donnerait des armements
maritimes du Danemark à cette époque une idée plus grande
qu'on ne serait porté à se le figurer.

champ de bataille, excitait leur enthousiasme religieux. Son corps, conservé par des mains fidèles,
était enlevé avec piété à son cercueil, et transporté en
grande pompe dans ses églises. Ce n'était plus Olaf le
Cruel, c'était Olaf le Saint. Il devint en Scandinavie
l'objet d'un culte fervent. On lui éleva des autels à
Tönsberg, à Bergen, en Angleterre, en Hollande,
jusqu'à Constantinople même, et son souvenir s'est
conservé dans une foule de légendes populaires.

Canut, qui par la mort de son adversaire devenait
libre possesseur de la Norvége; Canut, qui, avec son
royaume de Danemark, d'Angleterre, une partie de
l'Écosse arrachée à Malcolm, et une partie de la Poméranie conquise sur les Wendes, avait atteint au
plus haut degré de grandeur qui existe dans les fastes
monarchiques du Danemark; Canut, dont les poëtes
flatteurs disaient, « Il règne sur la terre comme Dieu
règne au ciel, » ne jouit pas longtemps de son triomphe. Son fils Svend, auquel il avait confié la régence
de la Norvége, se rendit odieux à ses sujets par des
lois empreintes d'une arrogance despotique, qui ne
pouvaient être acceptées de cette libre race d'hommes,
pour laquelle l'autorité royale n'était qu'une autorité
de convention, qu'elle contrôlait et quelquefois dé-
molissait à son gré.

En même temps, l'auréole de sainteté qui s'élevait
sur la tombe d'Olaf, les miracles qu'on attribuait au
roi martyr, produisaient dans tous les esprits une
réaction que Canut lui-même n'aurait pu maîtriser.
Les chefs des principales familles se réunirent pour

venger la mémoire du prince qu'ils avaient si cruellement traité ; ses ennemis même les plus acharnés
s'inclinèrent dévotement à son nom. Une députation
partit de Drontheim pour s'en aller chercher Magnus,
fils d'Olaf, qui était en Russie. On le ramena en triomphe dans son pays natal; et quoiqu'il n'eût encore
que dix à onze ans, il fut dans une grande assemblée
proclamé à l'unanimité roi de Norvége.

Svend voulut prendre les armes pour attaquer son
jeune rival; mais en voyant le nombre de ses partisans diminuer sans cesse, il abandonna la partie, et
quitta la Norvége.

Ce fut là le premier coup porté au puissant édifice
que Canut avait élevé. L'orgueilleux monarque ne put
supporter un tel revers. Il mourut peu de temps
après, en l'an 1035.

L'histoire a donné à ce souverain le surnom de
Grand. Si cette épithète peut être prise comme syno-
nyme de puissant, Canut, à vrai dire, la mérite, car
nul roi de Danemark n'étendit si loin son empire.
Mais il ne fut grand ni par ses œuvres, ni par ses
vertus. Il agrandit ses États plus par ses ruses que
par son courage, et démentit cruellement, par plusieurs de ses actes, la piété qu'il affectait près des
prêtres de son royaume et dans ses voyages.

Il contribua cependant aux progrès intellectuels du
Danemark, en répandant dans ce pays les connaissances qu'il avait acquises en Angleterre, en y amenant d'habiles ouvriers et d'habiles constructeurs. Il
aida aussi au développement du commerce dans l'une

et l'autre contrée. Enfin, il rédigea, trois ans avant sa mort, une loi, la *Vitherlags-Ret*, la plus ancienne loi danoise qui existe. Ce n'est, à vrai dire, qu'un règlement de hiérarchie aristocratique; mais il est curieux à étudier sous ce point de vue même, car il constitue une caste nobiliaire qui jusque-là, comme nous l'avons dit, ne se distinguait du peuple que par les fonctions qu'elle exerçait, et qui ne possédait en réalité aucun privilége héréditaire. La *Vitherlags-Ret* (droit de société) formait dans l'État un corps distinct de gentilshommes qui, après avoir accompagné le roi dans ses diverses expéditions, continuaient à vivre à la cour, ou se retiraient dans les terres qui leur avaient été données comme une rémunération de leurs services. La même loi les divisait en plusieurs catégories, et leur assignait un rang plus ou moins élevé, selon l'ancienneté de leurs services. Elle les affranchissait du jugement des *things*, auquel autrefois toute la population libre du Danemark était également soumise, et les plaçait sous la juridiction immédiate de leurs pairs et du roi. Enfin elle leur assignait un certain nombre de manœuvres pour cultiver leurs terres. De là à l'organisation d'une aristocratie héréditaire, au régime féodal, aux titres de noblesse désignant tel ou tel rang, aux droits territoriaux et au servage, il n'y avait pas loin. En ne croyant faire qu'un règlement d'intérieur, Canut créait un ordre tout nouveau sur la libre terre du Nord.

A peine Canut était-il mort, que le désordre éclata dans ses États. Il laissait trois fils : Svend et Harald,

fils de sa première femme, et Canut le Dur, fils
d'Emma, à qui il réservait le trône d'Angleterre. Mais
Harald, qui se trouvait là au moment même où ce
trône devenait vacant, employa tous ses efforts à s'en
emparer ; et Canut le Dur, qui était en Danemark,
résolut de s'emparer de la Norvége, sans toutefois
renoncer à ses prétentions sur l'Angleterre. Son frère
Svend étant mort en 1036, Canut se mit en campagne pour marcher contre Magnus. Les deux jeunes
princes se rencontrèrent sur les frontières de leurs
domaines ; l'un avait dix-huit ans, l'autre treize, et
deux braves armées allaient se battre pour ces deux enfants. Heureusement il se trouva là des conseillers sages qui empêchèrent une inutile effusion de sang. Il
fut convenu de part et d'autre que Canut et Magnus
garderaient leur royaume, et que si l'un d'eux venait
à mourir sans enfant mâle, l'autre lui succéderait de
droit. Douze notables, choisis dans les deux armées,
jurèrent sur les reliques de rendre témoignage de ce
contrat.

Cette expédition étant ainsi pacifiquement terminée, Canut tourna ses vues vers l'Angleterre, et s'embarqua pour réclamer le trône auquel l'appelaient le
dernier vœu de son père et l'idolâtre tendresse de
sa mère; mais il n'eut pas même besoin de tirer le
glaive. Lorsqu'il arriva sur le sol anglais, il apprit que
son concurrent, son frère Harald, était mort. Il fut
proclamé roi sans difficulté, et ne vit dans la royauté
qu'un moyen de satisfaire à des goûts de débauche qui
bientôt épuisèrent ses forces. Il mourut après deux

ans de règne, dans un banquet, la coupe à la main.
Ainsi finit le dernier fils du puissant Canut. L'Angleterre, soumise pendant vingt-six ans à la domination
du Danemark, recouvra à la mort de Canut le Dur son
indépendance, et prit pour roi un descendant de ses
anciens souverains, Édouard le Confesseur, frère du
vaillant Edmond à la Tête de fer.

CHAPITRE IV.

Magnus le Bon. — Svend Estridsen. — Canut le Saint. — Éric Ejegod. — Nicolas. — Éric Emund. — Svend Graths. — Division des provinces. — Guerre civile de Norvége.

A la mort de Canut le Dur, qui ne laissait point d'enfants, Magnus, surnommé le Bon, réclama l'exécution du traité conclu près du fleuve de Gotha; et le Danemark, qui naguère dominait la Norvége et l'Angleterre, fut forcé de se soumettre à un prince étranger. Il lui restait cependant du côté de la ligne féminine un descendant de son grand roi : c'était Svend, fils du brave Jarl Ulf si cruellement égorgé, et d'Estride, sœur de Canut.

Svend s'en alla en Norvége à tout hasard, pour tenter la fortune. C'était un beau jeune homme, intelligent et courageux. Magnus le prit en affection, et le nomma régent du Danemark. A peine investi de ce poste, Svend, en remarquant la sympathie qu'éveillait le nom de son père et le nom glorieux de son aïeul, sentit qu'il pouvait aspirer à un rang plus élevé que celui de régent, et, après avoir pendant quelque temps agi sur l'esprit du peuple, se fit proclamer roi à l'as-

semblée de Viborg (1043). A cette nouvelle, Magnus
s'avança vers le Jutland avec une flotte nombreuse; et
Svend ne pouvant lui résister se retira en Suède, où
le roi Anund, qui commençait à redouter la puissance
de Magnus, lui donna les moyens de rentrer en campagne. Pendant qu'il s'avançait d'un côté vers son
adversaire, les Wendes du Mecklembourg et de la
Poméranie arrivaient de l'autre pour piller la contrée.
Magnus, préoccupé avant tout du salut de ses sujets,
tourna d'abord ses armes contre ces hordes de pirates,
les défit complétement, puis marcha contre Svend,
qu'il obligea de nouveau à prendre la fuite. Mais nul
revers ne pouvait abattre l'ardente et fière volonté du
fils d'Ulf. Battu sur un point, on le vit bientôt reparaître sur un autre avec la même résolution et le
même malheur. Tout à coup il lui arriva un auxiliaire : c'était Harald Sigurdsen, frère de Magnus. Après
la bataille de Stikklestad, il avait, ainsi que Magnus,
quitté la Norwége. Son caractère aventureux l'avait
entraîné dans diverses contrées en Afrique, en Sicile,
en terre sainte, puis en Russie, puis à Constantinople,
où il fut nommé chef de la garde de l'empereur, qui
se composait en grande partie d'hommes du Nord. Il
rapportait de ses voyages des richesses considérables;
et, dans l'espoir de se rendre maître de la Norvége, il
s'allia avec Svend et fit avec lui plusieurs expéditions.
Magnus effrayé employa tous ses efforts à ramener de
son côté ce nouvel adversaire, et y parvint en lui
offrant de partager avec lui son royaume. Svend, abandonné à lui-même, n'en continua pas moins la guerre,

et, malgré sa bravoure, fut encore battu. Mais au moment où tant d'efforts infructueux pouvaient le faire désespérer de son succès, Magnus mourut (1047), et, avec sa loyauté de caractère, déclara en mourant à son frère Harald que, comme il n'avait point de fils, le trône du Danemark appartenait de droit à son persévérant antagoniste Svend Estridsen.

Harald, qui n'avait point pris part au contrat évoqué par Magnus, ne voulait point en reconnaître les conditions. Les hostilités recommencèrent entre lui et Svend, et durèrent de longues années. Enfin, de guerre lasse, les deux rivaux conclurent en 1064 un traité de paix. L'infatigable Harald s'en alla tenter une descente en Angleterre, et y mourut en 1066.

Svend gouverna le Danemark pendant douze années, et s'appliqua à réparer les malheurs enfantés par tant de combats et tant de luttes désastreuses. La tranquille et bienfaisante direction de son règne ne fut interrompue que par quelques événements passagers, et par une tentative pour reprendre possession de l'Angleterre, qui fascinait toujours les regards des Danois. Mais ce pays n'était plus gouverné par le faible Éthelred; il avait pour roi Guillaume le Conquérant, et celui-là défendait ses domaines. A défaut du glaive, il savait, quand il le fallait, user d'artifice et employer l'argent. Les Danois, commandés par Asbern, frère de Svend, ayant en 1069 débarqué sur les côtes du Northumberland, furent rejoints par un parti d'Écossais et de mécontents, avec lesquels ils entrèrent dans le pays et s'emparèrent de la ville d'York. Guil-

laume, au lieu de prendre les armes dans cette circonstance critique, jugea plus prudent de négocier avec
l'ennemi. Il le détermina, moyennant une somme considérable, à s'éloigner du sol anglais. En retournant
vers le Danemark, la flotte d'Asbern surprise par une
tempête fut dispersée, abîmée; lui-même ne parvint
qu'avec peine à se sauver d'un tel désastre; et le
déplorable résultat de cette expédition détourna
l'esprit de Svend de ses projets de conquête.

Il avait d'ailleurs près de lui un ennemi qui le harcelait à tout instant, et contre lequel il était obligé
de se tenir sans cesse en garde. C'étaient ces tribus
slaves du Mecklembourg, de la Poméranie, race de
guerriers et de corsaires qui infestaient les côtes de
la Baltique, ravageant le pays, incendiant les villages, et guettant si bien leur proie dans les golfes,
dans les baies, qu'avec le meilleur vent, dit Adam de
Brême, on ne pouvait leur échapper. Svend les pour-
chassa et les battit plus d'une fois, mais sans pouvoir
opposer une digue suffisante à leurs déprédations.

D'autres soins, d'autres sollicitudes troublaient
encore sa pensée. A l'exemple de Canut le Grand, il
avait montré une bienveillance particulière pour le
clergé; il avait enrichi les établissements religieux et
construit une quantité d'églises. Cependant il encou-
rut, pour s'être marié avec sa belle-fille, la colère de
l'archevêque de Hambourg, et fut forcé de renoncer à
une union que le prélat déclarait contraire aux lois
de l'Église. A peine échappé à l'anathème dont l'inflexible archevêque le menaçait, il en subit un autre.

Quelques-uns de ses courtisans ayant mal parlé de lui, il les fit égorger dans l'église de Roeskilde. Le lendemain, comme il se préparait à entrer dans cette même église, il trouva sur son passage l'évêque de la ville, qui, lui reprochant à haute voix son crime, lui interdit le seuil du temple qu'il avait ensanglanté. Les hommes d'armes qui entouraient le roi levèrent leur glaive pour en frapper l'audacieux prélat; mais Svend, se courbant devant lui , demanda pardon ; puis, se dépouillant de ses ornements royaux, s'en revint avec de grossiers vêtements faire amende honorable à la porte de l'église. Dans l'espace d'un siècle et demi, quel ascendant l'autorité religieuse avait pris dans ce pays, où tout s'opposait si violemment aux premières prédications du christianisme !

L'évêque pardonna avec joie. Il avait pour Svend une profonde affection; il l'aimait tant, qu'il demanda au ciel la grâce de ne pas lui survivre ; et une tradition populaire rapporte qu'il expira le même jour que ce roi chéri.

Svend mourut en 1076, laissant à ses sujets le souvenir d'un prince intelligent et zélé pour le bien public. Pendant son séjour en Angleterre, il avait acquis une instruction fort rare encore de son temps dans les régions du Nord. Il introduisit en Danemark l'usage du latin, et donna lui-même à Adam de Brême la plupart des documents dont le vénérable chanoine a fait usage dans sa chronique.

A la place de la postérité directe de Canut, Svend fonda une dynastie qui conserva le trône de Dane-

mark jusqu'à l'avénement de la maison d'Oldenbourg.

Svend avait douze fils, dont cinq occupèrent successivement son trône. Le premier, nommé Harald, ne
régna que quatre ans. C'était un homme d'un naturel
doux et compatissant, mais faible. Ses sujets, qui
avaient peu de respect pour lui, lui donnèrent le surnom de Pierre molle. Il opéra cependant une réforme
qui s'accordait avec la mansuétude de son caractère,
et qui plut beaucoup au peuple. Il substitua au combat, en usage jusque-là, le témoignage et le serment.

En 1089, son frère Canut, surnommé le Saint, lui
succéda. Ce prince, qui dans sa jeunesse s'était fait un
nombreux parti par ses brillantes qualités, trompa
l'attente de ceux qui espéraient voir en lui un grand
roi. Il irrita le peuple et les nobles par plusieurs mesures de rigueur, et par la prédilection excessive qu'il
manifesta pour le clergé. Rien de plus juste cependant
que quelques-unes des réformes qu'il cherchait à
opérer dans son royaume. Il s'efforça d'abolir l'esclavage implanté en Danemark par le paganisme, déclarant que le Christ avait affranchi tous les hommes.
Telle était pourtant la puissance de cette barbare institution, que, malgré les arrêts du roi et les remontrances des prêtres, l'esclavage, aboli peu à peu dans les
villes, subsistait encore dans les campagnes au commencement du quatorzième siècle. Canut poursuivit
aussi avec rigueur tous ceux qui se livraient à la
piraterie. Il fit arrêter et pendre un corsaire de Bornholm que l'on accusait de boire le sang de ses enne-

mis, et que le peuple pourtant, frappé de sa sauvage
audace, considérait comme un héros. En tout cela
cependant Canut ne froissait que des préjugés ; mais
en favorisant, comme il le fit, les prétentions du clergé,
il froissait l'orgueil des nobles, l'intérêt matériel des
paysans ; et c'est ce que les Danois ne lui pardonnèrent
pas. Il donna au clergé le premier rang dans l'État,
l'affranchit, en tout ce qui tenait aux affaires ecclésiastiques, du jugement des tribunaux ordinaires, et posa
ainsi la première base de cette juridiction spéciale
dont le clergé entra bientôt en possession, et qui
s'étendait à des questions purement temporelles.
Enfin, Canut voulut imposer à ses sujets une dîme
dont un tiers devait appartenir à l'évêque, un autre
tiers au prêtre de la paroisse, et le troisième à l'Église.
Cette loi souleva un mécontentement général, et bientôt amena une fatale catastrophe.

Canut, qui était d'un caractère brave et entreprenant, se laissa séduire encore par les projets de conquête, auxquels le Danemark avait tant de peine à
renoncer. De concert avec son beau-frère Olaf, roi
de Norvége, et son beau-père le comte Robert de
Flandre, il équipa une flotte d'un millier de navires
destinés à jeter une armée sur la côte d'Angleterre.
Canut ayant tardé quelque temps à rejoindre cette
flotte, les navires se dispersèrent, et les hommes d'armes qui les montaient s'en revinrent dans leurs
foyers. A l'assemblée du thing, le roi se plaignit amèrement de cette défection. Les paysans, comprenant
qu'en effet ils avaient eu tort, s'offrirent à expier leur

faute. Le roi leur proposa de payer une amende con
sidérable, ou de se soumettre à l'institution de la
dîme. Les paysans, en gens avisés, préférèrent un tribut temporaire à un impôt perpétuel. L'amende alors
fut perçue avec une extrême rigueur, et parfois, disent
les historiens, avec une évidente injustice. Le roi lui-même, escorté d'un détachement de soldats, s'en allait de
district en district, ajoutant à la levée de l'impôt les
charges qui résultaient nécessairement de son séjour
dans les villages et du séjour de son escorte. Dans le
nord du Jutland, le peuple, moins patient que celui
des autres provinces et plus cruellement spolié, se
révolta. Canut, effrayé, se retire en Fionie; les rebelles
se précipitent à sa poursuite, l'atteignent à Odensee et
entrent en tumulte dans l'église, où il croyait trouver
un refuge assuré. Canut se jette au pied de l'autel,
ses deux frères Éric et Benedict se placent à ses côtés
pour le défendre; mais ni le respect du saint lieu, ni
la vue de leur souverain prosterné devant Dieu, ni
celle de ces deux courageux princes qui exposent
leur vie pour protéger la sienne, n'arrêtent les force-
nés. Ils s'élancent avec des cris de rage sur Canut, et
le massacrent sans pitié. Son frère Benedict tomba
percé de coups à côté de lui; son frère Éric s'ouvrit,
le glaive à la main, un passage à travers cette horde
furieuse.

A peine les révoltés, honteux et repentants de leur
crime, avaient-ils déposé les armes, qu'il arriva ici ce
qui était arrivé en Norvége à la mort d'Olaf. Canut
fut représenté comme un martyr de son zèle pour la

religion. Il fit des miracles, il fut invoqué comme un saint par ceux-là même qui avaient maudit son pouvoir. Bientôt le pape le canonisa. L'église où il avait été assassiné porta le nom d'église de Saint-Canut, et plusieurs autres temples lui furent consacrés.

Sous le règne de son frère et de son successeur Olaf, une famine ayant éclaté en Danemark, on attribua ce fléau au crime commis à Odensee, à la vengeance du ciel. Olaf, qui végéta neuf ans sur le trône, ne fut inscrit dans les annales du peuple qu'avec un affreux surnom : on l'appela Olaf la Faim.

Il mourut sans inspirer un regret, et fut remplacé par son frère Éric, surnommé Ejegod (Toujours bon). C'était un prince doué à un haut degré des qualités qui font aimer le souverain. Au lieu de chercher à étendre les prérogatives de son pouvoir royal, il se rendait dans toutes les circonstances aux assemblées du thing, consultait les sentiments du peuple, s'informait de ses besoins, et s'approchait avec affabilité du plus simple paysan. Dès le commencement de son règne, à la disette qui pendant si longtemps avait affligé le pays succéda tout à coup une récolte abondante; et le peuple, toujours porté au merveilleux, attribua à son roi ce qui n'était que l'effet naturel d'une cause physique.

Éric entreprit avec succès une expédition contre les Wendes, qui continuaient à infester les côtes du Danemark. Il s'empara de plusieurs de ces infatigables pirates, et pour faire un exemple les condamna aux plus cruels supplices. Si dans le cours de cette expé-

dition il blessa par mégarde les priviléges de l'arche
véché de Brême, on ne sait. Le fait est que les prélats qui d'abord avaient occupé le siége de Hambourg,
qui plus tard avaient été transférés à Brême, s'étaient
toujours arrogé un droit de suprématie sur le Nord,
et s'étaient souvent avec hauteur immiscés dans les affaires politiques du Danemark. L'archevêque Lieman,
irrité contre Éric, le menaça d'une excommunication.
Cette mesure, qui au moyen âge causait une si grande
terreur aux peuples et aux rois, ramena Éric à l'idée
qui avait déjà occupé un de ses prédécesseurs, celle
d'obtenir pour le Danemark la création d'un siége archiépiscopal, et de soustraire par là le pays à une autorité étrangère. Éric alla à Rome, expliqua au souverain pontife sa conduite envers le prélat de Brême,
obtint la création d'un archevêché qui, en 1103, fut
fixé à Lund, et de plus obtint (ce qui était encore plus
précieux pour lui) la canonisation de son frère Canut.

Par suite de cet événement, il se forma, au nom du
saint roi, des confréries qui peu à peu s'étendirent
de ville en ville, de village en village, dans toutes les
contrées septentrionales. C'étaient des associations
pacifiques, succédant avec une pensée religieuse et un
lien moral aux anciennes confraternités de Vikings,
enfantées par les mœurs guerrières du paganisme du
temps. Les *Gildes* ou confréries se développèrent dans
un ordre d'idées plus large ; c'est là qu'il faut chercher
l'élément des corporations municipales, l'organisation des bourgeoisies scandinaves.

Un événement fatal mit fin à un règne qui avait fait

le bonheur des Danois. Éric ayant dans un moment d'ivresse assassiné quatre de ses courtisans, résolut, pour expier ce crime, de se rendre en pèlerinage à Jérusalem. Lorsqu'il annonça cette décision au thing, ses sujets le conjurèrent de renoncer à son projet; mais soit qu'il se fît un cas de conscience d'accomplir son vœu, soit qu'il fût, comme tant d'hommes de son temps, entraîné par le désir de voir les lieux lointains, il partit, et mourut, l'an 1105, dans l'île de Chypre. Sa femme, qui avait voulu l'accompagner dans ce difficile trajet, continua son voyage, et mourut à Jérusalem.

Les Danois n'apprirent que l'année suivante la perte qu'ils avaient faite. Ce qui arriva ensuite aggrava leurs regrets, augmenta leur douleur. Le règne de Nicolas, qui succéda à Éric, n'offre au narrateur qu'une série presque continuelle d'agitations ambitieuses, de divisions domestiques qui troublèrent tout le royaume. Éric avait donné le duché de Schleswig à son fils Canut, brave et noble jeune homme dont les qualités excitèrent la jalousie de Nicolas, et plus encore celle de son fils Magnus. En entendant sans cesse vanter le courage et les dons séduisants de Canut, tous deux craignaient qu'un jour il ne se servît de la popularité qu'il s'était acquise pour revendiquer le trône de Danemark. Aveuglé par ses craintes, égaré par son ambition, Magnus un jour invite le jeune duc à venir le voir, l'entraîne après dîner, sous le prétexte de lui faire faire une promenade, dans une forêt, puis tout à coup, tirant son épée, se précipite sur lui et l'assassine en s'écriant : « Maintenant on verra qui de nous sera roi de Danemark! »

Le malheureux prince, surpris si traîtreusement par Magnus, laissait un fils qui devait être un des plus grands rois du Danemark.

Cependant à peine le peuple apprit-il la mort de Canut, que de toutes parts on entendit retentir des cris de colère et de vengeance contre son lâche meurtrier. Sans l'assistance de l'archevêque de Lund, il eût bientôt expié son forfait sous les coups de la populace en fureur. Grâce à la puissante intervention du prélat, il parvint à se réfugier en Suède, et eut la témérité de revenir peu de temps après en Danemark. Alors les Danois, indignés de son audace, excités d'ailleurs par Éric, frère de Canut, se soulevèrent en masse contre Magnus et contre son père. Dans plusieurs districts, les paysans déclarèrent qu'ils ne reconnaissaient plus Nicolas pour leur souverain, et prirent Éric pour leur roi. Les deux rivaux s'avancèrent l'un contre l'autre avec les troupes qu'ils avaient rassemblées. Éric, battu une première fois, trouva de nouveaux renforts, et livra une nouvelle bataille dans laquelle l'armée de Nicolas fut complétement défaite, et où périt son fils Magnus, cause première de ces luttes désastreuses. Nicolas prit la fuite, et eut l'imprudence d'entrer dans le Schleswig, où il était plus abhorré encore que dans les autres provinces. Canut avait été là président d'une *Gilde* dont les règlements imposaient, à tous ceux qui en faisaient partie, l'obligation de venger la mort d'un confrère. En apprenant que le père de l'assassin de leur duc était dans leur domaine, les mem-

bres de la Gilde prennent les armes, courent au château où il s'était renfermé, pénètrent jusqu'à lui
malgré la résistance de ses gardes, et l'égorgent.

Ainsi mourut, en l'année 1134, le dernier frère
d'Éric Estridsen. De cette époque jusqu'à l'avénement
de Valdemar au trône (1157), pendant un espace de
vingt-sept ans, le Danemark ne présente qu'un triste
tableau de discordes civiles, et pas un seul événement que l'on se plaise à recueillir, et pas une de ces
institutions qui font époque dans l'histoire.

Éric, frère de Canut, à qui sa facilité d'élocution fit
donner le surnom d'Emund (éloqüent), monta sur le
trône, entreprit une expédition contre les Wendes, et,
au retour de cette campagne, eut le malheur d'entrer
en contestation avec l'évêque Eskild de Roeskilde, qui
prit bravement les armes et le força à se réfugier en
Jutland. L'évêque pourtant fut arrêté, et Éric rentra
dans sa capitale. Mais à la troisième année de son règne, un jour qu'il tenait une cour judiciaire, un
gentilhomme du Jutland, qui croyait avoir à se plaindre de lui, l'assassina.

Il fut remplacé par un autre Éric, dont le surnom
de *Lam* (agneau) indique le caractère, qui, après avoir
régné pendant dix ans avec la faiblesse d'un agneau,
prit l'habit de moine, et mourut en 1147 dans un cloître d'Odensee.

Après lui, il se présenta deux prétendants au trône :
Svend Grathe, fils d'Éric Emund, et Canut, fils de Ma-
gnus. Le premier fut proclamé roi par la Scanie et la
Seelande; le second, par le Jutland. Il résulta de cette

6.

division une guerre qui se prolongea dix ans sans amener un résultat décisif, quoique Svend, secondé par le jeune Valdemar, remportât souvent la victoire. Canut ayant invoqué la médiation de Frédéric Barberousse, l'empereur l'appela lui et Svend à sa cour, et décida que Svend se reconnaîtrait vassal de l'empire et abandonnerait la Seelande à son rival. Une telle décision ne pouvait en aucune façon satisfaire le fier Svend. A son retour en Danemark, il renia tous les engagements qu'il avait été obligé de prendre envers l'empereur. La guerre recommença; et cette fois Valdemar, qui en sa qualité de fils de Canut assassiné par Magnus, de petit-fils d'Éric le Bon, avait d'assez grands droits au trône, s'étant rangé contre Svend, celui-ci fut battu et prit la fuite. Bientôt il revint, soutenu par Henri le Lion de Saxe, et, battu de nouveau, fut forcé d'accepter les conditions que lui imposèrent ses adversaires. Le Danemark, qui avait deux rois, en eut alors trois. Les provinces méridionales et septentrionales du Jutland furent données à Valdemar, les îles à Svend, et la Scanie, le Halland, le Bleking, à Canut.

Svend ne pouvant se résigner à ce partage, et ne se sentant pas assez fort pour entreprendre une nouvelle guerre, projeta, pour se délivrer de ses deux rivaux, un affreux guet-apens. Un jour, il les invite avec de cordiales paroles à une fête qu'il doit donner à Roeskilde. Après avoir offert d'abondantes libations à ses hôtes, il se lève de table, trouve un prétexte pour sortir; et un instant après, ses affidés se précipitent, les ar-

mes à la main, dans la salle du banquet. Canut est tué ;
mais Valdemar, plus vigoureux et plus agile, éteint
les flambeaux, et, l'épée à la main, se fraye un passage à travers ceux qui cherchaient à l'égorger. Le
jeune prince resta quelque temps caché dans une
forêt, puis parut au thing de Viborg, émut les paysans
par le récit de la trahison dont il avait failli être victime, et en leur montrant les blessures qu'il avait re-
çues. La province où il avait si éloquemment plaidé sa
cause lui fournit des troupes, avec lesquelles il marche contre Svend. Les deux armées se rencontrèrent
dans la plaine de Grathe. Svend fut tué, et Valdemar
monta sur le trône pour réparer les malheurs d'un
demi-siècle de dissensions, pour élever par son courage et son intelligente administration le Danemark à
un état de force et de prospérité que ce pays n'avait
pas eu depuis longtemps.

Tandis que le royaume du grand Canut se débat-
tait ainsi sous la fatale influence des rivalités princiè-
res, des discordes civiles, la Norvége n'était guère
plus heureuse.

Après la mort de Harald, qui succomba, comme
nous l'avons dit, dans une expédition en Angleterre,
le royaume fut partagé entre ses deux fils, Olaf Kyrre
(le Pacifique) et Magnus. Bientôt celui-ci mourut, et
Olaf mérita l'honorable surnom que ses sujets lui
avaient donné, par les soins qu'il apporta à l'administration de la contrée, au développement de l'agriculture et du commerce. Il était d'un caractère religieux,
et établit plusieurs évêchés. Ce fut lui aussi qui jeta

les fondements de Bergen, qui est devenue l'une des plus importantes cités du Nord.

Olaf mourut en 1093, et fut remplacé par son fils Magnus Baarfod (aux Pieds nus), qui, au lieu de suivre la sage ligne de conduite de son père, se jeta dans diverses entreprises guerrières, s'en alla ravager les côtes d'Écosse, d'Irlande, et périt dans cette expédition en 1103.

Les trois fils de ce roi aventureux, Olaf, Eistein, Sigurd, se partagèrent ses États. Olaf mourut tout jeune; Eistein fit quelques bonnes lois et conquit le Jemteland; Sigurd, entraîné par l'esprit du temps, abandonna ses États pour se rendre à Jérusalem. Il mourut en 1130; et à partir de cette époque, pendant plus d'un siècle la pauvre Norvége se trouva livrée à l'ambition désastreuse, aux luttes continues d'une quantité de prétendants. Enfants naturels et enfants légitimes, chacun voulait avoir sa part de la succession paternelle. D'abord Magnus l'Aveugle, fils de Sigurd, parvient à monter sur le trône; puis un Islandais, Harald Gille, qui déclarait aussi être le fils de Sigurd, se fait un parti, et oblige Magnus à partager avec lui ses principautés. Bientôt Magnus l'attaque, le chasse, et en 1134 Harald revient avec de nouvelles forces, s'empare de Magnus et lui fait crever les yeux. Deux ans après, le cruel Harald est massacré par Sigurd à l'Épée mauvaise, qui se disait le fils de Magnus aux Pieds nus, et voulait régner. Mais les trois enfants de sa victime, Sigurd, Juge, Eistein, se partagent le royaume. Ces trois princes, réunis d'abord par un in-

térêt commun et par un même sentiment de vengeance,
ne tardent pas à se diviser, et à se disputer les possessions qu'ils étaient convenus de régir pacifiquement. En 1155, Sigurd est tué; en 1157, Eistein périt
de même dans une bataille; puis Juge, qui restait seul
maître de la Norvége, mourut aussi en 1161, dans un
combat que lui livra Harald aux larges Épaules, fils
de Sigurd. Harald ne jouit pas longtemps de sa victoire. En 1162, il tomba comme ses prédécesseurs,
les armes à la main, dans un combat contre Erling,
gendre de Sigurd, le pèlerin de Jérusalem. Erling fit
proclamer roi son fils Magnus encore enfant, et le fit
couronner en 1164.

Éloignons-nous quelques instants de ces scènes déplorables, de ce théâtre de carnage; et retournons en
Danemark, où le règne de Valdemar nous offre un
noble caractère et de nobles événements.

CHAPITRE V.

Valdemar I. — Canut VI. — Valdemar le Victorieux.

———

Une des premières pensées de Valdemar, lorsqu'il eut pris possession d'un trône agité depuis un demi-siècle par tant d'orages et ébranlé par tant de secousses, fut de mettre un terme aux irruptions et aux déprédations de Wendes. Cette race inquiète, turbulente, et livrée encore en grande partie aux erreurs traditionnelles d'un paganisme grossier, occupait les régions septentrionales de l'Allemagne : la Poméranie, le Mecklembourg, et l'île de Rügen. A Arcona, capitale de cette île, s'élevait un temple consacré à l'idole Svantevit. On lui avait érigé une statue colossale à quatre faces. Elle avait une garde de 3oo cavaliers, et la meilleure part du butin recueilli dans les entreprises de piraterie était pour ses prêtres. On entretenait pour le service de cette divinité un cheval blanc, auquel les prêtres seuls pouvaient toucher. Le peuple croyait que, la nuit, leur puissante idole montait sur ce cheval et poursuivait ses ennemis. Pour entretenir cette croyance, souvent un prêtre faisait galoper dans les ténèbres le coursier sacré, et le montrait, le matin, la bouche écumante et le corps inondé de sueur. En marchant contre ces pirates, Valdemar était à la fois animé par le désir de les subjuguer et par celui de les convertir au christianisme. Il était accompagné dans cette expédition par l'évêque Absalon, son ami, son ministre, l'un des hommes les plus éclairés du moyen âge, l'un de ces esprits d'élite qui laissent dans l'histoire d'une nation une trace lumineuse et un nom impérissable.

En 1169, Valdemar débarqua sur la côte de Rügen, et s'empara d'Arcona. La statue de Svantevit fut brisée, son temple démoli; douze églises chrétiennes furent construites dans cette île qui avait si long-temps résisté à la propagation de l'Évangile, et l'île entière fut réunie à l'évêché de Roeskilde. De là, Valdemar, continuant le cours de ses exploits, s'empara de Jomsborg, de Julin, ces redoutables repaires de pirates, et y établit pour les maintenir dans l'ordre une forte garnison. C'est à partir de cette époque que les rois de Danemark ont pris le titre de rois des Wendes. Frédéric Barberousse, qui en sa qualité d'empereur germanique s'immisçait dans toutes les affaires d'Allemagne, donna sa sanction aux con-quêtes de Valdemar, au grand déplaisir de Henri le Lion, duc de Saxe, qui, ayant soumis aussi de son côté une partie des tribus wendes, prétendait étendre son pouvoir jusqu'aux confins de la mer Baltique.

L'éminent service que Valdemar venait de rendre à l'Église, en abolissant l'idolâtrie païenne sur les fron-

tières de l'Allemagne, ne put le soustraire à l'animosité d'un prélat hautain, qui par ses orgueilleuses
prétentions avait déjà troublé le règne de ses prédécesseurs. C'était Eskild, premier archevêque de
Lund. Il avait fait venir de France diverses choses
précieuses qui furent volées en chemin. Toutes les
perquisitions ordonnées par le roi pour découvrir
les coupables et leur reprendre leur larcin étant restées sans résultat, l'archevêque accusa Valdemar d'a-
voir traité trop indolemment cette affaire, s'emporta contre lui, essaya de se venger. Puis, voyant
ses efforts inutiles, il partit pour Jérusalem, résigna à son retour son siége archiépiscopal, et, par
une singulière révolution de sentiment, demanda à
être remplacé par l'évêque Absalon, qu'il avait jusque-là traité comme un ennemi. Absalon, attaché à son
évêché de Roeskilde, au souverain près duquel il
vivait, refusa la nouvelle dignité qui lui était offerte.
Il fallut un ordre du pape pour l'obliger à l'accepter;
et, par une faveur spéciale, il obtint le droit de régir
à la fois le diocèse qu'il ne pouvait se résoudre à
quitter, et celui que lui abandonnait Eskild.

Ce changement dans l'administration du siége de
Lund ne s'opéra pas cependant sans difficulté. Les
habitants de la Scanie, qui auraient dû se réjouir de
voir placer à leur tête un prélat si distingué, se révoltèrent contre son autorité, et déclarèrent qu'ils ne
lui donneraient point la dîme. Valdemar' marcha
contre eux, les défit, en 1181, dans une bataille près
de Dysie. Absalon demanda grâce pour les instiga-

teurs de cette guerre; et les rebelles, touchés de cette générosité, acceptèrent sans murmurer l'acte de réparation qui leur fut prescrit par le roi victorieux.

L'année suivante, Valdemar mourut après un règne de vingt-cinq ans, signalé par plusieurs expéditions glorieuses, par vingt-huit batailles où il avait remporté la victoire, et par d'utiles mesures d'ordre, de législation. Il rédigea la loi de Scanie, qui resta en vigueur dans cette province jusqu'au dix-huitième siècle; la loi de Seelande, qui fut remplacée, en 1315, par celle d'Éric Menved; et un règlement ecclésiastique qui subsista en Danemark jusqu'à la réformation. Il eut le bonheur de discerner dans son fidèle Absalon l'homme de cœur, l'homme intelligent qui le suivait dans ses campagnes avec un courage de soldat, et l'éclairait dans ses conseils. De son règne datent les deux premières œuvres littéraires du Danemark: l'histoire célèbre de Saxo le grammairien, et la chronique de Svend Aagesen, écrites à l'instigation d'Absalon, qui stimula surtout le zèle de Saxo son secrétaire.

Par une sage précaution, Valdemar, pour prévenir les discordes tant de fois enfantées par la succession au trône, avait fait proclamer roi son fils Canut, encore enfant. A l'âge de dix-huit ans, Canut entra sans difficulté en possession du pouvoir suprême, et trouva dans l'expérience d'Absalon l'heureux appui qui avait été si utile à son père.

Pendant que toutes les provinces danoises le reconnaissaient pour leur souverain, la Scanie essaya

encore de se révolter ; mais elle fut de nouveau vaincue
et réduite à l'obéissance.

Frédéric Barberousse voulut obliger Canut à lui
rendre hommage pour les districts conquis par Valdemar dans la terre des Wendes. Le jeune roi s'y refusa. Frédéric, pour l'obliger à se déclarer son vassal,
lui envoya un ambassadeur qui ne cessait de vanter
la puissance impériale, et de représenter à la cour de
Roeskilde à quel péril on s'exposait en voulant la
braver. « Allez, lui dit un jour Absalon avec une
mâle fierté, allez dire à votre empereur que le Danemark n'est pas une Thuringe ; que, pour avoir l'honneur de nous concéder nos domaines, il faut les conquérir ; et on ne les conquerra qu'avec le bouclier et
des gants d'acier, car les Danois portent un glaive à
leur ceinture pour défendre leur liberté. Rapportez
ces paroles à votre empereur, et ajoutez que Canut
se soucie peu de son amitié et ne redoute point sa colère. »

Au retour de son envoyé, Frédéric furieux détermina Bogislas, duc de Poméranie, à déclarer la guerre
au Danemark ; et le duc arma, disent les chroniqueurs, une flotte de cinq cents navires. En 1184,
Absalon s'avança contre cette terrible légion de marins avec une trentaine de bâtiments. Mais il inspirait
aux Wendes une telle terreur, qu'à son approche
une partie de l'armée de Bogislas déserta. La bataille
s'engagea d'un côté avec ardeur, de l'autre avec in-
quiétude et découragement. La flotte des Wendes fut
dispersée, abîmée dans les flots, ou conquise par les

Danois. Trente-cinq navires seulement échappèrent
au désastre général. Bogislas, qui s'était flatté d'asservir Canut à son pouvoir, fut forcé d'invoquer sa générosité et de se déclarer son vassal.

Frédéric, humilié, irrité, essaya, mais en vain, de
susciter en ce moment de nouveaux ennemis contre
le Danemark. Son fils Henri avait épousé la sœur de
Canut. Pour se venger des succès du jeune roi, il le
somma d'avoir à payer la dot de sa sœur. Canut s'y
refusa, et l'empereur lui renvoya, comme une femme
répudiée, l'épouse de son fils (1). De plus graves sollicitudes empêchèrent alors Canut de demander réparation de cet affront. Un évêque, nommé Valdemar,
riche et ambitieux, qui prétendait descendre du roi
Nicolas, occupait le poste de régent dans le Schleswig.
Canut ayant voulu disposer de cette place éminente
en faveur de son frère, le prélat emporté s'allia au
comte Adolphe de Holstein, à deux autres princes
d'Allemagne, s'en alla en Suède chercher des renforts, et prit le titre de roi de Danemark. Le cas était
grave, le péril évident. L'habile Absalon réussit à
s'emparer du turbulent évêque, et le fit enfermer. Ses
alliés prirent les armes pour le délivrer. Valdemar,
frère de Canut, marcha contre eux, s'empara de Lubeck, de Hambourg, assujettit à un tribut le Mecklembourg, fit prisonnier le comte Adolphe, et préluda

(1) Par une fatalité singulière, Canut vit ses trois sœurs répu-
diées: celle qui fut mariée avec Henri, fils de Barberousse; une
autre qui avait épousé le landgrave de Thuringe; et Ingeborg,
femme de Philippe-Auguste.

par ces victoires à la carrière qui lui mérita le surnom
de Victorieux.

Canut, dont tous ces succès enflammaient le courage, porte ses vues vers d'autres conquêtes, entreprend plusieurs expéditions en Esthonie, et meurt à
quarante ans, avec la gloire d'avoir vaillamment soutenu et d'avoir agrandi l'héritage paternel. Un an
auparavant (1201), Absalon, son conseil, son appui,
était mort, heureux d'avoir si bien servi ses deux rois
et si utilement consacré sa vie à la prospérité du
Danemark. Longtemps encore ses habiles conceptions devaient servir de guide aux souverains du Danemark. Il avait fait construire près des rives de la
Baltique un château qui resta dans la dépendance de
l'évêché de Roeskilde jusqu'au règne de Christophe
de Bavière. Autour de ce château s'élevèrent diverses
habitations; il s'y forma une bourgade, puis une
ville. Cette ville est devenue la capitale du Danemark,
la belle et riche ville dont Absalon avait deviné l'emplacement, et dont le nom indique l'heureuse situation : *Kiôbenhavn* (port de marchands) (1).

Canut VI étant mort sans enfants, son frère Valdemar lui succéda; Valdemar, ce vaillant prince qui
si jeune avait illustré son nom par ses exploits, qui
était destiné à élever le Danemark à un haut degré de
grandeur, et à subir les plus cruels revers de fortune. A son avénement au trône, il avait reçu l'hom-

(1) De ce nom significatif nous avons fait Copenhague, qui
n'a aucun sens.

mage des villes de Lubeck, de Hambourg, de la noblesse de Holstein et de Lauenbourg, des princes de
Poméranie, de Rugen, de Mecklembourg. Le comte
Adolphe de Holstein, qui avait été fait prisonnier,
acheta sa liberté en cédant ses États à Valdemar,
qui les céda à titre de fief à son neveu Albert d'Orlamynde.

Dès le commencement de son règne, il se trouva
mêlé aux troubles continuels de la Norvége, aux agitations de la Suède, et n'obtint point dans cette intervention le succès qu'il avait eu dans ses premières
campagnes.

Magnus Erlingsön, qui, comme nous l'avons dit, avait
été en 1164 proclamé roi de Norvége, réussit d'abord,
à l'aide de son père, à écarter plusieurs prétendants
au trône. Bientôt il s'éleva contre lui un parti puissant, qui élut pour roi Eistein Meila. Celui-ci ayant
été vaincu, à sa place on vit apparaître Sverren, qui
se prétendait le fils de Harald Sigurdsön; qui d'abord
s'était consacré à la prêtrise; qui enfin, à l'aide des
ennemis de Magnus, parvint à détrôner ce roi (1184),
déjoua plusieurs complots, et brisa les forces de plusieurs prétendants. Il mourut en 1202, et laissa à son
fils Haken son malheureux royaume, où s'élevaient
sans cesse de nouveaux partis et de nouvelles hostilités.
Haken ne régna que deux ans. A sa mort, les divisions un instant comprimées éclatèrent avec plus de
force. D'un côté on proclamait roi Guttorm, encore
enfant; de l'autre, Erling, fils de Magnus Erlingsön.
Ces funestes dissensions se prolongèrent pendant

plus de trente années encore, et ne furent étouffées qu'après de pénibles luttes par Hakon Hakonsön, qui fut proclamé roi en 1217. Valdemar, qui s'était malheureusement mêlé à ces discordes, échoua encore dans les efforts qu'il fit pour soutenir le roi Sverren de Suède contre son adversaire Éric. Une armée de seize mille hommes, qu'il lui envoya sous le commandement de l'évêque Pierre de Roeskilde, fut battue complétement près de Lund. Sverren se réfugia en Danemark, essaya de rentrer deux ans après dans ses États, et périt dans une bataille.

Un éclatant triomphe devait consoler le vaillant Valdemar de ces infortunes. Ses deux prédécesseurs, Valdemar et Canut, de concert avec leur fidèle Absalon, avaient travaillé à soumettre au Danemark toutes les côtes de la mer Baltique. Déjà une grande partie de cette tâche était accomplie. Il ne restait à conquérir que les côtes de Prusse, la Livonie, la Courlande, l'Esthonie. Soutenu par le pape, qui engageait les peuplades chrétiennes à faire une croisade contre ces provinces encore païennes, Valdemar partit avec une flotte de quatorze cents navires fournis par toutes les provinces de son royaume. La Seelande en avait fourni cent vingt, la Scanie cent cinquante, la Fionie cent. Une partie de cette nombreuse armée était commandée par l'archevêque André, et le pape avait envoyé au roi, pour cette expédition, un étendard rouge traversé par une croix blanche. C'est cet étendard qui, selon les traditions populaires, tomba du ciel au milieu d'une bataille, qui est resté la bannière

nationale du Danemark, et dont le nom s'est conservé dans le plus ancien ordre de chevalerie de ce
royaume , l'ordre de Danebrog.

Valdemar remporta une victoire complète, subjugua la Livonie, une partie de l'Esthonie ; obligea les
habitants de ces contrées à se convertir au christianisme ; jeta les fondements des villes de Narva, de
Revel ; établit à Dorpat un évêché suffragant du siége
de Lund. Cette glorieuse expédition, qui, à l'exception
des côtes de Suède, étendit le pouvoir du Danemark
sur toutes les rives de la mer Baltique, donna à ce
pays un éclat qu'il n'avait pas eu depuis Canut le
Grand. Valdemar aurait même été plus puissant que
son illustre prédécesseur, si, comme le dit Suhm, il
disposait d'une armée de cent soixante mille hommes,
et si ses revenus annuels s'élevaient à vingt millions.

Mais, du faîte de cette grandeur, il était destiné à
tomber dans un abîme de calamités. Un de ses vassaux, le comte Henri de Schwerin, entraîné par le
désir de visiter la terre sainte, avait, en partant pour
son pèlerinage, confié l'administration de ses domaines à Valdemar. Holberg rapporte que, pendant
l'absence du voyageur, le roi se laissa séduire plus
que son devoir ne le comportait par les charmes de
la comtesse. Le fait n'est pas prouvé. Mais, quoi qu'il
en soit, Henri se prétendit offensé par Valdemar, et
résolut de se venger. Il le surprit un soir dans une
maison isolée où il s'était retiré après une journée de
chasse, l'emmena garrotté sur un navire, le conduisit
dans le Mecklembourg, et le jeta dans une prison.

Une fois là, il le traita en ennemi vaincu, et lui imposa de dures conditions. Il voulait que Valdemar lui abandonnât ses droits sur la terre des Wendes et sur le Holstein. Valdemar s'y refusa, et resta trois années en prison, malgré les vives instances de l'empereur et du pape Honoré III pour le faire remettre en liberté. La captivité de ce roi, naguère encore si redouté, réveilla la jalousie et raviva l'audace de tous les princes qu'il avait tenus jusque-là soumis à son pouvoir. Le comte Adolphe de Holstein reconquit les provinces de Holstein, dont il avait été dépossédé. Le vieil évêque Valdemar sortit de sa retraite, et s'avança avec des troupes sur les frontières du Danemark. Enfin, Albert d'Orlamynde assembla une armée, et pourtant, avant de s'exposer aux hasards d'une lutte incertaine, essaya de négocier la délivrance de son oncle. Mais les prétentions des ennemis de Valdemar, loin de diminuer, n'avaient fait que s'accroître. On exigeait qu'il abandonnât ses possessions slaves et wendes, que le Holstein fût déclaré fief d'Allemagne, et que le roi captif se reconnût, pour ses États de Danemark, vassal de l'empire germanique. On demandait, de plus, qu'il payât une rançon de 40,000 marcs. Albert rejeta ces propositions et prit l'épée. La fortune trompa son courage : il fut battu et fait prisonnier. Valdemar alors reprit le cours des négociations, et accepta les dures conditions qui lui étaient imposées, sauf pourtant celle à laquelle il attachait peut-être le plus de prix, celle qui plaçait le Danemark

7.

sous la suzeraineté de l'empire germanique. Mais le Holstein fut livré au comte Adolphe.

Au mois de décembre 1225, l'intrépide Valdemar, si heureux pendant quelques années, si douloureusement ensuite frappé par le sort, rentra dans ses États, humilié, irrité, avide de vengeance. Une lettre du pape l'affranchit de l'engagement qu'il avait été obligé de contracter. Il crut pouvoir se fier à la fortune, qui l'avait si bien secondé dans sa jeunesse; il recommença la guerre avec courage, avec espoir. Trahi par une partie de ses troupes, par les soldats du Dittmar, il succomba de nouveau, et se hâta de conclure la paix avec ses nombreux ennemis, pour conserver au moins une partie de son royaume. Des conquêtes dont il avait hérité, de celles qu'il avait faites, il ne lui restait que l'île de Rügen, quelques districts du Mecklembourg, de la Prusse, de l'Esthonie, et le vain titre de roi des Slaves.

Après tant de vicissitudes, il eut la sagesse de ne pas en chercher de nouvelles. Les dernières années de sa vie furent employées à la pacifique administration de ses domaines. Il publia en 1240 la loi du Jutland, qui fut adoptée dans le Schleswig, dans le Holstein, et subsista jusqu'au règne de Christian V.

Valdemar mourut en 1242, après un règne de quarante et quelques années, qu'on pourrait comparer à un de ces jours d'été étincelant au matin des splendides rayons de l'aurore, voilé plus tard par un nuage sombre, et rasséréné vers le soir par un doux crépuscule. Il avait été marié deux fois : d'abord avec une princesse de Bohême remarquable par sa beauté, puis avec une princesse de Portugal. De la première il eut un fils, Valdemar, qui donnait de grandes espérances, et qui mourut malheureusement en 1231 ; de la seconde, trois fils, Abel, Éric et Christophe, qui l'un après l'autre montèrent sur le trône, mais sans y apporter les brillantes qualités de leur père.

CHAPITRE VI.

Partage des duchés. — Éric, fils de Valdemar. — Troubles religieux. — Guerres civiles. — Christophe I. — Éric Glipping. — Éric Menved. — Christophe II. — Nouvelles discordes. — Déplorable état du Danemark. — Le comte de Geert. — Interrègne. — Valdemar III. — Règne de Marguerite. — Réunion du Danemark et de la Norvége. — Réunion de la Suède aux deux autres États scandinaves.

Valdemar avait fait proclamer roi le fils qu'il avait eu de sa belle et noble épouse, Marguerite de Bohême. Celui-ci étant mort, il nomma pour lui succéder Éric. Cette mesure de précaution, employée déjà sous les deux règnes précédents, avait pour but non-seulement de prévenir l'effet des rivalités qui si souvent éclataient à la mort d'un souverain, mais d'enlever au peuple, sans violence apparente, le droit d'élire ses rois. Depuis environ un demi-siècle la caste des paysans, cette caste d'hommes libres qui jadis composait à peu près toute la nation, qui dans ses assemblées décidait de la paix et de la guerre, rendait des jugements, faisait et défaisait les rois, était peu à peu

bien déchue de son ancien pouvoir. Au-dessus d'elle
s'était élevée d'abord la caste des hommes d'armes,
des serviteurs de la cour, qui peu à peu se développa,
s'organisa, et conquit les titres héréditaires, les priviléges de l'aristocratie féodale. Au-dessus d'elle s'était
élevé le clergé, autre aristocratie plus riche encore
et plus forte, qui portait à la fois le glaive et la croix,
commandait des armées, et effrayait par ses menaces
religieuses le peuple et les princes.

Entre ces deux grandes puissances, le peuple s'af-
faissa. Après quelques tentatives infructueuses, telles
que celle des habitants de la Scanie pour reconquérir
les droits dont ils avaient été si longtemps en possession, il finit par abdiquer ses prétentions, et par se
résigner aux travaux agricoles et industriels. De ces
descendants des fiers Vikings, qui jadis ne reconnaissaient pour leur chef que les plus braves ou les
plus heureux; de ces hommes qui, sous l'autorité nor-
male d'un roi, formaient une vraie république, les uns
cultivèrent les domaines dont ils étaient propriétaires;
d'autres tombèrent dans le vasselage des nobles ou
des cloîtres; d'autres formèrent dans les cités le premier noyau de la bourgeoisie.

Valdemar, en établissant l'ordre de succession à son
trône, commit une faute qui eut de funestes résultats
pour le Danemark. En donnant à Éric le nom de roi,
il ne lui confia qu'une partie de ses États : la Scanie,
la Seelande, la Fionie, et le Jutland septentrional. Il
donna à Abel, à titre de fief, le Jutland méridional, à
Christophe les îles de Laaland et de Falster, à ses

deux fils naturels, Canut et Nicolas, le Bleking et
la province de Halland. Ce partage enfanta des rivalités de pouvoir, et des discordes qui désolèrent longtemps le royaume.

Éric monta sur le trône avec l'ambition de reconquérir ce que son père avait perdu. Il avait fait une
partie de ses études à l'université de Paris, et annonçait une intelligence qui lui acquit l'estime même des
autres contrées. Au commencement de son règne, il
fut élu empereur d'Allemagne à la place de Frédéric II, que le pape avait excommunié. Mais à peine
commençait-il à régir ses États, qu'il se trouva entraîné
dans de déplorables luttes contre ses frères. L'un
d'eux venait incendier sa ville d'Odensée ; un autre
saccageait Hadenleb. Il chassa Christophe de Laaland, et le fit prisonnier ; puis il s'empara aussi de
Canut : mais il avait encore à se défendre contre Abel,
l'instigateur de toutes ces dissensions et le plus redoutable de ses adversaires. Après une longue guerre,
il parvint cependant à le subjuguer, et à l'obliger à se
déclarer pour son vassal. Bientôt Abel reprend les
armes. Éric, pour pouvoir solder ses troupes, frappe
d'un impôt chaque charrue du royaume ; de là son
surnom de Plogpenning (Denier de la charrue). Les
intraitables Scaniens refusent d'acquitter ce tribut.
Éric est encore obligé de marcher contre eux. Une
victoire assujettit cette turbulente population, une
autre victoire obligea l'ambitieux Abel à déposer
l'épée. Mais ces vains efforts enfantèrent dans son
cœur un sentiment de haine que la générosité même

de son frère ne fît qu'enflammer, et qui devait aboutir
à un affreux attentat.

Une querelle s'étant élevée entre Éric et les comtes
de Holstein, de part et d'autre il fallut en venir aux
armes. Éric envoya son armée vers les frontières du
Holstein, et s'arrêta en route pour voir son frère, avec
lequel il venait de conclure un traité de paix. Un soir,
les deux princes s'assirent à une table d'échecs; un
coup douteux devint l'occasion d'une dispute et
d'une scène atroce, que Hvitfeld raconte avec une
curieuse naïveté : « Tu te rappelles, dit Abel, que
lorsque tu vins piller ma ville de Schleswig, ma fille
fut obligée de se sauver sans souliers avec les plus
pauvres enfants. — Sois tranquille, cher frère, répondit le roi, je puis, Dieu soit loué, lui donner à
présent des souliers. — Non, s'écria Abel, tu ne
donneras plus rien. » Au même instant il le fit arrêter,
enchaîner, et envoya chercher un nommé Gudmundssen, qui ayant eu à se plaindre du roi avait juré de
se venger. Abel remit son malheureux frère entre les
mains de cet implacable ennemi. « Roi de Danemark,
lui dit Gudmundssen, tu sauras que l'heure de ta
mort est venue. — Je l'ai bien pensé, répondit tranquillement Éric, lorsque je me suis vu en ton pouvoir.
Accorde-moi seulement la grâce de faire venir un
prêtre pour prendre soin de ma pauvre âme. » Quand
le roi eut achevé sa confession et ses prières, Gudmundssen lui coupa la tête d'un coup de hache, et jeta
son corps dans une rivière. Deux mois après, son
corps ayant reparu à la surface des flots fut enseveli

par des mains pieuses, et Éric vénéré comme un saint.

Abel trouva vingt-quatre nobles complaisants qui affirmèrent qu'il était innocent de la mort de son frère, et monta sur le trône. Mais il ne jouit pas longtemps du pouvoir acheté par un fratricide. Il mourut en 1252, après un an et demi de règne. Les gens du peuple racontèrent que, la nuit, il sortait de sa sépulture et courait à travers champs, comme s'il eût été poursuivi par les Furies vengeresses. Pour mettre fin à ces courses nocturnes, on le cloua au sol, en lui plantant un pieu dans le corps.

La haine que le souvenir d'Abel inspirait à la nation danoise fit écarter du trône ses deux fils, Valdemar et Éric. Christophe Ier fut proclamé roi; mais les comtes du Holstein, ennemis perpétuels du Danemark, prirent sous leur tutelle les deux enfants déshérités, qui étaient leurs neveux, et il s'ensuivit des guerres désastreuses. Enfin, en 1254, les deux partis épuisés en vinrent à un accommodement. La tutelle des fils d'Abel fut remise à Christophe, et le duché de Schleswig accordé comme fief à Valdemar. Le jeune prince s'engageait à rester fidèle au roi, à lui amener, en cas de guerre, un certain nombre d'hommes, à le servir dans toutes les occasions comme un sincère et loyal vassal. Mais comme l'hérédité de ce fief n'avait point été déterminée, il enfanta par la suite d'ardentes dissensions entre les souverains du Danemark qui aspiraient toujours à le réunir à leur royaume, et les princes qui voulaient en faire un État indépendant.

Cependant la paix était conclue, heureusement
pour Christophe, qui allait se trouver impliqué dans
une autre lutte non moins opiniâtre et plus dangereuse. Jacques Erlandsön avait été nommé archevêque de Lund sans l'assentiment du roi, et prétendait
gouverner lui-même et sans contrôle les affaires ecclésiastiques. Il commença par abolir le code ecclésiastique de Scanie, promulgué par Valdemar Ier.
Christophe, avant de recourir aux moyens de rigueur,
l'invita à comparaître à la diète de Nyborg. L'archevêque assembla un concile de prêtres, et y lut un manifeste qui commençait par ces mots : « Cum Ecclesia
daciana adeo persecutioni tyrannorum subjecta est. »
Un tel exorde peut faire juger du reste. Après avoir,
dans cette assemblée, réglé selon sa volonté tous
les points en litige, le prélat se rendit à Nyborg, où
il écouta, sans vouloir faire aucune concession, l'é-
numération des griefs de la royauté.

Christophe, irrité, fit lire par un prêtre, à l'hôtel
de ville de Lund, un édit qui dépouillait l'opiniâtre
prélat de ses prérogatives, et affranchissait tous les
vassaux de son diocèse de leur serment et de leurs
obligations envers lui. L'archevêque répondit à cette
ordonnance en excommuniant le prêtre qui avait osé
la lire. Le combat était engagé, et l'archevêque n'é-
tait pas homme à céder une ligne de terrain. Christophe ayant convoqué une diète à Odensée pour y faire
couronner son fils Éric, le prélat défend à tous les
évêques de ce royaume d'y comparaître, et le couronnement n'eut pas lieu. Enhardi par ce premier

acte d'obéissance, il entreprend de déposséder Christophe de son trône, et de mettre à sa place Éric, second fils d'Abel. Le roi, pour prévenir le cours d'un tel complot, fait arrêter et enfermer dans une forteresse de Fionie ce redoutable Erlandsön et quelques autres prélats. A l'instant même, le Danemark est frappé d'interdit. Christophe en appelle au pape, qui, au lieu d'admettre sa requête, confirme l'arrêt d'excommunication. Las enfin d'un état d'hostilité si long et si funeste, Christophe se rend à Ribe, dans l'intention de conférer avec l'évêque de cette ville sur les moyens de faire cesser une telle situation. A peine arrivé près de celui qu'il avait choisi pour son conseiller, il tombe malade et meurt subitement, empoisonné, dit-on, par un chanoine avec une hostie.

Éric, surnommé Glipping (le Clignotant), n'avait que dix ans lorsque son père mourut. Par bonheur sa mère était une femme d'un esprit habile, d'une nature résolue, à laquelle on pouvait sans crainte confier les rênes de l'État. Sa première pensée fut de chercher à apaiser le courroux d'Erlandsön, qui avait excité tant de troubles funestes dans le royaume. Elle le fit mettre en liberté; mais l'orgueilleux prélat déclara qu'il ne consentirait à la paix qu'après en avoir référé au pape, et, sans se soucier des démonstrations amicales de la régente, souffla de nouveau le feu de la discorde, lança contre le Danemark des ennemis cruels, les comtes de Holstein, et un duc de Rügen qui, après une effroyable bataille dans laquelle périrent, disent les chroniqueurs, dix mille

Danois, entra comme une bête fauve dans le pays et
le ravagea sans pitié. En même temps Valdemar,
duc de Schleswig, étant mort, son frère Éric réclama
l'investiture de cette principauté. La régente consentait à la lui remettre, mais non point comme fief héréditaire. Éric voulut obtenir par la force ce qu'il
n'avait pu obtenir par un pacifique traité. En 1261,
il livra, près de Lohode, une bataille aux Danois,
dans laquelle le roi et sa courageuse mère Marguerite furent faits prisonniers. Marguerite pourtant ne
perdit pas courage. Elle appela à la régence du
royaume le duc Albert de Brunswick, et entreprit de
dompter l'archevêque de Lund, son plus dangereux ennemi. Elle invoqua la justice du pape, qui se fit longtemps prier, puis enfin somma Erlandsön de se
rendre à Rome pour s'y justifier de sa conduite.
Plusieurs années se passèrent encore en négociations.
La reine, fatiguée de ces lenteurs, s'en alla à Rome
plaider elle-même la cause de son fils, et n'obtint
de ses démarches qu'un résultat assez humiliant pour
la royauté. Il fut convenu que l'on payerait à l'archevêque, à titre d'indemnité, une somme de 15,000
marcs, et qu'il serait rétabli dans toutes ses dignités.
L'archevêque, en revanche, s'engageait à rester tranquille dans son diocèse, et à lever l'interdit qui depuis
dix-sept ans pesait sur le royaume. Il partit après la
conclusion de ce traité pour rentrer dans sa ville de
Lund, et mourut en route.

Tant d'années de dissensions si fatales à son pays,
tant de revers ne purent déterminer Éric à chercher

dans une administration paisible un moyen de remédier aux calamités qui avaient si longtemps affligé,
appauvri le Danemark. Il avait marié une de ses
sœurs avec le roi de Norvége, Magnus, surnommé le
Législateur, en lui promettant une dot assez considérable. Magnus l'ayant en vain prié, pressé, sommé
de payer cette dot, envoya sur les côtes danoises une
flotte qui les pilla et les ravagea, sans que le pauvre
Éric fût en état de résister à une telle invasion. Dans
ce déplorable état de faiblesse, il eut encore l'audace
de recommencer la guerre avec le duc de Schleswig,
et cette fois au moins son audace fut couronnée par
le succès. En 1271, il s'empara de ce duché qui avait
déjà fait répandre tant de sang, et le maintint à l'é-
tat de fief pendant douze ans. Mais bientôt il se jeta
tête perdue dans une autre guerre qui devait avoir
pour lui une fatale issue. La Suède étant divisée entre deux princes, deux frères qui se disputaient le
trône avec acharnement, Éric eut l'imprudence de
se mêler à ces discordes étrangères, et envoya, dans
un royaume dont il n'avait point à s'occuper, une
armée commandée par le maréchal Stigo Andersen.
Pendant que cet officier envahissait les frontières de
Suède, Éric séduisait sa femme. A son retour, Stigo
jura de se venger. Il s'associa à onze nobles qui, sans
avoir les mêmes motifs de ressentiment contre Éric,
s'engagèrent à délivrer le pays d'un prince dont le
règne n'avait été qu'une suite presque continuelle de
désastres. Tous ces conjurés restèrent fidèles au serment. Éric, surpris la nuit, après une partie de chasse,

dans une maison isolée, près de Viborg, mourut
frappé de cinquante-six coups de poignard. Dans l'espace de trente ans, c'était le troisième roi de Danemark qui périssait ainsi victime d'un assassinat.

A ce malheureux roi succéda son fils aîné, qui
s'appelait aussi Éric, et à qui un de ses termes habi-
tuels d'affirmation fit donner le surnom de *Menved*.
Il n'avait que douze ans lorsqu'il fut appelé au trône; sa
mère fut chargée de la régence du royaume avec le duc
de Valdemar de Schleswig. Le premier soin de la
pauvre veuve fut de poursuivre les meurtriers de son
époux. Mais cet acte de justice devait encore devenir
fatal au Danemark. Neuf des conjurés ayant été re-
connus coupables, dépouillés de leurs biens, condamnés à l'exil, se retirèrent en Norvége, où le roi
Éric, surnommé Praestehader (Ennemi des prêtres),
se déclara le défenseur de leur cause et envahit le
Danemark. Une autre affaire le détourna heureusement d'une entreprise qui pouvait avoir, pour les
États du jeune prince mineur, de déplorables conséquences.

Le calme commençait à se rétablir, quand soudain
il s'éleva entre la royauté et le clergé un de ces
conflits qui avaient affligé de tant de désordres les
règnes précédents. L'archevêque Jean Grant, de
Lund, soupçonné d'avoir pris part au meurtre d'Éric,
fut arrêté et enfermé dans le château de Söborg. Peu
de temps après il s'échappa de sa prison, avec un
ardent désir de vengeance. Le pape nomma une
commission de cardinaux pour examiner l'affaire.

Éric envoya à Rome son chancelier, Morten Morgen-
son, qui, malgré son habileté, ne put adoucir la rigueur d'un jugement qui condamnait le roi à reconnaître ses torts envers le prélat, et à lui payer 50,000
marks. Éric n'étant pas en état d'acquitter une si
grosse somme, son royaume fut de nouveau frappé,
en 1298, d'excommunication. Le légat Isarn vint lui-
même en Danemark proclamer cet arrêt. Le roi, effrayé, courba la tête, et écrivit au pape cette lettre
suppliante : « Je conjure Votre Sainteté d'avoir pitié
de moi, et de ne pas me précipiter moi et mon peuple dans l'abîme. Laissez retomber dans le fourreau
le glaive de saint Pierre. Que le vicaire du Christ, ou
plutôt que le Christ lui-même prête l'oreille à ma
prière, afin que je ne sois pas banni de l'Église et privé
de la parole sainte. Que Votre Sainteté m'impose les
conditions les plus dures; si je puis les remplir, je les
remplirai. Que dirais-je de plus? Ordonne, Seigneur,
et ton serviteur est prêt à obéir. » Cette lettre adoucit
le pape. L'amende de 40,000 marks fut réduite à
10,000, l'interdit levé, l'archevêque transféré à
Brême, et le légat Isarn investi du siége de Lund.

Cette grave affaire terminée, Éric n'en devint pas
plus tranquille. Il fut attaqué par son frère Christophe, obligé de prendre plusieurs fois les armes contre lui, jusqu'à ce qu'enfin il l'expulsât du royaume.
Tant de troubles fâcheux, de guerres intestines
avaient épuisé le royaume. Éric ne tint aucun compte
de la misère du peuple. Il aimait le luxe, le faste.
Dans sa pénurie financière, on le vit organiser à Ros-

Histoire de la Scandinavie.   8

tock un tournoi auquel il convoqua vingt princes
étrangers et neuf cent cinquante chevaliers. Pour acquitter ces folles dépenses, il eut recours à l'emprunt,
et engagea successivement plusieurs de ses provinces.
Il mourut en 1319, n'ayant fait qu'agrandir, par un
fatal concours de circonstances et quelquefois par sa
propre faute, les plaies ouvertes par ses prédécesseurs.
Le Danemark lui doit pourtant une œuvre de législation, la loi connue sous le nom de Nouvelle loi de
Seelande.

En moins d'un demi-siècle, dans quel état de faiblesse, de désorganisation était tombé ce royaume de
Danemark, si glorieux au temps de Canut le Grand,
si large et si fort au temps des Valdemar! Après le
règne d'Éric Menved, il semble que ce vaillant pays
ait assez payé son tribut aux dieux ennemis, assez
rempli la mesure de ses calamités; mais il était réservé à Christophe II de le conduire encore plus près
de l'abîme.

Ce prince, qui ne s'était signalé que par son animosité contre son frère, qui, après plusieurs tentatives infructueuses pour lui ravir son pouvoir, s'était
réfugié sur une terre étrangère, excitait, en montant
sur le trône, une telle défiance, que la noblesse et le
clergé se réunirent pour enchaîner l'exercice de son
autorité. Dans une assemblée qui eut lieu à Viborg
en 1320, on lui fit accepter un contrat portant entre
autres clauses qu'il n'entreprendrait aucune guerre
sans l'assentiment des états; que les marchands seraient affranchis des droits de douane; que, chaque

année, une diète serait convoquée à Nyborg ; que si
un particulier ne pouvait obtenir justice du roi, il
pourrait en appeler à cette diète ; que les Allemands
ne pourraient posséder en Danemark ni fiefs, ni
châteaux, ni forteresses ; qu'enfin le roi n'aurait pas
le droit de punir quiconque parlerait mal de son
gouvernement. En rédigeant cette espèce de charte qui
présentait un caractère libéral, le clergé n'oubliait
point ses intérêts. Il était dit dans le même contrat
que nul évêque ne pourrait être arrêté sans un ordre
du pape, et que le clergé serait affranchi de tout impôt. En même temps, on faisait promettre au roi
d'acquitter les dettes de ses prédécesseurs, et de lever l'hypothèque mise sur plusieurs provinces. Il y
avait là une complication de conditions impossibles
à concilier l'une avec l'autre. Christophe les accepta
sans observation, bien résolu d'avance à ne pas les
accomplir.

Bientôt en effet, au lieu d'acquitter les dettes de
ses prédécesseurs, il en contracta de nouvelles ; il
emprunta une somme considérable d'un riche seigneur, Canut Porse, qui avait épousé Ingeborg, reine
douairière de Suède, et mère de Magnus Smek. Il
établit un impôt, que la noblesse et le clergé refusèrent de payer. Un seigneur de Scanie, Nicolas
Olafsön, prit les armes, reçut des renforts du Holstein, de la Poméranie, et entra en Seelande. Battu en
1324, et réduit à l'obéissance, il encouragea par sa
défaite le caractère altier de Christophe. Mais un autre orage s'élevait du côté du Schleswig, et celui-là,

8.

Christophe ne devait savoir ni le prévenir, ni le maîtriser.

Le duc Éric de Schleswig étant mort en 1325, le roi voulut être le tuteur de son fils Valdemar; le comte Geert de Holstein, oncle du jeune prince, réclamait le même droit. De cette rivalité de prétentions naquit la guerre. Christophe s'avança contre les troupes du Holstein, et subit un échec sanglant. Après cette bataille, la noblesse et le clergé, irrités déjà contre lui, ne gardèrent plus de mesure. Ils le déclarèrent déchu de son trône, et obligèrent le peuple à renier son autorité. Christophe envoya contre les coalisés son fils Éric, qui, à la vue de leur nombreuse armée, se rendit sans combattre à Canut Porse. A cette nouvelle, le roi s'enfuit à Rostock avec ses deux autres fils, Valdemar et Othon. Là, il rassembla quelques troupes en s'alliant au duc Henri de Mecklembourg et à d'autres princes d'Allemagne. Mais en même temps Canut Porse s'alliait au comte Geert; et Christophe, vaincu une seconde fois, reprit le chemin de Rostock. Alors l'infortuné Danemark se trouva livré sans défense à trois hommes avides, qui le traitèrent en pays conquis, et se le partagèrent comme un héritage légitime. C'étaient Canut Porse, Geert, et un de leurs confédérés, Louis Albrechtsön. Le premier prit le Jutland méridional; le second, le Halland, le district de Samsö, le comté de Kallundborg; le troisième, Kolding, Ribe, et quelques autres seigneuries. Les états cependant, pour essayer de conserver l'unité monarchique, proclamèrent roi

Eric, fils de Christophe ; puis, à la diète de Nyborg,
en 1326, Valdemar, duc de Schleswig, reçut le même
titre. Tandis que le Danemark était ainsi dévolu à
deux rois sans pouvoir, à trois régents sans pitié, le
roi Louis de Bavière élevait chez lui pour un meilleur avenir le jeune Valdemar, fils de Christophe ; et
Christophe cherchait à contracter de nouvelles alliances pour reconquérir ses domaines. Un autre
comte du Holstein, Jean de Wagric, lui prêta 20,000
marks, en prenant pour gage les îles de Laaland, de
Falster, lui donna des troupes, se joignit à lui, et le
ramena en Seelande. Bientôt une question d'intérêt
les divisa. Pour conserver l'appui de cet ambitieux
allié, Christophe fut obligé de lui engager encore la
Scanie et la Seelande. Par son entremise, il fit la
paix avec Geert, mais à la condition de le reconnaître
légitime possesseur des districts dont il s'était emparé ; et Christophe, avec son titre de roi, ne conservait dans sa libre dépendance que Skanderborg, Nyborg et une petite partie de Laaland.

Il passa une année à Skanderborg, et étant parvenu à réunir une armée, il s'avança vers Gottorp,
où demeurait le duc Valdemar, investi du titre de
roi par la diète de Nyborg. En 1330, Christophe
l'obligea à abdiquer ce titre et à se contenter de
celui de duc de Schleswig. Geert, qui avait aidé Christophe dans cette expédition, réclama une indemnité
de 40,000 marks, et reçut, pour gage du payement
de cette somme, tout le Jutland, et la Fionie à titre
de fief héréditaire. L'année suivante, une contesta-

tion s'étant élevée entre Geert et le comte Jean, Christophe, au lieu de les laisser, sans y courir aucun risque, vider leur querelle, prit parti pour ce dernier, fut battu, et, au lieu de 40,000 marks, Geert en demanda 100,000.

Sur ces entrefaites, les habitants de la Scanie et du Bleking, fatigués de la tyrannique administration du comte Jean, à qui ces provinces avaient été engagées, se révoltèrent. C'était là pour Christophe une belle occasion de reconquérir une partie de ses États. Mais les insurgés, connaissant sa faiblesse, n'invoquèrent pas même son secours. Ils s'adressèrent à Magnus Smek, roi de Suède. Jean, désespérant d'étouffer cette rébellion, vendit ce qu'il n'osait essayer de défendre. Il abandonna à Magnus ses droits sur les deux provinces pour une somme de 34,000 marks. C'est en vertu de cette cession que la Suède a toujours revendiqué la Scanie, qu'elle est enfin parvenue à posséder. Jean ne pouvait cependant livrer ce qui ne lui appartenait pas. La Scanie et le Bleking lui avaient été remis comme gage de payement de ce qui lui était dû. Le Danemark était en droit de les reprendre en acquittant sa dette; mais où trouver 34,000 marks dans un pays en proie depuis si longtemps à la guerre civile, et pillé par tant de princes rapaces? La perte de la Scanie, cette vaste et belle province, brisa le cœur de Christophe, accablé déjà par tant de revers. Il mourut de chagrin en 1333, après un règne de douze ans.

Après Christophe, le Danemark resta pendant sept

années sans roi. Qu'aurait-il fait d'un roi? Le royaume
des Valdemar n'existait plus que de nom. L'ancien
lien monarchique était rompu, les provinces divisées.
Au comte Jean de Holstein appartenaient la Seelande,
les îles de Laaland, de Falster; au comte Geert, le
Jutland; la Fionie, au duc Valdemar de Schleswig. Le
roi de Suède négociait avec la cour de Rome pour
faire sanctionner sa prise de possession de la Scanie,
et, en 1338, Louis de Bavière réunissait la Poméranie à l'empire germanique.

Othon, l'aîné des fils de Christophe, fit pourtant,
en 1334, une tentative pour rentrer en Danemark;
mais il n'était ni assez fort, ni assez habile, pour lutter contre Geert. Il fut fait prisonnier, et enfermé au
château de Segeborg. Alors le Danemark tomba au
dernier degré d'affaissement, de misère. Non contents
de l'opprimer et de le piller, ses trois maîtres semblèrent prendre à tâche de lui enlever jusqu'à son
caractère de nationalité. Ils répandirent dans le pays
une légion de soldats et de fonctionnaires allemands,
qui s'emparèrent des fiefs et des emplois. Les Danois
furent contraints d'apprendre l'allemand, et le droit
allemand du Holstein fut substitué aux anciennes lois
promulguées par leurs rois. Le comte Geert prenait le
titre de duc de Jutland, établissait pour payer ses
dettes de nouveaux impôts, et pensait à faire donner
à son pupille Valdemar le reste des provinces danoises.

Malgré la terreur qu'il inspirait, les Jutlandais cependant se révoltèrent. Geert marcha contre eux,

saccagea les cloîtres, incendia les églises, et, pour punir plus vite cet acte de rébellion, fit entrer dans les
provinces, par plusieurs côtés, des corps de troupes
qui les dévastèrent. Mais l'affreuse tyrannie de ce
prince touchait à sa fin, et le courage d'un seul
homme devait venger le Danemark.

Un gentilhomme du Jutland, nommé Nicolas Ebbesen, qui avait longtemps souffert patiemment des
exactions et des iniquités de Geert, résolut enfin d'enlever son pays au pouvoir de cet homme odieux. Le
16 mars 1340, il entra, suivi seulement de soixante
hommes, dans la ville de Randers, qui était défendue
par une forte garnison; marcha droit vers la demeure
du comte, le surprit au lit, et, sans écouter ses lâches
supplications, lui passa son épée à travers le corps.

Cet événement jeta le trouble et la confusion parmi
les troupes de Geert; les Jutlandais, au contraire, enflammés d'une nouvelle ardeur, se levèrent en masse,
et se vengèrent cruellement des rigueurs qu'ils avaient
subies. Les deux fils de Geert errèrent de château en
château. L'intrépide Ebbesen les poursuivait sans relâche, et leur enlevait l'une après l'autre toutes leurs
forteresses. En 1340, il succomba dans une bataille; mais en mourant il eut la joie d'apprendre
que les Danois remportaient la victoire. Les deux
princes prirent la fuite, et le Jutland recouvra sa liberté.

Une révolution si subite réveilla l'énergie des Danois, et raviva dans leur cœur l'espoir de reconstituer
leur édifice monarchique. Depuis douze ans, Val-

demar, le plus jeune fils de Christophe, était à la
cour de Louis de Bavière, qui lui faisait donner une
éducation accomplie. Les Danois tournèrent leurs
regards vers ce prince dont on vantait les brillantes qualités, et résolurent de le rappeler parmi
eux. Cette fois du moins, ils obéissaient à une heureuse pensée. Valdemar devait mettre fin aux calamités dont ils avaient tant souffert, et relever par sa
prudence, par son courage, le Danemark de son affreux état de décadence.

L'évêque Svend d'Aarhuus partit avec plusieurs
autres personnages considérables pour aller chercher
Valdemar, qui accepta avec joie leur proposition, et
dès ses premiers actes montra ce qu'on pouvait attendre de son habileté.

Il commença par délivrer de prison son frère
Othon, en lui faisant prendre l'engagement d'abandonner toutes ses prétentions à la royauté. Il négocia
ensuite un traité de paix avec Valdemar, duc de
Schleswig, dont l'inimitié aurait pu lui être très-pré-
judiciable. Le duc lui donna sa sœur en mariage avec
une dot de 24,000 marks, à prendre sur les 100,000
que devait Christophe. Pour le reste de cette somme,
Valdemar dut laisser en gage trois de ses provinces.
Ce ne fut qu'après avoir pris ces mesures préliminaires,
et établi, pour ainsi dire, la première base de son règne, qu'il se rendit à Viborg, puis à Roeskilde, où il
fut proclamé roi. Si, en montant sur le trône, il n'a-
vait ni plus d'argent, ni plus de soldats que ses prédécesseurs, il avait au moins ce qui manquait à beau-

coup d'entre eux : la prudence et la résolution. Il
s'établit à Roeskilde, bien décidé à réunir quelque
jour à son royaume les provinces qui en avaient été
détachées, mais bien décidé aussi à ne rien entreprendre avant d'avoir sagement calculé ses forces. Il
fit publier une amnistie générale, accepta l'engagement que son père avait déjà signé, et promit de maintenir tous les droits et priviléges de ses sujets.

Malgré ces précautions, malgré les mesures qu'il
employait pour étouffer les derniers germes de dissensions, calmer les ressentiments et affermir la paix;
cette paix, qu'il ambitionnait peut-être comme un
moyen de préparer la guerre, était troublée à tout
instant. Tantôt c'était la haine inspirée par les Allemands qui excitait au sein des villes des rumeurs
orageuses et amenait des rixes sanglantes ; c'étaient les
gens du Jutland qui se révoltaient contre un nouvel
impôt, ou ceux de la Seelande, ou un des princes à
qui on devait l'argent qui se plaignait et menaçait. Il
fallait que Valdemar eût l'œil à tout, et trouvât un
remède à tous ces embarras. Dans sa fatale pénurie,
il abandonna à l'ordre Teutonique ses droits sur l'Esthonie pour une somme de 19,000 marks. Cette
somme le mit en état d'entrer en campagne contre
les deux fils de Geert, qui animaient et dirigeaient la
révolte des Jutlandais. Les deux princes furent vaincus ;
l'un d'eux mourut sur le champ de bataille, l'autre
y perdit un œil. Le roi entra dans le Schleswig, en
remporta un riche butin, et alors commença à com-
biner le projet qui lui tenait le plus à cœur, le projet

de regagner le Bleking et la Scanie, cette perle du Danemark.

Avant de dire comment il accomplit cette difficile entreprise, il est nécessaire d'indiquer quelle était la situation de la Suède à qui appartenaient ces deux provinces, et la situation de la Norvége.

Nous avons laissé ce dernier pays livré encore, dans le treizième siècle, aux discordes civiles, aux luttes sans cesse renaissantes de plusieurs prétendants. Hakon Hakonsön parvint enfin à étouffer ces funestes discordes, et en 1240 il écrasait le dernier de ses concurrents. Il répara par son habile administration les désastres qui depuis plus d'un siècle désolaient la contrée, subjugua en 1261 l'Islande, et lui donna une nouvelle loi, désignée sous le nom de Hakonbok, et si sévère pourtant qu'on l'appela la Loi de fer. Il mourut en 1263, dans une expédition en Écosse. Son fils Magnus, surnommé *Lagabaeter*, c'est-à-dire le législateur, ou plutôt l'améliorateur des lois, régna selon les mêmes principes d'ordre et de sage administration. Il donna à la Norvége plusieurs lois, et remplaça celle que son père avait imposée à l'Islande par un code plus doux, connu sous le nom de Jonsbok. Avec la possession de cette île, il acquit, en 1264, celle du Groënland. Le peuple pourtant perdit sous son règne un de ses derniers priviléges. Les nobles et le clergé furent seuls appelés à délibérer et à voter dans les diètes. Magnus introduisit aussi dans son royaume les titres de baron et de chevalier.

L'aîné de ses fils, Éric, qui lui succéda en 1280,

chercha à diminuer l'ascendant que Magnus avait
laissé prendre au clergé, et fut, pour cette raison,
surnommé *Praestehader* (ennemi des prêtres). Il
mourut en 1299, et fut remplacé par son frère Hakon V, qui guerroya différentes fois sur les côtes du
Danemark, mais sans en retirer grand profit. La branche masculine de sa dynastie s'éteignit en lui. A sa
mort (1319), la Norvége adopta pour roi son neveu
Magnus Smek, encore enfant, et déjà proclamé roi
de Suède.

Voilà donc les deux royaumes, divisés autrefois entre tant de princes et de prétendants, réunis sous un
même sceptre. Bientôt nous verrons le Danemark s'y
joindre, et la Scandinavie former un seul État.

Magnus, arrivé à sa majorité, mécontenta le clergé
et la noblesse, ces deux ordres dont la puissance n'a-
vait fait depuis longtemps que s'accroître et s'affermir.
Les difficultés que ce mécontentement lui suscitait,
l'espoir peut-être de les surmonter plus aisément en
divisant ses États, le déterminèrent à abandonner la
Norvége à son fils Hakon, et à faire nommer roi de
Suède et corégent son autre fils Éric. Mais cette mesure n'eut pour lui qu'un malheureux résultat : les
Norvégiens voulurent avoir leur roi, et se séparer de
la Suède. Les mécontents de Suède se tournèrent vers
Éric, et éveillèrent en lui une ambition hostile à son
père. Valdemar, qui suivait d'un œil attentif tous ces
mouvements, jugea que le jour approchait où il pourrait mettre à exécution ses plans de conquête. Il se
rangea du côté de Magnus, et l'invita à venir passer

à Copenhague les fêtes de Noël. Magnus y vint avec
son fils Hakon, qui lui était tendrement dévoué; et
Valdemar sut si bien profiter de la circonstance,
qu'au milieu des solennités, rehaussées par ses deux
nobles convives, il fiança sa fille Marguerite, âgée de
sept ans, avec le jeune roi de Norvége, âgé de vingt
années. Quelques historiens ont prétendu que, par ce
contrat de fiançailles, Magnus promit à Valdemar de
lui restituer la Scanie; mais le fait n'est point prouvé.
Peu de temps après, Éric mourut subitement; Magnus
se réconcilia avec ses sujets, et les chances de succès
qui avaient souri à Valdemar semblaient l'abandonner, quand tout à coup de nouveaux troubles éclatèrent dans cet inquiet royaume de Suède. Valdemar,
décidé à poursuivre son entreprise, saisit cette occasion. En 1360, il franchit le détroit du Sund, et débarqua sur le sol des provinces qu'il aspirait à reprendre. Magnus, ne se sentant pas assez fort pour arrêter
cette invasion, se résigna à abandonner ce qu'il ne
pouvait défendre. Les fiançailles entre Hakon et Marguerite furent renouvelées, les actes relatifs à la
cession de la Scanie brûlés, et Valdemar rentra en
possession des provinces qu'il convoitait.

De là, il vogua vers l'île de Gothland et s'empara de
Wisby. Cette ville avait, par ses relations commerciales, par son alliance avec les cités hanséatiques, acquis
une grande importance. On y comptait douze mille
habitants et seize églises. Valdemar y fit un butin considérable. Après avoir pillé les églises et les cloîtres,
il déclara aux bourgeois qu'il ne renouvellerait leurs

priviléges qu'à la condition qu'ils lui livrassent, dans un court espace de temps, trois énormes vases remplis de pièces d'argent; et les vases furent livrés. Valdemar faillit expier cher ce rapide succès. Les villes hanséatiques, dont le pouvoir et la fortune avaient fait depuis un demi-siècle d'immenses progrès, dont les ramifications s'étendaient à travers une grande partie de l'Europe, les villes hanséatiques, désireuses de venger une de leurs meilleures alliées, s'associèrent à Magnus, à Hakon, au duc Henri de Mecklembourg, au comte Henri de Holstein, et mirent sur pied une armée nombreuse. L'un des chefs de cette armée était le comte de Holstein; l'autre, le bourgmestre Wittenberg de Lubeck. Elle partit de cette ville en 1361, ravagea les côtes de Seeland, et s'en alla assiéger Helsingborg. Tandis qu'elle était là, Valdemar, qui avait habilement pris ses mesures, s'élance subitement au milieu de la flotte des coalisés, s'empare d'une partie des bâtiments, en incendie d'autres, met le reste en déroute; et le malheureux Vittenberg, à son retour à Lubeck, paya de sa tête le désastre qu'il n'avait pu empêcher.

La paix fut faite en 1363, mais elle ne dura guère. Bientôt les ennemis de Valdemar, découragés, affaiblis par un premier échec, se relevèrent avec une nouvelle ardeur. Soixante et dix-sept villes appartenant à la Hanse lui adressèrent à la fois une déclaration de guerre. Vers le même temps, les Suédois obligeaient Magnus à rompre le contrat fait avec Valdemar, et à marier son fils Hakon avec Élisabeth, sœur du comte de Holstein. D'une part ainsi, Valdemar voyait s'élever contre lui un orage redoutable; de l'autre, il était menacé de perdre une alliance matrimoniale à laquelle se rattachait plus d'un grave intérêt. Il sut déjouer la coalition des cités hanséatiques, et un heureux hasard déjoua le nouveau projet du mariage de Hakon.

Élisabeth, partie du Holstein pour la Suède, fut surprise par une tempête et forcée de relâcher sur les côtes du Danemark. Valdemar courut au-devant d'elle, l'accueillit avec une politesse empressée, et, sous prétexte qu'elle ne pouvait se remettre en mer dans une saison dangereuse (c'était à la fin de l'automne), la retint à sa cour. Puis il envoya chercher Magnus et Hakon, et cette fois le mariage de sa fille, deux fois décidé, deux fois ajourné, fut conclu, bien que Marguerite ne fût encore âgée que de onze ans. Quant à Élisabeth, elle se résigna forcément ou pieusement à perdre une couronne. Elle se fit religieuse.

Cet événement mit le comble à la fureur des Suédois. Ils déclarèrent qu'ils ne reconnaissaient plus le droit d'hérédité de Hakon, prononcèrent la déchéance de Magnus, et appelèrent à sa place son neveu Albert de Mecklembourg. Valdemar, qui naturellement se rangea du côté de son gendre, réussit pendant quelques années à faire face à tous ceux qui l'attaquaient en même temps qu'ils attaquaient Magnus. Mais, en 1368, une nouvelle révolte des nobles du Jutland donna à ses ennemis une telle force, que Valdemar abandonna ses États et chercha un refuge en Allemagne. Alors

les coalisés entrèrent en Danemark. La flotte des
villes hanséatiques ravageait les côtes, et Albert de
Mecklembourg envahissait la Scanie. Dans l'ivresse
de leurs succès, les coalisés parlaient déjà de partager le Danemark comme au beau temps de Christophe. Par bonheur, Valdemar avait, en partant, confié l'administration de son royaume à un homme
habile et courageux, Henning Pudbusk, qui, par sa
fermeté autant que par son adresse, parvint à rompre les liens de cette redoutable coalition. La paix fut
faite avec les villes hanséatiques, qui, avant tout,
pensaient à leurs intérêts. Le traité qu'elles conclurent
avec Henning leur accordait en Danemark pleine et
entière liberté de commerce, les affranchissait des
plus lourds impôts, et enfin leur abandonnait pendant quinze années les ports de la Scanie. Il fallut en
outre concéder à ces fières cités le droit de prendre
part à l'élection du roi après la mort de Valdemar,
et leur promettre que Valdemar ne rentrerait en Danemark qu'après avoir ratifié ce traité. Valdemar résista longtemps à l'obligation de sanctionner un traité
qui le blessait sous plus d'un rapport. Cependant il
finit par céder à la nécessité de sa situation, et rentra dans ses États en 1372. Deux ans après, il avait
déjà repris assez de force pour pouvoir entreprendre
une expédition en Frise, et obliger les habitants de
cette province à payer des impôts arriérés. Il aspirait
encore à réunir le Jutland méridional à son royaume.
Il l'envahit, en 1375, avec une armée; mais les comtes
de Holstein levèrent aussitôt une armée pour le re-

pousser, et une nouvelle guerre allait commencer quand Valdemar mourut subitement à Gurreslot (1375).

Ce roi reçut le surnom d'Atterdag (autre jour), d'après l'habitude qu'il avait de dire, quand il voyait un de ses projets entravé : « Demain, nous aurons un autre jour. » On pourrait dire aussi qu'il avait, par son courage et son intelligence, fait luire un nouveau jour sur le Danemark, plongé sous le règne précédent dans un affreux état de désorganisation. Peu de souverains ont autant travaillé que lui à mériter la reconnaissance et l'affection de leurs sujets. Tout en reconstituant les éléments d'un État si appauvri et si divisé, tout en luttant avec énergie et persévérance contre les adversaires qui sans cesse surgissaient contre lui, il s'occupait avec activité des plus minutieux détails de l'administration. Il faisait ouvrir des chemins, creuser des canaux, défricher des terrains incultes, construire des forteresses. Pour voir tout par lui-même, il parcourut successivement les diverses provinces de son royaume, assista aux assemblées populaires, rendit la justice. Enfin, il releva la marine danoise de l'état de dépérissement où elle était tombée.

Le peuple pourtant, qui, pour subvenir à toutes ces dépenses, avait à payer de lourds impôts, méconnut les grandes qualités de Valdemar, les immenses résultats de son gouvernement, et l'appela Valdemar le Mauvais. Son règne, d'ailleurs, fut désolé par un de ces fléaux que nulle volonté humaine ne peut empêcher, et qui cependant, au fond du cœur ulcéré des peuples, entachent d'un signe sinistre le nom

d'un souverain. Nous voulons parler de la peste noire,
cette effroyable contagion qui se répandit au quatorzième siècle dans l'Europe entière, et glaça les esprits de terreur. Dans les contrées du nord, où la
science médicale était moins avancée et les moyens
de secours moins nombreux, ses ravages furent plus
terribles que dans les régions méridionales. En Russie,
des villes entières furent à peu près dépeuplées; en
Norvége, tous les habitants d'une vallée périrent, à
l'exception d'une jeune fille, à qui cette vallée fut
plus tard adjugée comme une propriété héréditaire.
En Danemark et en Suède, de vastes espaces de terrain se changèrent en landes stériles. A Lubeck, on
compta jusqu'à 2,500 morts en un jour.

Avec Valdemar s'éteignit la branche masculine de
sa dynastie. Il ne laissait que deux filles : l'aînée, Ingeborg, mariée avec le prince Henri de Mecklembourg,
frère d'Albert, que nous avons vu nommer roi de
Suède; et Marguerite, épouse de Hakon, roi de
Norvége. Toutes deux réclamaient le trône de Danemark. Padebusk convoqua les états à Odensée, et ils
se divisèrent en trois partis. Le premier voulait donner la couronne au prince de Mecklembourg; le second, à Olaf, fils de Marguerite; le troisième demandait qu'on choisît un roi dans la noblesse danoise.
Après de longues discussions, la diète se sépara sans
avoir rien résolu : non, je me trompe, elle décida que
l'on restituerait à une noble dame les biens que Valdemar lui avait injustement enlevés, afin que l'âme
du feu roi ne fût pas tourmentée dans l'autre monde.

Le prince Albert, plus expéditif, prit le titre de roi de Danemark. Mais les partisans de Marguerite ayant converti à leur cause la noblesse du Jutland, Olaf fut, en 1376, proclamé roi par cette province, puis par la Scanie, puis enfin par tout le pays. En attendant qu'il fût majeur, — il n'avait encore que sept ans, — sa mère prit en main les rênes de l'administration, et montra qu'en acceptant une pareille tâche, elle connaissait ses forces. Quatre ans après, Hakon, roi de Norvége, mourut; son fils fut accepté sans difficulté pour son successeur. De là date la réunion du Danemark et de la Norvége, qui a duré 434 ans. Le jeune prince appelé à gouverner deux royaumes ne jouit pas de sa souveraine grandeur. Il mourut en 1387. Marguerite fut proclamée reine en Norvége, et régente en Danemark; mais, en réalité, elle n'était pas moins reine dans cette contrée que dans l'autre. A la prière des états, elle dut se choisir un successeur, et elle adopta son jeune neveu, âgé de cinq ans, le duc Éric de Poméranie.

Tandis que Marguerite gagnait le cœur de ses sujets par sa prudente administration, Albert de Mecklembourg, qui avait remplacé Magnus sur le trône de Suède, froissait, irritait perpétuellement les siens. Déjà les mécontents de ce royaume commençaient à tourner leurs regards et à porter leurs vœux vers la sage régente de Danemark. Albert, furieux, se vengeait de ces manifestations par de grossières injures contre les nobles qui s'éloignaient de lui, et contre celle qui éveillait leur sympathie. Marguerite subit en silence

9.

ces insultes, et par précaution seulement fit fortifier ses frontières.

Les choses pourtant en vinrent à ce point qu'une députation de Suède vint trouver Marguerite, et la pria de soutenir les Suédois dans la résistance qu'ils voulaient opposer à leur roi. Marguerite répondit qu'elle n'avait pas le droit de s'immiscer dans leurs affaires. Mais plus elle apportait de réserve dans cette négociation, plus les ennemis d'Albert s'attachaient à leur désir de rébellion. Le grand mot enfin fut lâché. Ils offrirent à Marguerite la couronne de Suède, et Marguerite l'accepta. Un gentilhomme nommé Algot Magnussen donna le premier l'exemple de la défection. Il livra à l'habile reine deux forteresses qu'il tenait en son pouvoir. Son exemple fut suivi immédiatement par une quantité de nobles, et notamment par le maréchal du royaume, qui portait un nom qui depuis a pris une si grande place dans les annales de Suède, le glorieux nom de Wasa. Les insurgés suédois, commandés par Éric Kiettelson Wasa, se réunirent à l'armée danoise, commandée par Yvan Lykke. Albert s'avança contre les coalisés, et les rencontra près de Falkiöping. Le 24 février 1388, le combat s'engagea. Les troupes d'Albert furent mises en déroute, lui-même fait prisonnier avec son fils Éric et conduit devant Marguerite, qui l'enferma au château de Lindholm en Scanie.

Les Allemands que ce roi avait amenés en Suède, et auxquels il avait confié les plus beaux postes, restaient cependant fidèles à sa cause, et tenaient en leur pouvoir des villes importantes. Marguerite leur en

enleva plusieurs, entre autres Calmar, dont un traité
fameux devait bientôt illustrer le nom. Mais tant que
Stockholm n'appartenait pas à Marguerite, elle ne
pouvait croire sa domination assurée en Suède. Cette
ville, associée à la Hanse, était gouvernée par des
bourgmestres allemands et livrée à d'affreuses discordes. Marguerite la fit assiéger par un de ses généraux favoris, Abraham Broderson. Le duc Jean de
Mecklembourg équipa une flotte pour délivrer son
frère Albert. Une première fois, ses navires furent dispersés par un orage; une seconde fois, il fut plus
heureux : il s'avança jusque sous les murs de Stockholm, et combattit avec succès les assiégeants. Lui-
même comprit cependant qu'il n'était pas en son pouvoir de continuer longtemps une pareille lutte. De
guerre lasse, les deux partis en vinrent à un accommodement. Les villes hanséatiques le souhaitaient,
car un grand nombre de navires, armés pour la cause
d'Albert, s'occupaient en réalité fort peu de lui, et s'en
allaient, comme les avides pirates d'autrefois, pillant tout ce qu'ils trouvaient, sans distinction d'amis
ou d'ennemis. En 1395, il fut convenu que les portes de la prison d'Albert et de son fils seraient ouvertes; que Stockholm serait remis comme gage du contrat aux cités hanséatiques; que si, dans trois ans,
Albert ne payait pas une somme de 60,000 marks,
cette ville serait livrée à Marguerite. Trois ans après,
en effet, Marguerite, qui prévoyait bien que jamais
Albert ne pourrait acquitter une telle rançon, s'emparait de Stockholm. Déjà investie du titre de reine

de Suède, elle voulut assurer ce troisième royaume à Éric. Le 11 juin 1396, elle le fit proclamer roi à Morasteen, près d'Upsal.

Les trois États scandinaves se trouvaient ainsi réunis sous un même sceptre et promis à un même héritier. Pour mieux affermir cette union, qui depuis longtemps était la grande affaire de sa vie, Marguerite convoqua en 1397, à Calmar, des députés de Danemark, de Norvége, de Suède; fit couronner dans cette assemblée solennelle Éric qui n'avait encore que onze ans, et rédigea le traité d'alliance des trois royaumes. En 1436, ce traité fut renouvelé dans la même ville de Calmar. On l'a quelquefois confondu avec l'ancien. Ces deux traités portent en substance : 1° que les trois États scandinaves seront régis par un même roi, et ne se sépareront plus ; 2° que chacun d'eux conservera ses anciennes lois et ses anciennes formes d'administration, mais que si l'un d'eux était attaqué, les autres devront aussitôt lui donner leur appui ; 3° que, dans chaque État, les principaux emplois ne pourront être confiés qu'aux hommes mêmes du pays ; 4° que le roi sera tenu de séjourner au moins trois mois par année dans chacun de ces États ; 5° que la royauté est héréditaire, mais que, dans le cas où le souverain viendrait à mourir sans enfants, quarante députés de chaque État se rassembleraient à Halmstad, en Scanie, pour élire son successeur.

Une telle union offrait de grands avantages à la Scandinavie : elle rapprochait l'un de l'autre trois peuples issus de la même race, rejoignait en un même

faisceau leurs forces jusque-là disséminées, leur assurait un puissant moyen de résistance contre toute
agression étrangère, et ouvrait un nouvel espace au
développement de leurs intérêts matériels, de leurs
relations commerciales. Mais comment gouverner à la
fois ces trois royaumes si longtemps indépendants l'un
de l'autre, sans froisser leurs susceptibilités, sans manquer à quelques-unes de leurs prétentions, sans se
faire accuser de partialité? Marguerite même, si avi-
sée, si prudente, Marguerite ne put échapper à cet
écueil. Ses nouveaux sujets l'accusèrent de montrer
pour le Danemark une trop vive prédilection, de ré-
server tous les priviléges pour ce royaume, et de traiter la Suède comme une province conquise. Quelques efforts qu'elle fît pour ne pas donner lieu à de
telles plaintes, elle ne put y parvenir. Elle mourut
abhorrée de ces mêmes Suédois qui lui avaient témoi-
gné tant de confiance, qui s'étaient soumis à son
pouvoir avec tant d'empressement. Nous verrons que
de malheurs enfanta cette grande union de Calmar,
et comment s'écroula cet édifice élevé avec tant de
soin par Marguerite.

Les dernières années de la vie de cette grande reine
furent troublées par de graves dissensions qui s'élevèrent entre elle et la duchesse douairière de Holstein,
et, s'il faut en croire quelques historiens, par un
chagrin de cœur qui abrégea peut-être ses jours. Au
retour d'une expédition vers le Holstein, Éric fit trancher la tête à Abraham Broderson, sous prétexte que
ce général avait failli à son devoir. Les Suédois ont

prétendu que la reine vivait avec Broderson dans la
plus étroite intimité. Les témoignages de distinction
qu'elle lui avait donnés, les regrets qu'elle laissa éclater à sa mort, ont bien pu faire naître cette supposi-
tion, sans qu'il y ait jamais eu entre Marguerite et cet
officier aucun rapport illégitime. A la douleur que lui
causait naturellement la fin déplorable d'un homme
qui lui avait toujours été si attaché et si fidèle, se
joignait encore celle de voir que son fils adoptif Éric
osât se jouer si cruellement de ses affections, et faire,
elle vivante, un tel acte d'autorité.

Elle mourut à l'âge de cinquante-neuf ans, après un
règne de trente-sept ans. « En 1412, la mort, » dit
Lagerbring, « mit fin à sa vie, mais non pas à sa gloire,
qui durera éternellement. »

CHAPITRE VII.

Éric de Poméranie. — Révolte des Suédois. — Engelbrechtson. Kanutson. — Expédition d'Éric en Suède. — Déchéance d'Éric. — Christophe de Bavière. — Christian d'Oldenbourg. — Jean. — Christian II. — Sten Stine administrateur de la Suède. — Massacres de Stockholm. — Fuite de Christian.

A cette reine douée de tant de qualités sérieuses, succéda le prince qu'elle avait adopté, qu'elle avait, par une fatale erreur d'affection, élevé à un si haut degré de grandeur, le premier prince d'origine étrangère qui fût appelé à régner en Danemark, et l'un des plus ineptes qu'on ait jamais vus en Scandinavie. Quoiqu'il n'eût passé que fort peu d'années en Allemagne, il n'estimait que les Allemands, surtout les Poméraniens. Il en fit venir une quantité dans ses États, et les traita avec une faveur qui ne pouvait que produire une impression très-défavorable sur l'esprit de ses sujets. Marguerite lui léguait trois royaumes, et il faillit par sa sotte présomption les perdre tous les trois.

Quand il monta sur le trône, la guerre avec le Holstein était déclarée. Il s'agissait du duché de

Schleswig, que le duc Henri de Lymbourg demandait à conserver, à titre de fief relevant du Danemark, pour les enfants mineurs du comte Geert. Éric, enorgueilli de son nom de roi de Danemark, de Suède, de Norvége, traita l'affaire avec une hauteur fastueuse, déclarant que ces petits vassaux ayant manqué à leur devoir d'obéissance envers lui, il leur retirait la province concédée à leur famille. Henri, l'aîné des fils de Geert, après avoir vainement invoqué un autre arrêt, prit les armes, s'allia à Albert qui avait été roi de Suède, au duc de Brunswick et aux villes hanséatiques. Éric s'avança en 1417, avec une armée de cent mille hommes, contre les confédérés, envahit le Schleswig, s'empara d'Albert, et ne le relâcha qu'après lui avoir fait jurer de ne plus combattre contre lui; mais il ne put prendre la ville de Gottorp; et lorsqu'on lui annonça que de nouvelles troupes s'avançaient vers cette place, il se retira lâchement avec sa nombreuse armée.　●

Deux ans après, il rentra en campagne, fut battu dans les plaines de Hadersleben; et ce roi, qui disposait de cent mille hommes, en appela de son différend à l'arbitrage de l'empereur d'Allemagne. L'empereur résidait à Ofen (Bude), en Hongrie. Éric se rendit près de lui, et en obtint un jugement favorable. Au lieu de revenir dans ses États mettre immédiatement cet arrêt impérial à exécution, il s'en alla voyager en Palestine. Pendant ce temps, Henri levait des troupes, préparait ses moyens de résistance. A son retour, Éric entreprit de nouveau le siége de

Gottorp , et de nouveau l'abandonna en recevant une déclaration de guerre des villes hanséatiques.

La lutte , commencée du vivant de Marguerite, aboutit, en 1435, à un traité par lequel Éric concédait le Schleswig au comte Adolphe de Holstein.

Un tel résultat, après une si longue guerre , ne pouvait que rendre méprisable aux yeux de ses sujets un roi qui, avec les troupes réunies de trois royaumes , subissait la loi du petit État de Holstein. Pour subvenir aux dépenses de cette lutte malheureuse , il avait augmenté les impôts de ses provinces; de plus , il avait confié le gouvernement des principaux districts de Suède à des fonctionnaires qui y exerçaient une indigne tyrannie. L'un d'eux entre autres se signala en Dalécarlie par ses cruautés. Un des habitants de cette province, dont nous raconterons plus au long les courageuses entreprises quand nous en serons à l'histoire spéciale de Suède, Engelbrecht Engelbrechtson , s'en vint trouver le roi pour lui représenter les honteux excès de son gouverneur Érichson. Le roi renvoya l'affaire au jugement des sénateurs de Suède, qui destituèrent Érichson. Mais le maudit gouverneur n'en resta pas moins en place et n'en devint que plus cruel. Nouvelle plainte d'Engelbrecht, repoussée dédaigneusement par Éric. Alors le fier Dalécarlien rassemble les paysans de la contrée , marche contre les forteresses, s'en empare, en chasse les Danois, s'avance dans les autres provinces du royaume, remportant partout la victoire, et partout expulsant ou égorgeant les Danois abhorrés.

A la nouvelle de cette effrayante révolte, Éric part avec une flotte pour Stockholm, perd une partie de ses navires dans une tempête, et n'arrive qu'avec un petit nombre de soldats dans la capitale de Suède. Engelbrecht accourt aussitôt avec son armée et entoure cette ville, pour empêcher le roi de recevoir des renforts. Éric, effrayé, eut recours aux négociations. Il écouta les plaintes des mécontents, et promit de faire droit à leurs réclamations s'ils déposaient les armes. Une trêve fut conclue. Le roi choisit quatre hommes dans chacun de ses trois royaumes pour juger entre lui et les Suédois, et terminer le différend. Ce tribunal d'arbitres décida que les villes et les châteaux dont les insurgés s'étaient emparés seraient rendus à Éric ; que les Suédois continueraient à le reconnaître pour leur roi ; que lui, de son côté, s'engagerait à maintenir leurs priviléges, à ne confier le commandement des places qu'à des hommes du pays ; et qu'il remettrait à Engelbrecht, à titre de fief, la ville d'Orebroe. En 1435, Éric revint en Suède pour confirmer lui-même les clauses de cette décision, et demander seulement la liberté de disposer à son gré des forteresses de Stockholm, Calmar, Nyköping. En même temps, il donna les deux plus importantes charges du royaume à deux Suédois : celle de grand sénéchal (Drost) à Nilsen Wasa, et celle de maréchal à Charles Bonde Canutson, que nous verrons bientôt jouer un grand rôle.

En agissant ainsi, Éric ne faisait que céder à la nécessité du moment. La rude leçon qu'il venait de recevoir, le péril auquel il avait été exposé, ne pouvaient corriger sa témérité. De retour en Danemark, il assembla une diète à Wordingborg ; et comme il n'avait pas d'enfants, il demanda à user du même privilége que Marguerite, à désigner son successeur, et proposa son cousin Bogislas de Poméranie. Mais ce qui avait été accordé à Marguerite ne pouvait l'être à un mauvais roi comme Éric. On refusa d'admettre ce cousin ignoré. Éric, furieux, se retira en Allemagne, puis revint, amenant avec lui d'orgueilleux Poméraniens auxquels il livra les meilleurs fiefs et les meilleurs emplois.

Tandis qu'il s'aliénait ainsi l'affection des Danois, il excitait une nouvelle révolte en Suède. Les membres du conseil d'État l'ayant prié de remplir plusieurs de ses engagements : — Me prenez-vous, leur avait-il dit, pour un *monsieur Oui* (Jaherr)? et il avait continué à agir selon ses préventions ou ses fantaisies. Engelbrecht reprit les armes et s'avança vers Stockholm, d'où la garnison danoise tira sur lui. La guerre était déclarée. La diète réunie à Arboga résolut de choisir un chef qui aurait le titre d'administrateur du royaume. Charles Canutson, qui était riche, habile, réunit le plus grand nombre de suffrages. Engelbrecht, qui s'était signalé par tant d'actes de courage et tant de patriotisme, n'obtint que trois voix. Le peuple, qui le chérissait, se plaignit hautement du résultat de l'élection. Mais Engelbrecht accepta sans murmurer la place que Canutson laissait vacante, et continua la guerre avec un éclatant succès. Il venait

d'enlever encore aux commandants danois plusieurs
forteresses, quand il fut lâchement assassiné par un
partisan d'Éric, nommé Magnus Bengtson. Le peuple,
dont il était l'ami, le héros, le pleura amèrement, et
accusa Canutson d'avoir contribué à son assassinat.
Les nobles en même temps s'éloignèrent de ce régent,
qui les traitait avec un impérieux orgueil. Le clergé,
qui était resté attaché à la cause d'Éric, fomenta de
part et d'autre ces germes d'irritation. Par une de ces
révolutions de sentiment dont l'histoire présente de
fréquents exemples, Éric, qui avait en quelque sorte
perdu son royaume de Suède, y fut rappelé. Il y renouvela, en 1436, le traité d'union de Calmar, et abandonna le privilége qu'il s'était réservé de disposer des
places de Stockholm, Calmar, Nyköping.

Il quitta la Suède au mois de juillet, promettant
d'y revenir au mois de septembre; se rendit à l'île de
Gothland, où il avait fait construire un château, s'y
laissa prendre par les glaces, et y passa tout l'hiver
avec sa maîtresse, sans qu'on eût la moindre nouvelle
de lui, sans que personne pût dire s'il était mort ou
vivant.

Charles Kanutson profita de cette circonstance pour
accomplir ses rêves d'ambition, s'empara de Stockholm, et acquit un tel pouvoir qu'en réalité il ne lui
manquait plus que le titre de roi. Un de ses rivaux,
Éric Pukke, souleva contre lui les paysans en leur rap-
pelant le meurtre d'Engelbrecht, et la Suède fut
de nouveau livrée aux dévastations de la guerre civile. Canutson assemble ses troupes, marche contre

Pukke, lui livre plusieurs batailles, l'oblige à prendre la fuite. Pukke revient avec de nouveaux renforts, remporte à son tour la victoire, et Canutson se réfugie dans les murs de Stockholm. Là, se voyant menacé d'un siége, il appelle son ennemi à une négociation. Pukke se rend à Stockholm avec un sauf-conduit. Canutson le fait arrêter, et lui fait trancher la tête.

A cette nouvelle, les paysans reprennent les armes, envahissent les domaines de Canutson, massacrent ses fonctionnaires.

C'était là pour Éric une belle occasion de reparaître en Suède, d'y rétablir son autorité. Canutson avait contre lui un parti nombreux et puissant. Il eût suffi de la présence du roi pour gouverner ce parti, et mettre fin aux tentatives d'un homme qui ne dissimulait plus ses espérances ambitieuses. Mais Éric, marié à une femme charmante qui n'avait cessé de lui témoigner le plus profond dévouement, oubliait ses devoirs de roi, ses devoirs d'époux, dans les bras d'une maîtresse. Le primat de Suède le somma de comparaître à Morasteen dans l'espace de trois mois, sous peine d'être privé de sa couronne. Éric ne parut pas. Les Danois lui ayant inutilement adressé la même sommation, prononcèrent sa déchéance, et, en 1439, élurent à sa place un fils de sa sœur, le duc Christophe de Bavière. Les états de Suède n'admirent point cette élection, qui, aux termes du traité de Calmar, ne devait pas se faire sans leur concours; mais ils abdiquèrent également leur serment d'obéissance envers Éric, et conservèrent commè administrateur du royaume Charles Canutson.

Ces deux actes de déchéance n'émurent point l'indolent héritier de trois royaumes. Il passa encore dix années dans son île de Gothland, et, pour se venger de l'abandon de ses anciens sujets, arma quelques navires avec lesquels il exerçait, sur les bâtiments de Suède et des villes hanséatiques, de honteuses pirateries. Forcé enfin d'abandonner cette retraite maudite, il se réfugia en Poméranie, et y mourut misérablement à l'âge de soixante-dix ans. Proclamé roi en 1397, il avait porté ce titre pendant quarante-deux ans, régné de fait vingt-six ans, et passé dix ans de piraterie dans l'île de Gothland, dix ans de pauvreté en Poméranie.

Christophe ayant été élu roi par le Danemark, il s'agissait, pour maintenir l'union des trois royaumes, de le faire également reconnaître à ce titre par la Suède et la Norvége. En 1440, une diète s'assembla à cet effet dans la ville de Calmar. Christophe gagna la faveur du clergé, et réussit, par l'intervention de quelques prélats, à obtenir l'assentiment du puissant Charles Canutson. Au mois de septembre 1441, il fut salué roi de Suède à Morasteen; l'année suivante, couronné en Norvége par l'archevêque de Drontheim, puis en Danemark par l'archevêque de Lund.

A son avénement au pouvoir, Christophe eut comme Éric le tort de faire venir en Danemark des gentilshommes allemands, auxquels il témoignait une faveur particulière. Mais, sur les représentations qu'on

lui adressa à ce sujet, il les renvoya. S'il ne se signala pendant son règne par aucun acte éclatant, il
eut du moins le bonheur de ne point exciter de trop
grands troubles et de gouverner assez paisiblement ses
trois royaumes.

Ce fut lui qui transféra de Roeskilde à Copenhague
le siége de la royauté danoise; et à mesure que cette
dernière ville s'agrandit, Roeskilde déclina, à tel point
que, des vingt-sept églises qui s'y élevaient autrefois,
on n'y voit plus aujourd'hui que la cathédrale, tombeau des souverains.

Il aimait le faste et la dépense, et mécontenta
plus d'une fois les Suédois par les impôts qu'il pré-
levait sur eux. Dans une année de disette, où le peuple fut obligé de mêler à son pain de l'écorce de bouleau, on lui donna même le surnom de Barkekongen
(roi de bouleau). Cependant ses huit années de règne furent utiles à un pays qui avait tant besoin de
repos.

En 1448, Christophe mourut à Helsingborg sans
enfants, ce qui remettait encore une fois la royauté
en question. D'après le traité de Calmar, les députés
des trois États devaient se réunir à Halmstad pour
procéder à l'élection d'un nouveau souverain. Les
Suédois refusèrent de comparaître, déclarant que le
Danemark avait, en élisant Christophe, violé le traité,
et proclamèrent roi Charles Canutson, qui prit le
titre de Charles VIII. La veuve de Christophe, Dorothée de Brandebourg, jeune femme d'une rare beauté,
engagea les Danois à élire, comme les Suédois, un

Histoire de la Scandinavie.   10

noble du pays, promettant d'épouser celui qui obtiendrait leurs suffrages. Mais les états repoussèrent cette proposition, et offrirent la couronne d'abord au duc Adolphe de Schleswig, qui la refusa en raison de son grand âge, puis à son neveu Christian, comte d'Oldenbourg, qui descendait des familles royales de Suède et de Danemark, et qui devait, à la mort d'Adolphe, hériter du Schleswig.

Christian s'engagea à ne point faire entrer d'étrangers dans le royaume, à n'entreprendre aucune guerre sans l'assentiment des états, épousa Dorothée, et fut proclamé roi en 1448.

La Norvége se divisa en deux partis. Les provinces du sud sanctionnèrent le choix du Danemark; les provinces du nord adoptèrent Charles Canutson, et lui rendirent hommage en 1450 à Drontheim. Charles se proclama roi de Norvége, prit les armes pour soutenir ses prétentions contre Christian, et s'avança hardiment jusqu'en Scanie. Mais il avait contre lui les nobles, jaloux de sa fortune, et les principaux dignitaires du clergé. L'un d'eux, qui appartenait à la famille des Oxenstiern, Jean Bengtson, archevêque d'Upsal, déposa sa mitre et sa crosse dans la cathédrale, revêtit la cuirasse, et jura de ne pas remettre l'épée dans le fourreau avant d'avoir changé l'état politique de la Suède. La résolution de ce prélat, qui exerçait une grande influence, porta un coup funeste à l'autorité de Canutson. Une quantité de ses partisans l'abandonnèrent, une partie de ses soldats même se rangea du côté de ses adversaires. Bientôt il ne lui resta qu'une si petite armée, qu'il ne lui fut plus possible de continuer la guerre. Il se retira à Dantzig, et y demeura sept ans. Holberg raconte qu'au moment où il s'embarquait, un homme qu'il soupçonnait de l'avoir trahi s'approcha de lui, et lui demanda s'il n'avait rien oublié. — Oui, répondit Canutson, j'ai oublié de te faire pendre.

Dès que l'ambitieux régent eut quitté le sol de Suède, les états de ce royaume appelèrent Christian dans le pays. En 1457, il fut couronné à Upsal, et fit en même temps adopter son fils Jean pour son successeur. En 1460, le duc Adolphe étant mort, Christian réunit aux contrées scandinaves le Holstein et le Schleswig, ce qui constituait un fort bel empire. Mais, malgré l'étendue de ses possessions, il paraît que le successeur des Valdemar n'était pas riche. En mariant sa fille à Jacques III d'Écosse, il lui promit une dot de 60,000 florins. Deux mille seulement furent payés; les Orcades et les Shetland, engagées pour le reste. Jamais il ne put acquitter cette somme, et l'Écosse garda les îles.

Si Christian n'avait point d'argent, ce n'était pas faute d'en demander à ses sujets. Les impôts qu'il préleva en Suède excitèrent dans cette contrée des troubles qu'il n'eut pas la force de réprimer. Charles Canutson, qui, dans sa retraite de Dantzig, suivait d'un œil attentif la marche des événements, revint à Stockholm, y reprit quelque temps son ancienne autorité, puis, attaqué par ses ennemis et forcé de fuir, revint encore sur cette terre où il avait tant de peine à se

10.

maintenir. Le 12 novembre 1467, il fit son entrée à
Stockholm au milieu de la foule. Cinq semaines après,
la mort le délivrait de son redoutable ennemi Jean
Bengtson. Mais il ne jouit pas longtemps de la couronne qu'il avait reconquise; il mourut le 15 mai
1470, à l'âge de soixante et un ans. Sur son lit de
mort, il avait nommé tuteur de ses enfants un noble
gentilhomme Sten Sture, et l'avait en même temps
désigné pour lui succéder dans ses fonctions d'administrateur du royaume, l'engageant à ne point
ambitionner le titre de roi. Celui d'administrateur
suffisait pour lui donner une position que Christian
ne pouvait admettre, à moins d'abdiquer quelques-
unes de ses principales prérogatives. La guerre se
ralluma. Christian partit avec une flotte, vint débar-
quer près de Stockholm, et, le 9 octobre 1478, les
deux armées se rencontrèrent sur le Brunkeberg.
Une bataille acharnée s'engagea entre elles. Quatre
fois les Suédois revinrent à la charge, quatre fois ils
furent repoussés. Ils commençaient à céder le terrain, quand Christophe reçut une blessure qui l'obligea à se retirer. Sten Sture resta maître du champ de
bataille, et maître du royaume de Suède. Son adversaire Christian mourut en 1481.

Son fils Jean avait vingt-sept ans. Les députés des
trois royaumes durent se réunir à Halmstad pour confirmer son élection. Mais Sten Sture, par l'entremise
de l'archevêque de Drontheim, empêcha les Norvégiens d'y comparaître. L'assemblée s'ajourna à l'année
suivante. Cette fois, ce furent les Suédois qui s'en

éloignèrent. La Norvége alors s'associa au Danemark,
et reconnut la souveraineté de Jean. La Suède déclara
qu'elle ne le reconnaîtrait qu'à la condition que ce
prince lui restituât l'île de Gothland, et s'engageât
à passer successivement une année dans chacun des
trois États. On voit combien peu les trois royaumes
étaient unis. S'ils l'avaient été, qu'importait que le
souverain gouvernât l'île de Gothland en qualité de
roi de Danemark ou de roi de Suède? Cependant la
difficulté soulevée par ce dernier État ne fut point
aplanie. La reine douairière empêcha son fils de chercher à conquérir par la force des armes ce qu'on refusait de lui accorder, et Sten Sture régit pendant
quatorze ans le royaume de Suède. Dorothée mourut
en 1495, et en 1497 la guerre qu'elle avait empêchée
éclata. Sten Sture était brave, résolu, et fort aimé du
peuple. Jean avait pour lui en Suède une partie de
la noblesse, le haut clergé; et de plus il avait fait
venir d'Allemagne six mille hommes de bonnes troupes,
commandées par un gentilhomme de Cologne nommé
Slenz. L'armée de Sten Sture fut battue complétement.
Stockholm ouvrit ses portes; Jean prit solennellement
possession du trône de Suède.

Ainsi finit le quinzième siècle. Les trois royaumes
étaient de nouveau réunis, le pouvoir du jeune roi
respecté, ses adversaires soumis, et la grande œuvre
de Marguerite raffermie sur sa base. Mais la première
année du seizième siècle devait déjouer toutes les
espérances d'un pareil état de choses. L'orage vint
d'un petit État obscur, et agita tous les États du Nord.

Le Dittmar, qui autrefois payait un tribut au Danemark, s'était affranchi de cette servitude sous le règne de Valdemar II, et s'était constitué en république. Christian Ier avait voulu le replacer sous sa domination. L'affaire avait été soumise au jugement de l'empereur, du pape; puis, de plus graves sollicitudes ayant détourné Christian de cette entreprise, le Dittmar avait continué à vivre comme par le passé dans sa démocratique indépendance. Après le triomphe qu'il venait d'obtenir en Suède, Jean imagina d'occuper ses loisirs à subjuguer cette petite république. Au mois de février 1500, il se mit fièrement en marche avec ses lansquenets allemands, ses Danois, persuadé qu'il n'avait qu'à paraître pour voir tous les habitants du Dittmar déposer humblement les armes devant lui. Il était si convaincu de son succès, que déjà il avait vendu à un marchand les dépouilles qu'il allait recueillir. Mais à peine était-il arrivé dans le pays, que les Dittmariens, qui comptaient sur la nature pour les défendre, ouvrirent leurs écluses, inondèrent leur sol, anéantirent l'orgueilleuse armée de Jean, et recouvrèrent leur liberté.

Dès qu'on apprit en Suède le fatal résultat de cette expédition, tous les germes de rébellion un instant comprimés éclatèrent avec une nouvelle vigueur. Sten Sture convoqua dans la ville d'Arboga une assemblée de nobles, y rappela les anciens griefs de la Suède contre les rois de l'union, et prononça la déchéance de Jean. De là, il s'avança vers Stockholm, s'en fit ouvrir les portes au milieu d'un incendie, assiégea la forteresse où se trouvait l'épouse de Jean, et qui, après avoir vainement attendu pendant huit mois des secours du Danemark, fut forcée de se rendre. Sten Sture fit enfermer la reine captive à Wadstena; elle y resta quatre ans.

En même temps l'habile administrateur du royaume de Suède excitait en Norvége une révolte qui obligea Jean à envoyer son fils ainé, Christian, dans cette contrée pour la pacifier. Avant d'aller plus loin, nous devons dire quelques mots de ce prince, qui par ses folies et ses cruautés rompit à jamais les liens de l'u-nion danoise et suédoise.

Il naquit en 1481, et fut élevé dans son enfance avec une simplicité qui donne une singulière idée des mœurs de cette époque. Sa mère qui était une princesse de Saxe, son père qui devait posséder trois royaumes, le mirent en pension dans la maison d'un relieur, chez qui un chanoine venait chaque jour lui donner des leçons de grammaire latine. Le chanoine gagnait si peu à ce préceptorat, que, pour épargner au moins une partie de son temps, il prit le jeune prince dans sa demeure, et l'associa à d'autres enfants dont il faisait l'éducation. Christian était d'un naturel vio-lent, fougueux, que le bon chanoine essayait en vain de réprimer. Pour ne pas le perdre de vue, son maître le conduisait à l'église et le mêlait aux enfants de chœur. Quelques gentilshommes, surpris de voir leur futur souverain placé dans une si humble situa-tion, en parlèrent au roi. Christian alors rentra au

château. On lui donna un précepteur nommé Conrad,
qui ne connaissait que le latin, qui n'enseignait à son
royal élève que les fastidieux dilemmes et les argu-
mentations subtiles dont se composait en ce temps la
science des écoles. Le soir, pour se distraire de ces
monotones études, Christian escaladait les murs du
château avec quelques-uns de ses compagnons et courait la nuit dans les rues, au grand scandale des
bourgeois paisibles. Cette éducation purement sco-
lastique et dépourvue de tout enseignement moral,
ces habitudes de désordre, développèrent en lui ses
penchants vicieux, et en même temps lui inspirèrent
une aversion profonde pour les nobles, qui observaient sa mauvaise nature et lui faisaient faire de
sévères remontrances par le roi.

En 1497, il accompagna son père à Stockholm, et
y fut reconnu pour héritier du trône, de ce trône de
Suède si difficile à conserver, et qu'il devait pour
toujours éloigner de lui en y imprimant une tache
sanglante. En 1500, Christian faisait aussi partie de
l'expédition de Dittmar, dont la fatale issue aurait dû
lui enseigner quelle prudence exige toute entreprise
guerrière. Il avait vingt et un ans lorsque son père
lui confia la tâche de réprimer la subite rébellion de
Norvége. Christian, qui avait du courage, attaqua violemment les révoltés, remporta la victoire, et malheureusement la souilla par d'atroces vengeances. Tous
les nobles insurgés dont il s'empara furent traités
avec une dureté sans exemple, incarcérés, torturés,
égorgés. De là, il se rendit en Suède, où il exerça les

mêmes représailles. Dans une de ses haltes, la cheva-
leresque générosité d'un général suédois le sauva
pourtant d'un désastre à peu près certain. Près d'Elfsborg, les Danois étaient endormis le soir sans défiance
dans leur campement. Le général Auge arriva, sans
être aperçu, à la tête d'une troupe nombreuse. Ses
officiers s'attendaient à le voir tomber à l'improviste
sur l'armée de Christian. — Non, s'écria Auge, il ne
sera pas dit que j'aie attaqué par surprise le fils d'un
roi; et il donna ordre à ses trompettes de sonner la
charge. Aussitôt les Danois s'éveillent, courent aux
armes, et repoussent le magnanime Auge. Christian
continua sa marche, prit quelques forteresses, incendia des habitations, commit encore plusieurs
actes de cruauté, et retourna en Norvége, dont son
père le nomma gouverneur, et où il resta jusqu'en 1510.

En 1504, Sten Sture mourut, empoisonné, dit-on,
par Svante Sture qui voulait lui succéder. Une ambassade de Suède vint demander à Jean une convocation des députés des trois États. Jean se rendit à
Calmar avec les représentants du Danemark et de la
Norvége, mais les Suédois n'y parurent pas. Jean les
fit sommer par un héraut de se rendre à la diète, et
nul d'entre eux n'y vint. Le roi de Danemark en appela au jugement de l'empereur Maximilien, qui condamna les Suédois, les déclara ennemis de l'empire, et
défendit à ses sujets d'entrer en relations avec eux.
Mais la Suède ne s'inquiétait pas plus de cet arrêt que
des perpétuelles réclamations de Jean. Svante Sture,

investi des fonctions d'administrateur, ravagea le
Bleking. Les Danois armèrent une flotte, et la mer
Baltique devint de nouveau un théâtre de combats et
de piraterie.

Le 2 janvier 1512, Svante Sture mourut subitement. Son fils Sten Sture, dit le Jeune, lui succéda
dans ses hautes fonctions. Jean se préparait à lui disputer le royaume de Suède lorsqu'il mourut lui-même
d'une chute de cheval, le 21 février 1513.

Il faut que nous retournions quelques années en arrière pour reprendre l'histoire particulière de Christian. En 1507, on lui annonça qu'une révolte venait
d'éclater à Bergen. Il envoya dans cette ville l'évêque
Éric Valkendorphe pour étudier l'état de choses. A
son retour, l'évêque lui dit que tous les troubles
étaient entièrement pacifiés, et, outre-passant sa mission d'ambassadeur, surtout sa mission de prélat,
lui parla avec enthousiasme d'une jeune Hollandaise,
nommée Dyveke, qu'il avait vue à Bergen. C'était la
fille d'une femme du peuple, appelée Sigbrit, qui,
après avoir été marchande de fruits à Amsterdam,
était venue établir une mauvaise taverne à Bergen.
Christian, exalté par les récits de l'évêque, partit pour
cette ville, donna au château un grand bal auquel il
fit inviter Sigbrit et Dyveke, se passionna de prime
abord pour la jeune fille, dansa toute la soirée avec
elle; et « cette danse, dit le bon vieux chroniqueur
Hvitfeld, le fit danser hors de trois royaumes. » Dyveke
devint sa maîtresse, Sigbrit sa conseillère intime.
Christian les emmena toutes deux à Opsloe, près de

Copenhague, lorsqu'en 1510 son père l'appela à prendre part au gouvernement du royaume.

A la mort de son père, Christian fut couronné roi de Danemark et roi de Norvége, en acceptant, selon un usage pratiqué sous les règnes précédents, une sorte de charte aristocratique qui maintenait les priviléges de la noblesse. Il n'aimait pourtant pas la noblesse, et ne le prouva que trop; mais la prudence lui commandait de dissimuler cette antipathie. Il manifesta un plus vif intérêt que ses prédécesseurs pour les besoins matériels du peuple, et les mesures qu'il prit au commencement de son règne étaient d'un heureux augure pour l'avenir. Les villes hanséatiques absorbaient à peu près tout le commerce du pays. Il défendit aux marchands étrangers de venir acheter du bétail dans le Nord, et aux marchands indigènes de se faire les courtiers des compagnies allemandes. Il interdit la pêche dans les eaux de Danemark, de Norvége, à tout navire étranger, pour que ses sujets en eussent seuls le bénéfice. Il conclut avec l'Angleterre et la Russie un traité de commerce qui, en contre-balançant l'influence des cités de la Hanse, assurait un très-grand avantage à ses États. Il fit venir de Hollande une colonie agricole, qu'il établit près de Copenhague, dans l'île d'Amagen, et qui donna aux Danois l'exemple de la culture des jardins, de l'éducation des bestiaux. Enfin, il contracta un mariage superbe : il épousa la princesse Élisabeth, sœur de l'empereur Charles-Quint, qui lui apporta en mariage 3oo,ooo florins, la plus grosse dot que jamais roi de

Danemark eût reçue. Mais bientôt son mauvais naturel éclata. Il recommença ouvertement avec Dyveke
les relations qu'il avait dissimulées quelque temps
après son mariage, et dans son cœur violent l'amour
enfanta le crime.

Un homme d'une famille considérable, Thorbern
Oxe, gouverneur du château de Copenhague, aimait
aussi Dyveke, et cette inclination, contenue par la
crainte d'exciter la jalousie du roi, était favorisée par
Sigbrit, qui, voyant Christian marié, eût voulu marier sa fille avec un grand seigneur. Tout à coup Dyveke mourut. On accusa la famille de Thorbern de
l'avoir fait empoisonner. Le roi appela Thorbern,
l'interrogea sur les rapports qu'il avait eus avec la
jeune Hollandaise, lui fit avouer qu'en effet il l'avait
aimée, mais très-respectueusement. Il n'en fallut pas
davantage pour que le malheureux gouverneur fût à
l'instant arrêté. Par un hasard fatal, le matin du jour
où Dyveke était morte, Thorbern lui avait envoyé des
cerises. Christian prétendit que ces cerises étaient
empoisonnées; mais comme il était raisonnablement
impossible de faire concorder l'amour avoué de Thorbern avec un tel attentat, Christian le traduisit devant
le conseil, en l'accusant d'avoir souillé la couche
royale. Les juges répondirent que la couche royale
n'était point le lit d'une maîtresse, et qu'ils ne pouvaient sur une telle imputation condamner le gouverneur. Cette sentence ne fit qu'augmenter la colère
de Christian. Résolu à se venger, tout en conservant
les apparences d'une instruction légale, il composa

un tribunal de douze paysans choisis de côté et d'autre, et leur soumit la cause en question. Les paysans
déclarèrent en termes évasifs que Thorbern était jugé
par ses actes. Christian ne s'arrêta point à l'évidente
équivoque que présentait une pareille formule. Il fit
traîner en prison l'innocent Thorbern, et, malgré
les supplications de sa famille et celles de la reine,
lui fit trancher la tête. Quelque temps après, il fit
encore décapiter un noble norvégien qui avait
pris part à la révolte de 1501, et qui depuis longtemps avait été gracié. Il poursuivit avec la plus
inique rigueur un respectable prélat qui avait été
employé par le roi Jean dans d'importantes négociations, l'obligea à se démettre de son siége, et
à lui payer de ses propres deniers une somme de
80,000 ryksdales, qu'en vertu d'un traité conclu
par lui de concert avec Jean, l'État devait payer à la
ville de Lubeck.

A tout instant ainsi, Christian laissait éclater son
caractère cruel et sa haine pour la noblesse. Les membres du conseil d'État n'avaient plus aucun empire;
c'était l'habile Sigbrit qui gouvernait toutes les affaires, disposait des plus hauts emplois, gérait les
finances; qui, dans son odieux orgueil, laissait les
graves conseillers sur le seuil de sa porte attendre
des heures entières, par la pluie, par la neige, qu'il lui
plût de leur donner audience. Elle était tellement
abhorrée du peuple, qu'un jour deux paysans la rencontrant seule hors de la ville, avec une femme de
chambre, la prirent par les épaules et la jetèrent

dans un étang, d'où un groupe de courtisans se
hâta de la tirer.

Cependant la Suède ne voulait point reconnaître la
souveraineté du roi de Danemark. Sten Sture le Jeune
continuait à la régir, et, pour affermir son pouvoir,
s'efforçait de gagner le clergé. Il avait contre lui un
homme redoutable, l'archevêque Trolle d'Upsal.
Sten Sture, ayant en vain essayé de le mettre de son
côté, l'assiégea dans son château, le fit prisonnier, et
lui enleva son archevêché. Christian, qui n'attendait
qu'une occasion pour essayer de reconquérir la
Suède, partit avec une flotte et s'avança jusque sous
les murs de Stockholm. Il comptait encore sur de
nombreux partisans; mais comme leur secours se
faisait trop attendre, il résolut de s'en revenir. Les
vents contraires l'arrêtèrent, les provisions allaient
lui manquer. Dans cette fâcheuse occurrence, il témoigna à Sten Sture le désir d'avoir avec lui une entrevue à Stockholm, demandant seulement un sauf-
conduit, et six otages pour sa sûreté personnelle. Sten
Sture envoya six gentilshommes de distinction, parmi
lesquels se trouvait Gustave Erickson Wasa, qui déjà
s'était signalé dans plusieurs batailles, qui plus tard
devait rendre son nom si célèbre.

A peine ces otages étaient-ils arrivés à bord du bâtiment de Christian, qu'un vent favorable se leva. Au
mépris des engagements les plus sacrés, le roi mit à
la voile et retourna en Danemark, emmenant avec lui
ces six gentilshommes qui avaient eu la folie de croire
à sa bonne foi. Ils furent enfermés dans divers châ-

teaux, à l'exception de Gustava Wasa, qu'un de ses
parents, Éric Banner, demanda à garder dans sa demeure, en donnant pour caution de son jeune captif
une somme de 6,ooo ryksdales.

En 1520, Christian se dirigea de nouveau vers la
Suède, cette fois avec des troupes considérables,
avec une armée qui, sous le commandement d'Othon
Krumpen, s'avançait par terre sur Stockholm, et une
flotte qui devait aboutir au même point. Pour cette
expédition décisive, Christian avait fait venir quatre
mille lansquenets, plusieurs compagnies de Prusse et
d'Écosse, deux mille soldats de France, qui se battirent intrépidement, et dont trois cents à peine retour-
nèrent dans leur pays.

Le 5 janvier, Othon était en route; le 19, il ren-
contrait près de Bogesund Sten Sture, et lui livrait
un combat victorieux, dans lequel Sten Sture reçut
une blessure dont il mourut un mois après. Cette
bataille désastreuse pour les adversaires de Christian,
cette mort de leur chef, eurent un résultat immense.
L'archevêque Trolle reprit possession de son siége, et
travailla à soutenir la cause du roi de Danemark
avec toute l'ardeur d'un esprit irrité et avide de vengeance. Cependant la veuve de Sten Sture, femme au
cœur viril, s'était renfermée dans le château de Stockholm, avec l'héroïque résolution de sauver cette capitale de l'invasion étrangère, ou de mourir.

Othon Krumpen remporta le 5 avril une nouvelle
victoire qui lui ouvrait le chemin de cette ville, puis
Christian arriva avec sa flotte: Stockholm fut assiégé

à la fois par mer et par terre. Le siége dura jusqu'au mois de septembre. L'intrépide Christine repoussait avec indignation toutes les propositions d'accommodement qui lui étaient faites, et les bourgeois la soutenaient avec énergie. Mais les nobles et le clergé, connaissant le caractère sanguinaire de Christian et craignant de l'enflammer par une plus longue résistance, déterminèrent la noble veuve de Sten Sture à rendre le château. Stockholm capitula moyennant un pacte d'amnistie générale. Christian fit son entrée dans la ville le 7 septembre, la quitta quelques jours après pour retourner en Danemark, revint au mois de novembre recevoir solennellement la couronne des mains de son fidèle partisan l'archevêque Trolle, et pendant les fêtes qui furent célébrées à cette occasion manifesta envers les Suédois une colère qui leur présageait de nouveaux malheurs.

Christian ne cherchait en effet qu'un prétexte pour violer ses promesses d'amnistie. Un des parents de Sigbrit, un vil barbier appelé Slagheck, qu'il avait nommé évêque et dont il avait fait son confesseur et son favori, lui fournit ce prétexte. L'archevêque Gustave, expulsé de son siége, avait excommunié Sten Sture et tous ses partisans. Christian avait reçu du pape l'autorisation de les poursuivre comme hérétiques, et il se servit de cette autorisation pour violer ses engagements. Tous ceux qui avaient signé la déchéance de l'archevêque furent arrêtés et condamnés à mort. Un seul, l'évêque Jean Brask, échappa à cette sentence, en montrant que son sceau cachait un petit billet dans lequel il déclarait qu'il agissait contre sa volonté. Le 8 novembre, les portes de la ville furent fermées, les rues occupées par des troupes et des canons, les bourgeois consignés dans leurs demeures. L'échafaud était dressé sur la grande place de Stockholm. Deux évêques y furent d'abord conduits avec leurs vêtements sacerdotaux, puis vinrent les gentilshommes, au nombre desquels se trouvaient le père et le beau-frère de Gustave Wasa, puis les principaux bourgeois. Le roi, assis à une fenêtre en face de la place, assistait tranquillement à cette scène de carnage, et il vit tomber sous ses yeux quatre-vingt-quatorze têtes. L'effroyable rage de Christian ne pardonnait pas même, en ce moment de délire sanguinaire, une émotion de cœur, un témoignage d'attendrissement. Les deux Petri, qui devaient plus tard jouer un rôle important, faillirent être égorgés, parce qu'ils avaient poussé un cri de douleur à l'aspect de l'évêque de Strengnäs, leur maître, qui le premier monta à l'échafaud. Un Saxon, qui les avait connus à l'école de Wittemberg, les sauva en déclarant qu'ils étaient Allemands. Mais un bourgeois que l'on surprit pleurant au coin d'une rue, fut décapité.

Les mêmes exécutions ensanglantèrent le sol de Finlande. Puis Christian envoya dans la plupart des villes de Suède des troupes effrénées, qui, par ses ordres, dressaient les échafauds et y conduisaient les nobles et les prêtres. Six cents personnes, appartenant pour la plupart aux principales familles du pays, eurent ainsi la tête tranchée. Des enfants même furent

Histoire de la Scandinavie.   11

égorgés, des religieuses noyées avec leur abbé dans un lac. La veuve de Sten Sture, l'héroïque Christine, devait être une des premières victimes. L'amiral Norby obtint grâce pour elle, et on l'emmena captive à Copenhague.

Après cette boucherie, Christian, croyant avoir suffisamment fait pour raffermir son autorité en Suède, confia l'administration de ce royaume à l'archevêque Trolle, à Slagheck, et retourna en Danemark. Mais déjà un de ceux qui devaient le faire repentir de ses crimes, le noble Gustave Wasa, échappé de la maison où on le retenait captif, s'était rendu à Lubeck, avait obtenu l'appui des habiles négociants de cette ville, et s'en allait en Dalécarlie, fonder sur les ruines de la monarchie danoise une nouvelle dynastie.

En même temps que la Suède, le Danemark se révoltait contre Christian. Le roi avait manifesté pour la doctrine naissante du protestantisme une sorte de penchant qui irritait le clergé. Il avait humilié, opprimé la noblesse. Les deux ordres les plus puissants de l'État, la noblesse et le clergé, ne voulaient plus rester soumis à son joug. Le peuple seul, qu'il avait particulièrement protégé, lui était sincèrement attaché.

Dans l'espoir de prévenir le danger qui le menaçait sur divers points, Christian convoqua, en 1522, une diète à Kallundborg, puis à Aarhuus. Mais ni les nobles ni les prêtres n'y vinrent. Déjà leur plan était formé; ils voulaient se délivrer d'un souverain qui leur était devenu odieux. Ils se rassemblèrent à Viborg pour se concerter sur les moyens d'arriver à

leur but. De là ils envoyèrent à Christian un acte de
déchéance avec l'exposé de leurs griefs, et firent offrir
la couronne de Danemark à son frère Frédéric, duc
de Holstein, qui l'accepta.

Effrayé de ces manifestations et ne se sentant pas
assez fort pour résister à des adversaires dont le nombre ne faisait chaque jour que s'accroître, Christian
résolut d'aller chercher des secours en pays étranger.
Le 14 avril 1523, il s'embarqua avec sa femme, ses
trois enfants, confiant sa capitale à la fidélité de Henri
Gjöe et à la bravoure des gens du peuple, qui le regardaient partir avec douleur. Il promettait de revenir
dans trois mois, et il ne reparut que neuf ans après,
pour être conduit en prison. Il s'en alla trouver Charles-Quint, puis Henri VIII, et s'arrêta dans divers
États d'Allemagne.

Pendant ce temps Gustave Wasa était proclamé
roi de Suède, Frédéric s'emparait de Malmoë, de Copenhague, malgré l'opiniâtre résistance de leurs habitants, et peu à peu réunissait sous son sceptre le
Danemark et la Norvége. Nous interrompons un
instant l'ordre chronologique des faits, pour dire
comment se termina la destinée de Christian.

Après avoir pendant de longues années erré de
royaume en royaume, sollicitant partout un secours
qu'aucun pays ne pouvait ou ne voulait lui accorder,
il finit par équiper une flotte en Hollande, et, vers la
fin de 1531, aborda sur la côte méridionale de Norvége.
Il avait avec lui son ancien ami, l'archevêque Trolle,
qui, à l'avénement au trône de Gustave Wasa, avait

11.

dû quitter son siége d'Upsal, et qui représentait
énergiquement aux paysans norvégiens quel avantage ils trouveraient à reconnaître Christian pour
leur roi. Soit par l'effet de ses discours, soit par
quelque réminiscence du passé ou par crainte d'une
flotte assez bien armée, ils l'accueillirent en effet
comme leur souverain, et prononcèrent la déchéance
de Frédéric. Celui-ci mit aussitôt sur pied ses troupes,
et appela à son secours les gens de Lubeck, qui n'a-
vaient garde de l'abandonner, prévoyant bien que ce
serait un grand malheur pour eux si Christian re-
montait sur le trône avec l'appui des Hollandais. En
face de l'armée danoise et hanséatique réunies, Christian, n'osant en venir à une bataille décisive, demanda à entrer en négociations. On lui remit un
sauf-conduit, avec lequel il se rendit à bord d'un bâtiment danois qui le conduisit à Copenhague. Après
quelques jours passés en vaines discussions, il fut
conduit comme prisonnier d'État au château de Son-
derborg, puis de là transféré dans un cachot, où il
fut traité rigoureusement, et d'où il ne sortit qu'en
1549, en abdiquant toutes ses prétentions au trône.
Il mourut dix ans après, au château de Kallundborg.

CHAPITRE VIII.

Frédéric I. — Réformation. — Christian III.

————

Les prérogatives que la noblesse avait perdues sous Christian II, elle les recouvra pleinement à l'avénement de son successeur, et le peuple fut dépouillé des priviléges qu'il avait obtenus, ce qui augmenta naturellement son affection pour le roi captif.

Le règne de Frédéric Ier fut court, mais marqué par un mémorable événement, par la propagation de la doctrine de Luther en Danemark. Déjà, comme nous l'avons dit, Christian, avec son animadversion particulière pour le clergé et son désir de l'humilier, s'était montré favorable à cette doctrine. Sa déchéance l'empêcha de poursuivre le projet de réforme qu'il avait vraisemblablement conçu. Mais Frédéric connaissait sans doute assez l'histoire de Danemark pour savoir combien les prélats catholiques s'étaient rendus redoutables aux souverains de cette contrée, et combien il importait à la royauté d'abaisser leur pouvoir. Pour beaucoup de princes et de seigneurs, la question dogmatique de la réformation n'a été qu'une question d'un intérêt secondaire,

un prétexte plutôt qu'une raison. Leur premier but
était de relever leur autorité en l'affranchissant de
l'empire de la papauté, en soumettant à leurs propres
lois l'ordre puissant du clergé, en se constituant
eux-mêmes chefs de cette Église qui jadis commandait
aux empereurs et disposait des couronnes.

L'un des principaux propagateurs de la doctrine
luthérienne en Danemark fut un moine nommé Tansen, qui, dans son couvent d'Antvorskov, s'était signalé par son zèle pour la science et son talent pour
la prédication. Son supérieur l'envoya en Allemagne,
en lui prescrivant d'éviter avec soin tous les secta-
teurs de Luther. Après avoir passé quelque temps à
Cologne, Tansen ne put résister à la tentation de
visiter Wittemberg, le foyer du protestantisme. Il
écouta les leçons de Luther, de Mélanchthon, et devint un de leurs prosélytes. De retour en Danemark, il
proclama tout haut ses principes, et engagea avec les
défenseurs du catholicisme une polémique ardente.
Frédéric le prit sous son patronage et le nomma son
chapelain. En 1527, il proclama la liberté de culte;
mais son édit démentait le prétendu principe de liberté, car, en permettant à chacun l'exercice de sa
religion, il violait la loi du catholicisme en proscri-
vant le célibat des prêtres, en enlevant à la cour de
Rome toute participation dans la nomination des
évêques.

Frédéric mourut en 1533, laissant quatre fils encore fort jeunes, dont deux étaient portés au trône
par deux partis puissants. Les nobles maintenaient le

droit de succession de l'aîné Christian, à la condition qu'il s'engageât, comme son père, à conserver leurs priviléges. Le clergé catholique ne voulait point de ce jeune prince qui avait adopté la doctrine de Luther, et se rangeait du côté de son jeune frère Jean, âgé de huit ans. Les paysans ne se souciaient ni de l'un ni de l'autre, et réclamaient Christian II, qui seul s'était occupé de leurs intérêts.

La guerre éclata. La ville de Lubeck offrit à Christian de le soutenir, s'il voulait annuler les priviléges de commerce accordés aux Hollandais. Christian répondit qu'il ne voulait recevoir la couronne que de son peuple. Lubeck alors se tourna vers les paysans, arma des troupes dont elle donna le commandement au comte Christophe d'Oldenbourg, et demanda que Christian II fût remis en liberté. Cette demande ayant été rejetée, Christophe s'avança dans le Holstein, entra par la trahison de deux bourgmestres à Malmoé, à Copenhague, et se fit couronner au nom de Christian II.

Cependant, en 1534, la noblesse de Jutland élut pour son roi le fils aîné de Frédéric, qui porta sur le trône le nom de Christian III. Mais le peuple ne voulait point ratifier ce choix. Il se leva en masse, attaqua les partisans de Christian près d'Aalborg, et fut vaincu. Deux mille paysans tombèrent sur le champ de bataille, leur chef Clemens fut fait prisonnier et décapité. Après trois ans d'une lutte opiniâtre qui recommençait sans cesse et qu'il fallait soutenir à la fois sur plusieurs points, Christian l'emporta sur ses

ennemis par sa propre bravoure, par celle de son
général Rantzau, et par l'appui que lui donna Gustave
Wasa. Une mesure imprudente des gens de Lubeck
aida encore à son succès. Ils appelèrent à la tête de
leurs troupes le duc Albert de Mecklembourg, neveu
par alliance de Christian II. Mais le comte Christophe
n'ayant pas voulu abandonner son commandement,
l'autorité fut partagée entre les deux chefs, et par là
même affaiblie. Christian entra en Fionie avec son
courageux Rantzau, et remporta une victoire complète
sur l'armée ennemie. Il lui restait encore à s'emparer
de Copenhague, que le peuple, dévoué à Christian II,
était résolu à défendre intrépidement. Il assiégea cette
ville, en intercepta les communications, et en réduisit
les habitants à un tel état de disette qu'ils furent forcés de se rendre. L'amnistie générale qu'il accorda à
tous ceux qui lui avaient si longuement résisté couronna son triomphe ; Albert et Christophe se retirèrent en Allemagne, en s'engageant à ne plus porter
les armes contre lui. La Norvége l'avait déjà adopté
pour son roi ; le Danemark vaincu ne lui opposa
plus de résistance.

Trois partis venaient de se trouver en présence,
les armes à la main, avec une ambition particulière
et une vive ardeur de combat : les paysans étaient
domptés; les évêques allaient l'être par les violences
de la réformation. La noblesse devait rester seule
maîtresse du champ de bataille, s'emparer des dépouilles du clergé, asservir le peuple à son joug, et
rivaliser de pouvoir avec la royauté.

Dès que Christian se vit affermi sur le trône, il résolut d'achever l'œuvre encouragée par Christian II, commencée par Frédéric. Il assembla, en 1536, un conseil d'État dont les prélats furent exclus ; et là il fut décidé que, pour prévenir toute résistance, les évêques seraient tous arrêtés le même jour, et qu'on ne les relâcherait qu'a' rès leur avoir fait jurer de ne point s'opposer aux projets du roi. Cette mesure rigoureuse fut mise à exécution. Les prélats catholiques, à l'exception d'un seul, furent dépossédés de leurs siéges, dépouillés de leurs biens. A leur place on installa des prêtres luthériens qui prirent d'abord le titre de surintendants, qui plus tard en revinrent à celui d'évêques.

En 1537, Wandal et Tausen rédigèrent avec les conseils de Luther, de Mélanchthon, le nouveau code ecclésiastique. Les paroisses furent appelées à élire elles-mêmes leurs pasteurs; les pasteurs éliraient le provst (ou prêtre de canton). Les provst éliraient leur évêque.

Cette révolution religieuse, qui entraînait pour le clergé et pour le peuple une révolution sociale, constitua peu à peu un ordre de choses dont la noblesse ne prévit point les conséquences, et qui devait un jour la faire repentir de son imprévoyant orgueil. Tant que le clergé avait été investi de grandes dignités ecclésiastiques, civiles, et doté de grands biens, les nobles y étaient entrés et avaient pris une large part de ses bénéfices. Du jour où il fut privé de ses richesses et de son pouvoir, ils s'en éloignèrent dé-

daigneusement. Alors il se recruta dans la bourgeoisie,
dans le peuple, et rendit une nouvelle force à cette
caste vaincue d'où il émanait, et dont il partageait les
souffrances et les vœux. Ce fut le peuple qui donna
des pasteurs aux presbytères, des prélats aux villes,
des instituteurs aux écoles, des professeurs aux
gymnases et à l'université, des savants aux acadé-
mies. La masse de la nation grandit par les travaux
utiles, par l'industrie, le commerce, les vertus civi-
ques, et s'éleva en face de l'aristocratie, fière de ses
titres héréditaires, jalouse de ses priviléges, commandant aux armées et gouvernant l'État. Par suite des
progrès continus du peuple, il s'établit entre lui et
la classe nobiliaire une sorte d'antagonisme d'abord
réservé d'un côté, latent, puis plus ferme, dans lequel
les nobles finirent par succomber.

Mais revenons au règne de Christian III. Sauf
quelques luttes de peu d'importance, les dernières
années de ce règne furent assez paisibles. Au lieu de
chercher comme ses prédécesseurs à reprendre possession de la Suède, Christian se lia étroitement avec
Gustave Wasa. Les deux rois se réunirent en 1541 à
Bronssebroe, et conclurent un traité d'alliance offensive et défensive. Ce traité devait durer cinquante
ans. Un incident faillit pourtant le rompre peu d'années après qu'il eut été signé. Les Suédois ayant proclamé l'hérédité du trône pour les descendants de
Gustave Wasa, les états de Danemark, qui ne voulaient point encore renoncer au traité d'union de
Calmar, déterminèrent Christian à placer dans ses

armoiries les trois couronnes qui étaient les armes de
la Suède. Gustave Wasa ferma les yeux sur cette prétention, mais, sous le règne de son successeur, elle
enfanta une guerre qui dura sept ans.

Christian III commit deux autres fautes plus gra-
ves, dont l'une a laissé une tache sur sa mémoire, et
dont l'autre eut des suites funestes pour le Danemark.
Nous voulons parler de son association à la ligue de
Smalkalde, et du partage des duchés de Schleswig, de
Holstein.

En 1538, dans un voyage qu'il fit avec la reine à
Brunswick, il contracta avec les princes protestants
un engagement de neuf ans, en vertu duquel il devait
tenir à leur disposition mille hommes à cheval, ou
payer 41,000 riksdales. Au bout de huit ans, les
princes ayant été battus dans leur lutte contre l'empereur, réclamèrent de Christian l'exécution de ses
promesses. Cette demande le jeta dans un grand embarras. D'une part, il n'osait faillir à sa parole; de
l'autre, il craignait d'encourir la colère de l'empereur.
Pour résoudre ce dilemme, il eut recours à un moyen
qui n'était ni loyal ni honorable. Il envoya en Allemagne Jean Bernickow avec les 40,000 riksdales,
en lui prescrivant d'attendre encore les événements,
et de ne pas payer cette somme si les princes de la
ligue subissaient une nouvelle défaite. Cette année
même, les troupes de l'empereur remportèrent leur
fameuse bataille de Muhlberg, et Bernickow s'en revint
avec l'argent. C'est ainsi du moins que le fait, con-
testé par d'autres historiens, est raconté par Hritfeld,

qui écrivit sa chronique sous le règne du successeur
de Christian.

La division des duchés eut des suites plus graves,
car elle créa des droits héréditaires qui devaient être
une cause perpétuelle de rivalités et de dissensions.
Christian III fit des duchés trois parts, l'une pour lui,
les deux autres pour ses frères, Jean et Adolphe. Jean
mourut en 1580, sans enfants; et, après d'assez vives
contestations, sa part fut de nouveau divisée entre
Adolphe, qui devint le chef de la maison ducale de Holstein-Gottorp, et Frédéric II, lequel en 1564 abandonna
ses domaines à son frère Jean, qui devint le chef de
la maison royale de Holstein. Cette maison se divisa
par les fils de Jean en trois branches: Ploen, Glucksbourg, Sonderbourg. La première de ces trois
branches s'éteignit en 1751; la seconde, en 1779; la
troisième, celle de Sonderbourg, se divisa encore en
trois branches: Augustembourg, Wiesenberg et Beck.
Celle d'Augustembourg est la seule branche qui reste
de la maison royale de Holstein; elle a donné deux
reines au Danemark. La maison ducale de Holstein-
Gottorp a donné un roi à la Suède, et le malheureux
empereur Pierre à la Russie.

Christian III mourut à Colding en 1559, laissant un
fils âgé de vingt-cinq ans, dont le règne devait être marqué par une expédition heureuse, puis par une guerre
longue, sanglante, mais glorieuse pour le Danemark.

Avant de se faire couronner, Frédéric II voulut
venger la défaite que Jean avait subie dans le Dittmar,
et subjuguer cette inflexible république. Cette fois,

toutes les précautions furent sagement prises. Frédéric, accompagné de ses deux frères Adolphe et Jean,
et du vaillant Rantzau, s'avança à la tête de vingt mille
hommes vers ce petit État, qui depuis quatre siècles
bravait la puissance des rois de Danemark. D'après
les conseils de Rantzau, il se dirigea tout droit sur
Meldorp, la ville la plus forte du pays. L'attaque fut
vive, la résistance opiniâtre. Deux fois les Danois
s'élancèrent à l'assaut, deux fois ils furent repoussés.
La troisième fois enfin, Rantzau se jetant à la tête
des troupes, envahit les retranchements. L'armée
danoise s'empara ensuite de Tilebourg, puis fit le
siége de Heide, où les Dittmariens se battirent sur les
remparts, dans les rues, avec une telle fureur, que,
pour paralyser leurs efforts, il fallut mettre le feu à
la ville. Après cette lutte effroyable, le Dittmar se
soumit. Frédéric en prit une part, et donna le reste
à ses frères.

Cette campagne était à peine achevée, que les dissensions avec la Suède éclatèrent. Au sage et héroïque
Gustave Wasa avait succédé dans ce royaume Éric XIV,
qui commit tant de folies et les expia si chèrement.
Christian avait, comme nous l'avons dit, placé les
armes de Suède dans ses armoiries : Frédéric II les
mit sur ses monnaies. Il n'en fallait pas tant pour
irriter le caractère violent d'Éric. Il chercha à attirer
à lui Magnus, frère de Frédéric, et, n'ayant pu y parvenir, envahit les domaines que ce prince possédait
en Courlande. Frédéric ne pouvait laisser impunément dépouiller son frère. De part et d'autre on

prépara ses armes, et bientôt on en vint aux mains.
Les hostilités commencèrent sur mer, et la première
bataille ne présageait rien de bon pour le Danemark.
Elle fut livrée près de Bornholm. Les Danois y perdirent quatre bâtiments; leur amiral, sept officiers,
six cents matelots, furent faits prisonniers. Une autre
flotte, composée de vingt-cinq navires, partit aussitôt
du Danemark sous le commandement du vieux Pierre
Skram, qui avait déjà bravement servi Christian III et
son prédécesseur. Skram ne remporta sur les ennemis qu'une victoire peu importante, mais protégea
habilement les côtes du royaume. Herluf Trolle le
remplaça, et, dans un combat naval qui dura deux
jours, eut un avantage signalé. Les Suédois y perdirent leur vaisseau amiral, le *Sans-Pareil* (Makelös),
qui méritait bien ce titre pompeux, si, comme le
disent les historiens, il portait deux cents canons.

Au mois d'août de la même année (1563), les troupes de terre se mirent en marche. L'armée danoise,
composée de vingt-quatre mille hommes d'infanterie,
de quatre mille cavaliers, traversa la Scanie et s'empara de la forteresse d'Elfsbourg. En même temps
les troupes d'Éric entraient dans le Bleking et le
ravageaient. Le commandement des soldats danois,
confié d'abord au comte Günther de Schwartzbourg,
fut retiré à ce général indolent, puis confié à Othon
Krumpen, qui, quarante ans auparavant, ouvrait à
Christian II la route de Stockholm. L'âge l'obligea
d'abdiquer l'honneur que lui faisait Frédéric. Il remit
ses fonctions entre les mains de Rantzau, et alors les

Danois eurent sur terre de grands succès, tandis que
sur mer ils essuyaient coup sur coup de cruelles
défaites. Un de leurs désastres fut la suite d'un fait
trop caractéristique pour que nous le passions sous
silence. Dans une bataille où les deux partis avaient
obtenu à peu près le même avantage, au nombre de
ceux qui du côté des Danois succombèrent à leurs
blessures se trouvait un noble, nommé Christophe
Morgensen. Les autres morts, les morts bourgeois,
étaient tout simplement enveloppés dans une toile et
jetés à la mer. Mais on ne pouvait faire si peu de façon
pour un mort aristocratique. Il fallait le porter en
terre sainte, et l'on décide que l'on ira dans l'île de
Gothland. Tous les bâtiments partent à la fois pour
escorter le précieux cercueil; on jette l'ancre devant
Wisbye. Lorsque le noble Morgensen a été convenablement enseveli, et que toutes les cérémonies d'usage
sont achevées, on remet à la voile; et une tempête
éclate, qui abîme seize bâtiments et fait périr six mille
hommes. « Nul enterrement, dit dans son style comi-
que Holberg, ne coûta plus cher que celui de ce bon
Morgensen, car plusieurs milliers d'hommes furent
engloutis dans les flots pour qu'un seul fût mis à
sec. »

Rantzau venait de commencer le siége de Warbierg
quand il apprit que l'armée suédoise s'avançait au
secours de cette place. Il marcha à la rencontre de
ces troupes avec quatre mille hommes, et fut surpris
par une armée de vingt-cinq mille hommes, qui
lui fermait toute retraite. Dans ce péril extrême,

Rantzau prend une de ces résolutions qui n'appartiennent qu'au cœur des héros. Il harangue ses officiers, ses soldats, les enflamme par sa propre ardeur. Tous jurent de vaincre ou de mourir, puis se jettent à genoux, implorent le secours de Dieu, se relèvent, et s'élancent avec impétuosité contre leurs ennemis. Rantzau marchait à leur tête. Cette attaque audacieuse jette le désordre parmi les Suédois, cinq mille d'entre eux tombent sur le champ de bataille, le reste prend la fuite, abandonnant aux Danois une partie de leurs bagages et trente canons. A la nouvelle de cette défaite, Éric, dans un de ces accès de fureur qui égaraient sa raison, donna l'ordre à Sture de faire égorger plusieurs des officiers qui étaient accusés d'avoir abandonné leur poste. Plusieurs autres furent dégradés et privés de leurs biens. Sture parvint cependant à l'apaiser, et, par une de ces bizarreries de caractère qui ont marqué comme des écarts de folie le règne de ce malheureux roi, après cette humiliante bataille, Éric entra en triomphe à Stockholm, conduisant quelques Danois qu'on avait faits prisonniers dans une autre occasion, et dont les mains étaient liées avec un ruban de soie.

L'année suivante, Rantzau remporta encore deux éclatantes victoires, fit prisonniers deux feld-maréchaux, envahit et ravagea trois provinces. Il faut dire que toutes ces entreprises lui étaient rendues plus faciles par l'état d'agitation et de désordre qui paralysait les forces de la Suède, par les guerres intestines qui, en 1568, aboutirent au détrônement d'Éric.

Son frère Jean, qui lui succéda, envoya des ambassadeurs à Copenhague pour négocier la paix. Mais, à leur retour, il ne voulut point ratifier les conventions qu'ils avaient faites. La guerre recommença. Rantzau assiégea la forteresse de Werbierg, et y mourut frappé d'une balle. Les Danois vengèrent sa mort en s'élançant à l'assaut et en franchissant les remparts de cette ville, qui causait une si grande perte au Danemark.

Le duc Charles et le général Pontus de la Gardie entrèrent en Scanie, et dévastèrent cette belle province. Mais Dohna, qui avait remplacé Rantzau, leur livra une bataille dans laquelle ils éprouvèrent une défaite sanglante, et où Pontus de la Gardie fut fait prisonnier. Dans le temps même où elle était ainsi battue par les Danois, la Suède était engagée dans une autre guerre contre la Russie. Jean, ne pouvant soutenir deux telles luttes à la fois, demanda la paix à Frédéric. Des commissaires se réunirent à Stettin, et, sous la médiation de l'empereur, de la France, de la Pologne, de la Saxe, la paix fut conclue en 1570, à des conditions très-honorables pour le Danemark.

Le roi de Suède permettait à Frédéric de porter les trois couronnes dans ses armes, déclarait renoncer à toute prétention sur la Norvége, la Scanie, le Halland, le Bleking. Le roi de Danemark abdiquait par réciprocité ses prétentions au royaume de Suède.

Les huit vaisseaux pris aux Danois devaient leur être rendus. De plus, on leur abandonnait les districts septentrionaux de Jemteland et de Herjedalen.

La Suède s'engageait en outre à leur payer la somme de 150,000 riksdales, et à leur laisser en gage la forteresse d'Elfsborg.

Ce payement, attendu longtemps, fut enfin effectué, mais en grosse monnaie de cuivre, que Frédéric employa à fondre des canons.

Deux ans après, le roi victorieux épousa la princesse Sophie de Mecklembourg. Son amour pour la fille d'un de ses gentilshommes l'avait jusque-là empêché de se marier.

Il employa paisiblement le reste de sa vie à l'administration de ses États. Grâce à l'habileté de son ministre Pierre Oxe, les finances du Danemark, naguère encore si délabrées, furent ménagées avec un ordre et un soin qu'on n'avait pas vu depuis longtemps. Frédéric, pour augmenter une partie notable de ses revenus, fit construire au bord du Sund la forteresse de Kronborg, et éleva les droits imposés depuis le treizième siècle aux navires de commerce qui traversaient ce passage. La ville de Lubeck réclama contre ce surcroît d'impôts, et en appela à l'empereur. Mais Frédéric ne céda à aucune réclamation : le Sund lui rapportait de tels bénéfices, qu'on pouvait, ainsi que le disait un Danois, considérer ce péage comme la mine d'or du Danemark. En l'année 1602, les revenus de ce royaume et de la Norvége s'élevaient à 411,000 species, les dépenses à 164,000 species. On en tirait des droits du Sund 142,000, plus du quart des recettes générales. Sous le règne suivant, le Danemark paya chèrement ce privilége. On lui enleva les provinces

de Scanie, de Halland, de Bleking, situées de l'autre
côté du détroit, pour le forcer à abolir sa taxe, ou
pour pouvoir en établir une concurremment avec la
sienne. Mais les droits du Sund lui appartiennent encore exclusivement. Le congrès de Vienne les a main-
tenus, et l'on ne pourrait les lui enlever sans lui porter
un coup presque mortel, car ils composent aujour-
d'hui la meilleure part de ses ressources financières.

Frédéric aimait les sciences, et s'honorait de contribuer à leurs progrès. Il augmenta les dotations de
l'université de Copenhague, fonda une institution où
cent étudiants étaient logés et nourris gratuitement.
Il réforma l'ancien établissement d'éducation de Sorö,
et en fit une école où trente enfants de la noblesse
et trente enfants du peuple devaient être élevés gratuitement. Les plus pauvres même étaient habillés aux
frais de la communauté.

Ce règne bienfaisant pour le Danemark fut illustré
par des hommes d'un mérite éminent : Pierre Oxe,
l'habile ministre; Rantzau, le vaillant général; Tycho
Brahé, le célèbre astronome; Vedel Sörenson, qui traduisit en danois l'histoire de Saxo le grammairien et
publia les Kaempeviser; puis un autre Rantzau, fils du
vainqueur des Suédois et surnommé le Savant. Il était
immensément riche, et faisait un noble emploi de sa
fortune. Ses châteaux étaient ornés de statues, de tableaux; sa bibliothèque renfermait près de 7,000 volumes, chose rare de son temps. Il consacra en outre
une partie de ses revenus à construire des ponts, des
routes, à établir des papeteries et des imprimeries.

12.

Frédéric II mourut en 1588, à l'âge de 53 ans. L'abus des liqueurs fortes avait abrégé sa vie.

Son fils Christian IV, qui devait lui succéder et qui devait devenir l'un des rois les plus populaires du Danemark, n'avait que onze ans. Sa mère réclamait la régence; mais les nobles, craignant qu'elle ne prît trop d'ascendant sur le jeune prince et sur les affaires du royaume, la déterminèrent à renoncer à ses prétentions en lui abandonnant l'administration des îles de Laalund et de Falster. Elle se retira dans le château de Nyköping, établit autour d'elle des manufactures et géra si bien ses affaires, qu'à sa mort elle laissa une somme de deux millions de riksdales.

Quatre membres du conseil furent nommés régents du pays. C'étaient le chancelier Nicolas Kaas, l'amiral Pierre Munk; le gouverneur du Jutland, George Rosenkranz; et le trésorier du royaume, Christophe Walkendorf.

L'éducation de Christian avait été confiée à un savant maître, qui développa avec intelligence les heureuses dispositions dont le prince était doué. Tout jeune encore, Christian parlait et écrivait correctement le latin, l'allemand, le français; comprenait l'espagnol et l'italien. Tout jeune, il manifestait un penchant décidé pour les études relatives à la marine. Il entrait avec amour dans les plus minutieux détails de l'art de la navigation et des constructions maritimes. Il donna lui-même le plan de plusieurs vaisseaux, et les fit construire et armer sous sa direction.

En 1597, il monta sur le trône, et en 1599, son

goût pour les expéditions nautiques le porta à entreprendre un voyage que nul roi de Danemark n'avait fait
avant lui, et que nul autre n'a fait depuis. Il partit avec
huit bâtiments, longea la côte de Norvége, visitant tous
les ports, étudiant les baies et les courants. De la pointe
septentrionale de la Norvége, il s'avança jusqu'au cap
Nord et jusque dans les parages d'Archangel. Au mois
d'août de la même année, il était de retour à Copenhague, rapportant sur ses États de Norvége, sur leurs
ressources et leurs moyens d'amélioration, des observations auxquelles personne n'avait encore songé.

La guerre avec la Suède l'empêcha d'accomplir des
projets dont il dut concevoir l'idée dans ce voyage.
La pauvre petite peuplade laponne fut la première
cause d'une dissension qui, après quarante années de
paix, allait de nouveau agiter le Danemark.

En 1607, Charles IX, qui venait de monter sur le trône
de Suède, manifesta l'intention de s'emparer des districts de Nordland, de Finmark, qui appartenaient à la
Norvége, et prit le titre de roi des Lapons. Vers le même
temps, il fonda la ville de Gothembourg, et lui donna
de grands priviléges pour étendre son commerce dans
la mer du Nord. Enfin, en 1610, il interdit aux navires étrangers le commerce de la Livonie et de la Courlande. Cette dernière mesure acheva d'exaspérer Christian. Les droits qu'il percevait sur le Sund l'obligeaient
à protéger les bâtiments qui naviguaient dans les eaux
de la Baltique. Il annonça que tous les navires de
commerce qui voudraient se rendre à Reval ou à
Riga, seraient conduits à leur destination par une

flotte danoise. Cent cinquante bâtiments se réunirent dans le Sund, et furent en effet escortés jusque dans les parages de la Livonie et ramenés sur les côtes de Danemark, sans que les Suédois osassent les attaquer. L'animosité était grande pourtant de part et d'autre, et la guerre ne devait pas tarder à éclater.

Christian recruta quatre mille hommes en Allemagne et en Angleterre, mit sur pied douze mille Norvégiens, seize mille Danois, arma vingt-neuf bâtiments, et en 1611 entra en Suède, s'empara de la ville de Calmar. Charles IX s'avança à sa rencontre avec une armée de vingt-quatre mille hommes. Un de ses généraux entra par surprise dans la ville de Christianopel, et la mit à feu et à sang. Mais bientôt Christian vengea ce désastre par de nouvelles victoires. Charles, furieux de tant d'échecs successifs, envoya un cartel à son heureux adversaire, qui lui répondit que sans doute il avait le cerveau malade, et qu'au lieu de songer à se battre, il ferait mieux de consulter son médecin et de rester au coin de son feu.

L'hiver interrompit les hostilités. Charles IX retourna à Stockholm, tomba malade de chagrin, et mourut le 30 octobre. A sa place allait apparaître le héros de la Suède, Gustave-Adolphe, dont les premières campagnes n'annonçaient cependant pas la gloire qu'il devait un jour acquérir. Il fut, comme son père, battu par Christian, et, après deux ans d'une lutte malheureuse où un jour il faillit être fait prisonnier par les Danois, il demanda la paix.

Le traité, conclu en 1613, établit que les deux rois

de Suède et de Danemark auraient également le droit
de porter dans leurs armes les trois couronnes; que
celui de Suède renoncerait à toute prétention sur le
Finmark et les Lapons; qu'enfin il payerait au Danemark un million de riksdales.

De cette première phase de la vie de Christian nous
arrivons à une autre, où le vaillant roi va se trouver
engagé dans de nouveaux combats, trahi par la fortune, mais non moins digne de respect et d'admiration dans ses revers que dans ses jours de prospérité.

La guerre de religion, la fameuse guerre de trente
ans divisait, désolait l'Allemagne. Les protestants,
poursuivis, opprimés par l'empereur, appelèrent à leur
secours le vaillant roi de Danemark, et l'élurent pour
leur chef. Christian entra, en 1626, en Allemagne avec
32,000 hommes; mais la bataille de Königslutter, où
il perdit un grand nombre de ses soldats et quelques-
uns de ses meilleurs officiers; la défection de plusieurs
de ses alliés, notamment du comte George de Lunebourg; l'inutile attente des subsides que l'Angleterre
et la France lui avaient promis; l'envahissement du
Holstein et du Jutland par les troupes de Tilly et de
Wallenstein, le déterminèrent à abandonner une entreprise trop dangereuse. En 1629, il conclut la paix
à Lubeck, et s'engagea à ne plus s'immiscer dans les
affaires d'Allemagne.

Une victoire qu'il remporta sur les Hambourgeois
le consola des malheurs qu'il avait éprouvés en Allemagne. La ville de Hambourg, qui, par ses progrès
continus, était devenue la plus riche, la plus puissante

des anciennes cités de la Hanse, prétendait être maîtresse absolue de l'Elbe. Christian, qui ne pouvait permettre un tel abus de pouvoir, lui livra une bataille
navale, dans laquelle la fière métropole commerciale
subit une défaite éclatante. Pour prévenir ses tentatives ambitieuses, il éleva sur une des rives de l'Elbe
la forteresse de Gluckstadt ; et comme elle faisait mine
encore de le braver, il l'obligea, en la menaçant de
la saccager, à lui demander pardon et à lui payer une
somme de 280,000 riksdales.

L'année même (1643) où il obtenait cette satisfaction des négociants de Hambourg, le Holstein fut
tout à coup envahi par Torsteinsson, l'un des plus
habiles généraux de l'armée de Gustave-Adolphe. Le
Danemark se trouvait alors dans une déplorable situation : le trésor vide, les biens de la couronne en-
gagés pour la plupart à des nobles opulents qui n'en
payaient pas les redevances, le roi en hostilité ouverte
avec une aristocratie hautaine et ambitieuse, qui eût
voulu elle-même gouverner le royaume et faire du
souverain une sorte d'instrument inerte. C'est dans
de telles circonstances qu'un homme qui venait de
répandre la terreur de son nom en Allemagne traverse, les armes à la main, les frontières du Danemark. En même temps, le feld-maréchal Horn devait
tomber sur la Scanie, et rejoindre Torsteinsson en
Seelande. C'en était fait du royaume des Valdemar si
ce plan avait réussi, ou si le Danemark avait eu un
autre roi que Christian.

Les Suédois étaient déjà en Jutland, qu'il n'en savait

rien. Dès qu'il apprit cette terrible invasion, il assembla des troupes et les confia au général Bilde, qui se fit battre par Torsteinsson et perdit quatre mille hommes. Christian partit alors pour le Jutland, lançant sur la Suède une autre armée sous les ordres du vaillant Sehested, qui ravagea le Helsingeland, le Medelpad, et y fit un tel butin qu'il put envoyer 35,000 riksdales au roi. Sur ces entrefaites arriva Galas, général des Impériaux, qui obligea Torsteinsson à quitter le Holstein.

Mais pendant que cet ennemi s'éloignait, il en venait un autre non moins redoutable, le général Horn, qui s'empara du Bleking, entra en Scanie et assiégea Malmoë. Puis les Suédois armaient une flotte terrible, quarante-six vaisseaux, dont plusieurs de 70 canons. Christian, qui n'avait que trente-neuf bâtiments, la rencontra près de Fomorn. Le 1ᵉʳ juillet 1644, la bataille s'engagea. Christian, qui avait alors 68 ans, y montra une bravoure et une fermeté héroïques. Déjà couvert de blessures, entouré de morts et de blessés, debout sur le pont de son vaisseau, il continuait à donner ses ordres, à stimuler l'ardeur de ses soldats, lorsqu'une balle vint le frapper et lui enlever l'œil droit. Il tomba comme mort, puis, se relevant aussitôt, demanda son épée et continua le combat. La nuit mit fin à cette lutte acharnée. La flotte suédoise se retira dans le port de Kiel.

Elle attendait une flotte auxiliaire de Hollande, à laquelle, malgré les efforts de Christian, elle parvint à se rejoindre. L'amiral suédois, Wrangel, se trouva

alors à la tête de soixante-quatre vaisseaux, prit dans
une seule bataille dix bâtiments danois, en coula bas
six autres, s'empara de l'île de Bornholm, entra dans
le Jutland.

Il devenait impossible de soutenir plus longtemps
la guerre dans des conditions aussi inégales. La paix
fut faite en 1645, par la médiation de la France. Le
Danemark abandonna à la Suède les districts de Jemteland, de Herdalen, Osel et Gulland. Il lui abandonna
en outre le Halland pour trente ans, l'affranchit des
droits du Sund, et abaissa ces mêmes droits pour les
Hollandais.

Deux ans après, Christian eut la douleur de perdre
son fils aîné. L'année suivante, il mourut dans son
château de Rosenborg.

De fatales circonstances désolèrent la fin de sa vie ;
mais sa mémoire n'en est pas moins restée chère aux
Danois, et à juste titre. Peu de souverains ont apporté
autant d'activité dans l'administration de leurs États,
autant de zèle à entreprendre d'utiles améliorations.
Il s'occupait à la fois et avec une remarquable intelligence de tout ce qui pouvait contribuer aux progrès
intellectuels et matériels de son peuple, de science et
de commerce, de marine et d'industrie. Il bâtit la
tour astronomique de Copenhague, augmenta le revenu de plusieurs écoles, fonda de nouveaux gymnases. Il acheta dans l'Inde orientale Tranquebar, y établit une colonie, et envoya successivement quatre
officiers de marine à la recherche d'un passage au
nord pour arriver dans les Indes. Les guerres qu'il

eut à soutenir, les constructions qu'il fit faire, les travaux de toute sorte qu'il entreprit, épuisèrent ses finances. Mais nul autre que lui n'aurait fait tant de choses avec les modiques ressources dont il disposait. Debout dès les quatre heures du matin, il surveillait ses ouvriers, voyait tout par ses propres yeux, et tenait un compte rigoureux de ses moindres dépenses. La Norvége, qu'il visita plusieurs fois, lui était toute dévouée; le peuple, auquel il témoignait un intérêt paternel, l'aima, l'admira, le chanta; la noblesse, dont il humiliait l'orgueil et dédaignait les prétentions, l'abandonna dans les moments de crise, où elle eût pu lui prêter un secours si efficace. Nous verrons comment elle expia cet excès d'ambition, qui ne s'arrêtait même plus devant la royauté.

Christian mort sans avoir fait élire son successeur, les nobles ne voulurent le reconnaître qu'après avoir pris toutes les précautions nécessaires pour assurer et fortifier leur pouvoir. Il y eut un interrègne de quelques mois, pendant lequel les affaires furent régies par les quatre principaux fonctionnaires du royaume. En 1648, les trois ordres de la noblesse, du clergé, de la bourgeoisie, se rassemblèrent à Copenhague. Frédéric fut proclamé roi, mais en même temps forcé d'admettre des capitulations qui restreignaient de plus en plus l'autorité royale et confirmaient l'omnipotence de l'aristocratie. Il s'engagea à maintenir intégralement les priviléges des nobles, leur droit de haute et basse justice, leurs franchises; à ne point déclarer la guerre, à ne tenter aucune réforme sans l'assentiment du conseil, à ne pas même sortir du royaume sans lui en avoir demandé la permission. Or, ce conseil était composé de vingt-trois membres, tous choisis parmi la noblesse. Si l'un de ces membres venait à mourir, c'étaient les nobles eux-mêmes qui le remplaçaient; en sorte qu'il ne devait rien au roi.

Un de ces nobles, l'un des premiers par ses alliances de famille, par sa fortune, par les hautes fonctions dont il était revêtu, fut la cause d'une guerre désastreuse qui enleva au Danemark quelques-unes de ses plus belles provinces, et changea, par une révolution subite; la forme gouvernementale du royaume. C'était l'infâme traître Corfitz Ulfeld, qui avait épousé une fille naturelle de Christian IV. Le roi le haïssait, la reine portait envie à sa femme. Au retour d'une ambassade en Hollande, qui n'avait point eu le résultat qu'on en attendait, il fut soumis à une enquête et s'éloigna avec colère de la cour. Quelque temps après, un colonel, nommé Walther, l'accusa d'avoir voulu empoisonner le roi, et trouva une certaine Dina Vinhofer qui attestait le fait. L'accusation était fausse. Dina fut condamnée à mort et Walther à l'exil. Ulfeld, exaspéré de cette dernière sentence, quitte le Danemark avec sa femme, ses enfants, s'en va d'abord en Hollande, puis en Suède, où Christian, pour blesser Frédéric, accueille le fugitif avec la plus haute distinction. Charles X monte sur le trône à la place de Christian, et Ulfeld, égaré par l'ambition, par un désir insensé de vengeance, détermine le jeune roi à

déclarer la guerre au Danemark, et conduit lui-même
l'armée ennemie dans son propre pays.

En 1657, Charles tombe comme la foudre sur le
Holstein, chasse de position en position le maréchal
Bilde envoyé contre lui, et s'empare de la forteresse
de Frédéricia. Ses amiraux lui amènent une flotte de
soixante navires pour le conduire du Schleswig dans
les îles. Cette flotte est attaquée, mise en déroute
par l'amiral Bielke. Mais l'hiver rigoureux de 1657 à
1658 couvre la mer d'une épaisse couche de glace, et
fait un chemin aux troupes suédoises. Charles entre
en Fionie, s'empare, pour ainsi dire sans coupférir,
de cette province, de là continue sa marche victorieuse, subjugue les îles de Langeland, Falster, Laaland,
et envahit la Seelande. Nuls préparatifs n'étaient faits à
Copenhague pour résister à une invasion si rapide et
si terrible. Frédéric demanda la paix. Charles obligea
les ambassadeurs danois à traiter avec Ulfeld, qui fut
d'une exigence cruelle. Grâce pourtant à l'intervention de la France, le Danemark obtint de meilleures
conditions. La paix fut signée le 26 février 1658. Le
Danemark céda à la Suède les provinces de Scanie,
Halland, Bleking, les détroits de Bahuus, Drontheim,
l'île de Bornholm, et s'engagea en outre à lui remettre
douze vaisseaux de guerre et deux mille cavaliers.

Six mois après, Charles, qui croyait n'avoir pas
retiré de ses victoires tout le fruit qu'il pouvait en
espérer, qui peut-être aspirait à réunir sous son sceptre les trois États scandinaves, déclare qu'il rompt le
traité de paix. On lui envoya en toute hâte des am-

bassadeurs, pour connaître la cause d'une telle résolution. Les Suédois répondirent que peu importait
au Danemark que son roi s'appelât Charles ou Frédéric; que l'existence de ce royaume touchait à sa
fin, et que, quand il serait conquis, on lui appren-
drait pourquoi on lui avait fait la guerre.

Cette réponse, au lieu d'abattre le courage des Danois, raviva leur patriotisme, enflamma leur ardeur.
Cette fois, il s'agissait de combattre non plus pour
quelques forteresses, pour quelques cantons, mais
pour l'indépendance même du royaume, pour l'autel et
le foyer, *pro aris et focis*. Les habitants de Copenhague coururent aux armes. Hommes, femmes, enfants,
étudiants et bourgeois, fonctionnaires civils et gens du
clergé, chacun voulut concourir à la défense du sol,
chacun travailla nuit et jour à creuser les fossés, à fortifier les remparts. Le roi, que des courtisans trop complaisants engageaient à se retirer en Norvége, repoussa
noblement ces lâches conseils, déclara qu'il saurait
mourir à son poste, et montra dans cette nouvelle crise
un courage digne des circonstances. Il s'en allait à cheval, avec sa digne épouse Sophie-Amélie, dans les divers
quartiers de la ville, observant tout ce qu'on faisait,
tout ce qui restait à faire, stimulant par ses éloges et
par sa ferme attitude le zèle de la population. Pour
récompenser les bourgeois de leur généreux élan et
les encourager dans leur résolution, il leur accorda
des priviléges auxquels ils aspiraient depuis longtemps, entre autres le privilége de pouvoir acheter
et posséder des terres seigneuriales, de pouvoir exer-

cer des emplois jusque-là réservés exclusivement à la
noblesse.

Le 11 du mois d'août, Charles parut devant Copenhague; et, pendant qu'il en formait le siége, un
de ses généraux, Wrangel, enleva par surprise à cette
ville un de ses meilleurs soutiens, la forteresse de
Cronsborg. Les bourgeois cependant, commandés
par Schack, Gyldenlöve, Thurson, et dignement soutenus par le roi, se défendaient avec une admirable
bravoure, et repoussaient souvent avec succès les attaques de l'ennemi. Dans une de leurs sorties, un
jour même ils faillirent prendre Charles, ce qui eût
singulièrement changé le cours des événements. Mais
la ville assiégée n'avait ni assez de vivres, ni assez de
munitions. Déjà on pressentait la disette, et l'on attendait avec impatience la flotte de Hollande, que Frédéric avait appelée à son secours. Le 29 octobre, elle
arriva, commandée par l'amiral Opdam, franchit le
détroit du Sund, malgré les canons de Cronsborg et
de Helsingborg, et ranima le courage des habitants
de Copenhague. Pendant ce temps, les Suédois
étaient battus dans l'île de Bornholm par Kofod et
Paul Anker, à Drontheim par une troupe hardie de
Norvégiens; puis l'électeur Guillaume de Brandebourg, allié de Frédéric, entrait dans le Holstein avec
une armée de trente mille hommes, et reprenait les
villes, les forts dont les Suédois s'étaient emparés, à
l'exception pourtant de Frédéricia.

Charles, se voyant ainsi pressé de toutes parts,
résolut de tenter un coup décisif. Dans la nuit du 10

au 11 février, il conduisit ses troupes à l'assaut. De part et d'autre on se battit avec acharnement. Le matin, les Suédois furent obligés de se retirer, et Charles se borna à bloquer la ville, qu'il n'avait pu prendre. Si dans ce moment le Danemark avait eu une flotte à sa disposition, il eût pu chasser au loin ses ennemis. L'amiral Opdam lui avait amené les secours promis par la Hollande, et ne voulait rien faire de plus. Sur les vives instances de Frédéric, l'amiral Ruyter se décida à jeter quelques milliers de soldats en Fionie. A l'aide de ce renfort, les Danois remportèrent une victoire complète sur leurs ennemis, rentrèrent dans la forteresse de Nyborg, et firent prisonniers tous les Suédois qui se trouvaient en Fionie. Après ce dernier revers, Charles quitta le Danemark, se retira à Gothembourg, où bientôt il mourut.

Cependant les envoyés de France et d'Angleterre, unis à des commissaires de Hollande, préparaient à la Haye un nouveau traité de paix. Ce traité fut signé le 27 mai 1660. Le Danemark y gagna le district de Drontheim, l'île de Bornholm qu'il avait dû abandonner par le traité précédent, et quelques comptoirs en Guinée, que la Suède lui céda.

La guerre était finie; mais le Danemark se trouvait dans la plus déplorable situation : le trésor épuisé, le commerce anéanti, le pays ravagé. Pour trouver un remède à une telle misère, Frédéric s'adressa d'abord à son conseil d'État. Le conseil gémit sur les malheurs du temps, et engagea philosophiquement le roi à attendre avec patience des jours meilleurs.

Le roi, que ce froid égoïsme blessait plus vivement
que jamais, convoqua, selon les anciens usages,
les quatre ordres de la diète, noblesse, clergé,
bourgeois, paysans, et les appela à délibérer sur les
moyens de rendre quelque force à l'État. Dès les
premiers jours de cette réunion, les trois ordres
inférieurs, animés d'un même sentiment de défiance
envers la noblesse, se rapprochèrent l'un de l'autre, et résolurent d'agir tous trois d'un commun
accord.

Un impôt avait été proposé, un impôt de con-
sommation appliqué à toutes les denrées. Les nobles,
qui étaient affranchis de tout droit, qui possédaient
les plus beaux domaines et jouissaient, moyennant
de très-minimes redevances, des biens de la couronne; les nobles, qui seuls occupaient les emplois
lucratifs, parurent fort surpris qu'on songeât à vouloir les astreindre comme les prêtres et les bourgeois
au payement de cette taxe, et déclarèrent que le roi
ne pouvait porter une telle atteinte à leurs priviléges.
Mais les trois autres ordres tinrent bon, et décidèrent que tous les citoyens seraient indistinctement
soumis au nouvel impôt.

Quand une fois le peuple a posé le pied dans l'a-
rène politique, il ne s'arrête point au premier pas.
Les représentants du peuple de Danemark, heureux
d'avoir remporté une victoire sur la noblesse, voulurent en gagner d'autres. Ils demandèrent que désormais les domaines royaux ne fussent plus donnés
en fiefs aux nobles, mais affermés au plus offrant,

ou confiés à la gestion des fonctionnaires; que les
mainmortables eussent la faculté de se racheter de
leur servage moyennant un prix raisonnable; qu'un
certain nombre de personnes, choisies dans la bourgeoisie aussi bien que dans la noblesse, fussent appelées à examiner le compte des recettes et des dépenses;
que les villes de commerce et les provinces eussent
auprès du roi un représentant pour défendre leurs
intérêts; et que chaque année il y eût à Roeskilde
une assemblée provinciale.

A ces propositions, la noblesse, effrayée de l'audace des trois ordres et comprenant toute l'étendue
du danger qui la menaçait, se hâta, pour le prévenir, de déclarer qu'elle acceptait l'impôt de con-
sommation. Mais il n'était déjà plus temps. Les députés du clergé, de la bourgeoisie et des paysans,
maintinrent leur plan de réforme et le présentèrent
au roi.

Le roi, qui se réjouissait de l'attitude qu'ils
avaient prise envers les nobles, sans oser toutefois
l'encourager, les remercia de l'intérêt qu'ils manifestaient pour le bien de l'État, et leur dit que
malheureusement les capitulations qu'il avait si-
gnées en montant sur le trône lui interdisaient toute
réforme qui ne serait pas sanctionnée par le conseil. Ce fut alors que les députés conçurent la pensée
d'affranchir le souverain de cette tutelle continuelle, d'élargir les limites de son pouvoir, de déclarer le royaume de Danemark héréditaire, et non
plus électif.

Quand les membres de l'ordre de la noblesse connurent cette nouvelle résolution, ils formèrent le projet de s'échapper de la ville, afin de dissoudre par leur absence la diète. Mais soit que le secret de leur conférence fût trahi ou qu'on se défiât de leurs intentions, les portes de la ville furent fermées, et le conseil et les nobles forcés d'apposer leur signature au bas d'un acte qu'ils eussent voulu pouvoir à tout jamais anéantir.

Ainsi s'accomplit en 1660, sans une goutte de sang, sans rumeurs et pour ainsi dire sans éclat, une révolution qui transformait en royaume héréditaire un royaume électif, et confiait le pouvoir absolu à un souverain jusque-là maîtrisé par la noblesse.

Par suite de cette rapide réforme, les anciennes capitulations que l'on présentait aux rois de Danemark à leur avénement au trône furent déclarées nulles, et on laissa au roi lui-même le soin d'en rédiger d'autres.

Le 24 juin 1661, Frédéric publia un édit qui établissait les droits et priviléges de chaque classe. Les nobles conservaient une grande partie de ceux dont ils étaient habitués à jouir, le clergé et la bourgeoisie en conquéraient de tout nouveaux; le peuple seul était oublié: le pauvre peuple restait attaché à la glèbe, condamné à la corvée, et soumis à la domination arbitraire de ses seigneurs. Plus d'un siècle devait s'écouler encore avant qu'il fût affranchi.

Frédéric usa avec modération de son autorité suprême. Trois actes cruels prouvèrent cependant le péril auquel était exposée la passion humaine investie du pouvoir absolu : la condamnation à mort d'un riche Danois, accusé fort injustement d'avoir osé élever ses vœux jusqu'à la reine; les rigueurs impitoyables que Frédéric exerça à l'égard d'Ulfeld, qui venait humblement redemander un asile au Danemark, et, ce qui est pire, celles qu'on exerça sur son innocente femme; enfin la sentence portée contre le savant Rosenkranz, coupable seulement d'avoir écrit une dissertation latine où il démontrait que, dès les temps les plus anciens, le Danemark avait toujours été un royaume électif.

L'amour extrême de Frédéric pour la reine lui fit commettre plusieurs fautes graves. La fourberie d'un Italien, nommé Burrhi, qui prétendait lui apprendre le secret de faire de l'or, l'entraîna à des dépenses considérables. Il sut pourtant employer plus utilement son temps et ses revenus. Pour contre-balancer le pouvoir commercial de Hambourg, il donna de nouveaux priviléges à la ville d'Altona. Il reconstitua la marine danoise, et forma une armée de terre de vingt-quatre mille hommes. Il aimait les sciences, et il encouragea leurs progrès. C'est par ses soins que la bibliothèque royale de Copenhague, le musée de peinture, le cabinet d'histoire naturelle furent fondés; et la bibliothèque de l'université devint une des plus riches bibliothèques de l'Europe.

En 1670, Frédéric III mourut, après un règne de vingt-deux années, laissant à son pays le souvenir d'un

roi habile, éclairé, courageux, malheureusement
trop soumis aux prédilections et aux antipathies
de sa femme, qui introduisit à la cour de Danemark un tel usage de la langue allemande, que
son fils Christian ne comprenait pas même le danois.

CHAPITRE IX.

Christian V.

———

Christian V, le premier prince de la maison d'Oldenbourg qui monta sur le trône sans capitulations
et par droit d'hérédité, conserva les mêmes prédilections pour les Allemands, leur donna dans son
royaume des fiefs, des titres seigneuriaux. La gloire
de Louis XIV exerçait aussi sur lui un souverain empire. C'était le temps où la renommée du grand roi
dominait l'Europe entière, où tous les princes d'Allemagne, fascinés par l'éclat de la France, voulaient
imiter les mœurs, le luxe, les galanteries de Versailles. Christian V suivit l'impulsion générale. Il eut
un opéra, des châteaux, des maîtresses, des favoris,
entre autres Gyldenlöve, fils naturel de Frédéric III,
espèce de Buckingham joyeux et frivole, brave et
brillant. Il institua des comtés, des baronnies, dont
la plus grande partie fut donnée à ses chers Allemands; établit des ordres de chevalerie, et créa une
nouvelle noblesse, moins puissante peut-être, mais
plus fastueuse que l'ancienne.

Un homme d'un mérite éminent, l'illustre Schuma-cher, devenu comte de Griffenfeld, était à la tête des affaires et les gérait avec un rare talent. Par malheur, les courtisans, jaloux de sa fortune, formèrent une cabale contre lui, et le précipitèrent, du faîte de la grandeur, dans un abîme de misère (1).

Le désir de reconquérir les provinces que son père avait perdues engagea Christian V, malgré les con-seils de Griffenfeld, dans une guerre avec la Suède, qui dura quatre ans, coûta beaucoup d'argent au Da-nemark et ne lui rapporta rien. La paix fut conclue à Lund en 1679. Les deux royaumes conservèrent les limites qu'ils avaient avant la guerre. Pour mieux as-surer un accord dont il reconnaissait l'importance, Christian V donna en mariage au roi de Suède sa sœur Ulrique-Éléonore, qui devint mère de Char-les XII.

Des contestations avec les ducs de Holstein, avec la ville de Hambourg, etc., obligèrent encore plusieurs fois Christian à reprendre les armes. Mais ce ne furent que des luttes passagères, qui n'occupaient qu'une partie des forces du Danemark, et ne pouvaient lui procurer de très-grands avantages, ni l'entraîner à de grandes pertes. Si dans le cours de ces diverses expéditions les Danois n'augmentèrent point l'éten-due du royaume, ils s'y acquirent du moins une no-ble gloire par la bravoure qu'ils montrèrent en diffé-

(1) Nous avons raconté les principaux traits de la vie de Greffen-feld, dans notre *Relation de voyage en Scandinavie*, t. II, p. 242.

rentes circonstances, par l'ardent courage d'un de leurs chefs, Gyldenlöve, par les batailles navales de leur amiral Jul. C'était à cet intrépide marin que sa femme disait, comme une Lacédémonienne, en lui ceignant son épée : « Allons, Niels, reviens en pièces et en lambeaux, plutôt que vaincu. » Ce fut lui qui, à Falestrboe (1ᵉʳ juin 1677), attaqua avec trente vaisseaux la flotte suédoise qui en comptait trente-six, lui en prit onze, et en coula onze à fond. Ce fut pour lui que Christian V fit frapper, après cette éclatante victoire, la plus grande médaille en or que l'on connaisse.

Toutes les guerres étant finies, et avant même qu'elles fussent finies, Christian V s'occupa avec zèle de l'administration et de la législation de son royaume. Son père avait préparé les éléments d'un code général. Pendant neuf années, une commission composée de quelques-uns des hommes les plus distingués, choisis dans la noblesse, le clergé et les écoles y travailla. En 1661, il avait appelé les évêques, les prêtres, les juges des différentes provinces à s'associer à ce travail, en indiquant les réformes et les modifications qu'ils jugeraient utile d'apporter au texte des anciennes lois. L'œuvre de Frédéric fut continuée par Christian, revue avec soin par Griffenfeld, élaborée par un savant jurisconsulte, Érasme Vinding; et, en 1683, le nouveau code fut promulgué.

Christian, qui, comme son aïeul, avait une affection particulière pour la Norvége, visita ce pays avec Gyldenlöve, descendit dans les mines de Kongsberg, traversa, malgré la neige et le mauvais temps,

les montagnes du Dovre, se rendit de là à Drontheim
et à Bergen, et partout s'enquit avec intérêt de l'état
de la contrée, du sort des paysans.

Le commerce de ses royaumes fixa sérieusement
son attention. Pour lui donner à la fois plus de sécurité et de développement, il établit les compagnies
d'Islande, des Feröe, du Groenland; il agrandit les
possessions du Danemark dans les Indes.

Copenhague lui dut de très-utiles réformes dans
son régime administratif et quelques-uns de ses plus
remarquables édifices. Il fit construire des palais et
des églises, élargir des rues, élever des quais, et augmenta considérablement l'importance de cette capitale. Enfin, un des hommes les plus distingués de
son temps, le mathématicien Ole Römer, élève de
notre savant Picard, régla par ses ordres en Danemark
les poids et mesures, améliora la fabrication de la
monnaie, et cadastra les terres.

Après un règne de vingt-neuf ans, Christian V
mourut (25 août 1699). Le Danemark lui devait d'ex-
cellentes institutions; mais son penchant pour les
nobles allemands qu'il attira autour de lui, les priviléges qu'il leur accorda, imposèrent au peuple
une nouvelle charge, et son goût pour le luxe l'entraîna à des dépenses ruineuses.

L'éducation de Frédéric IV, appelé à remplacer
sur le trône Christian V, son père, avait été très-né-
gligée. Mais le jeune prince comprit heureusement les
grands devoirs qu'il avait à remplir, et, malgré plusieurs
guerres longues, opiniâtres, coûteuses, apporta de

précieuses améliorations à la situation du Danemark.

Les difficultés qui s'étaient élevées entre le Danemark et la maison de Holstein-Gottorp se renouvelèrent au commencement de son règne. Le duc de Holstein ayant voulu, malgré ses conventions, construire des forteresses, Frédéric considéra ce fait comme une violation flagrante du traité de paix, s'allia à la Russie, à la Pologne, et, en 1700, entra dans le Holstein, assiégea Tönningen. Une armée de confédérés de Suède, de Lunebourg, de Brunswick accoururent au secours de cette place, et repoussèrent les Danois. En même temps, l'intrépide Charles XII, qui débutait dans son héroïque carrière, abordait en Seelande, et sa flotte, jointe à celle de Hollande, assiégeait Copenhague. Frédéric, privé du soutien que lui avaient promis le czar Pierre, l'électeur de Saxe, menacé au cœur de ses États, conclut, la même année, la paix à Travendahl. Le duc de Holstein obtint le droit de construire ses forteresses, et le Danemark s'engagea à lui payer la somme de 260,000 riksdales.

Deux ans après, le duc de Holstein, qui s'était joint à l'armée de Charles XII, tombait frappé à mort dans une des sanglantes batailles de la Pologne. La tutelle de son fils fut confiée à un conseil de régence à la tête duquel étaient la duchesse douairière Sophie, mère du jeune prince, et son oncle Christian-Auguste, coadjuteur de Lubeck. Des intérêts privés divisèrent ce conseil; une partie de ses membres penchait du côté de Frédéric, une autre du côté de Charles. Une insulte faite par les Suédois à quelques

navires du Danemark donna à Frédéric un prétexte
de recommencer la guerre avec la Suède. Le vrai
motif de cette résolution était un désir ambitieux.
Charles XII venait de perdre la bataille de Pultava ;
Frédéric voulait profiter de ce désastre pour reprendre les provinces que le Danemark possédait jadis
sur l'autre rive du Sund. En 1708, dans un voyage
qu'il entreprenait en Italie, il avait vu le roi Auguste
à Dresde, et avait fait avec lui un traité d'alliance
auquel s'associa la Russie. En 1709, les troupes danoises entrent en Scanie, et sont battues près de
Helsingborg par Magnus Steenbock. Une peste qui
éclate sur les deux rives du Sund empêche Frédéric
de tenter une nouvelle descente dans la province
qu'il aspirait à reconquérir. La guerre change de
théâtre, et se continue en Allemagne. Les Danois
s'emparent des principales places que la Suède possédait dans cette contrée, à l'exception de Stettin et
de Stralsund. En 1712, Steenbock remporte sur eux
une nouvelle victoire, incendie et dévaste la ville
d'Altona. Mais des troupes nombreuses de Saxons,
de Danois l'environnent de tout côté, et l'obligent à
chercher un refuge dans la ville de Tœnning, dont
l'administrateur du duché de Holstein-Gottorp lui
fait ouvrir les portes, malgré l'engagement qu'il
avait pris de rester neutre. Frédéric, justement irrité
de cette trahison dont il acquit la preuve indubita-
ble, après avoir pris Tonning, s'empare de tous les
domaines de la maison de Gottorp.

Sur mer, les Danois se signalaient par d'autres succès et d'autres traits de courage. En 1710, le combat naval de Kiögebugt fut illustré par un de ces actes de dévouement héroïque qui restent à jamais marqués d'un signe glorieux dans les annales d'une nation. Le feu venait d'éclater à bord du *Dannebrog*, monté par Hvitfeld. Au lieu de chercher à le sauver, Hvitfeld conduit son vaisseau au milieu même des ennemis, tire coup sur coup, jusqu'à ce que le feu gagne le magasin à poudre et fasse sauter en l'air le noble marin avec son équipage. En 1715, l'amiral Gabel remportait à Formorsnund une victoire éclatante, et dominait avec Sehested et Kaben toute la mer Baltique.

Cependant, après son long séjour en Turquie, Charles XII arrivait au secours de ses États, entrait à Stralsund. Le retour de ce roi si redouté resserra les liens qui unissaient le Danemark, la Pologne, la Russie. La Prusse, le Hanovre, l'Angleterre s'associèrent à la même confédération. L'électeur George de Hanovre, qui devint roi d'Angleterre, acheta pour huit millions les duchés de Brême et de Verden, que les Danois avaient enlevés à la Suède. Charles XII, assiégé à Stralsund, retourna dans son royaume, leva des troupes, pénétra en Norvége et s'avança vers Fréderickshald. Deux vaillants citoyens, Pierre et Jean Kolbiörnsen, décidés à lui résister jusqu'à la dernière extrémité, mirent le feu à la ville et se retirèrent dans la forteresse. Tordenskiold, un des plus mémorables officiers de cette marine danoise si brave, si justement renommée, entre avec une frégate et cinq petits bâtiments dans le port de Dynekile, attaque la flotte

suédoise, lui enlève douze vaisseaux et huit bâtiments
de transport chargés des munitions que Charles voulait employer à faire le siége de Fréderikshald.

Pendant que l'impétueux roi de Suède se voyait
ainsi arrêté dans ses projets, on se préparait en Danemark à envahir de nouveau la Scanie. Une armée
de vingt-deux mille Danois se réunit à quarante mille
hommes que Pierre le Grand amena lui-même à Copenhague. Mais une question d'intérêt brisa l'accord
qui jusque-là avait régné entre Christian et le czar;
On eut même en Danemark quelques raisons de croire
que Pierre pensait beaucoup moins à entrer dans les
provinces de Suède, qu'à s'emparer de Copenhague
et de la forteresse de Kronsborg. Christian se mit sur
la défensive. Pierre se retira avec ses troupes, et, par
l'entremise de Görtz, entama secrètement des négociations avec son ancien ennemi Charles XII. Le but
de ces négociations était d'allier la Russie à la Suède,
d'attaquer le Danemark, et de l'obliger à céder la Norvége à la Suède, le Holstein et le Schleswig au duc
de Gottorp. La mort fatale de Charles devant Frédé-
rikshald, qu'il venait assiéger une seconde fois (11
décembre 1718), mit fin à ces projets, et, au lieu d'une
guerre effrayante, procura une paix honorable au
Danemark. Outre les huit millions que Christian avait
reçus de la vente des duchés de Brême et de Venden,
il obtint de la Suède 600,000 riksdales. De plus,
la Suède renonçait à ses franchises d'impôt sur le
Sund, ce qui était une affaire considérable; car
beaucoup de bâtiments étrangers passaient en fraude

sous son pavillon, et les recettes du détroit, qui étaient tombées à 80,000 riksdales, s'élevèrent bientôt à 400,000. Les Danois gagnaient encore à cette longue guerre la possession du Schleswig, séparé depuis plus de trois siècles de leur royaume. Dans ce long espace de temps, une partie des habitants de ce duché avaient oublié leur origine danoise, et adopté la langue, les mœurs de l'Allemagne. Les ducs de Gottorp avaient de tout leur pouvoir contribué à ce changement, en donnant au peuple des prêtres allemands, une jurisprudence et une éducation allemandes. Frédéric IV ne fit rien pour modifier cet état de choses. Christian VI ordonna en 1739 que la langue danoise devint en Schleswig la langue de l'Église et des écoles; Frédéric VI ordonna, en 1811, qu'elle devint peu à peu la langue judiciaire et administrative. Mais ni l'un ni l'autre n'a pu vaincre des habitudes invétérées, et la moitié du Schleswig a conservé l'usage de la langue allemande.

En 1702, le comte de Ranzau ayant assassiné son frère, Frédéric confisqua ses biens et les réunit au royaume. Délivré des agitations de la guerre, il consacra les dernières années de sa vie à l'administration de son royaume. Il établit un conseil de commerce, une compagnie d'assurances maritimes, améliora le service des postes, fit élever à Copenhague plusieurs édifices considérables. Il fonda l'hospice des orphelins, institua un grand nombre d'écoles dans les campagnes, et envoya au Groenland le courageux missionnaire Égède. Mais il ennoblit son règne par

son édit sur le servage. Dès son avénement au
trône, il avait affranchi les serfs d'un de ses domaines. En 1702, il ordonna que les paysans du Jutland
et des autres districts où le servage n'existait pas conserveraient leur liberté en venant habiter les provinces où il était encore établi; que les enfants qui
seraient nés dès la première année de son règne (1699)
et leurs descendants seraient libres; chaque serf aurait le droit de se racheter moyennant une somme
proportionnée à ses revenus, et qui, en tout cas, ne
pourrait pas s'élever à plus de 50 riksdales; que ceux
qui resteraient en état de servage ne pourraient pas,
selon le caprice de leurs maîtres, être transportés d'un
domaine dans un autre, ni forcés de s'établir sur un
terrain inculte. Ce n'était pas encore là une loi d'affranchissement complète, mais c'était du moins le
premier acte de démolition de l'institution cruelle
qui avait succédé à l'esclavage des temps païens.

Deux terribles catastrophes désolèrent le règne de
Frédéric: la peste qui, en 1710-11, éclata en Seelande; et un incendie qui, en 1728, détruisit un tiers
de la ville de Copenhague, plusieurs édifices publics,
entre autres les bâtiments de l'université et sa riche
bibliothèque.

Malgré ces désastres, malgré la longue guerre
qu'il avait soutenue, Frédéric IV sut si bien adminis-
trer les finances de son royaume, qu'il laissa à son
successeur un trésor de trois millions.

Il avait épousé en premières noces une princesse
de Mecklembourg, qui mourut en 1721. Il épousa,

peu de temps après, une fille du chancelier de Reventlov. Le 12 octobre 1730, il mourut, fort respecté
de ses sujets, fort aimé surtout du peuple, pour
lequel il avait constamment manifesté un tendre intérêt.

Son successeur, son fils, Christian VI, offensa sa
mémoire par des actes cruels. Il avait vu avec déplaisir son père épouser une honnête personne, qui
n'avait d'autre tort que de n'être pas née d'une famille princière. Dès que Frédéric fut mort, Christian
écrivit une lettre très-dure à son innocente veuve,
et l'exila dans un château du Jutland. Il éloigna de
lui les hommes en qui Frédéric avait eu le plus de
confiance. Enfin, et ceci est plus grave, il abolit en
quelque sorte tout ce que son père avait fait pour l'é-
mancipation des serfs, en leur interdisant la faculté
de quitter sans de sévères conditions la terre où ils
étaient nés, en les replaçant dans la dépendance des
propriétaires.

Entiché de sa propre grandeur, de sa dignité de
souverain, encouragé dans sa vanité par celle de son
épouse, il s'entoura d'un faste splendide. Nul château
ne lui parut assez brillant pour loger sa royale personne. Il dépensa vingt-sept tonnes d'or à construire
celui de Christiansborg, rebâtit ceux de Frédériks-
ruhe, Sophienberg et de l'Ermitage, et éleva à grands
frais, au milieu d'un marais, celui de Hiostholm.
Quiconque s'approchait de ces châteaux était obligé
de se découvrir la tête, jusqu'à ce qu'il n'en vît plus
la façade. Le roi ne sortait qu'avec une escorte de

laquais portant l'épée à la main, de majordomes, de
gardes. Ceux qui se trouvaient à cheval ou en voiture, sur son passage, étaient obligés de mettre pied à
terre jusqu'à ce qu'il fût loin. Jamais il n'adressait la
parole à un de ses sujets, si ce n'est aux gens de la
haute noblesse. Cette attitude aristocratique, ce dédain suprême pour les bourgeois et le peuple excita
en Danemark une telle avidité de rangs et de titres,
qu'avec l'argent que le gouvernement retira de ces
faveurs aristocratiques, on construisit la tour de l'é-
glise Notre-Dame et plusieurs édifices publics.

En même temps qu'il se retranchait ainsi dans l'orgueil de sa royauté, il se laissait subjuguer par des
prêtres intolérants, qui lui firent faire des règlements
d'un rigorisme impraticable. Il ordonna, sous peine
d'une punition sévère, que chacun assistât aux offi-
ces des dimanches et des fêtes; que ces jours-là les
portes des villes fussent fermées à quatre heures de
l'après-midi; que ces jours-là, et dès la veille même,
il n'y eût ni célébration de mariage, ni banquets, ni
danses. La sévérité avec laquelle on faisait exécuter
ces prescriptions, au lieu d'éveiller et de développer
en Danemark un véritable sentiment religieux, révolta le peuple, qui se voyait ainsi ravir son heureuse
liberté du dimanche, et n'enfanta, parmi ceux qui
voulaient complaire au pouvoir, que des habitudes
hypocrites.

Il est juste de dire que si Christian éloigna de lui
la majeure partie de la population par sa conduite
fastueuse et ses mesures oppressives, il fit en Dane-

mark d'utiles institutions. Il s'occupa avec zèle et intelligence du commerce, de la marine, surtout des
manufactures. Il releva l'université de ses ruines,
augmenta le nombre des professeurs, et reconstitua
la faculté de droit. Il améliora aussi l'état des écoles
latines, y plaça des hommes plus instruits et mieux
rétribués, et fonda plusieurs gymnases. Enfin le Danemark lui doit l'établissement de la Société des
sciences de Copenhague et de la Société d'histoire et
de philologie danoise, dont le savant Langebek fut le
premier président. A cette époque vécurent Éric
Pontoppidan, historien de l'Église danoise; Gram,
qui se distingua par ses études sur le moyen âge,
et le célèbre Holberg.

Le règne de Christian s'écoula paisiblement, mais
non toutefois sans quelques bruits de guerre. Une
difficulté avec Hambourg, qui aurait pu entraîner
un autre prince à une expédition militaire, s'apaisa,
en 1736, par une pacifique négociation. Un plus grand
danger le menaçait du côté du Holstein-Gottorp. La
famille de Gottorp, contre laquelle les rois de Danemark avaient si longtemps lutté, acquit tout à coup
une importance effrayante pour ses anciens ennemis.
En 1723, Pierre-Ulric, fils du duc Charles-Frédéric,
fut proclamé héritier de la couronne de Prusse. Vers
le même temps, un prince de la branche cadette de
cette même maison, Adolphe-Frédéric, fut appelé à
hériter du trône de Suède, malgré les efforts de
Christian, qui espérait porter sur ce trône son fils
Frédéric, et rétablir ainsi l'union de Calmar. Les

14.

Dalécarliens, qui, avec Engelbrecht et Gustave Wasa, avaient combattu avec tant d'ardeur contre le Danemark, étaient cette fois de son côté. Ils entrèrent à Stockholm au nombre de sept mille hommes, et demandèrent qu'on choisît pour roi le fils de Christian. Mais ils furent battus, et, par l'influence de la Russie, Adolphe-Frédéric obtint le titre convoité par le Danemark. Christian ordonna une levée de troupes; puis l'amour de la paix l'emporta sur ces velléités d'ambition. Adolphe-Frédéric renonça à ses prétentions sur le Schleswig, et Pierre-Ulric ne pouvait rien entreprendre contre le Danemark, du vivant de l'impératrice Élisabeth.

Christian mourut le 3 août 1746. Après seize années de paix, pendant lesquelles la prospérité commerciale, industrielle du Danemark s'était constamment accrue, il laissait, par suite de ses inutiles dépenses, une dette de plusieurs millions.

Frédéric V, dès son avénement au trône, changea complétement la face de la cour et de la ville. Les chaînes qui défendaient l'approche de Christiansborg furent enlevées, le nombre des gardes diminué. Les paysans recouvrèrent la liberté d'user comme bon leur semblait de leurs jours de repos. Les bals et les concerts recommencèrent, et, après seize ans d'une espèce de proscription, Holberg eut la joie de voir reparaître ses comédies sur le théâtre où l'on jouait en outre des opéras français et italiens.

Dès sa jeunesse, Frédéric s'était fait généralement chérir par son urbanité. Il conserva sur le trône la

même nature affable, et fut secondé à merveille dans
ses gracieuses habitudes par sa femme, Louise d'Angleterre, qui aima les Danois et en fut aimée. Frédéric eut, de plus, le bonheur de réunir auprès de sa
personne des hommes distingués et dévoués. Il eut
pour ministres le prudent Bernstorf, Othon Thott,
et pour président de la chancellerie du royaume,
Louis Holstein, savant jurisconsulte. Bernstorf employa son habileté à prévenir les dissensions que
l'interminable question du Schleswig et du Holstein
pouvait encore exciter entre la Suède et le Danemark. Grâce à ses négociations, Adolphe-Frédéric
déclara de nouveau, en 1750, que, comme chef de la
branche cadette de Holstein-Kiel, il renonçait à toute
prétention sur le Schleswig. Pour mieux assurer l'accord des deux royaumes, Bernstorf fit conclure le
mariage de Sophie-Madeleine, fille de son souverain,
avec le fils d'Adolphe, qui depuis régna sous le nom
de Gustave III.

Restait la même question à traiter avec la Russie,
et c'était chose plus difficile. Dès que l'impératrice
Élisabeth fut morte (1762), Pierre-Ulric qui la rem-
plaçait sur le trône, qui, dès son enfance, haïssait
profondément le Danemark, réclama la possession
du Schleswig, et, comme on la lui refusait, se prépara à reprendre ce pays de vive force. Pour lui ce
n'était pas même assez de le reprendre, il voulait
chasser de la Scandinavie la maison royale danoise,
et l'envoyer vivre dans le comptoir de Trankebar.
Une armée russe entra dans le Mecklembourg. Les

Danois, de leur côté, se préparèrent à résister à cette effrayante aggression. Une flotte de trente-six vaisseaux croisa dans la Baltique, et quarante mille hommes, commandés par le général français Saint-Germain, s'avancèrent à la rencontre des Russes. Les deux armées n'étaient plus qu'à quelques milles de distance l'une de l'autre et prêtes à en venir aux mains, quand tout à coup on apprit que Pierre avait été détrôné et égorgé. Catherine II conclut la paix, et, en 1767, grâce encore aux habiles instances de Bernstorf, renonça à toutes les prétentions de la maison de Holstein-Kiel sur le Schleswig, et abandonna au Danemark ce qu'elle possédait encore dans le Holstein, en échange des comtés d'Oldenbourg et de Delmenhorst.

Délivré si heureusement du dernier prétexte d'une guerre qui pouvait avoir pour lui de désastreuses conséquences, Frédéric appliqua ses soins à développer les éléments de prospérité du Danemark. Pour fonder de nouvelles manufactures ou pour améliorer celles qui existaient déjà, il fit venir dans son royaume des ouvriers étrangers qu'il payait généreusement. Le nombre des artisans employés dans les fabriques de Copenhague s'éleva, sous son règne, de six mille sept cents à onze mille quatre cents. En même temps qu'il encourageait ainsi par des récompenses pécuniaires, par des priviléges particuliers, l'industrie locale, il cherchait à étendre au loin les relations commerciales de son royaume. Il concluait un traité de commerce avec Gênes, Naples, la Tur-

quie et les États barbaresques, et donnait une puissante impulsion à la Compagnie des Indes.   ·

Les sciences, les arts eurent dans les ministres de
Frédéric (Bernstorf, Holstein, Moltke) de zélés pro-
tecteurs. Ce fut sous le patronage de Bernstorf que
Klopstock vint achever à Copenhague sa Messiade.
Ce fut Bernstorf qui envoya en Arabie cette expédi-
tion scientifique dont l'Europe entière fut occupée,
et à laquelle nous devons deux savants livres de
Niebuhr.

Sous cette administration intelligente et active,
rien ne fut changé au sort des paysans. En vain plus
d'une voix généreuse s'éleva en leur faveur, en vain
des hommes distingués plaidèrent dans d'éloquents
écrits la grande cause de l'affranchissement : le peuple resta, comme par le passé, courbé sous le joug de
la servitude. En 1764, Bernstorf, qui n'avait pu faire
prévaloir dans le conseil sa libérale pensée, prouva
combien elle lui était chère, en affranchissant les
serfs de ses domaines. La reine douairière, Sophie-
Madeleine, agit de même dans les siens; cet exemple
fut suivi par quelques seigneurs, et vingt-quatre ans
plus tard, bon gré mal gré, il fallut que tous les nobles se résignassent à cette loi de liberté.

Le pire résultat du règne de Frédéric V fut la situation dans laquelle il laissa les finances. Le prudent
ministre des finances, Thott, était d'abord parvenu
à amoindrir les dettes que Christian VI avait laissées
à la charge du royaume. Mais bientôt elles s'accrurent
démesurément; elles montèrent jusqu'à vingt mil-

lions, en partie par les préparatifs de guerre contre
la Russie, en partie par les dépenses de luxe de
Frédéric.

En 1751, la reine Louise, si chère aux Danois,
mourut subitement. Frédéric se remaria avec la princesse Julienne-Marie de Brunswick, que l'ambition
entraîna dans de tristes complots.

A la mort de Frédéric V (14 janvier 1766), nous
entrons dans cette phase de l'histoire du Danemark
qui a tant occupé les romanciers, les écrivains dramatiques, et dont les principaux faits ont été amplifiés
ou dénaturés par des esprits plus inventifs que scru-
puleux.

Christian VI, fils de la reine Louise, monta sur le
trône à l'âge de dix-sept ans, et bientôt épousa Caroline-Mathilde, sœur de George III, noble et malheureuse princesse dont le nom seul doit éveiller,
dans le cœur de tous ceux qui connaissent son histoire, un profond sentiment de respect et de sympathie. Bernstorf resta à la tête des affaires. Reverdil,
qui avait été le précepteur du jeune roi, conserva
quelque temps encore sur lui une heureuse influence. Mais bientôt cette influence fut effacée par
celle du comte Holck, qui devint le favori du roi, qui
le jeta peu à peu dans un tourbillon de funestes
distractions, et l'éloigna de Caroline, qui, par sa
grâce, sa beauté, ses qualités de cœur, méritait un
meilleur sort.

En l'année 1769, Christian entreprit un voyage en
pays étranger, où il profana son nom et sa dignité

par des habitudes licencieuses qui devaient énerver
ses forces et troubler sa raison. Ce fut dans ce voyage
qu'il rencontra par hasard l'infortuné Struensée, fils
d'un prêtre de Halle, et médecin à Altona. Christian
l'emmena avec lui en France et en Angleterre. A son
retour en Danemark, Struensée, qui avait déjà séduit le roi par ses connaissances variées, par la vive
et énergique ardeur de son esprit, intéressa la reine
par la respectueuse sollicitude qu'il lui témoigna dans
son abandon, par les soins dévoués qu'il consacra
dans un moment de crise au jeune prince Frédéric,
et acquit une considération, un ascendant qui ne
pouvaient manquer d'exciter dans un homme de sa
trempe une très-haute ambition. Le comte Rantzau-
Aschberg fit valoir encore auprès du roi les conceptions administratives, les rares talents du médecin
d'Altona. Bientôt Struensée fut honoré du titre de
conseiller d'État, appelé à traiter les affaires du gouvernement. En 1770, il supplanta le vénérable Bernstorf dans ses fonctions de ministre, et eut l'art de
faire admettre dans l'intimité de Christian un de ses
plus fidèles amis, Énevold Brandt.

Struensée a été l'objet d'une animosité ardente,
qui déversa sur lui les accusations les plus cruelles,
et qui ne s'apaisa pas même à la vue de son sang
coulant sur l'échafaud. Mais le temps est venu où l'on
peut porter sur cet homme éminent un jugement
impartial.

Struensée avait le génie des affaires, génie ardent,
trop ardent. Il vit les abus qui entravaient l'adminis-

tration du royaume et entretenaient le désordre dans
les finances : il voulut les réformer. Il vit une noblesse avide de places et d'argent, qui ne prenait point
une part convenable aux charges de l'État, et voulut
la dompter. Enfant du peuple, il aimait le peuple et
aspirait à le relever de son abaissement. Son tort fut
de tenter à la fois brusquement des réformes qui ne
pouvaient s'opérer que peu à peu, avec des ménagements; son malheur, d'avoir à lutter contre un parti
puissant et implacable, dont il humiliait l'orgueil ou
froissait l'intérêt. A la tête de ce parti était l'ambitieuse reine douairière Julie, qui, du fond de sa retraite de Frédériksborg, observait la cour de Christian, et tramait la conspiration dont Struensée et
Mathilde devaient être victimes.

Dès son arrivée au pouvoir, Struensée se sépara de
Rantzau, qui avait été son protecteur, qui devint un
de ses ennemis. Il fit congédier aussi Thott, Moltke,
Reventlov, Rosenkrands; prit lui-même la gestion générale des affaires avec une telle autorité, qu'un ordre signé de lui équivalait à un ordre signé du roi.
Maître alors d'agir selon ses idées, il réorganisa tous
les services administratifs, régla les finances, reconstitua sur un autre plan la police et la municipalité
de Copenhague. Toutes ces réformes, et notamment
celles qu'il introduisit dans la justice et les finances,
étaient conçues avec une pensée très-libérale et une
remarquable netteté d'esprit. Mais Struensée ne pouvait, sans exciter de nombreuses récriminations, faire
les économies qu'il jugeait nécessaires, diminuer le

nombre des emplois, amoindrir les pensions et les
traitements. En travaillant selon sa conscience au
bien de l'État, il amassait l'orage qui devait bientôt
éclater sur sa tête.

L'université, les écoles occupèrent activement son
attention. La question d'affranchissement des serfs
fut de nouveau étudiée, et leur situation améliorée
par plusieurs règlements. Il ne dépendit pas de
Struensée de leur donner une liberté complète.

Les hommes vraiment éclairés et désintéressés rendaient hommage à ses intentions; et si ceux dont il
avait abaissé le pouvoir ou lésé la fortune se rangeaient
dans l'opposition contre lui, cette opposition était
encore réservée et contenue. Mais deux autres œuvres
de Struensée donnèrent à ses ennemis une force irrésistible. En 1771, il donna au Danemark la liberté de
la presse, et cette liberté permit de l'injurier dans les
plus honteux pamphlets. Il eut l'imprudence de toucher aux institutions de l'Église, et le clergé protestant cria au scandale, à la profanation; traita comme
un athée cet audacieux ministre qui osait diminuer
le nombre des jours de fête, faire ouvrir les portes
de Copenhague pendant l'office, s'immiscer dans les
règlements sur le mariage et sur le divorce.

Struensée fit une autre faute, une faute surpre-
nante de la part d'un homme si éclairé. Il manifesta
pour la langue danoise un dédain qui ne pouvait
manquer d'offenser le peuple. Tous les édits royaux
furent publiés en allemand, toutes les suppliques
durent être écrites en allemand.

Le mécontentement public ne tarda pas à éclater. Il y eut des troubles dans les rues, des émeutes, que Struensée ne réprima pas avec assez de fermeté. En même temps, cette presse qu'il avait affranchie de toute entrave, cette presse danoise, dont Voltaire avait salué en vers pompeux la naissante liberté, lançait chaque jour contre lui quelque nouvelle accusation, quelque pamphlet calomnieux. Les ennemis de Struensée virent qu'il était accessible à la peur, et cette remarque fortifia leur résolution, accrut leur audace. La reine douairière Julie organisa une conspiration contre lui avec le professeur Guldberg, ancien précepteur du prince héréditaire, Rantzau Aschberg, Othon Thott, Osten, le général Eichstadt et le colonel Köller, qui gagna deux régiments des gardes.

Le 17 janvier 1772, Struensée fut arrêté, à la suite d'un bal. On abusa de la faiblesse du roi pour lui faire signer cet ordre inique d'arrestation, pour perdre dans son esprit et son ministre favori et la jeune reine Caroline-Mathilde, en les accusant d'avoir eu l'un avec l'autre des relations coupables, inventées par les pamphlétaires, et accréditées en Europe par le méchant livre de Brown sur les cours du Nord.

Struensée fut traduit, avec son ami Brandt, devant une commission judiciaire présidée par Guldberg. Les griefs amassés contre eux n'auraient pas résisté un instant à l'examen d'un tribunal impartial; mais il fallait qu'ils succombassent, et ils succombèrent. Ils furent condamnés tous deux à la confiscation de leurs biens, à la dégradation, à la mort; et quelle mort! Le bour-

reau leur coupa d'abord la main, puis leur trancha
la tête ; puis leurs corps furent écartelés. On montre
encore à Copenhague la fenêtre d'où Julie assistait,
avec une atroce joie, à cet affreux spectacle.

La pauvre Mathilde, indignement impliquée dans
ce procès, outragée par de vils agents, trahie par
d'infâmes conseils, voulut sauver Struensée, et se
perdit avec lui. Déclarée coupable d'un crime qu'on
lui fit constater en prenant sa main avec violence et
en apposant de force sa trahison au bas d'un acte
qui, disait-on, devait arracher à une sentence de
mort le malheureux Struensée, elle fut séparée de
son mari, arrachée à ses enfants, conduite à la forteresse de Kronsborg, où un vaisseau anglais vint la
chercher pour la mener en Hanovre. Elle mourut à
Celle le 10 mai 1775, à l'âge de vingt-quatre ans.
A ses derniers moments, elle écrivit à son frère,
George III, cette lettre, que nous citons en entier,
comme un témoignage touchant de la noblesse de
son cœur, comme une preuve de son innocence :

« A la dernière heure de ma vie, à cette heure
suprême, je viens, mon royal frère, vous remercier de
la bonté que vous m'avez témoignée dans mes jours
de douleur.

« Je meurs volontiers. Je ne regrette ni ma jeunesse, ni les joies que je pouvais attendre encore en
ce monde.

« Quel attrait trouverais-je dans la vie, maintenant
que je suis séparée de tout ce que j'aime, de mon
époux, de mes enfants, de mes frères et sœurs? Issue

d'un sang royal, honorée du titre de reine, j'ai subi les plus cruelles infortunes, et mon exemple prouve que ni la couronne ni le sceptre ne préservent du malheur.

« Je quittais ma patrie au printemps de mon âge; j'entrais dans un royaume étranger; j'avais un époux qui m'était cher, puis des enfants adorés; et j'éprouvais la joie suprême d'avoir contribué quelque peu au bonheur de tout un peuple.

« Tout à coup... hélas! ce souvenir hâte mes derniers instants, tout à coup je suis précipitée du faîte de la grandeur, je perds l'affection de mon époux. Couverte de honte, j'abandonne mon royaume, sans avoir pu serrer encore mes enfants dans mes bras, et les arroser de mes larmes. Si j'avais été coupable, j'aurais porté le fardeau de mon crime; je serais allée m'ensevelir dans une retraite obscure, sous la malédiction de celui que j'aurais mortellement offensé.

« Mais je suis innocente..... D'une main tremblante et couverte déjà des sueurs de la mort, je vous l'écris... je suis innocente. J'en prends à témoin Dieu, qui m'a créée et qui va me juger. Puisse-t-il, après ma mort, faire voir à tous les yeux que je ne mérite aucune des accusations que la méchanceté de mes ennemis a inventées pour souiller mon nom, déchirer mon cœur, outrager ma conduite, et fouler aux pieds mon honneur.

« Croyez-en votre sœur, croyez-en une reine, ou plutôt une femme vertueuse, une femme chrétienne, qui n'oserait arrêter ses regards sur ce monde, si sa dernière parole devait être un mensonge. Je meurs avec joie, croyez-moi ; car les malheureux bénissent la mort.

« Ce qui m'afflige seulement, c'est que nul de ceux que j'aime ne soit là pour me tendre une dernière fois la main, pour arrêter sur moi un regard compatissant, pour me fermer les yeux.

« Cependant je ne suis pas seule. Dieu, témoin de mon innocence, voit mes souffrances, et la place où je vais cesser de vivre.

« Mon ange gardien étend sur moi ses ailes, et bientôt m'emportera dans le monde où je prierai pour mes amis et même pour mes bourreaux.

« Adieu, mon frère. Que le ciel vous bénisse, vous et mon époux, mes enfants, l'Angleterre, le Danemark, et le monde entier ! Accordez-moi la grâce de faire reposer mon corps dans la sépulture de mes pères.... et recevez ce long, ce suprême, ce dernier adieu. —Votre malheureuse CAROLINE-MATHILDE. »

Dès que le drame sanglant dont nous venons de raconter les principaux traits fut accompli, les partisans de Julie, ses complices montèrent au pouvoir. Guldberg devint premier ministre, et conserva ce poste éminent de 1772 à 1784. Othon Thott, Schack Rathlau, le général Eichstadt, le comte Schimmelmann, remplacèrent dans les hauts emplois les amis de Struensée. Bernstorf, neveu de celui dont nous avons plusieurs fois cité le nom, fut chargé du portefeuille des affaires étrangères, et se montra digne du noble nom qu'il portait.

Le premier soin de la nouvelle administration fut de détruire tout ce que Struensée avait fait, de reconstituer tous les services publics tels qu'ils étaient organisés avant lui. Elle eut le bonheur, en 1773, de mettre à exécution le projet de traité conclu avec la Russie pour l'échange d'une partie du Holstein contre les comtés d'Oldenbourg et de Delmenhorst, que Paul érigea en duché et assigna au prince Auguste, de la branche cadette de Kiel. Six ans après, le dernier duc de Glucksbourg étant mort, ses domaines furent rejoints au Danemark, qui se trouva ainsi en possession de tout le Holstein et le Schleswig, à l'exception de ce qui appartenait à la maison d'Augustembourg.

En 1780, André Bernstorf, qui n'approuvait point la marche du ministère Guldberg, refusa d'y rester associé. Mais, avant de se retirer des affaires, il rendit encore un important service au Danemark. La guerre d'indépendance de l'Amérique avait donné au Danemark, qui dans cette guerre était resté neutre, l'occasion d'employer utilement sa marine marchande. L'Angleterre, ne pouvant souffrir que ce pavillon neutre servît de sauvegarde à ses ennemis, voulut interdire au Danemark les avantages qu'il en retirait dans les mers des Indes, dans la Méditerranée. Ce fut alors que Bernstorf conclut un traité en vertu duquel le Danemark, la Suède, la Russie, s'alliaient à la fois pour garder une neutralité armée et soutenir leur libre droit de transport. En face de ces forces coalisées, l'Angleterre n'osa effectuer ses menaces, et le commerce du Danemark prit un large accroissement. Dans l'espace de neuf ans, il expédia cent six navires aux Indes orientales; dans l'espace de trois ans, il en envoya quatre cent soixante-cinq aux Indes occidentales.

Malgré les bénéfices que le gouvernement retirait de ces spéculations commerciales, malgré l'augmentation des droits du Sund et l'élévation continue des impôts, l'État se trouva, sous le ministère Guldberg, embarrassé dans ses finances. Pour remédier à un mal qui d'année en année ne faisait que s'aggraver, Schimmelmann imagina de dissoudre la banque publique, et de la remplacer par une banque royale. Cette institution, qui permettait au gouvernement d'émettre, selon ses besoins, plus de billets que n'en comportaient ses valeurs en numéraire, acheva de porter le désordre dans les finances. La dette de l'État, qui à l'arrivée de Guldberg au pouvoir était de 16 millions, monta sous son ministère à 29, et la dette des obligations émises par la banque royale monta de 5 millions à 16.

Cependant, en 1784, Frédéric, fils de Christian, ayant atteint sa dix-septième année, fut appelé à gouverner avec le titre de régent un royaume dont l'administration échappait depuis longtemps à l'intelligence affaiblie, à l'esprit malade de son père. Le 14 avril de la même année, il renversa le ministère Guldberg, conserva seulement Rathlau, Thott, et appela dans son conseil Rosenkrands, Huth, Stampe et

André Bernstorf, dout le retour aux affaires fut salué par d'unanimes acclamations.

Par suite du traité d'alliance conclu avec la Russie en 1773, le Danemark se trouva forcé de prendre part à la guerre qui éclata entre cette puissance et la Suède. En 1788, une armée danoise, commandée par le landgrave de Hesse, beau-frère de Christian VII, entra en Suède par la Norvége, occupa plusieurs frontières, et cerna de près Gothembourg. L'intervention de la Prusse et de l'Angleterre mit fin à cette campagne, malheureusement fort coûteuse; et, grâce aux sages conseils d'André Bernstorf, le Danemark rentra dans sa salutaire neutralité.

L'Europe entière se leva au cri de guerre de la révolution française. La Belgique, la Sardaigne, l'Allemagne furent envahies; l'Angleterre arma tous ses vaisseaux, mit en mouvement tous les ressorts de sa diplomatie. Au milieu de cette commotion générale, le Danemark restait calme et heureux. En pleine guerre, il jouissait de tous les bienfaits de la paix. Ses navires circulaient librement sur toutes les mers, et rapportaient sur les rives de la Baltique le produit de toutes les contrées étrangères. Mais, après la mort de Bernstorf (1797), l'Angleterre, qui ne pouvait souffrir les priviléges attachés à cette neutralité, accusa les Danois de transporter sur leurs navires des munitions de contrebande, et leur défendit de faire escorter leurs bâtiments de commerce par des vaisseaux de guerre. Une frégate danoise, *la Freya*, qui ne voulait pas permettre aux Anglais de

visiter les bâtiments qu'elle accompagnait, fut prise.
Quelques mois après (29 août 1800), les Anglais la
rendirent, en faisant la paix avec le Danemark. A
peine les conventions de paix étaient-elles réglées
entre les deux pays, que la Russie, la Suède, la
Prusse, qui venaient de se coaliser pour maintenir
un droit de neutralité armée, engagèrent le Danemark à se ranger de leur côté. Le Danemark y consentit, mais avec des restrictions telles, qu'il pouvait
contracter cette alliance sans violer ses engagements
envers l'Angleterre. Cependant, deux jours avant
qu'il eût signé sontraité, les Anglais lui déclarent la
guerre, mettent l'embargo sur ses navires, donnent à
leurs agents l'ordre de saisir ses possessions indien-
nes (14 janvier 1801), et, sans autre formalité, lan-
cent sur la capitale du Danemark une flotte de cinquante et un bâtiments.

Cette flotte, commandée par l'amiral Parker et par
Nelson, traversa le Sund, en serrant le plus près
possible la côte de Suède, et, arrivée en face de Copenhague, se divisa en deux escadres. L'une, dirigée
par Nelson, s'avança vers la partie méridionale de la
ligne de défense ; l'autre resta au côté nord, devant la
batterie des Trois-Couronnes. L'attaque commença le
2 avril avant midi, et pendant quatre heures consé-
cutives on se battit de part et d'autre avec acharnement. Après ce combat sanglant, le côté méridional des remparts du port de Copenhague était en
grande partie anéanti ; mais la plupart des bâtiments
anglais étaient tellement criblés de boulets, démâtés

et abîmés, que, dans un conseil de guerre assemblé
par Nelson, les officiers opinèrent pour que la flotte
profitât du vent qui était alors favorable, et se retirât
au plus vite de ces parages dangereux. Cependant si
les Anglais craignaient de voir leurs vaisseaux ou-
verts de tous côtés s'abîmer dans les flots, la ville, de
son côté, craignait d'être bombardée par la division
de Parker. Des négociations furent ouvertes, et l'on
convint d'abord d'une trève de quatorze semaines.
L'assassinat de l'empereur Paul (23 mars 1801), les
dispositions de son successeur Alexandre, mirent
une prompte fin aux négociations diplomatiques. La
Russie fit la paix avec l'Angleterre, et le Danemark
suivit l'exemple de la Russie.

Les événements se succédaient avec une telle rapidité dans ce temps d'orages, et les haines, les
sympathies, les intérêts changeaient si vite de direction et d'objet, qu'en 1807 ce même empereur, qui
avait pris avec tant de résolution les armes contre
la France, devenait l'allié, l'ami de Napoléon, et s'engageait, par les secrets articles du traité de Tilsitt, à
obtenir l'adjonction des autres puissances au système
continental.

Avant que le Danemark eût reçu aucune proposition à cet égard, et sans aucune déclaration de guerre,
au mépris de toutes les lois sociales et humaines, une
flotte anglaise, composée de cinquante-quatre bâtiments de guerre et de quatre cents bâtiments de
transport, franchit de nouveau le détroit du Sund,
cerne et bombarde Copenhague, répand dans tous

les quartiers de cette ville la mort et la désolation. Il
fallut capituler. Pour prix de cette honteuse invasion,
l'Angleterre exigea qu'on lui remit les bâtiments danois qui se trouvaient dans le port : dix-huit vaisseaux
de ligne, quinze frégates, six bricks, vingt-cinq bâtiments armés de canons, c'est-à-dire toute la marine
de guerre du Danemark, sauf quelques bâtiments qui
ne se trouvaient pas alors dans ces parages. Un cri
d'indignation retentit dans l'Europe entière à la nouvelle de cette capture infâme; mais qu'importait à
l'Angleterre la réprobation universelle? la flotte danoise la gênait, et elle avait enlevé cette flotte : que
lui fallait-il de plus ?

Le 4 novembre 1807, le pauvre Danemark, dépouillé de ses forces navales, déclara la guerre à l'Angleterre, et, le 29 février 1808, la guerre à la Suède.
Le 13 mars de la même année, Christian VII mourut;
son fils, Frédéric VI, qui depuis plusieurs années
portait le titre de régent, et de fait était roi, monta
sur le trône dans de douloureuses circonstances. Le
trésor était épuisé, le commerce anéanti; plus de
six cents navires avaient été pris par les Anglais.

La France envoya au secours de Frédéric une armée
composée en grande partie d'Espagnols et commandée
par Bernadotte, qui devait entrer avec les troupes
danoises en Scanie; mais les Espagnols partirent, et
l'expédition projetée échoua. Puis bientôt la révolution qui s'opéra en Suède changea les plans du Danemark. En 1809, Gustave IV fut détrôné, banni de
son royaume, et remplacé par Charles XIII. Les

Suédois lui adjoignirent, en qualité de prince royal, Christian-Auguste. Le 28 mai 1810, ce jeune prince, qui donnait les plus grandes espérances, mourut subitement. Le Danemark eut en ce moment l'espoir de réunir de nouveau sous le même sceptre les trois États scandinaves ; l'élection de Bernadotte anéantit cette espérance. Les deux royaumes restèrent pendant quelques années l'un en présence de l'autre, sinon unis, au moins dans des rapports pacifiques.

La guerre entre le Danemark et l'Angleterre continuait, et elle dura jusqu'en 1814, époque à laquelle le malheureux Danemark, pour prix de sa fidélité à la France, perdit la Norvége, et reçut pour compensation unique de cette perte énorme la Poméranie suédoise, qu'il abandonna à la Prusse pour le duché de Lauenbourg et une indemnité pécuniaire.

Depuis ce temps le Danemark s'est peu à peu relevé de l'état d'affaissement où l'avaient jeté ces guerres désastreuses. Les bienfaits de la paix ont cicatrisé ses plaies, et d'utiles intentions ont ennobli son nom. En 1784, les paysans ont été affranchis des obligations rigoureuses qui pesaient encore sur eux ; en 1804, le servage a été aboli dans les duchés.

Les sciences, les lettres et les arts ont illustré cette terre des anciens Scaldes. Les noms d'Oersted, de Rask, de Finn Magnussen, d'Ochlenschläger, de Thorwaldsen et plusieurs autres encore ont retenti dans l'Europe entière.

Les finances, sans être encore dans la situation

qu'un gouvernement sage doit désirer, se sont considérablement améliorées.

La presse, enchaînée après la chute de Struensée, affranchie de ses liens après le ministère de Guldberg, a été sur la fin du dix-huitième siècle entravée par de rigides édits, mais elle a déjà recouvré plus de liberté.

En 1834, Frédéric VI couronna les mémorables événements de son règne par la libérale institution des assemblées provinciales.

En 1839, il est mort, universellement regretté. Les malheurs qui affligèrent son règne furent le fatal résultat des circonstances. Dans leur plus grande calamité, les Danois ont rendu justice à l'élévation de ses sentiments, à la tendresse de son cœur. La France lui doit aussi un souvenir affectueux; car il n'a point déserté au moment du péril la cause de la France, et il a payé cher cette loyale fidélité.

Son successeur, Christian VIII, est un des hommes les plus éclairés qui aient jamais occupé le trône de Danemark; homme de cœur, homme instruit, marié à une princesse de la plus haute distinction, et sincèrement dévoué aux intérêts de son peuple. Le Danemark a beaucoup attendu de lui; et si les événements n'entravent point ses nobles intentions, il ne trompera pas l'espoir du Danemark (1).

(1) Depuis que cette narration est écrite, l'excellent roi Christian VIII est mort, et il a été remplacé sur le trône par son fils Frédéric VII.

HISTOIRE DE SUÈDE.

CHAPITRE PREMIER.

Les deux royaumes de Suède et de Norvége, qui forment la péninsule scandinave, s'étendent depuis la pointe méridionale de la Scanie et le cap Nord, entre le 55ᵉ et le 71ᵉ degré de latitude, et embrassent un espace de 6,699 milles suédois carrés, dont 3,871 appartiennent à la Suède et 2,828 à la Norvége.

La péninsule est séparée du Danemark par le détroit du Sund, entourée à l'est par la mer du Nord, à l'ouest par la Baltique et le golfe de Bothnie, au nord par la Mer de glace. Une grande chaîne de montagnes la divise en deux parts inégales. Son point culminant est le Dovre norvégien, qui se rejoint sur les frontières de Suède aux Dalfiällen, dont les embranchements s'étendent le long des provinces de Westmanland, Dalécarlie, Warmland et Norike. Un grand nombre d'autres montagnes coupent le pays en divers sens, se dressent comme une digue au bord de la Baltique, et présentent sur les côtes une quantité de baies, de golfes, de découpures de rocs, désignés sous le nom de *skär*. La nature de ces montagnes est essentiellement granitique, et leur sol renferme des mines fécondes, mines d'argent, de cuivre, de fer; carrières de marbre et de porphyre. Les mines de l'Upland, de la Westmannland, de la Wärmland, forment, dit M. Geiier, au centre de la Suède une large ceinture de fer. En fouillant dans leur couche, on y trouve encore des pétrifications énormes, des squelettes d'animaux d'une taille démesurée. Il y en a tant en certains districts, et notamment au Kinnekulle, qu'il semble que ces amphithéâtres de rocs, à présent inanimés et silencieux, aient été jadis occupés par une foule d'êtres gigantesques.

De ces montagnes descendent de grandes rivières qui traversent la contrée de toutes parts. La Suède, entourée de trois côtés par la mer, est à l'intérieur sillonnée par de larges courants d'eau, coupée par des lacs qui occupent un espace de 233 milles carrés (1), et forment une de ses richesses par les moyens de communication, les rapports de commerce que ces eaux établissent entre les diverses provinces, par les produits élémentaires qu'elle en retire.

De toutes les terres situées à la même latitude septentrionale, la péninsule scandinave est celle où le

(1) Le lac Venern occupe à lui seul un espace de 40 milles carrés.

climat est le plus tempéré, où le travail agricole est
le plus fructueux. Il n'y a plus d'agriculture en Sibérie au 60ᵉ degré; il n'y en a plus guère au Canada,
passé le 50ᵉ. Dans la Laponie suédoise, au contraire,
on récolte encore du grain au 68ᵉ degré, et dans le
Finmark, au 70ᵉ. Presque partout la température de
l'air est adoucie par le voisinage de la mer, qui
conserve toute l'année à peu près la même chaleur.
A Lund, la température moyenne est de 7° 13′ centi-
grades au-dessus du point de congélation; à Upsal, de
5° 51′; à Stockholm, à Umea, de 5° 76′, et au cap
Nord, de 1° 90′.

L'été est court, mais chaud, et doublé en quelque
sorte par ces nuits claires comme le jour, empour-
prées par le crépuscule du soir qui se rejoint à celui
du matin, et si belles et si douces que, lorsqu'on a
connu leur charme, jamais on ne l'oublie. Grâce à la
lumière bienfaisante de ces nuits, au rayonnement
presque continu du soleil à l'horizon, les plantes se
développent rapidement; la moisson mûrit en certains lieux dans le cours de sept semaines.

Les vraies rigueurs de l'hiver commencent au mois
de décembre, s'accroissent en février, et s'adoucissent
à la fin de mars. Mais ce long hiver n'est pas, à beaucoup près, aussi pénible qu'on se le figure dans les
contrées méridionales de l'Europe. Il n'a point le
désagrément de nos saisons humides, pluvieuses,
énervantes. Il est sec et clair; et pour nous, qui en
avons connu les différentes phases, nous ne faisons
qu'exprimer une opinion très-sincère en disant que

l'hiver de Stockholm nous paraît bien préférable à celui de Londres et d'Amsterdam.

Une contrée qui des bords de la Baltique s'étend à plusieurs degrés au delà du cercle polaire, doit cependant offrir dans ses diverses zones des effets tout différents de climat et de végétation. La Scanie forme par ses produits une sorte de transition entre la péninsule et l'Allemagne; puis, à mesure qu'on avance vers le nord, la végétation est moins forte, moins rapide, et certaines plantes disparaissent successivement. Près du Dalelv, il n'y a déjà plus de chênes; plus loin, les forêts de sapins sont remplacées par les bouleaux. En Laponie, le sapin ne croît qu'à 3,200 pieds au-dessous de la limite des neiges perpétuelles; le pin, à 2,800 pieds; le bouleau, à 2,000; le bouleau nain, à 400. Les Lapons, dans leurs migrations, ne s'avancent pas à plus de 800 pieds au-dessous de la limite des neiges. A cette distance, le sol ne produit même plus de lichen pour les rennes, et à 2,000 pieds il n'y a plus de poisson dans les lacs. Les neiges perpétuelles n'existent dans la péninsule scandinave qu'à 4,000 et 4,100 pieds au-dessus du niveau de la mer. Les glaces polaires, qui cernent le Groënland au 65e degré de latitude, ne se trouvent au nord de la Scandinavie que vers le 80e.

Une région où la nature se montre sous un aspect sévère, où le sol ne se féconde que par un travail opiniâtre, ne pouvait être occupée que par une race forte, laborieuse, patiente; et ce sont là les qualités qui éclatent aux regards de l'étranger quand il par-

court les diverses provinces de Suède et de Norvége.
Nous les avons souvent signalées dans notre relation
de voyage, et le précis historique que nous entrepre-
nons d'écrire montrera comment le peuple suédois a
employé cette même force à la défense de son pays,
au maintien de ses libertés.

Ce que nous avons dit des origines de l'histoire
du Danemark s'applique à celle de Suède. Mêmes
hypothèses fabuleuses dans les premiers temps,
mêmes traditions mythologiques, mêmes obscurités
dans les chroniques de plusieurs siècles. C'est à
partir de l'introduction du christianisme dans la
contrée, c'est-à-dire du dixième siècle, que les annales s'éclaircissent et se succèdent dans un ordre
régulier.

D'après les Sagas, Odin s'était emparé par force ou
par surprise des régions scandinaves. Niord, après
lui, exerça le pouvoir souverain, et fut, comme lui,
placé au nombre des dieux. Frey, son fils, établit sa
demeure et son temple à Upsal, se fit chérir des Suédois par la douceur de son caractère, et devint après
sa mort une de leurs grandes divinités. Il portait le
surnom de Yngve ; de là le mot d'Ynglingues, par lequel on désigne cette dynastie, dont nous ne connaissons l'histoire que par les chants des Scaldes,
par les récits poétiques de Snorre Sturleson, et
dont nous relaterons succinctement les principales
phases.

Après Frey, apparait son fils Fiolner, qui se noya
dans une cuve de miòd; puis Swegder, et Wanlandr,

et Wisbur, qui, ayant répudié sa première femme sans
lui donner la chaîne d'or qu'il lui avait promise, fut
égorgé par ses deux fils. Domalder, fils de sa seconde
femme, lui succéda, fit la guerre aux Jottes ou Finlandais, et les repoussa à l'extrémité du nord. Une disette éclata dans le royaume; le peuple lui attribua
ce fléau, et l'égorgea pour apaiser les dieux.

Domar, son fils, régna paisiblement, et fut remplacé par Dygwe, qui le premier prit le titre de roi
d'Upsal. Ses prédécesseurs portaient celui de *drott*
(prince, seigneur) (1). Dag, son fils, s'adonna à l'é-
tude de la magie et de la divination, et fut surnommé
Spaka (l'habile). Sa sorcellerie ne le sauva point
d'une mort prématurée. Il entreprit une expédition
dans les États danois, et y succomba.

Agne, son successeur, se signala par son amour
pour la marine, par ses expéditions nautiques. Dans
une de ces expéditions, il aborda en Finlande, tua le
roi du pays, enleva sa fille Skialfa, la ramena en
Suède, et voulut l'épouser. Skialfa consentit à ce mariage, mais à condition qu'il serait précédé d'un banquet funéraire, destiné à honorer la mémoire de son
père. Agne s'enivra. Sa vindicative fiancée, le voyant
endormi, l'étrangla avec une chaîne d'or, et retourna
en Finlande.

Après lui, ses deux fils, Alrik et Érik, régnèrent
conjointement; puis les deux fils d'Alric les remplacèrent. Mais leur union ne dura pas longtemps. Ils

(1) Ce mot s'est conservé dans celui de Drottning (*reine*).

prirent les armes, et dans un duel acharné tombè-rent tous deux, transpercés l'un par l'autre.

A cette époque barbare, il n'était guère possible aux princes de gouverner en paix leurs États. S'ils fuyaient les entreprises guerrières, on les accusait de lâcheté, et on les méprisait; s'ils se lançaient dans quelque expédition de terre ou de mer, ils mouraient sur le champ de bataille.

Hugleik, fils d'Alf, est tué par un wiking norvé-gien; Josund, qui lui succéda, tomba sous le glaive d'un autre pirate.

Anne le Vieux, dix-neuvième roi de la dynastie des Ynglingues, veut éviter tout combat, et se fait chasser trois fois d'Upsal par des bandes de corsaires, et se retire dans la province de Gothland. Pour obtenir des dieux une longue vie, il leur sacrifia, disent les chroniques, neuf de ses fils. Les dieux semblèrent exaucer ses souhaits. Il eut une vie fort longue, mais triste, et odieuse à ses sujets.

Eigil ayant besoin du secours du roi de Dane-mark, s'engagea à payer un tribut à ce roi, et quel-que temps après fut éventré par un taureau que l'on réservait pour les sacrifices.

Ottar Wendilkraki voulut s'affranchir de l'engage-ment contracté par son père, et succomba dans la lutte.

Adil passa une partie de sa vie à guerroyer sur mer, à piller les plages d'Allemagne. Osten établit sa demeure dans une des îles du Mälar, y fut surpris et égorgé par un corsaire norvégien.

Yngwarr vengea la mort de son père, se signala par son audace dans ses expéditions maritimes, remporta plusieurs victoires, et mourut, les armes à la main, sur les côtes de l'Esthonie.

Amund, en lui succédant, courut d'abord en Esthonie pour le venger; puis, satisfait d'avoir rempli ce devoir, renonça à toute guerre, et s'appliqua à améliorer l'agriculture du pays. Il mourut au milieu d'un des tournois qu'il faisait dans cette salutaire intention.

Son fils, Ingiald, entreprit de subjuguer et de déposséder de leurs domaines tous les petits souverains qui occupaient une partie de la Suède, et qu'on appelait *fylkes konnungars* (rois de districts). Il s'avança jusqu'en Scanie, et en égorgea les deux princes. Ywar, fils d'un de ces princes, prit les armes, marcha vers Upsal, ralliant à lui un peuple nombreux. A la vue de ces troupes, Ingiald effrayé se brûla dans sa demeure avec sa fille. Avec lui finit en Suède le règne des Ynglingues. Son fils, Olaf, se retira dans le Wärmland, qui était alors une contrée déserte. Ywar s'empara de la Suède, et devint roi d'Upsal. Ce premier succès ne fit qu'enflammer son ambition. A peine installé sur le trône des Ynglingues, il se remit en campagne, et assujettit à son pouvoir le Danemark, une partie de l'Allemagne et de l'Angleterre. Ici commence la dynastie des Skiöldungs, puis celle des Lodbrok, qui gouvernèrent à la fois le Danemark et la Suède, et dont nous avons déjà, dans la première partie de notre travail, retracé les traditions.

Regnar Lodbrok et ses vaillants fils semblent avoir épuisé l'enthousiasme des scaldes, l'attention des chroniqueurs. De longues années se passent pendant lesquelles on ne trouve que de vagues détails sur les descendants de ces farouches guerriers, sur l'histoire de Suède. Mais au neuvième siècle cette histoire se relève, appuyée sur les premières annales chrétiennes, une nouvelle lumière l'éclaire, une nouvelle ère va s'ouvrir.

En l'année 829, saint Ansgard entre en Suède, sous le règne de Biörn, qui avait à sa cour un des principaux scaldes islandais, Brage le Vieux. Malgré son attachement au dogme scandinave, Biörn accueillit avec mansuétude le missionnaire étranger, et lui permit de prêcher. Ansgar convertit plusieurs personnes, entre autres Hergeir, favori de Biörn, qui fit construire dans ses domaines une chapelle. Rappelé en Allemagne, et investi de la dignité d'archevêque de Hambourg, Ansgard envoya en Suède un religieux nommé Simon Gautbert, lui recommandant de ne point convoiter les biens des païens auxquels il allait enseigner la doctrine de l'Évangile, mais de vivre de son propre travail et de donner l'exemple de la vertu. Simon ne suivit pas ces sages leçons, et se rendit si odieux aux Suédois, qu'ils le chassèrent du pays et massacrèrent son compagnon. Les conquêtes faites par Ansgard furent peu à peu anéanties. Hergeir resta seul fidèle à ses promesses.

Sous le règne d'Olaf, Ansgard se décida à retourner de nouveau en Suède. Ses amis cherchaient à l'éloigner de cette résolution, lui représentant les périls auxquels il s'exposait; mais le courageux apôtre répondit qu'il serait heureux de souffrir le martyre pour la cause du Christ. Il partit, et fut bien reçu. Olaf lui permit, non-seulement de prêcher, mais de construire une église à Biorkö, où il résidait (1). Ansgard fit un grand nombre de prosélytes par ses vertus évangéliques, par la charité qu'il manifestait envers les pauvres et envers les esclaves. Son œuvre fut malheureusement interrompue après son départ, et la Suède resta longtemps encore livrée aux pratiques du paganisme.

A cette époque, consacrée par les premières prédications du christianisme, se rattachent d'autres faits qui la rendent mémorable dans les annales du Nord. Vers le milieu du neuvième siècle, Gorm le Vieux réunit sous son sceptre les diverses principautés du Danemark; Éric Emundsson obtient le même succès en Suède et Harald aux beaux cheveux, en Norvége. L'Islande est peuplée par une colonie de riches familles norvégiennes, Rollon s'empare de la Normandie. Des troupes de corsaires scandinaves pénètrent en Angleterre, en Irlande, et envahissent la Sicile.

A Éric Emundsson, mort en 885, succéda son fils Biörn, auquel les sagas irlandaises assignent un règne de cinquante années.

Ses deux fils Éric et Olaf se partagent son royaume. Olaf étant mort, son fils Styrbiörn, âgé de douze

---

(1) Petite ville du Mälar qui n'existe plus.

ans, demande à entrer en possession de ses domaines. Sur le refus d'Éric, le jeune prince, hors d'état de reprendre en ce moment de vive force l'héritage paternel, mais ne pouvant surmonter son naturel impétueux, part avec soixante navires, s'en va guerroyer de côté et d'autre, puis revient en Danemark, oblige le roi Harald Gormsson à se joindre à lui, s'avance vers Upsal, et succombe dans la première bataille. Éric reçut alors le surnom de Victorieux. Pour mieux le justifier, il envahit le Danemark, et le gouverna jusqu'à sa mort (994).

Il avait épousé une femme altière, nommée Sigrid, dont il se sépara, et qui après lui exerça une grande influence sur les affaires du Nord. Un prince de Norvége et un prince de Russie demandèrent à l'épouser; elle les invita à un banquet, ferma les portes de la salle où elle les avait réunis, et y mit le feu, disant qu'elle voulait donner une salutaire leçon aux petits princes qui oseraient élever jusqu'à elle leurs prétentions. Olaf Tryggvason, qui avait un titre plus élevé, qui était roi de Norvége, et distingué par son courage et son intelligence, manifesta le désir de l'épouser, et fut bien accueilli. Mais comme il était chrétien, il exigeait qu'elle se convertît au christianisme; Sigrid s'y étant refusée: — Va-t'en, lui dit Olaf en la frappant au visage; Dieu me garde de me marier avec une chienne de païenne comme toi! — C'est bien, dit Sigrid, tu payeras cher le coup que tu m'as donné. Quelque temps après, elle épousa Swend Tweskägg, qu'elle remit en possession du royaume de Danemark,

16.

et ne cessa d'exciter à prendre les armes contre Olaf.
Elle réussit enfin à assouvir sa soif de vengeance.
Elle réunit dans une même confédération son jeune
fils Olaf et les fils du Iarl norvégien Hakon, qui avaient
aussi une vengeance à exercer sur Tryggvason. Ce roi
venait d'entreprendre une expédition en Poméranie
pour y réclamer les biens de sa femme. Les conjurés
allèrent l'attendre à son retour avec une flotte nombreuse. Après une lutte opiniâtre, Tryggvason, voyant
la bataille perdue, se jeta dans les flots pour échapper à ses ennemis. On dit qu'une femme rama de son
côté, et le sauva. On ajoute qu'il partit pour la Palestine, et termina sa vie dans un couvent. Le fait est
qu'il ne reparut jamais en Scandinavie. Deux femmes
apparaissent dans cette chronique avec une nature
bien différente : l'une qui ne peut surmonter le souvenir de l'affront qu'elle a reçu, l'autre qui expose sa
vie pour sauver celle de son roi. Il en est une troisième dont le caractère n'est pas moins digne de remarque : c'est la femme de Tryggvason, qui, en apprenant la mort de son mari, refuse toute nourriture et
se laisse mourir de faim.

Les deux rois de Suède et de Danemark prirent
après leur victoire une partie de la Norvége, et abandonnèrent le reste aux fils du Jarl Hakon.

Mais ce partage ne subsista pas longtemps. Olaf
Haraldson, qui plus tard n'est désigné dans les chroniques que sous le nom d'Olaf le Saint, reconquit toute
la Norvége. De vives hostilités éclatèrent entre lui et
le roi de Suède. Olaf, pour y mettre fin, envoya

en Suède une ambassade chargée de demander en mariage la fille de son adversaire. Cette ambassade donna
lieu à une scène publique curieuse et caractéristique. Le Jarl Ragvald, représentant d'Olaf, alla trouver un Suédois nommé Thorgny, qui exerçait les
hautes fonctions de *lagmän* (interprète de la loi), et
le pria de l'aider dans sa mission, lui disant qu'il
craignait de porter la parole devant son souverain.
— Vous êtes, lui répondit Thorgny, vous autres nobles, de singulières gens! nous autres paysans, nous
avons plus de force, car nous parlons librement au
roi.

L'assemblée populaire, (le *thing*) étant convoquée
pour entendre les propositions des envoyés de Norvége, Thorgny s'y rendit avec Ragvald. Le roi était
assis sur un siége élevé, ayant autour de lui les hommes de sa cour. A droite et à gauche étaient Torgny
et Ragvald avec leurs amis et leurs serviteurs, et derrière eux la foule rangée en cercle.

Quand les envoyés d'Olaf eurent expliqué l'objet
de leur mission, le roi leur répondit avec colère et
leur imposa silence. Alors Thorgny s'avança devant
lui, au bruit des acclamations et du cliquetis des armes des paysans, et lui parla ainsi : « L'esprit des rois
de Suède n'est donc plus ce qu'il était autrefois? Mon
grand-père se souvenait d'Éric Emundsson, qui chaque été entreprenait quelque nouvelle expédition, qui
fit des conquétes en Finlande, en Esthonie, en Courlande, et qui pourtant ne repoussait pas avec orgueil
ceux qui avaient des représentations à lui adresser.

Mon père vécut longtemps près du roi Biörn, qui gouvernait sagement le royaume et recevait avec affabilité tous ceux qui s'approchaient de lui. Moi-même je me souviens du roi Éric le Victorieux, que j'ai suivi dans plusieurs combats. Il augmenta par sa valeur les forces de la Suède, et on aimait à lui parler. Mais notre roi actuel n'admet aucune observation, et ne veut entendre que ce qui lui plaît. Il perd par sa négligence les pays qui lui doivent un tribut, et veut gouverner la Norvége, et par là nuit à beaucoup de gens. Écoute donc : nous paysans de Suède, réunis à ce thing, nous voulons que tu fasses la paix avec le roi de Norvége, et que tu lui donnes en mariage ta fille Ingegerd. Si ensuite tu désires reconquérir les districts de l'est que tes ancêtres ont possédés, nous t'accompagnerons dans ton entreprise et te soutiendrons bravement. Que si tu rejettes ce que nous exigeons, nous te tuerons, comme nos pères ont tué cinq rois qui s'abandonnaient comme toi à un fol orgueil. Hâte-toi de te décider, et choisis.

La foule applaudit à cette harangue en poussant des clameurs bruyantes et en frappant sur ses armes.

Le roi répondit qu'il ferait comme ses prédécesseurs, qu'il obéirait au vœu de son peuple. Mais comme il tardait encore à remplir sa promesse, les hommes de l'Uppland choisirent pour le remplacer son jeune fils, auquel les prêtres avaient donné en le baptisant le nom de Jacob, et que les Suédois, qui ne voulaient point reconnaître ce nom étranger, appelaient Anund. Le roi alors se décida à faire la paix, et donna sa fille Astride en mariage au roi de Norvége.

Deux ans après (1024), Olaf mourut. Il avait été baptisé en l'an 1001 dans la Westrogothie par un missionnaire anglais; mais son exemple n'avait eu que peu d'influence sur les hommes qui l'entouraient, et la Suède suivait encore le culte de ses anciens dieux. Lui-même, malgré le sacrement qu'il avait reçu, professait une vive affection pour les chants du paganisme, et entretenait à sa cour quatre scaldes.

Anund Jacob se lia étroitement avec Olaf de Norvége, et le soutint contre les efforts de Canut, qui à son royaume de Danemark et d'Angleterre voulait encore joindre la Norvége, et l'y joignit en effet après la bataille de Stikklestad, où Olaf mourut, victime de son zèle pour la propagation du christianisme, de la révolte qu'il avait excitée parmi les paysans. Anund, surnommé *kolbränna* (charbonnier), parce qu'il faisait brûler les maisons des malfaiteurs, fut, malgré la sévérité de ses jugements, fort aimé des Suédois. On ignore au juste la date de sa mort, mais il paraît probable qu'il vécut jusqu'en 1052.

Il fut remplacé sur le trône par son frère Edmund. Une disette ayant sous son règne répandu la désolation en Suède, le peuple, suivant sa coutume, la lui attribua et l'appela Edmund le Mauvais. Il n'avait qu'un fils, qui mourut dans une expédition. Avec lui s'éteignit la race de Sigurd.

En 1061, une nouvelle dynastie s'éleva sur le trône de Suède. Stenkil, qui en fut le premier roi, descendait

par sa mère de la famille des Ynglingues. C'était un
prince d'un esprit équitable, d'un caractère doux,
humain dans les relations ordinaires de la vie, et intrépide dans les combats. Il était sincèrement chrétien, et il encouragea la prédication du christianisme
dans ses États. Trois saints enseignèrent en même
temps la doctrine de l'Évangile en Suède : saint David
en Westmanie, saint Adelward en Warmland, saint
Étienne en Norrland. Ce dernier fut assassiné par
ceux qu'il entreprenait de convertir. Les deux autres
continuèrent leur œuvre avec succès. Trois évêchés
furent fondés en Suède, à Sigtuna, à Dalby et à Lund.
Le peuple commençait à croire, et dans le premier
élan de sa foi attribuait de merveilleuses choses à ses
prédicateurs. Adelward, disait-il, disposait à son gré
du vent et des nuages, et saint David suspendait ses
gants à un rayon de soleil. Cependant plusieurs provinces de Suède restaient encore opiniâtrément attachées à la religion d'Odin, et l'un des successeurs de
Stenkil eut à soutenir une lutte violente contre ces
farouches païens.

Stenkil mourut en 1066, laissant deux fils, Inge et
Halfsen, trop jeunes pour régner. Hakon Röde occupa
le trône jusqu'en 1079. Inge alors le remplaça ; et, pour
ne pas avoir le spectacle des sacrifices que l'on faisait
encore selon les vieilles coutumes à Upsal, s'établit à
Sigtuna. Son zèle pour le christianisme souleva contre lui une partie de ses sujets. On le menaça de le
détrôner, s'il s'opposait à l'ancien culte scandinave. Il
persista dans sa croyance, et fut chassé à coups de

pierre de l'assemblée du peuple. Son beau-frère Swen
s'avança au milieu des paysans, et leur promit de maintenir le vieux culte scandinave, s'ils voulaient le reconnaître pour roi. Son offre fut acceptée. Inge se retira en Westrogothie, où le dogme chrétien avait fait
de rapides progrès. Swen fit égorger un cheval, et du
sang de l'holocauste arrosa les idoles. Un prédicateur
anglais nommé Eskil accourut sur les lieux pour s'opposer à cet acte d'idolâtrie ; le peuple, furieux, se précipita sur lui et le massacra. Toute prédication chrétienne fut alors proscrite dans l'Uppland, et le temple
d'Upsal reprit son premier éclat. Les murs de ce temple étaient construits en gros blocs de pierre; mais à
l'intérieur il était décoré de lames d'or, et on y voyait
la statue d'Odin, de Thor, de Frey. On y sacrifiait des
coqs, des éperviers, des chiens, des chevaux, et,
dans les temps de calamité, des hommes. Des prêtres
chantaient pendant le sacrifice un chant funèbre.
Une partie des victimes étaient partagées entre les
gens du peuple, qui en faisaient un repas solennel ;
les autres étaient suspendues aux arbres qui entouraient le temple, et les païens ne pénétraient qu'avec
respect dans cette enceinte couverte de cadavres,
baignée de sang.

Trois ans après sa fuite, Inge, ayant assemblé quelques troupes, s'avança vers la demeure de l'usurpa-
teur Swen, et y mit le feu. Swen, surpris dans son
sommeil par la flamme qui gagnait son lit, voulut s'é-
chapper, et fut égorgé sur le seuil de sa porte.

Inge reprit possession de son trône, dévasta le temple d'Upsal, et força ses sujets à embrasser le christianisme. Ceux qui ne voulaient pas se convertir se retirèrent en Småland, en Ostrogothie, où ils élurent pour roi un des fils de Swen, nommé Éric. Une tentative de Magnus aux Pieds nus, roi de Norvége, pour s'emparer de quelques districts de Suède, obligea Inge à prendre les armes. Mais cette guerre ne fut pas de longue durée. Les trois rois scandinaves se réunirent, et convinrent de rester dans les limites de leurs domaines.

Inge mourut en 1112, sans enfants. Ses neveux Philippe et Inge régnèrent après lui conjointement. Le premier mourut en 1118; le second resta seul en possession du trône, et ne se signala que par le zèle avec lequel il soutint les intérêts du christianisme. Il mourut en 1129. Comme il n'avait point d'enfants et point d'héritiers directs, plusieurs prétendants au trône surgirent à la fois, et excitèrent en Suède de déplorables dissensions. Les habitants de l'Uppland possédaient depuis un temps immémorial le privilége de proclamer les premiers le souverain du royaume, qui devait ensuite parcourir ses États et se faire reconnaître par chaque province.

L'Uppland, pour maintenir ses droits, élut un descendant de la famille de Stenkil, nommé Ragwald. La Westrogothie élut le prince danois Magnus Nilsson. Ragwald fut tué dans sa tournée; Magnus se rendit odieux par ses cruautés. L'Uppland élut Swerker, petit-fils de Swen; Magnus succomba dans une grande bataille, et Swerker fut dans toutes les provinces

proclamé roi de Suède. Deux événements importants
signalèrent son règne : l'abolition des assemblées du
peuple, qui précédemment discutaient les affaires de
l'État, et l'établissement définitif du christianisme
dans la contrée. Des cloîtres furent établis dans divers
districts; le cardinal Albanensis présida en 1153 à
Linköping la première réunion du clergé suédois, et
le royaume s'engagea à payer au pape le tribut désigné
sous le nom de denier de Saint-Pierre.

En 1155, Swerker fut assassiné par un de ses valets,
à l'instigation du prince danois Magnus, qui, en sa
qualité de petit-fils d'Inge, croyait avoir des droits au
trône de Suède.

Éric fut alors élu roi par une partie de la nation,
Éric l'un des meilleurs princes et l'un des souverains
les plus vénérés que la Suède ait eus. Il était doux
et pieux, charitable envers le pauvre, ferme et droit
devant les grands, plein de courage dans les occasions
difficiles. On raconte que, pour exercer et augmenter
sa force, il se baignait souvent dans l'eau glacée. Dans
sa pieuse ardeur, il construisit un grand nombre d'é-
glises. Dans son zèle pour les intérêts du peuple, il
voyagea plusieurs fois à travers son royaume, appelant
devant lui, comme notre saint Louis, les paysans qui
avaient quelque contestation à résoudre, et les jugeant
avec une indulgente sagesse. Il s'attachait surtout à défendre les droits du faible; et lorsque quelques-uns de
ses sujets venaient lui offrir un présent pour lui exprimer leur reconnaissance: « Gardez vos dons, leur disait-
il, je suis assez riche; et peut-être un jour aurez-vous

besoin vous-mêmes de ce que vous m'apportez. »

Une religieuse pensée de prosélytisme lui fit entreprendre une expédition de Finlande. Cette contrée était encore païenne. Éric en subjugua une grande partie et y fit construire des églises, et enseigna le christianisme.

Ce roi si justement aimé tomba victime d'une cruelle ambition. Le même Magnus Henriksson, qui avait déjà fait mourir Swerker, voulut se délivrer aussi d'Éric pour arriver au trône de Suède. Il entra avec une flotte dans le Mälar, et s'avança vers Upsal tandis que le roi était à la messe. Les serviteurs d'Éric vinrent l'avertir du danger qui le menaçait, et le prièrent de se sauver. Mais lui leur dit : « Laissez-moi entendre la messe jusqu'à la fin; et quant au reste du service de Dieu, j'espère le célébrer dans un autre lieu. Lorsqu'il sortit, il fut cerné par les Danois, et, après une vive résistance, saisi par Magnus, qui lui fit trancher la tête (1160). Le peuple, qui l'avait chéri pendant sa vie, le vénéra après sa mort comme un saint. Son corps fut enfermé dans une châsse, son effigie placée dans le sceau du chapitre d'Upsal, dans celui du royaume, et dans les armoiries de la ville de Stockholm. Son nom fut placé dans les formules de serment : « J'en jure par Dieu, disaient les Suédois, et par le roi saint Éric! » Sa bannière devint l'oriflamme du pays.

Magnus se fit proclamer roi de Suède, mais ne jouit pas longtemps de son triomphe. Charles Swerkerson, qui régnait en Ostrogothie, lui livra une bataille, le tua et usurpa le trône, qui revenait de droit à Canut,

fils d'Eric. En 1168, Canut, qui s'était réfugié en Norvége, reparut en Suède avec une armée, et engagea
près de Wisingsö un combat dans lequel Charles périt.
Il laissait un fils nommé Swerker, qui, avec l'appui
du Danemark, jetait perpétuellement le trouble en
Suède. Le royaume était en outre attaqué par des bandes de corsaires de l'Esthonie qui venaient ravager
les côtes du Mälar, et qui dans une de leurs excursions dévastèrent la ville de Sigtuna. Canut finit par
abandonner une partie de ses États, et mourut
paisiblement en 1199.

Swerker, qui voulait être maître absolu, fit égorger
trois des fils de Canut; mais le quatrième, Éric, lui
échappa, se retira en Norvége, puis revint quelques
années après, rallia à lui une troupe nombreuse, et
battit complétement Swerker, qui bientôt fut égorgé
par son gendre.

Éric régna dix ans, et fut le premier roi de Suède
qui se fit couronner. Son fils fut écarté du trône par
Jean, fils de Swerker, le dernier des descendants de
cette race ambitieuse et turbulente. Il se maintint au
pouvoir par l'appui du clergé, et entreprit à l'instigation du pape une croisade contre les Esthoniens, qui
étaient encore plongés dans une grossière idolâtrie. Il
mourut en 1222, laissant le trône à l'arrière-petit-fils
d'Éric le Saint, qui est inscrit dans les annales de
Suède sous le titre d'Éric XI. Il souleva contre lui
la puissante famille des Folkungs, dont nous allons
voir se dérouler la triste et sanglante histoire; fut chassé
par elle du royaume en 1229, y revint en 1234, et

mourut empoisonné en 1250. En lui s'éteignit la branche masculine de la famille de saint Éric, qui par les femmes se continua dans les nobles familles de Sparre et d'Oxenstiern.

CHAPITRE II.

Au temps du paganisme, vivait un homme nommé Folck Filbyter, chef d'une famille riche, dont le pouvoir et la fortune s'accrurent successivement par de hautes alliances. Son petit-fils, Folke le Gros, eut le titre de Jarl sous le règne d'Inge, et fut le personnage le plus considérable de son temps. Il épousa une princesse de Danemark; ses enfants firent également de brillants mariages, et les principales fonctions du royaume furent confiées à ses parents. La grandeur de cette famille s'augmenta encore sous les règnes de Canut, fils d'Éric, et de Swerter. Birger Brosa, petit-fils de Folke le Gros, épousa une princesse de Norvége, et obtint en Suède un ascendant suprême. Un de ses neveux, qui portait également le nom de Birker et qui le rendit célèbre, fut investi, sous le règne d'Éric XI, de la dignité de Jarl. Il était en Finlande, combattant vaillamment pour la cause du christianisme et pour la cause de la Suède, quand Éric mourut. Le peuple comprit que la famille des Folkungs s'emparerait du pouvoir royal; mais les

membres de cette famille n'étaient point d'accord
entre eux. Plusieurs candidats se présentaient en
même temps, et soutenaient hautement leurs prétentions. Pour mettre fin à ces rivalités dangereuses, un
homme influent, nommé Iwan Blå, fit élire pour
roi Waldemar, fils de Birger, le plus puissant et le
plus illustre des Folkungs. Birger, qui voulait le
trône pour lui-même, ne fut nullement réjoui de le
voir donner à son fils. Il accourut en Suède, et se
plaignit de l'audace qu'on avait eue de procéder en
son absence à cette solennelle élection. Mais Iwan
n'était pas de nature à se laisser effrayer par cette colère; et Birger, craignant de pousser à bout des gens
qui, après tout, avaient fait un assez grand honneur à
sa famille, consentit à reconnaître la royauté de son
fils, et le fit couronner en grande pompe dans la
cathédrale de Linköping.

Les parents de Birger, jaloux de le voir arriver à
un si haut rang, se réunirent pour l'en déposséder,
recrutèrent des soldats en Danemark, en Allemagne,
et marchèrent contre lui avec des forces nombreuses. Birger, n'osant engager la bataille, eut recours à
un atroce artifice. Il envoya l'évêque de Strengnäs
prier leurs chefs de venir le trouver pour négocier
un traité de paix. L'évêque jura, par tout ce qu'il y
avait de plus saint, que ces chefs pouvaient se rendre
sans défiance et en toute sûreté près du père du roi.
Il faisait ces promesses de bonne foi, et ceux à qui il
s'adressait ne doutèrent point de sa parole. Mais dès
qu'ils furent arrivés au lieu assigné, Birger les fit dé-

capiter, puis se précipita avec ses troupes sur l'armée privée de ses commandants, et la mit en déroute.

Le pauvre évêque ne put se consoler d'avoir été l'instrument d'une telle trahison, et renonça à son service sacerdotal, déclarant qu'il ne pouvait plus prononcer les prières de la messe de cette même bouche qui avait si cruellement trompé tant de malheureux. Il bâtit une église à l'endroit même où les chefs des rebelles avaient été égorgés ; puis, ne pouvant encore recouvrer la paix de sa conscience, il partit pour la terre sainte, et y trouva le repos dans la mort.

Un des révoltés les plus redoutables, un jeune homme plein d'ardeur, nommé Charles, avait échappé à cette félonie. Il quitta la Suède, se retira en Prusse et entra dans l'ordre des Chevaliers du Glaive, qui faisaient vœu de porter la bannière du Christ au milieu des régions païennes. Dans une bataille contre les Esthoniens, ses compagnons l'engageaient à fuir : — Pourquoi, leur dit-il, me donnez-vous ce conseil, puisque vous-mêmes vous restez à votre poste ? — Ne sais-tu pas, lui répondirent-ils, que nous avons juré de ne jamais fuir devant les païens, ne fussions-nous que trois contre cent ? Leur partage à eux est l'enfer, et à nous l'éternité du ciel. — J'ai la même croyance que vous, s'écria le brave Charles, et comme vous je veux combattre pour ma religion. A ces mots, il s'élance au milieu des ennemis, et tombe

Histoire de la Scandinavie.   17

criblé de blessures. Birger dit, en apprenant sa mort :
« Que Dieu ait son âme! Mais c'est un bonheur que
nous soyons délivrés de lui. »

C'était en effet un bonheur pour Birger, qui se
trouvait par là affranchi d'une de ses plus grandes
craintes, et qui pouvait jouir en paix de sa fortune.
Il avait marié sa fille avec le roi de Norvége; il
épousa la reine douairière Mechthild de Danemark,
et donna pour femme à son fils une princesse du
même pays. Allié ainsi par un triple lien avec deux
États voisins de la Suède, soutenu à l'intérieur du
royaume par de nombreux partisans et par l'ascendant qu'il exerçait sur le peuple, il exerça au nom
de son jeune fils le pouvoir suprême, et prouva par
sa sage administration qu'il était digne de remplir
cette haute tâche.

Il améliora les anciennes lois du royaume, et opéra
plusieurs réformes qui caractérisent les mœurs de
son temps.

A cette époque, nulle ordonnance n'interdisait
aux Suédois le droit de se venger eux-mêmes d'une
insulte. Tout au contraire, c'était un usage généralement admis que celui qui avait reçu une offense
en obtînt par le fer ou le feu une éclatante réparation. De là des actes de représailles sans nombre, et
des haines invétérées qui se transmettaient d'une gé-
nération à l'autre. Birger voulut que tous ceux qui
avaient souffert quelque injustice portassent leur
plainte devant les tribunaux, et établit une sorte de
Trêve de Dieu par un règlement qui faisait de l'église,

de son pourtour extérieur et du sentier qui y conduisait, un asile sacré.

C'était un usage aussi, parmi les jeunes gens qui
voulaient se marier, d'enlever violemment, les armes
à la main, la jeune fille qui leur convenait, sans consulter son cœur, ni le vœu de ses parents. Birger
interdit sous une peine sévère quiconque se rendrait
coupable d'un tel méfait.

Dans les affaires qui se plaidaient devant les tribunaux, souvent les juges, embarrassés, s'en remet-
taient au jugement de Dieu, et ordonnaient à ceux
qui sollicitaient leur décision de lutter l'un contre
l'autre, persuadés que du côté de la victoire serait
le bon droit. Quelquefois aussi ils soumettaient,
comme jadis en France et en Allemagne, l'accusé à
l'épreuve des fers ardents. Birger proscrivit ces deux
coutumes barbares. Avant lui, les filles n'avaient aucune part à l'héritage de leur père, et les femmes
aucun droit sur les biens de leur mari. Birger ordonna que les filles eussent la moitié des propriétés
abandonnées à leurs frères, et les femmes un tiers
des biens de leur mari. De son temps, beaucoup de
pauvres gens vendaient leur liberté et se livraient
volontairement à l'esclavage pour échapper à la misère : Birger interdit encore cette cruelle habitude.
Enfin, lorsqu'un navire faisait naufrage, il était impitoyablement pillé par tous les habitants de la côte.
Birger abolit cet affreux droit d'épaves, et l'archevêque du royaume le seconda dans cette charitable
réforme, en déclarant que quiconque porterait se-

17.

cours à un bâtiment en péril gagnerait par là cent
jours d'indulgence.

De l'époque de Birger datent aussi plusieurs améliorations matérielles. Les habitations, qui précédemment n'étaient pour la plupart que de grossières
cabanes, d'où la fumée du foyer s'échappait par un
trou, furent construites avec plus de soin et pour-
vues de cheminées. Enfin, ce fut cet homme intelligent et actif qui éleva les premiers remparts et les
premiers édifices d'une des villes qui devait devenir
un jour l'une des plus belles villes de l'Europe, de
Stockholm, la capitale de la Suède.

Birger mourut en 1266, n'ayant jamais porté que
le titre de Iarl, mais ayant de fait exercé l'autorité
souveraine. Sa tendresse paternelle lui fit commettre,
dans les dernières années de sa vie, une faute qui
eut des suites funestes. Il conserva la royauté à
Waldemar, mais institua en même temps trois grands
apanages pour ses trois autres fils. Magnus fut
nommé duc de Sudermanie; Berigt, duc de Finlande; et Éric, duc de Småland.

La division ne tarda pas à éclater entre ces princes,
dont rien ne maîtrisait l'ambition. La reine Sophie
avait, par quelques paroles inconsidérées, offensé
Magnus et Éric. Tous deux annoncèrent l'intention
de se venger. Dans une diète convoquée à Strengnäs,
et où les trois frères se trouvèrent réunis, leur animosité résista à tous les efforts que les prélats tentèrent pour les réconcilier. Waldemar retourna à
Stockholm pour se préparer à la guerre; Magnus se

rendit en Danemark, emprunta de l'argent, leva des
troupes, défit celles de son frère, qui abandonna
l'arène et se retira en Norvége.

Magnus, ne trouvant plus de résistance sur son
chemin, entra à Upsal, et, avec l'appui du clergé,
dont il confirma les priviléges, se fit couronner roi
de Suède. La cérémonie était achevée, lorsque ses
cavaliers lui amenèrent Waldemar prisonnier. Le
pauvre roi déchu s'inclina humblement devant son
heureux rival, et lui dit qu'il se soumettait à toutes
les conditions qui lui seraient imposées. Magnus lui
abandonna les deux princes de Gothie, et conserva
pour lui le trône de Suède. Bientôt Waldemar, mécontent de ce partage, chercha, mais vainement, à
susciter contre son frère le roi de Norvége et le roi
de Danemark, puis fut arrêté, et enfermé au château
de Nyköping.

Peu de temps après, plusieurs chefs des Folkungs
se révoltèrent contre Magnus. Pour se délivrer d'eux,
il eut recours à l'artifice employé dans une pareille
occasion par son père. Il leur écrivit une lettre affectueuse, les engagea à venir le voir. Lorsqu'ils furent dans sa demeure, il en fit décapiter deux, et
jeta le troisième en prison.

Comme Birger, il s'appliqua à réformer plusieurs
coutumes cruelles, apporta de nouvelles améliorations aux lois du royaume, et maintint par
de si sévères règlements la sécurité des propriétés,
que les paysans déclarèrent qu'il était lui-même
le meilleur gardien de leurs moissons, et lui don-

nèrent le surnom de Ladulas (Serrure des granges).

De son règne date encore une institution qui eut de longues suites. Pour former un corps de cavalerie pareil à ceux qui existaient alors dans les autres contrées de l'Europe, il décida que quiconque lui fournirait un cavalier armé de pied en cap serait par là exempt de tout autre impôt : de là des propriétés libres et non libres; de là les domaines de la noblesse. Les hommes dotés de cette liberté prirent un signe distinctif, qu'ils firent peindre ou ciseler sur leur bouclier. Ces différents signes composèrent les armoiries des gentilshommes.

Magnus fonda plusieurs établissements religieux, en enrichit d'autres par ses dotations, et gagna tellement l'affection du clergé, que le pape promulgua une bulle par laquelle il frappait d'excommunication quiconque se révolterait contre ce roi religieux. Toutes ces dotations, et les dépenses de luxe que Magnus faisait à sa cour, le mirent dans un état de gêne qui l'obligeait à chercher de nouvelles ressources. Il n'osa cependant augmenter les impôts, mais il régularisa celui des propriétés territoriales; et la diète réunie à Stockholm en 1282 décida que toutes les mines et les grandes forêts appartiendraient à la couronne; que quiconque les exploiterait serait tenu de payer au roi une certaine redevance.

Sur la fin de sa vie, il fit proclamer roi son fils Birger, et lui donna pour tuteur le maréchal Torkel Knutson. Ses deux autres fils, Éric et Waldemar, reçurent le titre de ducs avec un apanage. Magnus mourut

à Wisingsö en 1290. Les paysans, dont il avait toujours soutenu les intérêts, portèrent en pleurant son
corps au couvent des franciscains, où il fut solennellement enseveli.

Torkel, tuteur du jeune roi, gouverna la Suède
avec courage et habileté. Sous son administration
commencèrent les premières guerres de la Russie
avec la Suède. Saint Éric avait subjugué la partie
méridionale de la Finlande; le Iarl Birger avait conquis les districts de Tawast; une des provinces de
cette contrée, la Carélie, était encore indépendante
et livrée au paganisme. Torkel y entra en 1293, l'asservit à ses armes, et, pour l'empêcher de se révolter,
construisit la forteresse de Wiborg. Les Russes ayant
voulu secourir les Caréliens, Torkel marcha contre
eux, et leur enleva la citadelle de Kexholm. La guerre
contre cette nouvelle puissance dura jusqu'en
l'année 1300. Les Suédois ne conservèrent point
Kexholm, mais ils restèrent maîtres de la Carélie.

Deux ans après, Birger fut couronné; Torkel abdiqua ses fonctions de tuteur et de régent. Sa fille
épousa le duc Waldemar. Le noble maréchal était arrivé à un degré de fortune et de considération d'où
il devait tomber bientôt, victime d'une affreuse catastrophe. La même ambition qui avait excité tant
de troubles sous le règne précédent éclata avec plus
de violence encore sous celui-ci. Les deux frères du
roi se révoltèrent contre lui, puis s'apaisèrent, et re-
jetèrent sur le maréchal la cause de leurs dissensions.
Birger le fit arrêter, conduire en prison et décapiter.

Cette atroce iniquité envers un homme qui avait si
bien servi son roi et sa patrie ne sauva point Birger
des malheurs qu'il voulait éviter. Ses frères, qui ne
pouvaient renoncer à leurs projets ambitieux, l'invitèrent à une fête, s'emparèrent de lui et de la reine,
et malgré les menaces du roi de Danemark, dont Birger était le gendre, ne le relâchèrent qu'en lui faisant
signer un écrit par lequel il s'engageait à leur abandonner les deux tiers de son royaume. A peine sorti
de prison, Birger, avec l'appui de son beau-père,
marcha contre les ducs, ravagea leurs principautés,
et fut enfin forcé de déposer les armes et de renouveler son premier contrat.

Mais les jours qu'il avait passés en prison, les humiliations de toute sorte dont il avait été abreuvé
avaient enraciné dans son cœur un sentiment de
haine qu'une éclatante vengeance pouvait seule apaiser. N'osant plus attaquer à force ouverte ceux qui
trois fois l'avaient vaincu, il eut recours à la ruse. Il
employa pour les tromper les témoignages de la confiance, les protestations de l'amitié ; les attira, sous
le prétexte d'une fête de famille, au château de Nyköping ; les fit charger de chaînes et jeter dans un
cachot. En apprenant cette trahison, les paysans de
plusieurs provinces prirent les armes pour délivrer
les captifs, et vinrent mettre le siége devant Nyköping. Birger alors prit les clefs du cachot où ses
frères étaient enfermés, et les lança à l'endroit le plus
profond de la rivière. Les deux malheureux frères périrent d'inanition. La Suède entière se souleva contre

celui qui s'était rendu coupable de ce double fratricide. De ses anciennes possessions, il ne lui restait
que le château de Nyköping et de Stegeborg. Son fils
Magnus arriva à son secours avec des troupes danoises; mais il fut fait prisonnier et décapité. Ses
principaux partisans eurent le même sort (1). Birger,
chassé de province en province, se réfugia en Danemark, et y mourut de douleur.

Une assemblée des quatre ordres de l'État, noblesse, clergé, bourgeois et paysans, réunis en 1319
à Upsal, proclama roi Magnus, fils du duc Éric, âgé
seulement de quatre ans. Un des chefs de l'insurrection, Mathias Kettilmundsson, fut nommé administrateur du royaume. La même année, Hakon, roi de
Norvége, mourut. Magnus, qui était son petit-fils,
fut appelé à hériter de son trône. En 1332, il acquit,
comme nous l'avons dit dans l'histoire du Danemark,
pour une somme de 7,000 marcs la province de
Scanie, une partie du Bleking et du Halland, enga-
gés par le Danemark au duc Jean de Holstein. L'année suivante, il atteignait sa majorité et régnait sur
toute la péninsule scandinave. En 1335, il épousa
la duchesse Blanche de Namur; il maria sa sœur au
duc Albert de Mecklembourg, et obtint la renonciation formelle du roi de Danemark à toute prétention
sur la Scanie et le Bleking.

Mais cette étendue de pouvoir n'assura point sa

(1) Entre autres Brunke, qui donna son nom à la place de
Stockholm, où il subit son supplice : le Brunkeberg.

tranquillité. Il eut des luttes pénibles à soutenir
contre plusieurs grands personnages de son royaume,
et il excita le mécontentement du peuple par les fri-
voles habitudes de sa vie, qui lui firent donner le
surnom de *Smek* (Mignon). Sous son règne, la Suède
fut ravagée, comme la Norvége, le Danemark, par la
peste noire; et le peuple regarda ce fléau comme
une punition des fautes de son roi. En 1342, pour
apaiser l'irritation des grands du pays, il associa son
fils Éric à l'administration du royaume en qualité
de corégent, et rompit l'alliance de la Suède avec la
Norvége en instituant son second fils, Hakon, roi de
cette contrée.

La haine des nobles contre Magnus ne fit que s'accroître. Ils se rallièrent à Éric, qui écoutait complai-
samment leurs griefs, et qui, sans se soucier de la
colère de son père, chassa de la Suède son favori et
le favori de la reine, Bengt Algotsson. En 1357, Magnus fut forcé d'abandonner à son fils la moitié de
ses États. Mais son intention n'était point d'exécuter
ce traité. Pour l'annuler, il invoqua l'appui de Waldemar, roi de Danemark, promettant de lui rendre
la Scanie. Waldemar envahit cette province; Éric la
reconquit peu de temps après; et Magnus, plus détesté que jamais, se résigna à un nouveau traité de
paix (1359). Ces luttes déplorables aboutirent à un
crime affreux. La reine, qui ne pouvait pardonner à
ceux qui lui avaient enlevé son favori, invita Éric et
sa jeune femme Béatrice à un banquet, et, en les
accueillant avec toutes les apparences d'une vive

tendresse, les empoisonna. Béatrice, qui était grosse, mourut en peu d'instants. Éric vécut encore vingt jours dans d'affreuses tortures.

L'odieux Bengt revint aussitôt en Suède. Le peuple, furieux, se souleva en masse. Magnus, pour obtenir l'appui du Danemark, lui abandonna la Scanie, et maria son fils Hakon avec Marguerite, fille de Waldemar. La Suède fut envahie, ravagée par les troupes danoises. Les Suédois déclarèrent que Magnus ne redeviendrait plus leur souverain, et élurent à sa place le duc Albert de Mecklembourg (1363). Magnus et Hakon marchèrent contre lui, et subirent une éclatante défaite. Hakon, blessé, se sauva en Norvége. Magnus fut arrêté et enfermé au château de Stockholm. Il n'en sortit que par l'intervention de Hakon, qui paya pour lui une forte rançon et l'emmena en Norvége. Quelques années après, dans un voyage qu'il faisait à Bergen, il fut surpris par une tempête et englouti dans les flots. Ainsi finit en Suède cette dynastie des Folkungs, qui pendant cent vingt-quatre ans avait désolé le royaume par tant de guerres désastreuses, et souillé le trône par tant de crimes.

Bientôt la face du Nord allait changer par la rare habileté d'une femme, par un concours de circonstances qui favorisèrent son ambition et l'investirent d'un pouvoir extraordinaire. Waldemar, roi de Danemark, mourut en 1375; Hakon, roi de Norvége, en 1380. Olaf, fils de Hakon et de Marguerite, fut, à cinq années de distance, proclamé roi à la place

de son aïeul, à la place de son père. Marguerite fut
chargée de la tutelle du jeune prince et de l'administration suprême des deux pays. Albert, appelé au
trône de Suède par un vœu spontané, ne réalisa
point les espérances qu'il avait fait concevoir. Il mécontenta le peuple par la création de nouveaux impôts, les grands par sa hauteur dédaigneuse et par les
faveurs qu'il accordait à tous les Allemands qui l'a-
vaient suivi, ou qui venaient en foule se ranger sous
son patronage.

Le plus riche et le plus puissant seigneur de Suède,
Bo Jonsson, opposa à toutes ses mesures une énergique résistance. En 1386, Bo Jonsson mourut; Albert, délivré de ce redoutable adversaire, crut pouvoir accomplir en sûreté ses projets d'envahissement,
et réclama comme propriété de la couronne une
quantité de domaines occupés par les nobles ou par
le clergé. Les nobles alors offrirent la couronne de
Suède à Marguerite, qui en 1387 était devenue, par
la mort de son fils unique Olaf, reine des deux pays,
qu'elle avait jusque-là gouvernés comme régente.
Plusieurs seigneurs lui livrèrent les villes et les forteresses soumises à leur commandement. Marguerite
promit de gouverner les Suédois selon leurs lois, et
de maintenir leurs priviléges. Albert se mit à la tête
d'une troupe d'Allemands, et proclama fièrement la
victoire qu'il allait remporter sur cette folle créa-
ture qui espérait lui enlever sa couronne, sur la
pauvre reine de Danemark, qu'il appelait *le roi sans
culottes*. Mais il fut battu, fait prisonnier avec son

fils, et conduit devant Marguerite, qui, après l'avoir
amèrement raillé sur sa présomption, l'enferma au
château de Lindholm.

Nous avons raconté dans notre précis de l'histoire
de Danemark comment Albert sortit de prison, en
renonçant à ses prétentions au trône de Suède; comment fut établie l'union de Calmar, et comment Éric
de Poméranie fut reconnu roi des trois États scandinaves. En revenant sur cette époque, où l'histoire
du Danemark est constamment liée à celle de Suède,
nous nous attacherons principalement aux faits qui
touchent de plus près à cette dernière contrée.

Marguerite mourut en 1412. Malgré son habileté,
elle avait mécontenté ses nouveaux sujets, et ébranlé
elle-même l'œuvre qu'elle s'applaudissait d'avoir accomplie. Les historiens suédois sont en général in-
justes envers elle. Rien ne prouve qu'elle commit
toutes les fautes qu'ils lui attribuent; mais elle ne sut
pas dissimuler sa trop vive prédilection pour le Danemark, et elle inculqua ses sentiments dans le cœur
de son successeur. On rapporte qu'elle lui répétait
souvent que la Suède devait le nourrir, la Norvége
l'habiller, le Danemark le défendre. Éric ne se
montra que trop disposé à agir selon cette maxime,
et à traiter la Suède en pays conquis.

Tant que Marguerite vécut, elle comprima les dangereux penchants d'Éric; plus tard, la princesse Philippe d'Angleterre, sa femme, exerça encore sur lui
une heureuse influence. Mais bientôt l'orgueil, l'avidité du pouvoir l'égarèrent. Comme Magnus Smek,

Albert de Mecklembourg et Marguerite, il voulait
abaisser la puissance du clergé et de la noblesse.
Mais il n'apporta dans cette difficile entreprise ni la
sagesse ni la fermeté nécessaires. Tandis qu'il froissait les principales familles de son royaume par des
mesures imprudentes, il irritait le peuple suédois par
ses exactions; il blessait son orgueil national par la
faveur qu'il accordait dans ce pays à des étrangers.
C'était à des Allemands, à des Danois qu'il se plaisait
à donner les meilleurs emplois et à confier le commandement des principales places. Ces hommes
exerçaient leur autorité avec une rigueur brutale.
Dans plusieurs provinces, une quantité de paysans
appauvris, ruinés par les charges de toute sorte auxquelles ils étaient assujettis, abandonnaient leur demeure et leurs champs. Le village auquel ils appartenaient n'en devait pas moins payer intégralement
la même contribution. Si quelque malheureux osait
se plaindre, ses réclamations passaient pour un cri
de révolte, et attiraient sur lui un châtiment sévère.

De ces fonctionnaires étrangers, le plus rapace, le
plus cruel était Josse Ériksson, gouverneur du Westmannland et de la Dalécarlie. Longtemps les habitants de cette province, pauvres et honnêtes gens,
laborieux et résignés, souffrirent patiemment les injustices auxquelles ils étaient sans cesse livrés. Leur
misère s'accrut pourtant de telle sorte, qu'ils durent
en appeler à l'équité du roi. Josse, qui avait des amis
à la cour, fit annuler leur requête, et les Dalécarliens
n'en furent que plus rudement traités.

Dans ces temps-là vivait, près des mines de
Fahlun, un homme d'une famille peu puissante,
mais noble, nommé Engelbrecht Engelbrechtson,
petit, mais robuste, courageux et éloquent. Touché
des souffrances de ses compatriotes, il partit lui-
même pour Copenhague, alla trouver le roi, lui ex-
posa la conduite de Josse, et obtint que cet indigne
fonctionnaire serait soumis à une enquête. L'enquête
faite telle qu'Engelbrecht pouvait la désirer, il en
porta le résultat à Éric, qui lui dit en colère : Tu
te plains toujours. Va-t'en, et ne reviens plus. — Je
pars, murmura Engelbrecht, et je reviendrai.

De retour en Dalécarlie, Engelbrecht ameuta les
paysans en leur racontant ce qui s'était passé. En
1424, Josse envoya, comme de coutume, ses soldats
dans les villages pour percevoir les impôts. Les paysans se rassemblèrent autour d'Engelbrecht, qu'ils
élurent pour leur chef, et marchèrent sur la ville de
Westerås. Josse s'enfuit en Danemark. Bientôt on
apprit que non-seulement le roi ne l'avait pas puni,
mais qu'il se préparait à rentrer en Suède avec des
troupes. Alors les Dalécarliens s'en vont de district
en district appelant tous les Suédois à la délivrance
du pays, s'emparant des châteaux, chassant de tous
les postes les officiers danois. Les prélats et le conseil des nobles étaient réunis à Wadstena. Engelbrecht y court, et les oblige par ses menaces, par
la terreur que leur inspire la vue de cette troupe de
paysans enflammés de colère, à prononcer la déchéance du roi. Il envoie cet acte à Éric, puis re-

prend le cours de son expédition à travers le pays.
Chaque jour, son armée grossit; dans l'espace de
quelques semaines, elle s'éleve à cent mille hommes.
Une noble ardeur l'anime, une grande pensée de patriotisme et la sage autorité de son chef la préservent
de tout désordre. Au mois d'octobre, la Suède entière, à l'exception de Stockholm et de quelques
autres villes, était affranchie du joug des Danois.
Engelbrecht congédia ses troupes.

Éric équipa une flotte considérable pour punir les
rebelles. Une tempête dispersa, anéantit une partie
de ses navires. Il n'entra à Stockholm qu'avec un
petit nombre de troupes, et y fut assiégé par les cohortes d'Engelbrecht, qui, en apprenant son arrivée,
avaient aussitôt repris les armes. Effrayé de la quantité de ses ennemis, Éric demanda la paix, abandonna à Engelbrecht le gouvernement d'Orebro,
institua Nilsson Wasa grand sénéchal, et Charles
Bonde Canutsson grand maréchal du royaume; promit de ne plus donner le commandement des places
à des étrangers, et se réserva seulement la libre disposition des forteresses de Stockholm, Calmar, Nyköping. Rentré en Danemark, il viola impudemment
toutes ses promesses. En 1436, la guerre se ralluma.
Le château de Stockholm fut enlevé aux troupes danoises; les Suédois, qui ne voulaient plus reconnaître
la souveraineté d'Éric, nommèrent un administrateur
du royaume. Cette place revenait de droit à Engelbrecht; mais les nobles, qui redoutaient la prédomi-
nance des paysans, firent élire Charles Canutsson.

Éric essaya encore de reconquérir son autorité, mais toutes ses tentatives échouèrent. Lassé de sa lutte infructueuse, abhorré en Suède, méprisé en Danemark, il abandonna ses royaumes et se retira dans l'île de Gothland.

Celui qui lui avait enlevé un tiers de ses États, le valeureux Engelbrecht, ne jouit pas longtemps de la gloire qu'il s'était acquise. Il fut assassiné lâchement par Bengt Stensson, qui lui avait demandé une entrevue pour apaiser un différend survenu entre eux. On pense que Charles Canutsson, jaloux de l'ascendant d'Engelbrecht, ne fut pas étranger à ce crime.

La mort de ce vaillant chef de parti jeta la consternation dans le peuple. Les paysans accoururent en foule pour massacrer son meurtrier, qui déjà avait pris la fuite; puis enlevèrent en pleurant le corps de celui qui avait été leur fidèle protecteur, et le transportèrent dans l'église d'Orebro, où il devint l'objet d'un culte religieux. L'île où il avait été surpris par son perfide ennemi fut appelée l'île d'Engelbrecht, et l'on disait jadis que l'herbe ne croissait plus à l'endroit arrosé de son sang.

Engelbrecht mort, Charles Canutsson fut le personnage le plus puissant de la Suède. Il descendait d'une famille noble, considérée, et jouissait d'une grande fortune, qu'il employait à augmenter le nombre de ses partisans. C'était en outre un homme d'une taille majestueuse et d'un esprit éclairé. Il comprenait et parlait le latin, ce que beaucoup de prêtres et de prélats ne pouvaient pas faire à cette épo-

que. Le haut rang auquel il s'était élevé tout jeune,
les vues ambitieuses qu'il laissait percer à tout instant, excitèrent la jalousie des nobles, et lui suscitè-
rent des ennemis. Le plus hardi, le plus redoutable
était Éric Pecke, qui avait été sur les rangs pour obtenir le titre d'administrateur du royaume, et qui ne
pouvait pardonner à Charles de l'avoir emporté sur
lui. Après plusieurs tentatives de conciliation, qui
n'étaient pas plus sincères d'un côté que de l'autre,
les hostilités éclatèrent entre les deux rivaux. Pecke
essaya plusieurs fois de s'emparer de Charles, ravagea
ses propriétés, puis enfin succomba dans la lutte.
Charles l'arrêta, et le fit décapiter.

Nilsson Vasa, grand sénéchal du royaume, et Nils
Stensson étaient aussi les ennemis de Charles. Tous
deux, pour écraser son pouvoir, cherchaient à faire
rentrer Éric en Suède. Si Éric avait su profiter de ces
dissensions, il eût pu rentrer en possession de son
royaume. Mais il s'oubliait dans l'île de Gothland
avec ses maîtresses; et Charles, toujours alerte et
agissant par tous les moyens que lui donnait sa fortune, déjouait, l'une après l'autre, les trames de ses
concurrents. Lorsqu'il vit que le Danemark, de
même que la Suède, rejetait la souveraineté d'Éric,
un instant il put se croire bien près d'atteindre à la
royauté, qui était le but de son ambition. Mais en
1438 le Danemark donna la couronne à Christophe
de Bavière. En 1441, la Suède adopta le même prince
pour son roi, et Charles n'osa résister au vœu général de la nation.

Christophe fit son entrée solennelle à Stockholm ayant à ses côtés le puissant administrateur, qu'il comblait de témoignages de distinction et d'amitié. Charles crut remarquer pourtant que ces témoignages cachaient une hostile pensée, et se retira en Finlande. Christophe, satisfait d'avoir éloigné et en quelque sorte désarmé cet homme, qu'il redoutait à juste titre, crut son pouvoir en Suède assez affermi, et se conduisit avec la même imprudence que son prédécesseur. En 1448 il mourut, tout aussi dépopularisé en Danemark qu'en Suède.

Charles rentra aussitôt en Suède. Par un heureux hasard, le pays, qui souffrait depuis plusieurs semaines de la sécheresse, fut, le jour même où il reparaissait à Stockholm, arrosé par une pluie féconde. Le peuple cria au miracle, et demanda pour roi celui qui revenait ainsi avec la visible protection du ciel. Malgré l'opposition de quelques nobles, et notamment des Oxenstiern, Charles fut proclamé roi, et couronné en grande pompe à Upsal. Il obtint, l'année suivante, le même honneur à Drontheim. En 1449, il fut couronné à Drontheim.

Cependant les Danois avaient élu pour roi Christian d'Oldenbourg; et Christian voulait maintenir l'union de Calmar, régner sur les trois États scandinaves. Ses premières tentatives pour prendre possession du trône de Suède ne furent pas heureuses. Charles lutta victorieusement contre lui avec un de ses fidèles partisans, Tord Bonde. Mais Charles avait desennemis nombreux et actifs, qui épiaient toutes

18.

les occasions possibles de lui nuire. Beaucoup de
paysans, persuadés qu'il avait pris part au meurtre
d'Engelbrecht, ne pouvaient lui pardonner ce crime.
Les nobles lui reprochaient de prendre pour lui ou
pour les siens les meilleurs fiefs; le clergé le condamnait, parce qu'il avait attenté aux droits et aux propriétés de l'Église. L'un de ses ennemis les plus ardents était Josse Bengtsson, archevêque d'Upsal.
Une infâme trahison enleva à Charles son brave et
fidèle Tord Bonde. Les Danois rentrèrent en Suède.
En apprenant cette nouvelle invasion, Bengtsson
entre dans la cathédrale, revêt ses habits sacerdotaux, jure de ne les quitter que lorsqu'il aura mis
fin au désordre de la Suède; puis, prenant son casque
et son épée, marche contre Charles et met ses troupes en déroute. Charles, blessé, n'eut que le temps
de sauter sur un mauvais cheval, et se réfugia à Stockholm. Poursuivi jusque-là par son infatigable adversaire, il fit transporter une partie de ses trésors dans
un cloître, embarqua le reste sur son navire, et fit
voile vers Dantzig.

La première pensée de l'archevêque d'Upsal fut
d'appeler Christian en Suède : mais tel était l'éloignement de la nation pour tout souverain étranger, qu'il
n'osa l'appeler ouvertement, et qu'il lui donna le
conseil de ne se présenter à Stockholm qu'à la tête
d'un corps de troupes imposant. Christian partit en
effet de Copenhague avec une flotte nombreuse. Les
Suédois, surpris à son arrivée et deconcertés par la
vue de son escorte, n'osèrent le repousser. Il fut

couronné à Upsal le 29 juillet 1457; et, quelque
temps après, il fit reconnaître publiquement pour
son successeur son fils Jean. Les partisans de Charles
furent poursuivis comme traîtres à la patrie, et dépouillés de leurs biens.

Christian ne tarda pas à oublier, comme ses prédécesseurs, les engagements qu'il avait pris en montant sur le trône. Insatiable d'argent, il fit fouiller
toute la maison de Charles, et amena, pour découvrir des trésors cachés, une vieille femme que l'on
regardait comme une habile sorcière. Pour satisfaire à son avarice, il créa, sous différents prétextes,
de nouveaux impôts. Les paysans se refusèrent à les
payer, disant qu'ils ne pouvaient remplir cette poche
sans fond. L'archevêque d'Upsal se mit lui-même de
leur côté; et Christian, oubliant ce qu'il lui devait,
le fit arrêter, et conduire en prison à Copenhague. Cet
acte de rigueur excita en Suède une violente révolte.
Christian se mit en campagne pour la comprimer,
fut battu, s'en revint en Danemark; et les Suédois
rappelèrent Charles Canutsson.

Kettil Carlsson Wasa, évêque de Linköping, qui
avait pris les armes contre le Danemark après l'arrestation de l'archevêque, se rallia à Christian en apprenant le retour de Charles, et lui fit dire qu'il le
remettrait en possession du trône de Suède s'il voulait rendre la liberté à Bengtsson. Christian se réconcilia avec ce prélat, et l'envoya en Suède avec des
troupes. Charles fut de nouveau chassé, et se retira
en Finlande dans un tel dénûment, qu'il ne put pas

même acquitter à Stockholm une dette de 5o marcs.
On dit qu'il dépeignit lui-même ses revers de fortune dans ce quatrain :

> Medan jag war herre till Fogelwik,
> Då war jag både mägtig och rik.
> Men sedan jag blef konung öfwer Swea Land,
> Så wardt jag en arm och olychlig man.

« Quand j'étais seigneur de Fogelsvik, j'étais un
homme riche et puissant. Mais depuis que j'ai été roi
de Suède, je suis un pauvre malheureux. »

L'archevêque Bengtsson et l'évêque Kettil s'emparèrent, après le départ de Charles, du gouvernement
de la Suède (1465). On rapporte qu'ils avaient l'intention de diviser la contrée en quatre parties, et d'en
faire quatre royaumes indépendants. Mais la crainte
de ne pas réussir dans cette entreprise les détermina
à soutenir la cause de Christian. En attendant, l'archevêque voulait régir le pays à son gré. Sa nature
impérieuse souleva contre lui les nobles, qui, malgré
sa résistance, élurent Éric Tott administrateur du
royaume. De leur côté, les paysans déclaraient que la
Suède ne devait pas devenir une prébende ecclésiastique. L'archevêque continua ses manœuvres, sans se
soucier de ces marques de mécontentement. Le peuple murmura, et commença à réclamer Charles. Un
jeune gentilhomme, Nils Sture, d'un caractère mâle
et résolu, leva contre le prélat l'étendard de la révolte. Il rallia à lui plusieurs personnages considérables, entre autres le riche Iwar Tott, qui venait

d'épouser la fille de Charles. Les deux partis prirent
les armes, et le pays fut livré à la désolation. Sans
cesse c'étaient des troupes de soldats qui traversaient
les provinces et les dévastaient. Ce que l'une avait
épargné, l'autre l'enlevait. Sture l'emporta enfin sur
ses adversaires. Bengtsson se retira dans l'île d'Oland,
pour être plus près du Danemark. Charles revint à
Stockholm, et fut, pour la troisième fois, réinstallé
sur le trône. Quelques semaines après, son implacable ennemi mourut dans un triste abandon. L'année
précédente, son fidèle partisan, Kettil, était déjà
mort. Rien ne semblait plus devoir troubler le troisième règne de Charles. Mais il s'éleva contre lui un
nouvel adversaire, Éric Carlsson Wasa, qui d'abord
avait juré de le soutenir, et qui tout à coup s'éloigna
de lui pour se tourner du côté de Christian. Sa première bataille lui donna la victoire. Ce succès exalta
son orgueil; il se crut destiné, non pas à rétablir
Christian sur le trône, mais à gouverner lui-même le
royaume, et il écrivit à sa femme qu'avant un an
il lui mettrait la couronne de Suède sur la tête. Mais
bientôt une défaite complète anéantit ses rêves ambitieux. Il déposa les armes, et s'enfuit en Danemark.
Christian, qui, au milieu de toutes ces funestes dissensions, espérait reconquérir la Suède, entra en
Westrogothie, fut battu également, et forcé de retourner à Copenhague.

Charles, délivré de ses ennemis, ne jouit pas longtemps du repos que ses victoires devaient lui donner.
Il tomba malade au mois de mai 1470, et, sentant

sa dernière heure approcher, il institua Sten Sture
administrateur de la Suède, lui recommandant de
ne pas suivre son exemple, de ne pas aspirer à la
couronne. C'était, disait-il, c'était cette fatale ambition qui l'avait perdu.

Nul homme n'était plus que Sten Sture en état de
défendre l'indépendance de la Suède. Il alliait au
courage du soldat la prudence de l'homme d'État, et
une loyale franchise à une noble fermeté. Il ne fallait
pas moins que ces rares qualités pour le maintenir
au poste difficile que Charles lui avait confié. Il avait
pour lui les paysans, ennemis décidés de la royauté
danoise, surtout les Dalécarliens, et contre lui les
principaux seigneurs du pays, Éric Wasa, Iwar Gren,
Trotte Carlsson, qui aspiraient eux-mêmes à dominer
la contrée, et qui, pour satisfaire leur ambition, ne
craignaient pas de livrer leur terre natale aux armes
du Danemark. Après plusieurs combats, Sten Sture
parvint à expulser du royaume ses adversaires les
plus dangereux; et, le 1ᵉʳ mai 1471, la diète convoquée à Arboga le proclama administrateur du
royaume. Mais Christian n'abandonnait pas la partie.
Ceux qui l'avaient soutenu, et qui avaient été obligés
de chercher un refuge près de lui, l'incitaient à tenter une entreprise décisive. Il reparut en Suède avec
une armée, déclara qu'il voulait réparer ses fautes,
gouverner le royaume selon ses lois, et traiter ses
sujets en bon père. Tandis que Sten Sture parcourait
les provinces pour se faire connaître au peuple et
augmenter ses forces, Christian vint mettre le siége

devant Stockholm. Sten Sture, qui avait rassemblé
une armée assez considérable, lui offrit une sauvegarde s'il voulait retourner en Danemark. Le roi
repoussa avec mépris cette proposition, et il fallut
en venir aux mains.

Le 10 octobre 1476, les deux armées se trouvèrent en présence. Dès l'aube du jour, les soldats de
Sten Sture préparaient leurs armes. Un prêtre célébra devant eux la messe, donna la communion à un
grand nombre, et leur adressa une allocution religieuse pour les encourager à remplir bravement leur
devoir. Sten Sture prit ensuite la parole, et leur dit :
Si vous voulez rendre à la Suède la paix et la liberté,
suivez-moi, et restons fermement unis. Je ferai pour
vous tout ce qui est en mon pouvoir. Je ne crains
ni le roi de Danemark ni ses gardes; mais s'il le
faut, je sacrifierai avec joie ma vie pour la cause que
je défends. Si vous êtes résolus à me soutenir, levez
les mains. — Nous le voulons, s'écrièrent tous ses soldats en levant les mains en l'air ; puis, en frappant
sur leurs boucliers, ils entonnèrent un de leurs
chants de guerre :

> I Guds namn farom wi
> Hans N'd begårom wi.
> Nu dragom wi till Stockholmsby.
> Gud gifwe kong Christian ei wille bortfly.

« Nous marchons au nom de Dieu et en invo-
quant sa grâce. Nous marchons sur Stockholm. Dieu
veuille que le roi Christian ne nous échappe pas ! »

Christian, qui avait du courage, se préparait de son
côté à soutenir vaillamment un combat où il espérait reconquérir une couronne.

La bataille s'engagea autour du Brunkeberg, occupé
par les Danois. Après une lutte acharnée et des efforts de courage merveilleux de part et d'autre, les
Suédois remportèrent la victoire. Christian courut à
ses navires, et se hâta d'abandonner ce sol funeste.
Sten Sture entra dans Stockholm aux acclamations
de ses troupes, ivres de leur triomphe.

La Suède recouvra enfin la paix, et, grâce à la sage
administration de Sture, répara les désastres qui la
désolaient depuis si longtemps. Les Danois, abattus
par leur dernière défaite, n'osèrent plus s'aventurer
dans une nouvelle invasion. Sture s'occupait activement de tout ce qui pouvait contribuer au bien-être
matériel et au progrès intellectuel du pays. Ce fut lui
qui introduisit l'imprimerie en Suède (1) et qui fonda
l'université d'Upsal.

Ce n'était pas pourtant sans peine qu'il gérait les
affaires confiées à sa haute direction. L'orgueil des
nobles lui suscitait de fréquents obstacles. De siècle
en siècle, le pouvoir des nobles en Suède s'était considérablement accru, par la faveur des rois, par la
part qu'ils avaient prise au gouvernement de la contrée, par l'effet même des guerres civiles. Au temps
de Sture, l'un d'eux, Nils Classon de Wik, disposait

---

(1) Le premier livre imprimé en Suède est le *Dialogus creatura-
rum moralizatus*, 1483.

de tant d'hommes et de tant d'argent, qu'il déclara
la guerre au roi d'Angleterre, qui refusait de lui payer
une indemnité pour un navire que lui avaient enlevé
les Anglais. Un autre, Iwar Tott, était encore plus
riche. Presque tous occupaient des châteaux forts, et
entretenaient autour d'eux une troupe de soldats, avec
lesquels ils commettaient impudemment toutes sortes de méfaits. Pour contre-balancer leur pouvoir,
Sture appela les paysans à voter dans les diètes; et
les administrateurs qui lui succédèrent, et les rois de
la dynastie de Wasa, prirent la même mesure.

En 1481, Christian Ier mourut. Son fils Jean voulait essayer de reconquérir la Suède; sa mère le détourna de ce projet. Au lieu de lever l'étendard de
la guerre, il eut recours aux négociations. Les prêtres
tenaient à l'union de Calmar; les nobles haïssaient
Sture, parce qu'il défendait les intérêts du peuple, et
penchaient vers une domination étrangère qui leur
laissait plus de liberté. Ces deux partis, n'obéissant
qu'à leur ambition égoïste, firent élire, en 1483, le
successeur de Christian roi de Suède. Sture ne s'opposa point ouvertement à cette révolution; mais, tantôt sous un prétexte et tantôt sous un autre, il en
retarda l'exécution définitive. Jean, fatigué de ces délais, chercha à exciter en Suède des rébellions que
l'habile administrateur comprima. Pour se venger de
ces échecs, il obtint du pape une bulle d'excommunication contre les Suédois. Sture la fit lever. Enfin
il s'adressa aux Russes, et les décida à recommencer
leur guerre en Finlande.

Peu de temps après la bataille de Brunkeberg, en
1475, ils étaient déjà rentrés dans cette contrée.
Éric Carlsson, qui s'était réconcilié avec Sture,
lutta courageusement trois années contre eux. Éric
Tott leur opposa aussi une vive résistance. Mais leur
façon de faire la guerre déjouait tous les plans de
stratégie. Ils s'élançaient tout à coup sur un district,
pillaient, incendiaient les villages, massacraient les
habitants, puis disparaissaient avec leur butin. En
1494 ils revinrent de nouveau, envahirent tout le
pays, et assiégèrent le château de Wiborg, où Canut
Posse s'était enfermé avec un petit nombre de soldats. Pendant deux mois, l'intrépide commandant
soutint héroïquement leurs attaques. Menacé d'un assaut auquel il lui était impossible de résister, il abandonna la forteresse après avoir amassé au fond d'une
tour une quantité de poudre. Dès qu'il vit cette tour
occupée par les ennemis, il mit le feu à la mèche;
les murs sautèrent avec un fracas épouvantable, écrasant sous leurs débris des milliers de Russes. Posse,
profitant aussitôt du désordre, de l'effroi de ceux
qui cherchaient à fuir, s'élança à leur poursuite,
et acheva d'anéantir cette armée. Le bruit se répandit en Russie que ce vaillant général avait fait
un pacte avec les méchants esprits. Les Suédois,
non moins superstitieux que leurs ennemis, lui at-
tribuèrent également un pouvoir magique. Ils disaient que, lorsqu'il ouvrait un oreiller, il faisait
de chaque plume qui y était contenue un soldat;
que d'un bâton, coupé sur la plage, il faisait un navire;

que, lorsqu'il voulait parler à Sten Sture, il appelait
à lui un cheval ailé qui le transportait à Stockholm
et le ramenait à Wiborg dans les vingt-quatre heures.

Sture venait d'équiper une flotte pour se rendre
lui-même en Finlande, quand il apprit la victoire de
Posse. Il confia alors ses troupes à Swante, qui pénétra jusqu'au cœur des provinces russes, les saccagea,
et en rapporta de riches dépouilles. Sture voulait
entreprendre une nouvelle expédition. Swante s'y refusa, et, pour se venger de l'administrateur qui l'accusait de trahison envers la patrie, réveilla contre lui
l'animosité des nobles.

Les plus influents se concertèrent avec l'archevêque Jacob, d'Upsal, pour faire venir le roi Jean en
Suède. Il arriva escorté de plus de six mille soldats
allemands, et soutenu par un parti si puissant que
Sture n'osa essayer de lui résister. Le 11 novembre
1499, il lui ouvrit les portes de Stockholm et s'avança
à sa rencontre. Jean le traita amicalement, lui donna
plusieurs fiefs considérables; puis se rendit à Upsal,
où il fut solennellement couronné, où il arma une
quantité de chevaliers et distribua des titres de noblesse. Jean était un prince d'un caractère assez doux,
d'un esprit bienveillant. Mais, malgré l'exemple de
ses prédécesseurs, qui aurait dû lui servir de leçon,
il ne tarda pas à violer ses engagements. Il confia le
commandement des forteresses à des étrangers qui
exerçaient dans les provinces une autorité cruelle. Il
reprit aux seigneurs suédois les biens qu'il leur avait
confiés, et excita un tel mécontentement, qu'un

grand nombre de ses partisans l'abandonnèrent encore
pour se rallier à Sture. Jean quitta la Suède, laissant sa
femme au château de Stockholm avec une garnison
de deux mille hommes. Les Suédois reprirent les armes contre lui, chassèrent les officiers danois du
pays, proclamèrent de nouveau Sture administrateur
du royaume, et assiégèrent le château de la ville, où
la reine Christine se défendit avec une inflexible opiniâtreté. Pendant huit mois on la vit monter sur la
brèche, stimuler l'ardeur de ses soldats, et diriger leurs
coups. La famine, les maladies diminuaient chaque
jour sa faible garnison ; mais elle attendait toujours
un secours du Danemark, et résistait à tous les désastres. Réduite enfin à la dernière extrémité, n'ayant
plus autour d'elle que quatre-vingts hommes en état
de porter les armes, elle capitula, et, le 27 mars 1502,
elle abandonna ces remparts qu'elle avait illustrés par
son héroïsme.

Sture la fit conduire au couvent de Wadstena, et l'y
retint sous différents prétextes. Pressé enfin par les
villes hanséatiques de la remettre en liberté, il l'accompagna galamment jusque sur les frontières de Danemark. En s'en revenant, il tomba malade, et, le 13
décembre 1503, il mourut à Jönköping. On dit qu'il
fut empoisonné, selon les uns par le médecin de la
reine, selon d'autres par l'épouse de Swante, qui voulait que son mari fût administrateur du royaume.

. Hemming Gadd, le fidèle ami de Sture, prévoyant les
orages que cette mort subite pouvait faire éclater, la
cacha pendant plusieurs semaines. Il fit conduire secrè-

tement le corps de l'administrateur à Stockholm, re-
vêtir ses habits à un de ses gens qui avait à peu près la
même taille, et qui se voilait la figure, disant qu'il souffrait des yeux. Arrivé à Stockholm, Gadd annonça enfin le fatal événement, et Swante fut élu administrateur.

C'était un homme d'un courage éprouvé, et qui exigeait le même courage de tous ceux qu'il attachait à
sa personne. On disait que quiconque voulait entrer
à son service ne devait pas sourciller si l'on agitait
une hache acérée devant ses yeux. Il maintenait avec
sévérité l'ordre parmi ses gens, proscrivait surtout
la calomnie et le mensonge. Avec son énergique caractère, il avait un cœur si pieux et si impressionna-
ble, que souvent, pendant le service divin, on le vit
fondre en larmes. Il eut le bonheur de se choisir des
amis sûrs, des officiers distingués. Tel fut, entre autres, Hemming Gadd, qui avait été déjà le fidèle appui
de Sten Sture, et Ake Natt et Dag, qui fit essuyer tant
d'échecs aux Danois qu'on le surnomma le Fléau du
Danemark. Grâce à ces nobles auxiliaires, Swante
parvint à déjouer les trames de ceux qui voulaient
encore rappeler Jean en Suède. Jean, en désespoir de
cause, s'adressa à l'empereur, qui somma Swante et
ses partisans de comparaître devant lui. Swante répondit que l'empereur n'avait aucune juridiction à
exercer sur la Suède. Le royaume fut mis au ban de
l'empire; mais les Suédois se moquèrent de cette
sentence.

Une mort prématurée mit fin à l'administration du
courageux Swante. Les mines d'argent de Sala ve-

naient d'être découvertes. Swante convoqua à Westerås ceux qui y étaient employés, pour conférer avec
eux sur leurs travaux. Il se mit à table d'un air
joyeux, puis se trouva saisi d'un mal subit qui l'emporta en quelques instants. Les mineurs alors, pour
conserver son autorité entre les mains de son fils,
fermèrent les portes de la maison, et écrivirent au
nom de Swante des lettres dans lesquelles il disait
que, se sentant malade, il confiait la gestion des
affaires à son fils Sten, et priait les commandants des
places de lui obéir. Quand ces lettres eurent produit
l'effet qu'ils en attendaient, les mineurs annoncèrent
la mort de Swante. Mais Sten eut encore beaucoup
de peine à vaincre les obstacles que lui suscitait la
jalousie d'une partie de la noblesse, et à monter au
poste occupé par son père. Le 19 janvier, la diète
convoquée à Arboga se divisa en deux partis : l'ancienne noblesse élut pour administrateur Éric Trolle;
la jeune choisit Sten. Le 18 mai, une autre assemblée, réunie à Upsal, maintint également les deux
candidats. Le 22 juillet, nouvelle réunion à Stockholm et nouvelle contestation. Les deux partis étaient
prêts à en venir aux mains. Celui de Trolle, n'osant
cependant lutter contre les bourgeois et les paysans
qui s'étaient réunis à Sture, abandonna ses prétentions.

Sten Sture était doué, comme son père, des qualités les plus précieuses. Juste et pieux comme lui,
plein de courage dans les occasions difficiles, de prudence dans les affaires, il avait de plus une douceur
et une bienveillance de caractère dont Swante n'était

pas, il est vrai, absolument dépourvu, mais qu'il manifestait rarement.

Dès que Sten eut été élevé à ces hautes fonctions d'administrateur, il se montra, comme ses deux prédécesseurs, animé d'un zèle ardent pour les intérêts de la Suède. Il parcourut les diverses provinces du royaume, pour reconnaître par lui-même le véritable état du pays. Partout il s'informait avec sollicitude des vœux du peuple, prêtait l'oreille à ses plaintes, rendait justice au pauvre.

Mais près de lui s'élevait un ennemi, un autre Bengtsson, qui devait recourir à tous les moyens pour satisfaire à sa haine, et qui devait, sans en éprouver aucun remords, attirer sur la Suède les plus affreuses calamités. C'était Gustave Trolle, fils d'Éric Trolle, qui avait disputé à Sten le titre d'administrateur. Jacob Ulffsson demanda à lui céder son siége d'archevêque. Sten Sture, qui avait l'âme généreuse, s'employa lui-même à lui faire obtenir cette dignité. Mais ni cette noble conduite, ni ses avances affectueuses, ne purent vaincre le ressentiment que le jeune prélat couvait dans son cœur contre la famille des Sture. Son palais archiépiscopal devint le refuge de tous les ennemis de l'administrateur, et le point central de toutes leurs intrigues. Sture essaya plusieurs fois de ramener à lui le cœur de son ennemi, mais sans pouvoir y réussir. Des complots tramés à Upsal, l'archevêque en vint aux mains, puis aux démonstrations les plus hostiles. Il comptait sur l'appui du Danemark, et voulait faire proclamer Christian roi de

Suède. Sture, ne pouvant plus douter de ce projet, s'empara de plusieurs châteaux occupés par les partisans du prélat. Dans celui de Nyköping, Oxenstiern en mourant dévoila toutes les machinations de Gustave Trolle et le nom de ses complices. Trolle, effrayé, se retira dans un château qu'un de ses prédécesseurs avait fait construire sur une île du Melar, et s'y fortifia. Sture tenta encore de le détourner de ses funestes résolutions. Tous ses efforts furent inutiles. Le glaive était tiré, et la pauvre Suède devait cruellement souffrir de ces haines de famille.

A la diète d'Arboga (6 janvier 1517), il fut déclaré qu'on ne reconnaîtrait point Christian pour roi; qu'on démolirait, dès qu'on l'aurait pris, le château où s'était retiré l'archevêque, et que ce prélat turbulent serait dépossédé de son siége.

Christian cependant se préparait à soutenir celui qui se montrait si dévoué à sa cause. Quatre mille Danois débarquèrent sur la plage de l'Uppland. Sture envoya encore une fois conjurer l'archevêque de prendre pitié de sa patrie, et de ne plus s'associer aux plans de conquête de ses ennemis. Ces paroles furent repoussées avec un suprême dédain. Sture, ayant épuisé tous les moyens d'accommodement, marcha contre les Danois avec le jeune Gustave Wasa, qui commençait à illustrer son grand nom, et les mit en fuite. Trolle, en apprenant le résultat de cette bataille, se montra plus conciliant, et demanda à reprendre paisiblement l'exercice de ses fonctions sacerdotales. Le 23 novembre, il parut à la diète de

Stockholm. Mais déjà son orgueil s'était ranimé. Il s'avança au milieu des représentants du pays comme un maître qui vient donner une sévère leçon à des écoliers indociles. Il leur reprocha de manquer à leurs serments envers la monarchie danoise, et de préférer à une autorité légitime le rude pouvoir d'un jeune ambitieux qui les sacrifiait à son propre intérêt. Ces paroles irritèrent tellement les membres de la diète, qu'ils rédigèrent et signèrent un écrit par lequel ils se déclaraient prêts à verser leur sang pour éloigner à jamais de leur pays la domination du Danemark. Ils déclaraient en outre Trolle coupable de trahison, ordonnaient qu'il fût dépossédé de son siége et que son château fût rasé. L'emportement de l'assemblée était tel, que les amis du prélat n'osèrent pas même essayer de le défendre. Il abandonna sa place d'archevêque, son château, qui fut rasé par la populace en fureur, se retira à Ekholm, et dut s'estimer encore heureux d'y arriver sain et sauf, car les paysans voulaient l'égorger.

Christian pourtant ne renonçait point à l'espoir de maîtriser la Suède. La défaite de ses troupes ajoutait à ses désirs d'ambition un désir de vengeance. En 1518 il partit de Copenhague avec une flotte nombreuse, débarqua près de Stockholm et assiégea la ville. Battu complétement par Sture et Gustave Wasa, il se décida à retourner en Danemark. A peine embarqué, la tempête le rejeta sur les côtes de l'Uppland. Il profita de cette occasion pour tromper la bonne foi de Sture. Il demanda des otages pour se

rendre à une entrevue. Dès que ces otages lui eurent
été remis, il fit larguer les voiles, et les emmena avec
lui en Danemark. Par une singulière fatalité, il emmenait celui qui devait un jour le châtier de ses crimes, le héros, le défenseur de la Suède, Gustave
Wasa.

De retour dans son royaume, Christian ne pensa
qu'à se venger de sa défaite, à subjuguer ce pays qui
lui avait opposé une si forte résistance. Mais comme
il comprenait cette fois la difficulté de cette entreprise, il prit ses mesures en conséquence. Il se fit payer
intégralement la dot de sa femme, sœur de Charles-
Quint. Il imposa une nouvelle contribution à ses sujets.
Avec l'argent qu'il avait amassé ainsi, il prit à sa solde
quatre mille Allemands, obtint de François Ier deux
mille soldats, commandés par de Brézé et de la Valle,
et recruta encore des troupes dans le Holstein et le
Mecklembourg. Il fit avec les villes de la Hanse un
traité par lequel ces puissantes républiques s'engageaient à ne donner aucuns secours à la Suède pendant deux ans. Enfin il obtint du pape la mission
formelle de mettre à exécution la bulle d'interdit lan-
cée précédemment par la cour de Rome contre Sten
et contre les Suédois.

Au mois de janvier 1520, son armée partit sous le
commandement d'Othon Krumper, et entra en Småland. Pour s'opposer à de tels préparatifs, Sten n'a-
vait que les paysans. Il en rassembla dix mille avec
lesquels il s'avança vers les frontières, faisant partout
détruire les ponts et abattre des masses d'arbres sur

les chemins, pour retarder la marche de l'ennemi.

Les deux armées se rejoignirent près de Bogesund. Sten établit avec précaution son campement, monta à cheval pour en diriger les dispositions et surveiller les travailleurs. Un de ses gens se joignit aux Danois, et le signala à leur attention. Krumper fit diriger ses coulevrines et les arquebuses de son côté. Une balle atteignit Sture à la cuisse. Il tomba de cheval, et fut emporté à l'écart par ses soldats. Deux fois encore, malgré l'anxiété profonde que cet événement répandait dans leur esprit, ils repoussèrent l'attaque des Danois; mais à la troisième ils prirent la fuite.

Sten, conduit sur un traineau, souffrant de sa blessure qui s'aggravait à tout instant, et sentant approcher son heure suprême, ne pensait qu'à sa chère Suède et aux malheurs dont elle était menacée. Il aspirait à rentrer encore à Stockholm pour y donner ses dernières instructions; mais il succomba en chemin, et sa femme, la noble Christine Gyllenstierna, ne reçut que son cadavre.

La mort de ce vaillant homme jeta la consternation dans le pays, et amortit considérablement tous les projets de résistance. Une diète fut convoquée à Upsal. Trolle la domina, et persuada aux nobles de se ranger du côté de Christian. Pour les décider à prendre cette résolution, Krumper leur promettait au nom de son maitre une amnistie complète, l'oubli du passé, et le maintien de leurs priviléges. La diète ayant conclu ce pacte de conciliation, Trolle se hâta de le faire annoncer à Stockholm; mais ses messagers lui rapportèrent que Christine ne voulait point y souscrire, et se préparait à défendre la ville. Il partit lui-même avec cinq mille hommes pour essayer de la gagner ou pour l'intimider, et fut reçu à coups de canon.

La fière veuve de Sture était décidée à continuer l'œuvre de son époux, à protéger la capitale du royaume contre l'invasion étrangère. Elle faisait réparer les remparts, armer les bourgeois. Elle envoyait demander des troupes à la Pologne, à la ville de Lubeck. Elle écrivait aux nobles, et les conjurait de faire trêve à leurs dissensions, de se réunir dans un commun accord pour sauver la patrie. Elle allait d'un quartier à l'autre, observant les travaux, parlant aux soldats et les encourageant par son énergie. L'ardeur patriotique qu'elle entretenait par ses exhortations, par son exemple, dans l'enceinte de la ville, se répandit parmi les paysans dans plusieurs provinces. Ceux de l'Ostrogothie, de Nerike, de Westmannland, se révoltèrent contre les prélats et les nobles qui s'étaient ralliés à Christian, et attaquèrent avec succès les Danois. Près d'Upsal, il y eut un combat dans lequel l'armée ennemie perdit une quantité de soldats.

Malheureusement, les seigneurs et les évêques exerçaient encore un grand ascendant sur une partie du peuple, et Christian arrivait avec de nouvelles troupes. Au mois de mai 1520, il parut devant Stockholm et assiégea la ville par mer et par terre. Mais tous ses efforts échouèrent pendant plusieurs mois contre le courage des citoyens, la persistance de Christine et le soulèvement des paysans, qui partout où ils pouvaient atteindre quelques Danois les massacraient avec fureur. Plus d'une fois Christian maudit cette fatale entreprise, plus d'une fois il fut tenté de l'abandonner; et peut-être aurait-il fini par prendre ce parti, si des traîtres n'étaient venus à son secours. On lui conseilla d'envoyer des émissaires dans la ville pour y jeter la discorde. Les malheureux ne réussirent que trop bien dans cette indigne mission : ils ébranlèrent la résolution de plusieurs chefs. Christine, qui avait intrépidement résisté aux assauts d'une armée, au bombardement d'une flotte, ne crut pas pouvoir résister au complot qui se tramait autour d'elle, et capitula. Le roi de Danemark renouvela la promesse d'oublier le passé, s'engagea à n'exercer aucune poursuite contre les partisans de Sture, et à laisser Christine en possession de tous les biens qui avaient appartenu à son époux.

Le 7 septembre, les portes de Stockholm furent ouvertes à Christian. Le 8, on élevait sur les deux principales places de la ville deux échafauds. Christian commença par faire torturer, en dépit des capitulations, le gouverneur du château de Westerås, retourna en Danemark, puis revint le 20 octobre pour se faire couronner, et pour accomplir à sa façon ses promesses de roi.

Il s'était si solennellement engagé à n'exercer aucune poursuite envers ceux qui avaient porté les armes contre lui, qu'il lui fallait au moins un prétexte pour violer sa parole. Son infâme conseiller Didrik Slaghök le lui fournit. Il lui dit qu'il avait

bien pu promettre d'oublier ses griefs personnels,
mais qu'il ne pouvait agir de même pour l'offense
faite à l'archevêque, et par là même au pape. Christian
accueillit avec une joie féroce cette proposition, et
la scène de carnage, le *Bain de sang* (Blodbad),
comme on l'appela en Suède, fut ordonné. Nobles
et prélats, bourgmestres et bourgeois, tous ceux
qui avaient soutenu avec quelque éclat la cause de
Sture, la cause nationale, furent conduits à l'échafaud. Leurs cadavres restèrent abandonnés sur la
voie publique. On ne voulait pas même leur accorder la sépulture chrétienne. On les porta sur un
bûcher quand ils commençaient déjà à se putréfier.
Dans sa frénésie sauvage, Christian fit même déterrer
le corps de Sten Sture et celui de son jeune fils, mort
pendant le siège, pour les brûler avec les corps de
ceux qui venaient de subir cette inique sentence.

Au milieu de ces abominations, Christian apprit
que sa femme venait d'accoucher d'une fille, et, dans
cette même ville qu'il venait de livrer à la hache de
ses bourreaux, au deuil, à la désolation, célébra par
une fête pompeuse sa nouvelle paternité.

Il partit ensuite, et tout le long de sa route signala
son passage par d'atroces exécutions. A Jonköping,
après avoir fait décapiter Lindorm Ribbing, il fit
conduire au supplice ses deux enfants, l'un âgé de
huit ans, l'autre de six. Celui-ci, voyant jaillir le sang
de son frère, lui dit : « Prends garde, cher frère; tu
vas tacher ma robe, et ma mère me grondera. » A ce
cri de l'ignorance naïve, le bourreau laissa tomber sa

hache, et s'écria qu'il aimerait mieux perdre lui-
même la tête que de toucher à celle de ce pauvre
innocent. Christian, que rien n'attendrissait, envoya
un de ses valets égorger l'enfant.

Il rentra ainsi en Danemark, arrosé du sang des
meilleurs citoyens de Suède, couvert dans cette contrée d'une réprobation éternelle, et odieux même aux
Danois. Mais ses crimes ne devaient pas rester im-
punis, et il avait creusé entre la monarchie danoise
et la Suède un abîme qu'il ne devait plus franchir.

Gustave Wasa, emmené traîtreusement en Danemark, et confié sous caution à la garde de son pa-
rent Éric Baner, s'échappait de sa retraite, et allait
anéantir à jamais le traité de Calmar.

CHAPITRE III.

Gustave Wasa.

———

Nous avons plusieurs fois déjà, dans le cours de ce récit, rencontré ce nom de Wasa, destiné à une si grande célébrité. Cette famille descendait d'un brave gentilhomme nommé Ingemund, et portait dans ses armoiries une gerbe de blé (*wase*) dans un champ d'or. Le petit domaine de Wasa, situé dans la province de l'Uppland, fut le modeste berceau de cette famille, qui devait posséder un royaume.

Éric Johansson, seigneur de Rydboholm, épousa la sœur de Christian Gyllenstierna, et devint ainsi le beau-frère de Sten Sture, auquel il resta constamment dévoué. De ce mariage naquit Gustave, qui sauva la Suède de ses désastres.

Quand Christian fit dresser les échafauds de Stockholm, il pensait à exempter Éric Johansson de ses arrêts sanguinaires; mais le vieux soldat s'écria : « Mes frères sont de nobles hommes, j'ai combattu avec eux, je veux mourir avec eux. » Un coup de hache de plus ou de moins n'inquiétait guère le farouche

souverain. Éric fut exécuté. Sa femme et ses filles furent emmenées en Danemark, et enfermées dans une
affreuse prison.

Gustave, né vers l'an 1490 (1), fut, à l'âge de six
ans, envoyé dans la maison de Sten Sture, et y reçut
les premiers éléments de la mâle éducation que l'on
donnait alors aux gentilshommes. Il fut ensuite envoyé à l'école d'Upsal. A vingt ans, il retourna vers
Sten Sture, qui bientôt éprouva pour lui une vive
affection, lui confia ses projets et l'associa à ses expéditions.

Retiré en Jutland dans la demeure d'Éric Baner,
qui devait lui servir de prison, Gustave entendait là
raconter tous les plans de campagne de Christian;
son âme s'exalta à l'idée des malheurs qui menaçaient
son pays. Il résolut de le défendre; il trompa la sur-
veillance de ses gardiens, prit un habit de paysan, et
arriva à Lubeck. Là, il obtint d'abord des bourgmestres la promesse de n'être point livré à ses persécuteurs. Lorsqu'on apprit la mort de Sten Sture et
l'asservissement du royaume, le bourgmestre Nils
Broms représenta aux membres du conseil de Lubeck que Christian s'était toujours efforcé de porter
préjudice aux cités hanséatiques; que le temps était
venu de le punir de son mauvais vouloir; qu'il fallait
amoindrir sa puissance dans le Nord, et, pour atteindre ce but, donner un ferme appui à Gustave. Ce
discours émut l'assemblée. Il fut décidé que l'on

(1) On ne sait pas au juste la date de la naissance.

conduirait Gustave en Suède et qu'on lui donnerait des hommes et de l'argent. Le 31 mai 1520, le généreux jeune homme débarquait mystérieusement près de Stenso. Deux villes seulement étaient encore au pouvoir des Suédois, toutes deux défendues par des femmes : Stockholm par Christine Gyllenstierna, Calmar par Anna Bielke. Gustave se rendit dans cette dernière ville, harangua les bourgeois et les encouragea à faire leur devoir. Forcé de quitter Calmar, où il avait excité la colère d'une troupe de soldats allemands qui voulaient se joindre aux Danois, il se rendit par des chemins détournés en Småland, puis à Rafsnäs, qui était une des propriétés de sa famille. Ce fut là qu'il apprit le massacre de Stockholm, l'exécution de son père, de ses parents, de ses amis, la captivité de sa mère et de ses sœurs. Lui-même ne pouvait plus se croire en sûreté dans son asile.

Il revêt encore de grossiers habits, entre en Dalécarlie, et s'en va, la hache à la main comme un simple manœuvre, demander de l'ouvrage dans la demeure des paysans. Si l'espace nous le permettait, nous aimerions à raconter les curieux et dramatiques épisodes de cette existence aventureuse. A tout instant poursuivi par les soldats danois, exposé à la trahison de ceux auxquels il croit pouvoir confier sa destinée, sauvé de ses périls tantôt par l'héroïque dévouement d'une femme, tantôt par l'intelligence d'un valet, Gustave erre de ferme en ferme, cherchant comme un coupable les retraites les plus mystérieuses et les sentiers les plus détournés. A Mora, il

osa pour la première fois paraître en public. Un dimanche, à la sortie de l'église, il monta sur un tertre dans le cimetière, et harangua les paysans. Les
Dalécarliens applaudirent à son discours; un grand
nombre d'entre eux voulaient aussitôt prendre les
armes; d'autres arrêtèrent ce patriotique élan. Ils
ne connaissaient point Gustave, ils n'étaient pas sûrs
que tout ce qu'il racontait des cruautés de Christian,
des massacres de Stockholm, fût vrai. Ils pouvaient
même affirmer que si Christian avait été en hostilité
avec les nobles, on l'avait toujours vu assez favorable
au pauvre peuple. Ces représentations paralysèrent
l'effet produit par la présence et les discours de
Gustave. Au lieu de se placer à la tête d'une troupe
d'hommes résolus, il fut encore obligé de fuir. Une
énorme récompense était promise à celui qui le livrerait, et les Danois étaient sans cesse sur ses traces. En plein hiver, il resta plusieurs jours caché
sous un pont; et son mâle courage faillit succomber
à tant d'obstacles, à tant de souffrances. Un instant
il eut la pensée d'abandonner cette Suède où il cherchait en vain un appui, et de se réfugier en pays
étranger. Mais un événement inattendu allait rani-
mer sa résolution, fortifier ses espérances.

Bien que les paysans de Mora ne se fussent pas
décidés à prendre les armes, ils avaient été émus
à l'aspect de ce beau jeune homme qui leur parlait
en termes si éloquents des malheurs de la patrie, et
ils étaient déterminés à ne pas le laisser tomber entre les mains de ceux qui le poursuivaient. Une

centaine de cavaliers danois arriva à Rattwik. Un
paysan s'écrie qu'ils viennent arrêter Gustave. Au
même instant on court au clocher, on sonne le tocsin. Ce signal de guerre se répète de paroisse en paroisse. Les Dalécarliens prennent les armes, atta-
quent les Danois, les cernent, et ne les laissent partir
qu'en leur faisant jurer qu'ils n'attenteraient pas à la
vie de Gustave. En même temps plusieurs seigneurs
bien connus dans la province, qui venaient chercher
au sein des forêts de la Dalécarlie un asile contre
les persécutions de Christian, racontèrent les scènes
sanglantes de la capitale. L'un d'eux, Lars Olsson,
en apprenant que Gustave Wasa était dans le pays,
s'écria que lui seul pouvait sauver le royaume. Les
Dalécarliens, enflammés de colère, le demandèrent
à grands cris pour se mettre sous ses ordres, pour
affranchir la patrie du joug sanglant de l'étranger.
Deux hommes habiles à glisser sur des patins coururent après lui, et l'atteignirent au moment où il allait
passer la frontière de Norvége.

Il fut reçu à Mora comme un sauveur. Deux cents
paysans s'engagèrent à le suivre partout où il vou-
drait les conduire. Soixante jeunes gens robustes et
déterminés voulurent lui servir de gardes du corps.
En quelques instants mille hommes se réunirent autour de lui, et la guerre de délivrance commença.

Gustave marcha d'abord sur Fahlun, fit prisonnier
le commandant de cette ville avec plusieurs autres
partisans de Christian, et livra au pillage les magasins
des marchands danois. A la nouvelle de ce soulève-

ment, une quantité de paysans des autres districts,
et de nobles proscrits fugitifs, vinrent grossir l'armée de Gustave. La ville de Gefle, la province de
Gestrikland prirent parti pour lui. Didrik Slaghök,
Gustave Trolle entrèrent en Dalécarlie avec six mille
hommes pour étouffer la révolte, et furent battus.
Près de Westerås, les Danois subirent encore une
défaite qui exalta le courage de tous ceux qui depuis
longtemps gémissaient en silence sous la tyrannie du
Danemark. De tout côté le cri de guerre retentit,
le tocsin sonne; le peuple prend les armes. Gustave,
disposant d'une armée nombreuse, fait assiéger à la
fois Orebrå, Westerås, Nyköping, s'empare d'Upsal,
et marche sur Stockholm. Là il reçut de tristes lettres.
Christian lui rappelait qu'il disposait de sa mère et
de ses sœurs, et qu'il y allait de leur vie si le siége
de Stockholm continuait. La mère de Gustave lui
écrivait en même temps pour lui dire toutes ses souffrances, et le prier d'avoir pitié d'elle. On se figurera
aisément l'angoisse que ces lettres firent éprouver à
Gustave, et l'affreuse lutte qu'il eut à soutenir entre
sa tendresse filiale et les devoirs que lui imposait son
sentiment patriotique. La patrie l'emporta. Le siége
de Stockholm fut continué, et Christian exécuta ses
menaces. La mère de Gustave mourut en prison.

Dans l'espace de quelques mois, l'insurrection
suédoise avait fait d'immenses progrès. Les Danois,
battus sur tous les points, avaient abandonné la plus
grande partie des provinces. Il ne restait en Suède
aux partisans de Christian que Stockholm et Calmar;

en Finlande, Abo et quelques forteresses. Le 24 avril
1521, une diète fut convoquée à Wadstena, pour
aviser aux moyens de terminer cette guerre d'affranchissement et de régir la contrée. Les paysans, en-
thousiasmés du courage, de l'activité, de la noblesse
d'âme que Gustave avait montrés dans tous ces
grands événements, voulaient le proclamer roi; mais
il refusa ce titre, et fut nommé administrateur du
royaume.

Stockholm, où Gustave Troll et Slaghök exerçaient une puissante autorité, se défendit longtemps.
Gustave réclama le secours de la ville de Lubeck, qui
lui envoya seize navires. Mais les habiles conseillers
de cette cité de marchands ne désiraient pas assurer
le triomphe du jeune général. Plus le succès de sa
cause restait indécis, plus le soutien de Lubeck lui
devenait nécessaire. Le commandant de la flotte
qu'ils expédièrent à Stockholm avait à cet égard des
instructions très-précises. Il remit des munitions à
l'armée de Gustave, mais il refusa de combattre; et
la garnison danoise de Stockholm, ravitaillée par
l'amiral danois Norby et comptant toujours sur le
secours de Christian, reprit courage. C'en était fait
pourtant de la royauté de Christian. Les Danois, qu'il
avait fatigués par ses exactions, humiliés par ses
folies, irrités par ses violences; les Danois à leur
tour se révoltaient contre lui, et le chassaient de son
trône. Le 20 avril 1523, il s'embarqua à Copenhague,
emmenant avec lui sa femme, ses enfants et sa fatale
conseillère, l'indigne Sigbrit, qu'il fallut cacher dans

Histoire de la Scandinavie.   20

une caisse pour la soustraire à la fureur du peuple.
« Sois tranquille, disait-elle à celui sur qui elle avait
exercé un funeste ascendant; si tu n'es plus roi de
Danemark, tu pourras être encore bourgmestre
d'Amsterdam. » Christian n'eut pas même la consola-
tion d'être bourgmestre d'Amsterdam. Dans une des
expéditions qu'il entreprit pour reconquérir le Danemark, il fut arrêté, et languit et mourut en prison.

La nouvelle de cet événement jeta le découragement parmi les défenseurs de la monarchie danoise.
Déjà Troll et Slaghök avaient abandonné la Suède
pour chercher un refuge à Copenhague. Calmar se
rendit au printemps de l'année 1523. La garnison
danoise de Stockholm capitula au mois de juin de la
même année. Gustave y entra par un beau soir d'été,
non plus comme administrateur du pays, mais avec
le titre de roi, que le peuple reconnaissant lui avait
donné avec enthousiasme.

Cette contrée, que Gustave venait d'affranchir de
la domination étrangère, était dans un déplorable
état. Les discordes civiles avaient dévasté le sol, appauvri le peuple, divisé les nobles et le clergé. Les
grandes propriétés du pays appartenaient aux seigneurs et à l'Église. Pour remédier à tant de désastres,
pour reconstruire les remparts des villes, entretenir
une armée que les circonstances rendaient nécessaire, relever de sa décadence le commerce et l'agriculture, le roi ne possédait que de très-minimes ressources. La réformation qui s'étendait à travers
l'Allemagne, et qui commençait à s'établir en Dane-

mark, lui offrait un moyen d'amoindrir la puissance
du clergé, de confisquer au profit de la couronne des
revenus considérables. Pendant son séjour à Lubeck,
Gustave avait étudié la doctrine de Luther et y avait
pris goût. A son avénement au trône, sa première
pensée fut de l'introduire en Suède; et nul doute
que pour lui, comme pour tant d'autres princes, l'intérêt politique et l'intérêt matériel ne fussent deux
des principaux mobiles de cette résolution. Quelques
chapitres de chanoines et quelques prélats se soulevèrent en entendant parler du dogme de Luther;
quelques provinces demandèrent à conserver leurs
cloîtres; les Dalécarliens même prirent les armes
pour défendre leurs vieilles croyances. La diète,
réunie en 1527 à Westerås, refusait d'accéder aux
demandes de Gustave. Après la protestation de l'évé-
que Brack, approuvée par les principaux personnages de l'assemblée, Gustave déclara qu'il ne suppor-
terait pas plus longtemps le fardeau du pouvoir royal,
et qu'il abdiquait sa couronne. Les bourgeois, les
paysans, effrayés de cette menace, s'écrièrent que,
s'il plaisait à la noblesse, au clergé, de rejeter le pays
dans de nouvelles calamités, eux du moins cherche-
raient à le sauver, et se rangeraient du côté de Gustave. Ces paroles changèrent toutes les dispositions
de la Suède. On envoya au roi des députés, pour le
conjurer de reparaître au sein de l'assemblée. Il s'y
refusa d'abord, puis enfin céda. Les députés cette
fois, dociles à ses vœux, décidèrent que le superflu
des propriétés concédées aux prélats, aux chapitres,

aux cloîtres, serait affecté aux besoins de la couronne;
que le dogme de la réforme serait librement prêché
dans toutes les églises du royaume.

Cette révolution religieuse n'enfanta point en
Suède les guerres de parti, les scènes désastreuses
qui pendant tant d'années désolèrent l'Europe méridionale. Elle ne produisit sous le règne de Gustave
que quelques troubles bientôt comprimés, et se fixa
peu à peu dans toutes les provinces du royaume.

Après avoir accompli cette œuvre difficile, apaisé
les révoltes suscitées çà et là par des nobles et des
évêques inflexibles, Gustave se maria avec la princesse Catherine de Saxe-Lauenbourg, sœur de la princesse royale de Danemark. Laurentius Petri, premier
archevêque protestant du royaume, bénit cette
union. Mais elle ne fut pas heureuse. Catherine ne
sut point comprendre les rares qualités de son époux,
et ne se fit point aimer de lui. De ce mariage naquit un
des plus mauvais princes de la Suède, le malheureux
Éric XIV.

En 1531, Christian reparut dans les parages scandinaves, à la tête d'une armée qu'il avait recrutée en
Allemagne, en Hollande, et avec laquelle il espérait
reconquérir le Danemark et la Suède. Frédéric, son
successeur, s'unit à Gustave pour repousser cette invasion. Battu en Norvége, pourchassé en Danemark,
Christian finit par se remettre entre les mains de
Frédéric, qui le fit enfermer au château de Sönder-
borg. Il y resta douze ans, gardé à vue dans un
sombre cachot, n'obtint quelques adoucissements à

sa captivité qu'en 1544, un peu plus de liberté en
1549, et mourut en 1559.

A peine échappé au péril dont le menaçait la sou-
daine irruption de Christian, Gustave eut une autre
guerre à soutenir contre la ville de Lubeck, qui, dans
son insatiable ambition, aspirait à monopoliser tout
le commerce du Nord. Gustave joignit ses troupes à
celles de Christian III, qui venait de succéder à Frédéric II. La flotte de Lubeck fut battue; son armée
de terre essuya de même une sanglante défaite. Pour
se venger du roi de Suède, les gens de Lubeck eurent recours à un honteux moyen : ils résolurent de
le faire assassiner. Ils gagnèrent à prix d'or quelques consciences faciles, entre autres celle d'André
Hansson, trésorier de Gustave, et celle de Marten
Munk, écrivain du château. Plusieurs plans furent
successivement proposés, rejetés. Enfin on s'arrêta à
l'idée d'une espèce de machine infernale qui devait
faire sauter le roi pendant qu'il serait à l'église. Le
hasard, qui a fait découvrir tant de complots, dévoila
celui-ci. Les conspirateurs furent arrêtés, et condamnés au châtiment qu'ils méritaient.

En 1535, Catherine mourut. Gustave, qui, en con-
tractant cette première alliance, n'avait consulté que
l'intérêt politique, voulut se remarier selon son goût.
Il épousa une belle, noble et vertueuse jeune fille de
son royaume, Marguerite Leyonhufwud. Autant sa
première union avait été pénible, autant celle-ci fut
pleine de charmes. Marguerite exerça sur son royal
époux une douce et heureuse influence. Souvent elle

l'éclairait par de sages conseils, elle le calmait dans
ses emportements. Destinée d'abord à épouser Swante
Sture, qu'elle aimait et dont elle était ardemment
aimée, elle oublia ce premier rêve de jeunesse pour
dévouer toute son âme, toute son intelligence au
bonheur de Gustave. La Suède la bénit, et le roi la
nommait *son bon ange*.

Dans l'espace de quelques années, Gustave avait
considérablement amélioré la situation du royaume.
Un traité de paix assurait sa tranquillité du côté du
Danemark, de la Russie, de la France. Les révoltes
étaient comprimées, les finances en meilleur ordre.
En 1540, la diète convoquée à Orebrå proclama
l'hérédité de la couronne dans la famille de celui
qui avait arraché cette couronne au désordre de la
guerre civile, à l'oppression des étrangers. Gustave,
triomphant de ses ennemis, heureux dans son
intérieur, assuré de pouvoir léguer son trône à
ses enfants, semblait n'avoir plus qu'à jouir paisiblement de sa haute fortune, quand soudain le
royaume fut de nouveau livré aux agitations d'un
soulèvement imprévu, aux fureurs d'une espèce de
jacquerie.

En abaissant l'importance du clergé, Gustave avait
favorisé et agrandi celle des nobles. Ces nobles, possesseurs de grands biens, investis de priviléges considérables et se sentant soutenus par le roi, abusèrent de
leur autorité, firent peser sur la bourgeoisie, surtout
sur les paysans, un joug que ceux-ci supportaient
avec peine, qu'ils voulurent enfin secouer. Le peuple

de la province de Småland fut le premier à s'insurger. Quelques troupes suffirent pour le ramener à l'ordre; mais on lui imposa pour le punir d'énormes amendes, dont on exigea le payement avec dureté. Un grand nombre d'habitants de cette pauvre province, réduits par ces mesures impolitiques à la misère, abandonnèrent leur demeure et se mirent à voler sur les grands chemins. Un nommé Jon Andersson se mit à leur tête; un autre organisa dans l'Ostrogothie une même troupe de pillards. Tous deux furent pris et condamnés à mort. Mais les bandes vagabondes n'en subsistaient pas moins; il ne leur manquait qu'un chef. Ce chef fut un paysan de Bleking, appelé Dacke, qui dans un accès de colère avait tué un juge, et qui avait été condamné à une amende que tous ses biens ne pouvaient suffire à acquitter. En sortant de prison, il courut se ranger parmi les rebelles, et bientôt fut appelé à les commander.

Cette révolte, plus forte et mieux organisée que les précédentes, éclata en 1542. Comme toutes les guerres de paysans d'Allemagne, de France, d'Angleterre, elle signala sa marche par d'affreuses cruautés, et fit en même temps d'effrayants progrès. Dacke dispersa trois cohortes de soldats envoyées contre lui, et continua sa route les armes à la main. Gustave quitta sa capitale pour juger par lui-même de l'état des choses, et trouva partout un profond mécontentement. Les villages proclamaient hautement leurs griefs contre la noblesse; les villes n'étaient guère plus calmes;

l'insurrection semblait devoir s'étendre à travers le pays tout entier.

En même temps l'empereur d'Allemagne, attaché à la cause de Christian II, le duc Albert de Mecklembourg, qui convoitait le royaume de Suède, manifestaient des projets hostiles. La trêve conclue avec Lubeck touchait à sa fin, et l'on avait tout lieu de craindre les mauvaises dispositions de cette ville.

Dans cette fatale complication de révoltes à l'intérieur du pays, de menaces au dehors, Gustave éprouva un douloureux découragement. Les fatigues de sa jeunesse, celles de son règne; l'amère déception que lui causait le soulèvement de ce peuple, dont il n'eût dû attendre que de la reconnaissance; le bonheur qu'il pouvait se promettre dans une retraite paisible avec sa femme et ses enfants : tout l'invitait au repos. Il résolut de quitter la Suède, et d'aller vivre en Allemagne. A cette nouvelle, les nobles, première cause de la rébellion, les nobles, qui comprenaient à quels périls son éloignement les livrerait, accoururent près de lui et le conjurèrent de rester, promettant de le servir avec zèle et fidèlement. Gustave se laissa fléchir par leurs prières, et ordonna une nouvelle expédition contre Dacke, qui, de son côté, ne perdait pas de temps. Après plusieurs combats, où les troupes royales avaient remporté la victoire, les paysans, effrayés, se débandèrent; Dacke, abandonné de ses complices, prit la fuite, et fut tué à coups d'arbalète par des soldats qui couraient après lui dans les bois. A sa mort finit la révolte, et ce fut la dernière contre laquelle Gustave eut à lutter.

Une guerre avec la Russie le força encore à rentrer en campagne. Au mois de janvier 1555, les Russes envahirent, sous le plus frivole prétexte, la terre de Finlande, qui a toujours excité leur ambition. La paix se fit deux ans après, à des conditions honorables pour la Suède, et Gustave acheva son règne en paix. Mais des sollicitudes de cœur, des chagrins de famille attristèrent profondément sa vieillesse, et hâtèrent peut-être sa mort. En 1551, il avait eu la douleur de perdre sa bien-aimée Marguerite. A l'âge de soixante et un ans, il se maria avec une jeune fille de dix-huit ans, Catherine Stenbock, qui aimait un noble gentilhomme, et qui sut pourtant remplir dignement ses devoirs de reine et d'épouse. Ce ne fut pas cet imprudent mariage qui jeta un nuage sur les derniers jours de Gustave, mais les vices de ses enfants, la conduite de sa fille Cécile, qui fut pour la Suède un objet de scandale; l'humeur bizarre et emportée de son fils Éric, les germes de division qui éclataient déjà entre cet héritier du trône et ses frères, et les tristes prévisions que le noble roi devait en concevoir pour l'avenir.

Le 25 juin 1560, Gustave assista pour la dernière fois à la diète. Assis sur son trône, au milieu de ses trois fils, il adressa aux représentants de la nation quelques paroles vivement senties, humble confession de son cœur, tendre et touchant adieu. Le 14 août il tomba malade en quittant son fils Éric, qui partait pour l'Angleterre ; et, le 29 septembre , il était mort.

Gustave était un homme d'un tempérament robuste, d'une taille élevée et élégante. Il avait de beaux yeux bleus, un teint frais, une noble et agréable physionomie. La nature, qui l'avait généreusement doué des qualités physiques, lui avait donné les premières qualités de l'esprit. Sa mémoire était excellente, son jugement droit, son intelligence vive, saisissant de prime abord les choses qui lui étaient le plus étrangères. Il était ferme et opiniâtre dans ses résolutions, affable envers le peuple, plein de dignité envers les grands. On lui a reproché d'aimer à amasser de l'argent. Le fait est vrai. Il vivait ordinairement avec une stricte économie. S'il s'arrêtait dans une de ses fermes, il se contentait des produits rustiques qu'il y trouvait. La reine cousait elle-même ses robes, et les princesses louaient la générosité de leur père quand il leur donnait un écu. Souvent, au lieu de nommer des prêtres aux cures vacantes, il y mettait simplement un vicaire, et touchait le surplus des revenus affectés au presbytère. Enfin, pour accroître son trésor, il s'était réservé le privilége exclusif du commerce des bœufs. Il les achetait à bon marché dans le pays, et les revendait assez cher au dehors. Mais il faut dire que, quand il y avait une dépense utile à faire, il puisait à pleines mains dans ses sacs de ducats, et se montrait, dans toutes les occasions importantes, généreux et splendide.

Ce mot de *splendide*, appliqué à la cour de Gustave Wasa, n'a pas, à beaucoup près, la signification
qu'on y attache de nos jours. Tel objet et tel appareil
qui à présent entrent tout naturellement dans les
détails de la vie vulgaire étaient au seizième siècle,
dans plusieurs contrées de l'Europe, et notamment
en Suède, des choses précieuses et rares. Ainsi, on
ne trouvait les vitres que dans un très-petit nombre
de maisons; les fenêtres étaient garnies de toile ou
de parchemin. Des bancs de bois, une table grossière
composaient le plus souvent tout l'ameublement
d'une salle à manger. A un grand dîner, chaque con-
vive devait apporter sa fourchette, sa cuiller, son couteau; et, quelle que fût la durée du repas, le nombre
de mets que l'on y servait, on n'y changeait pas d'as-
siette. Une montre était à cette époque, dans les régions du Nord, une œuvre si merveilleuse, que le
grand-duc de Russie en ayant reçu une du roi de
Danemark, crut qu'elle renfermait une bête ensorce-
lée, et se hâta de la renvoyer. Les routes étaient si
mauvaises qu'on ne pouvait voyager qu'à cheval.
Quand il pleuvait, les princesses jetaient sur leurs
vêtements un manteau de toile cirée. Sous le règne
de Jean III, apparut la première voiture couverte. A
la fin d'une pénible journée, on se jetait tout habillé
et tout armé sur un lit, si large que plusieurs personnes s'y couchaient l'une à côté de l'autre. Un
grand nombre de fonctionnaires, du temps de Gustave, ne connaissaient pas même les premières lettres
de l'alphabet. Ils s'appuyaient sur leur épée, et aban-

donnaient à un secrétaire le soin de leur lire les lettres administratives et d'y répondre.

Gustave avait quatre fils : Éric, qui devait lui succéder au trône; Jean, qu'il institua duc de Finlande; Magnus, qui fut duc de l'Ostrogothie; et Charles, duc de Sudermanie, de Nerike, de Wermland. Jean, premier enfant de sa bien-aimée Marguerite Leyonhufwud, était son favori. Éric, au contraire, né de la froide et hautaine Catherine de Lauenbourg, excita en lui, par le nom de sa mère et par les mauvaises dispositions qu'il manifesta dès sa première jeunesse, un éloignement que le vieux roi, si sage et si prudent d'ailleurs, ne sut pas dissimuler. Cette différence dans les sentiments paternels éveilla entre les deux frères un sentiment de jalousie hostile qui devait avoir de funestes conséquences. Leur défiance à l'égard l'un de l'autre éclata aussitôt après la mort de Gustave. Éric, ayant été reconnu roi dans les provinces de Suède, envoya des émissaires en Finlande pour engager les habitants de cette contrée à lui prêter serment. Jean, en sa qualité de duc de Finlande, expédia en toute hâte un courrier, qui portait aux commandants des villes et des châteaux forts l'ordre de s'opposer à ce serment.

Le partage des trésors et des propriétés de Gustave fut encore pour les quatre princes un sujet d'animosité; car Éric, en sa qualité de prince du royaume, voulait en prendre la plus grosse part, la part du lion. Tout étant enfin réglé, Éric se fit couronner avec une pompe extraordinaire, puis commença à se livrer à toutes les folies qu'il devait un jour durement expier (1). Deux méchants hommes qui malheureusement devinrent ses intimes conseillers, Göran Persson et un Français qui avait latinisé son nom et qui s'appelait Dyonisius Burræus, lui persuadèrent que la seule femme digne de lui était Élisabeth, reine d'Angleterre. Éric allait se rendre à Londres pour la demander en mariage, quand il apprit la maladie, puis la mort de son père. Il revint prendre possession de son trône, et envoya en Angleterre Gylienstierna et Burræus pour continuer ses négociations matrimoniales. Élisabeth amusa les deux ambassadeurs par de belles paroles. Pour en finir, Éric résolut d'entreprendre de nouveau le voyage. Le 1ᵉʳ septembre 1561, il s'embarqua sur un navire magnifiquement équipé, et suivi de plusieurs autres qui portaient les gens de sa suite. Un orage assaillit la royale flottille près de Skagen. Découragé par ce premier accident, le roi revint à Stockholm, disant qu'il renonçait à la navigation, et qu'il prendrait pour se rendre à Londres la route de terre.

   Sur ces entrefaites, un noble gentilhomme de

----

(1) Une tradition rapporte que Catherine, près d'accoucher, souffrait depuis trois jours d'affreuses douleurs. Le huitième jour, son médecin, qui passait pour un grand astrologue, s'écria: « Tombez à genoux, et conjurez avec moi le ciel de retarder la délivrance de la reine, car je vois des signes sinistres; et si l'enfant vient au monde en ce moment, il fera le malheur de la Suède. » Au même instant, on entendit dans la chambre de la reine un léger gémissement. Éric était né.

France, Mornay, qui avait pris du service en Suède,
l'engagea à tourner ses vues du côté de Marie Stuart.
Deux autres seigneurs de sa cour lui indiquèrent la
princesse Reine de Lorraine et la princesse Christine
de Hesse; et voilà le fougueux Éric qui, tout en continuant par l'entremise de ses envoyés ses négociations en Angleterre, fait demander à la fois la main
de Marie Stuart, de Reine et de Christine. Après
avoir dépensé des sommes énormes et compromis
sa dignité dans tous ces projets, il finit par abandonner celui qu'il avait formé sur l'Écosse, sur la
Lorraine, poursuivit celui d'Angleterre et de Hesse.
Nous verrons ce qui en arriva.

Dans le temps où il se passionnait ainsi à la fois
pour quatre alliances conjugales, son frère Jean
épousait la princesse Catherine, sœur de Sigismond,
roi de Pologne. Éric, qui avait d'abord approuvé ce
mariage, voulut tout à coup l'empêcher, et ordonna
à son frère, qui était déjà parti pour la Pologne, de
revenir en Suède. Jean continua sa route, et célébra
son mariage. A son retour en Finlande, il apprit que
le roi, irrité de sa désobéissance et égaré par de per-
nicieux conseils, formait contre lui de cruels projets.
Il n'osa rentrer en Suède, se retrancha dans un de ses
châteaux finlandais et résolut de s'y défendre. Éric,
enflammé de plus en plus par les paroles envenimées
de Persson, fit arrêter les principaux amis de son
frère, et en condamna à mort plusieurs. Puis il envoya en Finlande des troupes qui, après une lutte
opiniâtre, s'emparèrent de la forteresse où Jean s'était

retiré. Le malheureux prince fut ramené en Suède avec sa jeune épouse, condamné à une prison perpétuelle, et enfermé au château de Gripsholm. Il y resta quatre ans.

Ce n'était pas assez pour l'infâme Persson d'avoir remporté cette victoire sur un prince qu'il haïssait, il voulait que Jean fût conduit à l'échafaud; il réclamait un arrêt de mort, auquel Éric eut le malheur de consentir, malgré les sages représentations de Ch. de Mornay. Persson se chargea ensuite d'obtenir le même consentement de Magnus, et y parvint en effet, en éblouissant par de pompeuses promesses un prince qui était d'un esprit faible et peu clairvoyant. Mais dès que Magnus eut donné sa signature, il s'accusa d'avoir commis un fratricide; il fut saisi d'un remords qui troubla sa raison, et il vécut quarante-deux ans dans ce déplorable état d'égarement.

Cependant Éric avait reçu une réponse favorable aux propositions de mariage qu'il avait adressées à la cour de Hesse. Pour terminer cette affaire, il envoya en 1563 une ambassade à cette cour. Ses ambassadeurs furent arrêtés sous différents prétextes en Danemark. L'un d'eux, impatient de ces délais, voulut partir sans passe-port, fut arrêté, et incarcéré avec ses compagnons. Éric demanda en vain qu'on les mît en liberté; Frédéric répondit qu'ils s'étaient mal conduits dans son royaume. Le fait est que le roi de Danemark voulait empêcher l'alliance du roi de Suède avec le landgrave de Hesse.

Au mois de mai, Éric s'y prit d'une autre façon.

Il équipa une flotte pour aller chercher sa fiancée. L'amiral Bagge, qui commandait cette flotte, rencontra celle de Danemark près de Bornholm, l'attaqua, lui fit six cents prisonniers et la mit en fuite, et arriva sans autre incident à Lubeck. Mais là il attendit vainement pendant quinze jours la princesse. Éric se consola de cette nouvelle déception en recevant à Stockholm comme un triomphateur l'amiral Bagge et les drapeaux enlevés aux Danois, et les marins captifs. Lui-même avait ordonné tous les détails de cette cérémonie, où le burlesque se mêlait à une pompe antique, imitée des Romains.

Le mariage n'était pas rompu : le landgrave demandait seulement que sa fille traversât librement les États de Danemark. Mais, pendant qu'on engageait cette nouvelle négociation, Éric écrivit à Élisabeth pour renouveler sa demande, et pour lui dire que jamais il n'avait pensé à la princesse de Hesse. Sa lettre fut interceptée en Danemark et envoyée au landgrave, qui, sans vouloir écouter aucune explication, renvoya brusquement de sa cour les ambassadeurs d'Éric.

Il était dans la destinée de ce roi téméraire d'anéantir le fruit de toutes les sages dispositions de son père. En 1561, il voulut disputer à la Pologne la possession de la Livonie, et s'engagea dans une lutte qui dura longtemps. En 1563, le Danemark et la ville de Lubeck lui déclarèrent à la fois la guerre. Le vaillant amiral Bagge fut pris l'année suivante dans un combat naval, conduit à Copenhague, et il n'en revint pas.

Horn le remplaça dans le commandement de la flotte suédoise, et remporta sur les Danois plusieurs avantages. Un jour même il osa s'avancer jusque sous les murs de Copenhague, et y jeta la consternation. Il n'avait pas assez de temps pour tenter une descente, mais il s'empara de plusieurs navires chargés de provisions, se dirigea sur Lubeck, et y fit encore d'autres captures.

Quelques mois après, la marine de Lubeck et de Danemark livra une grande bataille à la flotte suédoise. Celle-ci y perdit 1,000 hommes et quatre vaisseaux; les confédérés y perdirent leurs deux plus grands vaisseaux, cinq autres bâtiments et 4,000 hommes, parmi lesquels se trouvaient les deux amiraux danois. En 1566, Éric équipa une nouvelle flotte. Le 15 juillet, Horn, qui la commandait, attaqua les vaisseaux ennemis, les mit en fuite, les poursuivit jusque près de l'île de Gothland. Une tempête acheva l'œuvre qu'il avait commencée; les plus beaux bâtiments de Lubeck et du Danemark y périrent. Horn échappa à ce désastre en se tenant au large.

Sur terre, les troupes d'Éric eurent aussi d'abord quelque succès; mais elles furent arrêtées par Rantzau, et assiégèrent en vain Bohus. Dans l'espace d'un an et demi, Éric furieux remplaça cinq fois le commandant de cette expédition. La peste, qui en ce temps-là se répandit dans le Nord et y fit de grands ravages, interrompit la guerre. C'était assez d'un fléau pour désoler le pays. Mais Éric n'était pas homme à s'occuper des misères de son peuple et à tenter de

les adoucir. Les contrariétés qu'il avait éprouvées
dans ses diverses négociations de mariage, la guerre
avec le Danemark, l'inutile siége de Bohus, avaient
produit un fâcheux effet sur son esprit, naturellement
porté à la colère et à la défiance. Il craignait ses
frères, il craignait les nobles; et lorsqu'un soupçon
entrait dans sa pensée, Göran Persson ne manquait
pas d'en faire ressortir la parfaite justesse, et de
l'aggraver. Les insinuations, les calomnies de cet être
satanique le jetèrent dans un tel trouble et une telle
anxiété, que le mot le plus inoffensif, l'acte le plus
ordinaire, rapportés et commentés par ses espions,
lui semblaient un signe de complot.

Persuadé enfin que les plus grands seigneurs de Suède
avaient formé une conjuration contre lui et voulaient
attenter à sa vie, il les fit arrêter et enfermer au château d'Upsal. Parmi eux se trouvaient Swante Sture,
l'un des plus dignes et des plus fidèles serviteurs de
Gustave; Nils Sture, son fils, qui avait également
servi Éric avec courage et loyauté. Une diète fut convoquée pour juger ces nobles personnages. L'accusation portée contre eux était si misérable, que la diète
en fut révoltée, et le roi leva la séance. Peut-être
que si, après une telle manifestation, il eût été entouré de gens honnêtes, ou s'il se fût trouvé seul
livré à lui-même, peut-être qu'il serait revenu de ses
prétentions insensées. De temps à autre, il commençait à éprouver une tristesse inquiète qui ressemblait
à un remords. Une fois même il entra dans la prison
de Leyonhufwud, puis dans celle de Swante Sture,

et leur demanda pardon du mal qu'il leur avait fait.
Une autre fois, il revint encore près de Swante, et
lui dit qu'il voulait épouser sa fille. Au même instant, Persson vint le prévenir qu'on avait découvert
un nouveau complot; que son frère Jean était en liberté. A cette nouvelle, Éric, emporté par la fureur,
se précipite vers le cachot où était enfermé l'innocent Nils Sture : « Traître, lui dit-il en le frappant
d'un coup de poignard, es-tu encore là?» Nils tira
le poignard de sa blessure, l'essuya et le remit au
roi, en disant : « Épargnez-moi; je n'ai pas mérité
votre colère. — Entendez-vous? s'écria Éric, il ose
encore demander grâce pour lui. » A ces mots, un
des gardes qui l'accompagnaient se jeta sur le malheureux Nils, et le tua à coups de hallebarde.

A peine ce meurtre était-il commis, que le roi courut se jeter aux pieds de Swante pour lui demander
pardon; puis il se leva et s'enfuit à travers champs,
l'œil hagard, la tête folle, poursuivi par les furies
vengeresses. Son ancien précepteur et son perfide
conseiller Burræus courait après lui, et le conjurait de
revenir. « Tuez-moi ce misérable, » dit Éric; et le
même garde qui avait égorgé Nils lui enfonça sa hallebarde dans le corps. Ce nouveau crime augmenta
la frénésie d'Éric. Il envoya au commandant du château de Stockholm l'ordre de faire mourir les prisonniers. Cet ordre effroyable fut anéanti. Éric s'enfuit encore plus loin d'Upsal, et se cacha dans la
profondeur des bois.

Pendant plusieurs jours nul ne sut ce qu'il était

21.

devenu. Persson enfin se mit à sa recherche, et le
découvrit dans une plaine déserte, vêtu en paysan.
Il avait complétement perdu la raison. Lorsqu'il s'entendit appeler roi, il s'écria : « C'est Nils Sture qui
est le maître de la Suède ! » Puis il ajouta : « Moi,
j'ai fait comme Néron, j'ai tué mon précepteur. » On
parvint cependant à le reconduire à Upsal. Lorsqu'il
eut recouvré un peu de calme, il demanda à se réconcilier avec les parents de ceux qu'il avait fait
mourir, leur envoya des présents, et, pour leur donner une autre réparation, fit mettre Persson en jugement. L'atroce conseiller fut condamné à mort,
comme il le méritait ; mais Éric, en proie de nouveau
au délire, ne put ratifier le jugement.

Après les affreuses scènes d'Upsal, Éric s'était retiré à Swartsö ; et là, tantôt on le voyait livré à de
sombres accès de fureur, tantôt abattu par le sentiment de sa misère morale, languissant et gémissant.
On profita de ces heures de repentir pour le déterminer à remettre en liberté son frère Jean. Les deux
frères même se rejoignirent, et se firent toutes sortes
de tendres protestations. Jean, qui avait de bonnes
raisons pour ne pas croire à la sincérité ou tout au
moins à la durée de ces témoignages d'affection,
s'éloigna.

Le roi de Danemark, instruit de ce qui se passait
en Suède, jugea que l'occasion était bonne pour recommencer la guerre. Au mois de novembre, il se
remit en campagne, envahit le Småland, incendia
Jönköping et plusieurs autres villes. Éric, n'osant

confier le commandement de ses troupes ni à son
frère, ni à aucun de ses généraux, par la peur extrême qu'il avait d'être trahi, voulut les conduire lui-
même contre l'ennemi, et fit faute sur faute. Mais
cette expédition dissipa ses sombres pensées, apaisa
le trouble de sa raison, guérit son cerveau. Avec la
force revint la cruauté. Il commença par casser le
jugement qui condamnait Persson, déclara que tous
ceux qu'il avait fait exécuter à Upsal étaient des
traîtres qui méritaient la mort, et somma leurs parents de lui rapporter les présents qu'il leur avait
faits. Quelques années auparavant, il s'était laissé
éblouir par la beauté d'une jeune fille du peuple,
nommée Carine Mån, qui vendait des fruits dans les
rues de Stockholm. Il l'avait donnée pour compagne
à ses sœurs, et en avait fait sa maîtresse. Carine exerçait sur lui une grande et, il faut le dire, une heureuse influence. C'était le seul être dont la voix,
pareille à la harpe de Saül, pût l'apaiser dans ses
fureurs, le seul qui ramenât un rayon lucide dans son
égarement. Éric voulut l'épouser ; et non-seulement il
l'épousa, mais il la fit couronner publiquement reine
de Suède, la chanta dans des vers qui sont peut-être
les meilleurs de la littérature suédoise de cette époque (1), et obligea tous les grands seigneurs de son
royaume à lui rendre hommage.

Ce dernier événement acheva de révolter la noblesse. Jean se mit à la tête des mécontents, rallia à

_____

(1) *Histoire de la littérature suédoise*, p 370.

lui son jeune frère Charles, prit les armes, et emporta
l'une après l'autre les principales villes et les principales forteresses. Éric, retranché à Stockholm, espérait encore comprimer la révolte, et adressait des
ordres à des gouverneurs de provinces, à des commandants de places, qui se riaient de ses injonctions
et se rangeaient du côté de Jean. Les insurgés s'avançaient vers la capitale. Éric et Persson les regardaient
du haut d'une tour : « Ah! s'écria Persson, si vous
aviez suivi mon conseil, si vous aviez fait mourir votre
frère, nous serions plus tranquilles maintenant! —
Tu dis là une bonne parole, lui dit le roi; mais il est
trop tard. »

Il était trop tard en effet. Après un combat sanglant, dans lequel Éric montra un courage désespéré,
la ville se rendit; Éric fut pris, et Göran Persson appliqué à la torture, puis pendu.

Du château de Stockholm, où Éric avait d'abord
été incarcéré, il fut transféré en Finlande, dans celui
d'Abo; puis ramené en Suède, dans celui de Cas-
telholm; puis enfermé à Gripsholm, et, en 1573, à
Westerås, et enfin à Orbylus. Pendant qu'il était à
Gripsholm, Charles de Mornay, qui avait reçu de lui
de nombreuses marques de distinction, entreprit de
le délivrer. Il se rendit en Angleterre, intéressa Élisabeth au sort de son ancien prétendant, revint en
Suède avec 5,000 Écossais, bien déterminé à exécuter
son projet. Le complot fut découvert, et le fidèle
Mornay et ses principaux complices conduits à l'é-
chafaud.

Jean, qui s'était fait reconnaître roi de Suède,
pensait toujours avec anxiété à Éric. Tant qu'il le
sentait vivant, il ne pouvait se croire sûr de conserver
son trône; et il résolut de mettre fin, par un assassinat juridique, à ses perplexités. En 1569, il avait
assemblé un conseil d'État où se trouvaient plusieurs
évêques, et avait demandé si, pour prévenir de nouveaux troubles, il ne serait pas juste de faire mourir
Éric, qui d'ailleurs avait par tant de crimes mérité le dernier supplice. Tous les membres du conseil, à l'exception de Bielke, donnèrent leur assentiment à cette proposition. Cette sentence ne fut cependant pas mise à
exécution. Après le complot de Mornay, Jean la fit
de nouveau confirmer, et cette fois Bielke la signa
comme les autres. Au mois de février 1577, un émis-
saire fut envoyé à Orbyhus, avec la mission d'offrir à
Éric de prendre du poison, ou de se faire ouvrir les
veines, ou d'être étouffé entre deux oreillers. Éric
accepta le poison, fit venir un prêtre, accomplit
dignement ses devoirs religieux. Le 25, il prit le poison dans une soupe aux pois, et le 26, au matin, il
était mort.

Carine se retira en Finlande, dans un domaine que
Jean lui concéda, y vécut doucement, honnêtement,
se fit respecter et chérir de tous ceux qui l'entouraient, et mourut en 1612. Elle avait eu d'Éric une
fille et trois fils. Sa fille épousa un digne fonctionnaire de la Finlande. Deux de ses fils moururent en
bas âge. L'autre, nommé Gustave, eut une existence
aventureuse, dont on ferait un singulier roman. Sous-

trait à l'âge de six ans aux poursuites de Jean, qui
voulait qu'on le tuât, il fut conduit par un serviteur
fidèle en Pologne, et élevé par les jésuites. Il acquit
une rare instruction, voyagea en Allemagne, s'y distingua par ses connaissances chimiques; puis fut
appelé en Russie par le tzar, qui voulait lui donner
une de ses filles en mariage, et conquérir pour lui la
Finlande et la Livonie. Mais le tzar exigeait qu'il se
convertît à la religion grecque. Gustave s'y refusa, et
fut jeté en prison. Deux fois il s'échappa, deux fois
il fut repris, et soumis à de rudes traitements. Enfin
il obtint la liberté de se retirer dans la petite ville de
Cassin, et y mourut en 1607. Le sort, qui lui avait fait
une vie si étrange, l'outragea encore après sa mort.
Le tzar envoya, pour l'ensevelir convenablement, une
somme d'argent à un fonctionnaire de Cassin, qui
jugea à propos de la garder, et fit enterrer le fils d'Éric
comme un pauvre enfant du peuple.

Jean ne jouit pas tranquillement du trône qu'il
avait conquis par de cruelles violences. La guerre
commencée en 1563 se termina en 1570 par le traité
de Stettin, en vertu duquel la Suède renonçait à ses
prétentions sur la Scanie, le Halland, le Bleking,
l'île de Gothland; abandonnait au Danemark les
districts de Jemteland, de Herjedalen, et s'engageait à
racheter la forteresse d'Elfsborg, prise par les Danois
pendant la guerre. En échange de ces énormes concessions, le roi de Danemark promettait à la Suède
de ne plus porter dans ses armoiries les trois couronnes scandinaves. Un traité fut fait aussi à des con-

ditions onéreuses avec Lubeck. La Suède dut payer
à cette ville une somme considérable pour les frais de
la guerre. A peine la paix était-elle conclue avec ces
deux puissances, qu'une nouvelle guerre éclata entre
la Suède et la Russie. Pontus de la Gardie, gentilhomme languedocien, qui s'était attaché à la fortune
de Jean, conduisit les troupes suédoises en Esthonie,
s'empara des principales villes de cette province, et
obligea les Russes à demander la paix. Une première
conférence entre les plénipotentiaires des deux États
eut lieu en 1583, une autre en 1585, sans qu'il fût
possible d'arriver à un résultat définitif. Tandis que
l'attention du pays était attirée au dehors par les diverses vicissitudes de cette entreprise guerrière, au
dedans il commençait à être agité par de dangereuses
discussions.

Jean et Charles, qui s'étaient réunis pour détrôner
Éric, se divisèrent après leur victoire. Jean avait promis à son frère la moitié de son royaume, et refusa
de la lui donner. Il lui avait encore fait plusieurs
autres promesses, qu'il rejeta ou éluda l'une après
l'autre. Charles, qui était encore d'un caractère violent et emporté, voulait prendre les armes. Plus d'une
fois la guerre entre les deux frères fut près d'éclater.
L'intervention de quelques seigneurs, les salutaires
instances de la princesse Marie, épouse de Charles, et
de la reine Catherine, préservèrent la Suède de ce
nouveau malheur. Les deux frères n'en restèrent pas
moins ennemis l'un de l'autre, s'observant avec défiance et se préparant à une rupture prochaine. Un

nouvel événement augmenta leur dissidence. L'é-
pouse de Jean était catholique; elle exerçait sur son
mari un grand ascendant, et aspirait à le ramener à
sa croyance. Les quatre années qu'elle passa avec lui
en prison lui servirent à opérer cette conversion.
Jean s'éloigna peu à peu du dogme protestant, et
adopta les principes du catholicisme. L'espoir qu'en
se ralliant à la cour de Rome, il obtiendrait du pape
et des princes catholiques un secours efficace contre
la Russie et contre les dispositions hostiles de son
frère, le détermina à faire sa profession de foi. Le
16 mai 1578, il fit venir dans son appartement le
jésuite Possewinus, abjura devant lui la doctrine
luthérieune, et entendit la messe.

Déjà il avait voulu établir dans le royaume une
nouvelle liturgie, qui révoltait le clergé protestant.
Pour opérer la révolution religieuse qu'il projetait,
il demandait au pape quatre concessions : 1° que la
noblesse conservât les biens qu'elle avait repris à
l'Église; 2° que la communion fût donnée sous les
deux espèces; 3° que l'office divin fût célébré en
langue suédoise; 4° qu'il fût permis aux prêtres de se
marier. Le souverain pontife ne pouvait évidemment
accéder à ces propositions; et en même temps que
le roi apprenait son refus, il recevait de Charles et
des princes protestants de l'Allemagne des lettres me-
naçantes. Son zèle de nouveau converti, son ardeur
de prosélytisme se refroidirent. Cependant il continua à pratiquer le culte catholique et à le faire pratiquer à son fils Sigismond. Mais il donnait par là de

nouvelles armes à son frère Charles, excitant une
vive défiance parmi les nobles, et éloignant de lui la
plus grande partie du clergé.

En 1583, la reine Catherine mourut en conjurant
son époux de rester fidèle à la foi catholique, et en
consacrant une somme de 10,000 dalers à la fondation d'un établissement d'éducation qui devait être
dirigé par les jésuites. L'archevêque d'Upsal, en pro-
nonçant son oraison funèbre, déclara qu'elle n'avait
jamais dévié de la religion catholique, hors de laquelle
il n'y a point de salut. Le roi, pour le récompenser de
cette déclaration, lui donna deux chaînes d'or.

L'amour que Jean avait eu pour Catherine, le
sentiment de vénération que lui avaient inspiré ses
inaltérables vertus, ne l'empêchèrent pas de se remarier, et d'épouser une protestante. Il avait d'abord
fixé son choix sur Sigrid Brahe. Son frère Charles et
ses sœurs s'opposèrent à cette alliance, par la raison,
disaient-ils, qu'elle n'était pas digne d'un Wasa, qui
avait à choisir entre les princesses étrangères. Jean, qui
voulait faire un mariage selon son goût, et non point
selon les convenances politiques, tourna ses vues vers
une belle jeune fille âgée de seize ans, Gunnile Bielke,
qui avait été demoiselle d'honneur de la reine. Gunnile, fiancée à un gentilhomme qu'elle aimait, ne
voulait point sacrifier son cœur à une couronne.
Jean, irrité de ses résistances, lui jeta un jour son
gant à la figure, et s'éloigna. Ses parents la déterminèrent enfin à céder aux vœux d'un si haut prétendant. Jean l'épousa, en dépit de ses sœurs, en dépit

de Charles, qui refusa obstinément de paraître à la
cérémonie du mariage, et irrita tellement le roi, qu'on
crut que les deux frères allaient en venir à une guerre
ouverte.

Le refus que Jean avait essuyé à la cour de Rome,
la résistance que la noblesse et le clergé opposaient
à ses tendances religieuses, la mort de Catherine et
son mariage avec une protestante, le détournèrent de
ses idées de catholicisme. Mécontent de Possewinus,
il fit retomber sur tous les religieux de son ordre la
colère que ce jésuite lui avait inspirée; il les chassa
du royaume. Mais il se passionna de plus en plus
pour son projet de liturgie; il employa tour à tour
les promesses, les menaces, la violence, pour les faire
adopter. Ne pouvant y parvenir, on dit qu'il conçut
la pensée de déposer son sceptre, et de fonder à Upsal
une école où il pourrait se dévouer exclusivement à
l'étude et à la propagation des sciences théologiques.

Un événement important le détourna de ses tentatives de réforme religieuse. En 1586; Étienne, roi
de Pologne, mourut. Anne, sa veuve, sœur de la dé-
funte reine de Suède Catherine, envoya un ambassadeur à Jean, pour l'engager à présenter son fils à
l'élection du royaume. Jean, qui en 1573 convoitait
déjà ce trône pour lui, se réjouit de penser qu'il pouvait y placer son fils. Trois autres candidats se présentaient. Sigismond l'emporta sur eux, non pourtant
sans difficultés. Les Polonais demandaient que la
Suède leur abandonnât l'Esthonie. Sigismond ne
pouvait y consentir. Cette question faillit l'éloigner

à jamais du trône où il allait monter. Déjà il se préparait à retourner en Suède, et son père l'y engageait,
lorsque quelques seigneurs proposèrent d'ajourner
à la mort de Jean toutes les discussions relatives à
l'Esthonie. Ce moyen de conciliation ayant été admis,
Sigismond fut déclaré roi de Pologne, et, le 29 novembre, fit son entrée solennelle à Cracovie.

Bientôt Jean reconnut qu'il ne gagnerait pas à l'é-
lection de son fils tout ce qu'il en avait espéré. Les
Polonais ne voulaient point l'aider dans sa guerre
contre les Russes, et affectaient à son égard une sorte
de hauteur qui le blessait. Il regretta d'avoir envoyé
Sigismond au milieu de cette fière et turbulente noblesse, et l'engagea à s'en revenir. Sigismond, qui ne
pouvait oublier le sol où il était né, le peuple soumis et respectueux au milieu duquel il avait vécu,
accepta aisément ce conseil. Après une longue et
mystérieuse correspondance entre les deux rois, il
fut convenu qu'ils se rejoindraient à Revel, et que
Sigismond ne retournerait pas en Pologne. L'année
suivante, ils arrivèrent en effet tous deux avec une
nombreuse escorte dans cette ville. Quelques jours
après, on sut la résolution que Sigismond avait prise.
Cette nouvelle jeta dans une agitation extrême les
seigneurs polonais et suédois. Tous se réunirent pour
conjurer Sigismond de retourner dans son royaume,
et Jean de ne pas s'opposer à son départ. La résistance de Jean affligea vivement les nobles qui l'entouraient, et qui craignaient qu'une offense faite à la
Pologne n'entraînât la Suède dans une guerre funeste.

Jean finit par céder, et engagea son fils à reprendre
le chemin de la Pologne ; mais il retourna en Suède,
irrité contre ceux qui l'avaient, par leurs instances,
décidé à se séparer de son fils, en proie au sentiment
de défiance qui avait fait le malheur de son frère
Éric. Il retourna en Suède, persuadé que les nobles
étaient ses ennemis, et résolu à les écraser. Pour
avoir plus de force dans cette rude lutte qu'il allait
engager, il se réconcilia avec son frère Charles, et
poursuivit les principales familles du pays, les Sture,
les Sparre, les Brahe, les Bielke, avec une rigueur
imméritée, qui excita contre lui une animadversion
générale, et attrista les dernières années de son règne.

Les grands seigneurs qui naguère entouraient son
trône s'en éloignaient avec douleur ou avec effroi.
Son frère, avec qui il avait fait la paix, éveilla de nouveau ses soupçons et l'abandonna. Son cher fils Sigismond était en Pologne ; et le peuple et le clergé,
qu'il avait mécontentés par ses idées religieuses, ne
lui témoignaient plus aucune sympathie. Il se trouva
seul, livré aux regrets de toutes les cruautés qu'il avait
commises, de toutes les injustices qu'il avait faites,
et mourut dans une profonde tristesse.

Le trône revenait de droit à Sigismond, qui, en
recevant la couronne de Pologne, n'avait pas renoncé
à celle de Suède. Pendant qu'il se préparait à venir
prendre possession de son héritage, les nobles, les
prêtres, qui redoutaient ses principes catholiques, se
réunirent à Upsal (1593), et prirent une résolution
portant que la religion luthérienne était la vraie re-

ligion du pays; que nul Suédois ne pourrait remplir
des fonctions publiques s'il ne pratiquait cette religion, et qu'à part la chapelle privée du roi, nulle
église catholique ne serait établie dans le royaume.
Sigismond arriva au mois de septembre de la même
année, et refusa d'abord d'accepter la décision de la
diète d'Upsal. Mais tous ceux qui y avaient pris part,
et le duc Charles en tête, en faisaient la condition
sine quâ non de son couronnement. Il céda, et, après
avoir été reconnu roi de Suède, il essaya d'éluder ses
promesses. Il songea même à les violer ouvertement,
et fit venir, pour le seconder dans ses projets, des
troupes de Pologne. Mais les membres du conseil
restèrent inébranlables; le peuple paraissait résolu à
se battre contre les soldats étrangers. Sigismond, ne
se sentant pas assez fort pour engager une telle lutte,
retourna en Pologne, abandonnant le gouvernement
de la Suède à son oncle Charles. La diète, convoquée
en 1595 à Söderköping, nomma ce prince administrateur du royaume, et déclara que les édits du roi ne
seraient promulgués qu'après avoir reçu la sanction
du duc et de son conseil. Sigismond se plaignit hautement de cette disposition, qui annulait son autorité. Une nouvelle diète s'assembla, en 1597, à Arboga. La plupart des nobles, craignant de subir la
contrainte du duc et d'offenser le roi, n'y parurent
pas; mais les bourgeois et les paysans confirmèrent la
résolution prise à Söderköping. La guerre alors éclata
entre le duc et les principaux seigneurs qui avaient
refusé de se rendre à Arboga. Quelques-uns se reti-

rèrent dans leurs châteaux, avec l'intention de s'y
défendre, et en furent expulsés par Charles. D'autres,
après avoir vainement sollicité le secours de Sigismond, allèrent le rejoindre en Pologne.

Charles convoqua une nouvelle diète à Stockholm,
y fit confirmer encore l'arrêt des deux diètes précédentes, et partit pour la Finlande, qui, sous le gouvernement de Clas Fleming, s'était séparée de l'administration suédoise, en ne reconnaissant d'autre autorité
que celle de Sigismond. Fleming venait de mourir;
mais sa noble veuve, Ebba Stenbock, fidèle à sa mémoire, aux engagements qu'il avait pris envers son
roi, fortifia le château d'Abo et résolut de s'y défendre. Charles en fit le siége, et ne parvint à s'en
emparer que par la trahison. En entrant dans la chapelle du château, il fit ouvrir le cercueil de Fleming :
« Ah! traître, s'écria-t-il, si tu étais encore en vie, ta
tête ne serait pas en sûreté. — Si mon digne époux,
répondit la fière Ebba, était encore en vie, vous ne
seriez pas ici. »

La reddition d'Abo entraîna celle du reste de la
Finlande; et Charles, ayant chassé de cette contrée,
ainsi que de la Suède, les principaux partisans de son
neveu, se trouva le vrai maître, le maître unique du
royaume. Les amis de Sigismond, les nobles qui
avaient cherché un refuge près de lui, l'engageaient
depuis longtemps à ne pas laisser subsister cette usur-
pation. Les Polonais comprenaient aussi qu'il y allait
de leur honneur de ne pas laisser impunément dépouiller leur roi de son héritage, et promettaient de

l'aider à recouvrer l'exercice de son pouvoir. Sigismond se décida enfin à tenter une expédition en
Suède, et, pour la faire avec plus de sûreté, il demanda l'appui du Danemark. Le 20 juillet 1598, il
s'avança vers les côtes de Suède, avec une flotte composée de bâtiments de diverses nations. Le 1er août,
il entrait à Calmar et y rassemblait ses principaux
partisans. Charles, de son côté, convoquait une nouvelle diète à Wadstena, et lui faisait promettre de
maintenir les décisions de Söderköping et d'Arboga.
En même temps il levait des troupes dans ses domaines, dans plusieurs autres provinces. Il parvint à
rassembler environ 6,000 hommes, avec lesquels il
alla camper près de Linköping. Sigismond était à
Stegeborg. Des négociations s'ouvrirent entre les
deux camps, mais avec des prétentions trop exagé-
rées de part et d'autre pour qu'on pût arriver à un
accommodement. Le roi demandait que le duc abdiquât son titre d'administrateur du royaume et congédiât ses troupes. Charles voulait que Sigismond
renvoyât les soldats étrangers qu'il avait amenés avec
lui. Le 7 septembre, Sigismond, qui attendait un
renfort de la Finlande, déclara qu'il renonçait aux
négociations. Charles publia dans tout le royaume
cette déclaration, et accusa le roi de se refuser à tout
accommodement.

Quelques jours après, le combat s'engagea près
de Stegeborg. Charles y perdit quelques centaines
d'hommes. De nouvelles propositions de paix lui
furent faites ; mais, pendant qu'il les discutait, la

flotte suédoise, qu'il avait appelée à son secours, lui
amena 16,000 soldats. Un tel renfort lui donna des
prétentions que Sigismond ne pouvait accepter. Une
seconde bataille s'engagea près de Stångebro. L'armée
royale y fut défaite. Sigismond quitta la Suède pour
n'y plus revenir. En 1599, la diète réunie à Jönköping le somma d'abjurer la religion catholique et de
revenir dans son royaume, ou d'y envoyer son fils
Uladislas, pour y être élevé dans la doctrine luthérienne. Elle lui accordait, pour prendre sa détermination, un délai de quatre mois, et déclarait que
s'il n'acceptait pas ces conditions, elle choisirait un
autre roi. Quatre mois se passèrent, puis deux encore.
Sigismond ne répondit pas. Le 24 juillet de la même
année, une autre diète prononça sa déchéance, ajoutant toutefois que, comme les enfants ne devaient pas
être punis des fautes de leur père, elle consentait à
donner le trône à Uladislas, s'il entrait en Suède dans
l'espace d'un an. Cette fois, point de réponse encore.
Au mois de février 1600, les états rassemblés à Linköping enlevèrent aussi à Uladislas le droit de régner
en Suède, et offrirent à Charles la couronne. Quatre
années cependant se passèrent encore avant que
Charles consentit à prendre ce titre. Enfin, il se fit
couronner, et l'ordre de succession fut établi dans sa
famille, à l'exclusion de celle de Sigismond.

Charles IX, qui avait toujours affecté de vouloir
faire la paix avec son neveu; qui, pour se donner
aux yeux de l'Europe l'apparence d'un homme dé-
sintéressé, refusait de prendre le titre suprême qui

lui avait été conféré par les états, poursuivit avec
une implacable rigueur les seigneurs suédois qui
avaient pris parti contre lui. Il les traduisit, comme
coupables de trahison, devant un tribunal qui les
condamna à mort. Quatre d'entre eux se jetèrent à
ses genoux, et firent commuer leur sentence en un
arrêt d'emprisonnement. Mais Gustave Baner, Éric
Sparre, Sten Baner et Éric Bielke furent exécutés, en
l'an 1600, sur la place de Linköping.

Sigismond, qui, en s'éloignant de la Suède et en ne
répondant point aux propositions de la diète, semblait renoncer à ce royaume, conservait cependant
la pensée d'y rentrer, et, en tout cas, ne voulait pas
laisser son habile adversaire jouir paisiblement du
trône. Il excita une révolte en Finlande, promettant
de la seconder vigoureusement en envoyant dans ce
pays des troupes. Puis il annonça que l'Esthonie ces-
serait d'appartenir à la Suède, et serait désormais
réunie à la Pologne. Charles commença par entrer
en Finlande, s'empara des châteaux de Wiborg, d'Abo,
soumit à son pouvoir toute la contrée, et y exerça les
mêmes actes de vengeance qu'en Suède. Vingt-huit
personnes eurent la tête tranchée. Parmi elles se trouvait le jeune et brave Jean Fleming, fils de ce vaillant
Clas Fleming qui avait déjà, quelques années auparavant, défendu la ville d'Abo.

Des préparatifs de guerre se faisaient en Pologne.
Charles, plus prompt que ses ennemis, entre avec
une armée en Livonie, et, dans l'espace de six mois,
subjugue cette province et l'Esthonie. Son jeune fils

l'accompagnait dans cette victorieuse expédition, son fils qui fut le célèbre Gustave-Adolphe, et qui, à l'âge de six ans, habituait ainsi son oreille au bruit du canon et aux clameurs des soldats. L'année suivante (1601), les Polonais, commandés par Zamoiski, chassèrent les Suédois de la Livonie et firent prisonnier Gyllenhielm, fils naturel de Charles, qui resta douze ans dans les fers.

A son retour de la Livonie, Charles convoqua les états, pour aviser aux moyens de continuer la guerre. Cette expédition n'avait pas été approuvée par la Suède, et le pays se trouvait dans une disette qui produisait de toutes parts un profond découragement. Au fléau de la famine se joignit la peste, qui jeta la désolation dans plusieurs provinces. Charles employa libéralement toutes ses ressources à soulager la misère publique, et obtint les renforts militaires qu'il demandait. Mais pour complaire aux états, il dut reconstituer le sénat, qui lui servait de conseil. Douze seigneurs furent investis de ces fonctions de conseillers. Les cinq premiers portaient le titre de sénéchal, de maréchal, d'amiral, de chancelier et de trésorier. Ils juraient fidélité au roi, à la reine, à leurs descendants, et s'obligeaient à maintenir les engagements du souverain envers la nation, et de la nation envers le souverain.

Il retourna une seconde fois en Livonie, et perdit près de Kerkholm une bataille où, emporté par son ardeur, il faillit lui-même succomber. Un gentilhomme suédois, Henri Wrede, le sauva en sacrifiant sa vie.

Une révolte qui en ce temps-là éclata en Pologne empêcha Sigismond de profiter du succès de Kerkholm. D'autres circonstances l'arrêtèrent encore dans ses projets contre Charles. Il avait aidé le faux Démétrius à s'emparer du trône de Russie. Démétrius mort, le nouveau tzar, Wassily Schmiky, s'allia à Charles pour achever d'écraser le parti de Démétrius et pour se venger des Polonais. Jacob de la Gardie marcha avec 4,000 hommes sur Moscou, délivra le tzar, assiégé dans cette ville par les troupes de Sigismond. Dans une autre campagne (1611), il s'empara de Kerkholm, de Nowogorod, et fit un traité par lequel les Russes s'obligeaient à prendre pour leur grand-duc un prince suédois.

Tandis que la lutte engagée entre la Suède et la Pologne se continuait ainsi sur une terre étrangère, d'autres dangers menaçaient le royaume de Charles. Le roi de Danemark se plaignait que la Suède empêchât ses navires de faire le commerce de Riga et perçût le tribut des Lapons, qui, selon lui, appartenait à la Norvége. Charles, pour apaiser ces différends, lui envoya son fils Gustave-Adolphe. Mais Christian IV, avec son humeur guerrière, avec les espérances que devait lui faire concevoir une expédition dans un pays où il y avait encore beaucoup de mécontents, où il n'aurait à combattre que contre un roi affaibli par les fatigues et contre des princes jeunes, inexpérimentés, Christian IV voulait entrer en campagne, et il lança sa déclaration de guerre. Les états, convoqués en 1610 à Orebro, demandaient

à éviter un nouveau conflit. Gustave-Adolphe les
harangua au nom de son père, à qui une attaque de
paralysie ne permettait plus de parler en public,
mais qui avait conservé toute l'énergie de sa volonté.
Les états cédèrent. Charles se mit lui-même à la tête
de ses troupes avec ses deux fils, et marcha à la rencontre des Danois, qui venaient d'entrer dans la ville
de Cálmar, par la trahison de celui qui était chargé
de la défendre. Charles furieux appela en duel Christian, qui lui répondit par un grossier sarcasme. Sur
ces entrefaites, arrivèrent des ambassadeurs d'Angleterre et de Hollande, chargés de négocier la paix entre
les États protestants du Nord. Charles convoqua une
nouvelle diète, partit de son camp pour s'y rendre,
tomba malade en route, et mourut à Nyköping le
30 octobre 1611, à l'âge de soixante ans.

Une fatale ambition s'empara du cœur de ce prince.
Il voulait avoir la couronne, il l'enleva à celui qui
en était le légitime possesseur. Il fut violent dans ses
résolutions, inflexible et cruel dans ses sentiments de
vengeance. Mais, après avoir constaté ces faits, l'historien ne peut négliger de reconnaître les grandes
qualités de Charles et l'heureuse action qu'il exerça
sur la Suède. Il comprima dans ce royaume les discordes religieuses enfantées par les tendances catholiques de Jean, les discordes politiques enfantées par
Sigismond. Bien qu'il eût aussi à subir, en diverses
circonstances, l'opposition du clergé, il sut le maîtriser en lui conservant ses droits. Les prêtres de Suède
et de Finlande lui durent le règlement exact de leurs

revenus. Doué, comme tous les autres fils de Gustave
Wasa, d'une remarquable instruction, au milieu des
perpétuelles agitations de son règne il trouva le temps
d'encourager les sciences. Il enrichit l'université d'Upsal d'une dotation pour les étudiants pauvres, maintint les priviléges de cette école, et lui donna deux
professeurs qui y ravivèrent l'amour des lettres : l'historien Jean Messénius et le savant Rudbeck.

Il travailla à réformer les anciennes lois, établit dans
le royaume un système uniforme de poids et de mesures, développa le travail des mines, patrona les manufactures, et fit cadastrer les terres depuis les districts méridionaux de la Suède jusqu'en Laponie.
Enfin, si la gloire du fils peut rejaillir sur le père,
Charles IX eut la gloire de donner à la Suède un de
ses plus grands rois, un de ses héros, Gustave-Adolphe. « La finesse et la pénétration de Charles IX l'ont
fait comparer, dit l'auteur des *Anecdotes de Suède*,
à Philippe ; et ce qui rend la comparaison plus juste,
c'est qu'il laissa sur le trône un autre Alexandre. »

Des six enfants que Charles avait eus de sa première femme, il ne lui était resté qu'une fille. Il
se remaria avec une princesse Christine de Holstein,
qui, le 9 décembre 1594, mit au monde Gustave-
Adolphe. Charles, qui était un homme instruit, un
père tendre et éclairé, surveilla lui-même l'éducation
de son fils, et ne contribua pas peu à développer son
esprit et à former son caractère. Dès son bas âge, il
l'emmenait dans ses expéditions, lui enseignait à observer et à juger les hommes. Le prince n'avait encore

que neuf ans, que déjà il assistait aux délibérations
du conseil, aux audiences des ambassadeurs. En
même temps il recevait les leçons de plusieurs savants
maîtres, de Jean Skytte et d'Othon Mörner. Il étudia
le grec, le latin, l'histoire, et apprit à parler couram-
ment l'allemand, le hollandais, le français, l'italien.
Quand ses précepteurs lui avaient expliqué un principe de philologie, son père revenait, qui l'entretenait
de ses devoirs de prince. « Avant tout, lui disait-il,
respecte et crains Dieu, honore ton père et ta mère,
sois bon envers tes frères et sœurs, aime les fidèles
serviteurs de l'État, et récompense-les comme il con-
vient; montre-toi bienveillant envers tes sujets; punis le mal, encourage le bien; apprends à connaître
les hommes; n'enlève à personne ses priviléges, tant
qu'ils sont d'accord avec les lois (1).

Dans une autre occasion, Charles lui recomman-
dait encore « de choisir pour ses conseillers des
hommes droits et craignant Dieu, non point des gens
sans talent, pareils à des ânes sous un manteau de
pourpre, ni ceux qui sont toujours prêts à répondre
oui ou non, selon que leur maître le désire; ni ces
êtres indignes que l'on voit ramper comme des vers
dans les palais des princes. »

Quand Charles mourut, Gustave, n'ayant pas encore dix-sept ans, ne pouvait monter sur le trône. Il
n'était plus question de rappeler en Suède le fugitif

---

(1) El Minneszedeln för min sön Göstaff Adolft. (Manuscrits de
Palmsköld.)

Sigismond ; mais beaucoup de gens pensaient que son
frère Jean pouvait faire valoir ses droits à la couronne.
Charles, dans son testament, avait même recom-
mandé à son fils de ne point s'opposer à ce prince,
s'il voulait être roi. Cette difficulté ne se présenta
heureusement pas. Jean, qui était d'un caractère
doux, modeste, aimant le repos, abdiqua toutes ses
prétentions, et se contenta d'un apanage en Westrogothie. En 1611, les états, réunis à Nyköping, consi-
dérant la prompte maturité du caractère de Gustave,
dérogèrent à la loi, qui fixait à un âge plus avancé
la majorité des princes, et le déclarèrent apte à
régner.

Gustave donc était roi, mais de quel malheureux
royaume ! Depuis Gustave Ier, la Suède n'avait pas
joui d'un instant de paix. Depuis cinquante ans, que
de troubles funestes ! que de désastres ! Guerre entre
les frères, guerre civile, guerres de religion et d'ambition, guerre avec les États voisins. Charles laissait
à son fils un trône teint de sang et entouré de
périls.

Le prince qui devait un jour dicter des lois à l'Europe fut d'abord obligé de défendre pied à pied ses
provinces contre les Danois. Il avait cherché à éviter cette invasion ; mais Christian IV se croyait trop
sûr de vaincre un roi si jeune, et, pendant l'hiver
de 1612, il entra en Suède, ravagea le Smäland, la
Westrogothie, incendia plusieurs villes et des milliers
d'habitations. Pendant ce temps, une armée suédoise,
commandée par le duc Jean, exerçait les mêmes ra-

vages dans le Halland; une autre armée, sous les
ordres de Gustave, entrait en Scanie. Gustave faillit
périr dans cette expédition. Surpris le 11 février par
les troupes danoises, il engagea la bataille sur le lac
de Vidsjö. La glace se rompit. Un grand nombre de
ses soldats furent noyés; lui-même tomba avec son
cheval dans l'eau, et ne dut son salut qu'au dévouement de deux hommes intrépides, Pierre Banner et
un cavalier de l'Uppland nommé Thomas Larsson,
auquel le roi donna un domaine que ses descendants
possèdent encore aujourd'hui. L'été suivant, Christian
équipa une flotte considérable, s'empara de la forteresse d'Elfsborg et de celle de Gullberg. Gustave,
dont les forces étaient partagées par la guerre qui se
continuait avec la Pologne et avec la Russie, n'avait
qu'une dizaine de mille hommes à opposer à l'armée
de Christian. Tandis qu'une partie de cette armée s'a-
vançait vers la Westrogothie, l'autre, commandée par
Rantzow, s'emparait d'Oland, de Borgholm, incen-
diait Westervik et Söderköping. Là, il fut atteint par
Gustave, qui l'obligea à se retirer et lui fit éprouver
des pertes considérables. Christian, qui se préparait
à marcher sur Jonkoping, renonça à ce projet en
apprenant la retraite de son général. Bientôt on le
vit reparaître, non plus auprès d'une cité de province, mais à quelques lieues de la capitale, au pied
de la forteresse de Waxholm. A la nouvelle de cette
audacieuse tentative, les Dalécarliens se levèrent
spontanément pour venir défendre Stockholm. Gustave, qui était malade à Jönköping, accourut en toute

hâte; mais quand il arriva à Waxholm, Christian profitait d'un vent favorable pour remettre à la voile et pour s'éloigner.

De part et d'autre on désirait la paix. Les Danois, malgré les avantages qu'ils avaient remportés, la désiraient non moins que les Suédois, car cette guerre avait épuisé leurs ressources financières et décimé leurs troupes. Le 19 janvier 1613, la paix fut signée à Knäröd. La Suède abandonnait au Danemark le Jemteland le Herjedalen, et s'engageait à racheter pour un million de dalers la forteresse d'Elfsborg. En échange de ces concessions, elle reprenait possession de Calmar, d'Oland, et ses navires étaient affranchis du péage du Sund.

Gustave avait fait dans cette lutte désastreuse des prodiges d'activité, de courage. Mais les hommes qui devaient un jour s'illustrer avec lui dans les plaines de l'Allemagne n'étaient pas encore formés. Il avait été mal secondé dans ses opérations, et trompé dans plusieurs de ses combinaisons. Les Norvégiens, qu'il excitait à se ranger de son côté, répondirent à son appel en dévastant deux de ses provinces. Des troupes qu'il avait recrutées en Écosse, et qui s'avançaient vers Stockholm sous le commandement du colonel Sinclair, furent massacrées par les paysans du Gudbrannsdal. Tel fut le commencement d'un règne qui était destiné à acquérir une si grande gloire, et à étendre si loin la renommée du courage suédois.

Déjà cette renommée se répandait avec éclat dans

l'empire russe. Jacob de la Gardie avait, comme nous l'avons dit, fait promettre aux Russes de prendre pour leur grand-duc un prince de Suède. Ce titre était réservé à Charles-Philippe, frère de Gustave, et on l'invitait à se rendre dans le pays dont il devait être le tzar. Mais diverses circonstances retardèrent son départ; les Russes élurent à sa place Michel Romanoff, et La Gardie et son noble émule Ewart Horn continuèrent la guerre avec succès. Gustave voulut s'associer à leurs combats. En 1614, il eut la joie de prendre la forteresse russe d'Angdoff. En 1615, il assiégea Pleskoff. La force de la garnison, l'état des troupes suédoises, affaiblies par les maladies, l'obligèrent à renoncer à cette entreprise. La paix se fit au mois de février 1617. La Russie céda par ce traité à la Suède le district de Kexholm, la partie de la province de Nöteborg située entre le lac Ladoga et le golfe de Finlande, l'Ingermannie avec les forteresses d'Yvanogorod, Jama, Koporic. La Russie abandonnait en outre ses prétentions sur la Livonie, et s'engageait à payer une somme de 20,000 roubles. La Suède lui rendait les forteresses qu'elle avait prises, et reconnaissait la souveraineté de Michel Romanoff. Ce sont les descendants de ce même Romanoff, dont la Suède affermit l'autorité, qui ont enlevé l'Esthonie, la Livonie, et dépouillé les Suédois de leur chère province de Finlande.

Deux des guerres léguées par Charles IX à son fils étaient ainsi terminées, à la grande joie du peuple. Restait celle de Pologne, interrompue en 1612 par

une tréve, puis en 1613 par une seconde tréve, qui
dura jusqu'au mois de janvier 1616. A cette époque,
les armées ennemies rentrèrent en campagne. Sigismond comptait sur l'appui de l'Espagne, des villes
hanséatiques, et sollicitait celui du Danemark. Les
Suédois prirent Dunamunde, Pernan, Salis, puis
une nouvelle tréve suspendit encore les hostilités.
Cette année-là, le duc Jean et sa femme moururent
sans enfants. Les apanages dont ils jouissaient furent
réunis à la couronne. Cette année-là encore, Gustave, délivré en quelque partie des sollicitudes qui
avaient occupé son esprit pendant les premières années de son règne, songea sérieusement à se marier.
Il aimait la belle Ebba Brahe, il eût voulu l'épouser;
mais la reine douairière, trop fière pour souffrir
l'alliance de son fils avec la fille d'un de ses sujets,
renversa les projets des deux amants, et fit épouser
Ebba par la Gardie.

Gustave tourna ses vues vers Éléonore, fille de
Jean Sigismond, électeur de Brandebourg. Quelque
temps après le mariage d'Ebba, il partit secrètement
pour Berlin, afin de voir lui-même celle dont on lui
avait vanté la grâce et la distinction, et revint à
Stockholm très-satisfait de son voyage. Les négociations matrimoniales commencèrent. Éléonore et sa
mère étaient résolues à accepter les offres de Gustave. L'électeur seul s'opposait à cette union, et cherchait à l'entraver. Gustave, pour en finir, retourna
une seconde fois à Berlin sans éclat et sans entourage, comme un simple gentilhomme. Deux hôteliers

de la ville, chez lesquels il alla demander un gîte, le prirent pour un de ces officiers de fortune dont on redoutait l'humeur aventureuse, et refusèrent de le recevoir. Un troisième, plus confiant, voulut bien lui ouvrir la porte de sa demeure. Le lendemain, Gustave se présentait chez la mère d'Éléonore, et le mariage était conclu.

De Berlin, le jeune roi s'en alla visiter les bords du Rhin et le Palatinat. Il voyageait modestement, sous le nom du capitaine Gars, et ne pensait guère sans doute avec quel pouvoir il reviendrait un jour dans ces mêmes contrées.

Au mois d'octobre, une flotte suédoise lui amena à Calmar sa fiancée. Le mariage royal fut célébré le 25 novembre. Le 28, Éléonore fut couronnée. C'était une femme d'une beauté remarquable, d'un esprit très-distingué, qui sut comprendre les qualités éminentes de son époux, et qui l'aima, mais d'un amour inquiet, jaloux, exigeant, dont Gustave eut beaucoup à souffrir. Elle eût voulu le suivre dans toutes ses expéditions, être près de lui à tout instant; et, dès qu'il s'éloignait, elle tombait dans une sorte de désespoir. Son goût pour la parure, pour la musique et les œuvres d'architecture l'entraînèrent aussi à des dépenses qui plus d'une fois embarrassèrent et affligèrent Gustave. Mais son exquise bonté de cœur lui faisait fermer les yeux sur les fantaisies d'Éléonore, et il la traitait comme un enfant aimable et capricieux, avec une tendre indulgence.

Les fêtes du couronnement étaient à peine terminées, qu'il fallut rentrer dans les agitations de la
guerre. La trêve avec la Pologne expirait en 1621.
Gustave offrait encore la paix; Sigismond la rejetait,
ou y mettait des conditions qu'on ne pouvait pas
même discuter. Gustave conduisit ses troupes en Livonie, en Courlande, subjugua ces provinces, entra
dans Riga, et battit les Polonais en plusieurs occasions. Il laissa la Gardie en Livonie, et entra dans
les anciennes provinces de Prusse, soumises à la Pologne. Le 15 juin 1626, il débarqua près de Pillau,
et, dans la même année, s'empara de Königsberg, de
Marienbourg, de Mewe, de plusieurs autres villes.
En 1627, il s'avança vers Dantzig, attaqua les Polonais sur plusieurs points, et reçut malheureusement
dans cette expédition une blessure qui arrêta ses
progrès. Mais, l'année suivante, il revint de nouveau,
franchit les frontières du royaume de Pologne. Ses
troupes légères s'avancèrent jusque sous les murs de
Varsovie, et l'un de ses généraux, Hermann Wrangel,
remporta près de Gorzno une brillante victoire.
Les Polonais, las enfin d'une guerre dans laquelle ils
étaient constamment battus, obligèrent l'opiniâtre
Sigismond à y mettre fin. Au mois de septembre 1629,
il conclut avec son heureux adversaire une trêve
qui ne devait durer que six ans, mais qui ne fut pas
rompue tant que vécut Gustave. En vertu de ce
traité, la Suède conservait la Livonie et les côtes de
Prusse. Au milieu de ces succès militaires, Gustave
eut la douleur de perdre son frère unique Charles-

Philippe, qu'il aimait tendrement. Le jeune prince,
qui avait voulu l'accompagner dans son expédition,
tomba malade près de Narwa, et mourut le 25 janvier 1622. Son duché fut réuni à la couronne, et
dès cette époque il n'y a plus eu en Suède aucun de
ces partages de principautés, qui avaient enfanté tant
de malheurs.

Dans l'espace de dix-huit années, Gustave-Adolphe avait ainsi terminé trois guerres qui depuis
longtemps appauvrissaient et affligeaient ses États.
Par son traité de Danemark, il avait dû payer assez
cher, il est vrai, l'avantage de ne plus être inquiété par
son plus proche voisin; mais son traité avec la Russie
étendait ses domaines, assurait ses provinces le long
du golfe de Bothnie et du golfe de Finlande. Sa trêve
avec la Pologne lui donnait plusieurs positions importantes, et les ports des côtes de Prusse et les revenus de leur douane. En même temps qu'il étendait
son pouvoir au dehors, il s'occupait avec ardeur des
améliorations à introduire dans son royaume. Tant
que dura sa longue lutte avec la Pologne, il partait
au printemps pour se mettre à la tête de ses troupes,.
diriger les opérations de ses généraux, stimuler le
zèle de ses soldats. Il revenait en automne, et employait l'hiver à parcourir ses provinces, à étudier les
besoins de son peuple, à préparer, de concert avec le
sénat et avec la diète, d'utiles réformes dans les lois,
dans l'administration du pays. Sa pensée s'appliquait
à la fois à tout ce qui pouvait contribuer aux progrès
intellectuels et au bien-être matériel de la Suède. Il

reconstitua l'enseignement des écoles, fonda plusieurs gymnases, et donna à l'université d'Upsal le riche patrimoine qu'il avait hérité de ses ancêtres. Avant lui nul règlement ne fixait encore l'ordre et la tenue des diètes. Quelquefois on n'y appelait que la noblesse et le clergé ; d'autres fois on s'adressait seulement aux paysans. En 1624, Gustave fit pour la composition et la convocation de ces assemblées une ordonnance qui a servi de base à toutes celles que l'on a admises en Suède depuis cette époque. Avant lui, on ne se servait encore dans les tribunaux que de lois manuscrites. Gustave les fit imprimer, et créa deux hautes cours de justice, l'une à Stockholm en 1614, l'autre à Abo en 1623.

Le peuple était, après les règnes orageux d'Éric XIV, de Jean, de Sigismond, dans un profond état de misère. Charles IX avait travaillé à relever le commerce, à établir des manufactures ; mais la Suède tirait encore de l'étranger des denrées qu'elle pouvait produire elle-même, telles que la cire, le chanvre, le papier et plusieurs autres, qui portaient au dehors l'argent du pays. Gustave employa ses efforts à corriger cet état de choses. Dans ses excursions à travers le royaume, il s'arrêtait dans les villages, dans les hameaux, causait avec les paysans, et leur donnait lui-même des leçons de culture et d'industrie. Pour s'aider dans ses projets, il fit venir des laboureurs d'Allemagne, de Hollande, qui répandirent dans les provinces l'enseignement pratique d'une meilleure agriculture. Des fabriques de différentes sortes, des

compagnies de commerce se fondèrent çà et là sous
le patronage royal. Des hommes intelligents se con-
sacrèrent à l'exploitation des mines, et en faisant
leur fortune développèrent celle du pays. De cette
époque datent les travaux industrieux des Geiier, des
Grill, des de Besch, et de la noble et opulente famille
des de Geer.

Grâce à ces sages conceptions, à ces tentatives
persévérantes, le peuple suédois acquit peu à peu
un état de bien-être inespéré, tout nouveau, et appuyé sur des bases solides que le temps ne pouvait
qu'élargir.

Un roi qui à l'âge de six ans bivaquait déjà
dans les camps, qui à dix-sept ans se mettait à la tête
de ses troupes, qui depuis cette époque passa la
plus grande partie de sa vie à guerroyer, tantôt dans
une contrée et tantôt dans une autre, ne pouvait manquer de faire sur l'art militaire de son temps des
observations qui devaient le conduire à d'utiles réformes. L'armement de l'infanterie fixa d'abord son
attention. Cet armement était lourd, incommode:
des piques de 18 pieds de longueur, des mousquets
si lourds que, pour s'en servir, le fantassin était
obligé de porter avec lui une sorte de fourche qu'il
plantait dans le sol, et sur laquelle il braquait son canon. Les piques furent réduites à la longueur de
11 pieds, les pesants mousquets remplacés par des
fusils légers qui rendaient inutile l'emploi de la
fourche.

L'équipement de la cavalerie ne présentait pas un

moins grand inconvénient : de la tête aux pieds, le
cavalier était revêtu d'une armure massive qui gênait tous ses mouvements et écrasait son cheval.
De plus, il était chargé d'une énorme arquebuse.
Gustave ne laissa subsister de cette armure que la
cuirasse et le casque, et remplaça l'arquebuse par
une légère carabine. Il diminua aussi le cadre des régiments, qui pour l'infanterie était de trois mille
hommes, pour la cavalerie de sept cent cinquante.
Enfin il introduisit dans son armée l'usage des canons
raccourcis, que les autres puissances de l'Europe ne
tardèrent pas à adopter, et que pendant plus d'un
siècle on ne désigna en France que sous le nom de
pièces suédoises.

En opérant ces améliorations matérielles, Gustave
en poursuivait d'autres d'une nature plus élevée. Il établissait un ordre régulier dans l'administration militaire
et astreignait ses troupes à une austère discipline.
A cette époque, les généraux se préoccupaient encore
fort peu de la solde de leurs légions, et le soldat conduit en pays étranger pourvoyait par la rapine à ses
besoins. Gustave voulut que les siens fussent bien vê-
tus, exactement payés. La sollicitude paternelle avec
laquelle il s'occupait d'eux lui donnait le droit de leur
interdire le pillage, la violence, et de punir sévèrement toute infraction à ses arrêts. Le jeu, l'ivrogne-
rie, la débauche, étaient rigoureusement proscrits
dans ses camps. Dans la guerre d'Allemagne, chaque
régiment avait son prédicateur, le service divin était
célébré régulièrement, et les coups de canon accom-

pagnaient le chant des Psaumes. Gustave aimait les
prêtres et les protégeait. Il avait coutume de dire
que les prêtres devaient être les vrais tribuns du peuple. Les querelles religieuses qui avaient excité tant
de troubles en Suède s'apaisèrent sous son règne. Le
clergé, honoré par la royauté, mais maintenu dans .
son devoir par une ferme et intelligente autorité, acquit à cette époque un respectable ascendant.

La noblesse, comprimée, persécutée par Charles IX, pouvait craindre d'éprouver les mêmes rigueurs de la part de son fils. Skytte, le premier maître de Gustave et son ami dévoué, était hostile à ce
corps puissant, et cherchait à implanter ses préventions dans le cœur de son élève. « Pour assurer le
pouvoir de la royauté, il fallait, disait-il, écraser
celui des nobles, et réunir à la couronne une partie
de leurs domaines. Ces principes étaient éloquemment combattus par Oxenstiern, qui représentait au
roi de quelle injustice cruelle il se rendrait coupable
en dépossédant de leurs biens des familles qui depuis
des siècles versaient leur sang pour la patrie, qui
avaient donné la couronne, puis l'hérédité de la monarchie aux Wasa.

Les idées d'Oxenstiern s'accordaient mieux que
celles de Skytte avec l'esprit de modération et les
sentiments d'équité de Gustave. Après quelques hésitations et plusieurs conférences avec ses deux conseillers, sa résolution fut arrêtée. Non-seulement la
noblesse ne fut plus persécutée, mais sa puissance
s'agrandit. Une quantité de nobles qui, pour échap-

per à la haine de Charles, s'étaient retirés en pays
étranger, revinrent en Suède, et y reprirent possession de leurs biens. Mais en maintenant leurs priviléges, Gustave sut en prévenir l'abus, et montra d'ailleurs, en plusieurs circonstances, que, s'il respectait
les titres de naissance, il n'oublierait pas de reconnaître le mérite personnel des hommes du peuple.
Ainsi on le vit plusieurs fois choisir dans la classe
plébéienne des gens auxquels il confiait de hautes
missions. Skytte fut appelé à faire partie du conseil
suprême, et Salvius, Feyrens, qui étaient nés comme
lui dans la plus obscure condition, furent investis de hauts emplois. La réorganisation des écoles
devait plus tard enhardir l'ambition du peuple, et
aider à son admission dans les charges de l'État. Jusque-là les nobles avaient pu, grâce à leur fortune,
donner à leurs enfants une éducation à laquelle ne
pouvaient guère prétendre ceux qui n'avaient pas le
moyen de payer un précepteur ou de voyager en
pays étranger. La fondation de gymnases dans diverses provinces, les dotations qui y étaient attachées
pour les étudiants pauvres, permirent aux simples
paysans de faire élever leurs enfants d'une façon à
laquelle, jusque-là, ils n'osaient aspirer; et il sortit
de là des hommes qui, se sentant plus instruits et
plus habiles que les nobles, ne se résignaient pas à
l'idée d'être relégués à des postes inférieurs.

Si, au point de vue du principe monarchique,
Gustave eut tort d'accorder trop de pouvoir à la noblesse, il faut dire que cette noblesse ne lui donna

pas lieu de se repentir de la faveur qu'il lui témoigna.
Ce fut là qu'il trouva ces conseillers prudents qui
pendant ses absences administraient avec honneur et
sagesse son royaume, ces officiers qui se montrèrent
si vaillamment dans ses guerres de Pologne, de Russie, et élevèrent si haut la réputation du courage suédois dans la guerre d'Allemagne : la Gardie, Horn,
Brahe, Tott, Wrangel, Sparre, Torstensson, et, avant
tous, Axel Oxienstiern, ce confident si sage, ce ministre si éclairé, cet ami si fidèle de Gustave.

Dix-huit années de combats, vaillamment soutenus et glorieusement terminés, devaient donner au
roi de Suède le désir de jouir en paix de ses victoires,
de se dévouer à l'administration de ses provinces;
mais il était appelé à reparaître sur un plus vaste
champ de bataille, à accomplir une plus grande destinée. Tandis qu'il poursuivait sa lutte contre la Pologne, l'orage éclatait en Allemagne. L'Europe, divisée en apparence par une question religieuse et en
réalité par une ardente ambition politique, entrait
dans cette fameuse guerre de Trente Ans. Déjà le palatin Frédéric avait été chassé du trône de Bohême,
et les princes protestants vaincus par les troupes impériales. Déjà Christian IV, dont ils avaient invoqué
le secours, s'était retiré de l'arène sanglante, battu
par Tilly, et laissant 4000 morts dans les champs de
Barunberg. Les troupes de Wallenstein avaient envahi
le nord de l'Allemagne, le Holstein, le Jutland. Leur
chef s'emparait du duché de Mecklembourg, et regardait avec fureur les flots du Belt et les murs de Stral-

sund, qui, sur les frontières du Danemark et sur les rives de la mer, arrêtaient seuls sa marche impétueuse. L'armée catholique l'emportait sur tous les points. Rien ne s'opposait plus au pouvoir de Ferdinand dans ces provinces, pillées, dévastées, ruinées par ses soldats, dans ces principautés protestantes qu'il menaçait d'écraser.

La France, qui ne pouvait voir sans une juste sollicitude cette rapide prépondérance de la maison d'Autriche, travaillait pourtant à la combattre ; l'Angleterre, par le même principe politique, et de plus par l'intérêt que devait lui inspirer la douloureuse situation de ses coreligionnaires, s'associait à elle dans cette circonstance. Lorsqu'il fut question pour la première fois de rallier sous un même chef les troupes protestantes, Richelieu voulait que ce chef fût Gustave-Adolphe. L'Angleterre demandait Christian IV. Christian fut nommé commandant du cercle de la basse Saxe, échoua dans son entreprise, et laissa la cause des protestants dans un état plus triste que jamais.

Plusieurs fois cependant les princes opprimés de l'Allemagne avaient tenté de s'allier avec Gustave et d'obtenir son soutien. Les guerres dans lesquelles il se trouvait engagé ne lui permettaient pas de répondre à leurs vœux. Mais dès que ces guerres furent terminées, il tourna ses vues du côté de l'Allemagne. Le sort déplorable de plusieurs provinces voisines de la Suède excitait sa compassion. Les dangers auxquels était exposé le protestantisme enflammaient son zèle

religieux. En outre, il avait contre Ferdinand des griefs
personnels. Ferdinand avait envoyé à Sigismond un
régiment impérial; il avait donné à Wallenstein le titre d'amiral des mers du Nord, ce qui pouvait être
considéré comme un indice de ses projets de conquête en Scandinavie; enfin il affectait envers Gustave un dédain dont le jeune roi devait être blessé.
Toutes ces considérations déterminèrent Gustave à se
jeter dans une mêlée difficile, périlleuse, mais dont
il pouvait attendre un immense résultat.

En 1629 il commença à faire ses préparatifs, leva
des troupes, et publia un manifeste dans lequel il expliquait aux puissances de l'Europe les raisons qui le
portaient à entrer en lutte avec l'empereur. L'année
suivante, il convoqua la diète à Stockholm, s'avança
au milieu de l'assemblée avec sa fille Christine, âgée
de quatre ans, lui fit prêter serment d'obéissance
par les États, leur adressa en termes touchants ses
adieux, ses derniers adieux; puis partit avec ses étendards, sur lesquels on lisait ces pieuses devises : *Si
Deus pro nobis, quis contra nos? Ut Abraham filium
pro Deo, sic nos vitam pro rege.* Au moment de s'embarquer, il prit son enfant dans ses bras, la serra sur
son cœur, la bénit, et bientôt le navire qui l'emportait disparut aux regards de la foule, qui le suivait de
ses vœux et faisait retentir l'air de ses acclamations.

Le 24 juin 1630, il débarqua sur la côte de la Poméranie, qui était encore occupée par 16,000 hommes
sous les ordres de Torquato Conti. La nouvelle de son
arrivée en Allemagne n'émut point ceux qu'il venait

combattre. Conti ne se dérangea pas même pour s'opposer à son débarquement. Les Viennois se moquèrent de cette *Majesté de neige* qui venait se fondre au soleil, et Ferdinand, qui se trouvait alors à Ratisbonne, dit à ses courtisans : « Voilà qu'il nous vient encore un petit ennemi. » Les officiers impériaux, enrichis par leurs pillages, parlaient aussi avec un profond dédain de cette pauvre armée de Suède, dont les chefs, à leurs heures de loisir, raccommodaient eux-mêmes leurs souliers.

Gustave, en débarquant sur la plage, se jeta à genoux, adressa au ciel une fervente prière, puis se mit à la tête de ses troupes, s'empara rapidement de Wolgast, de Carnin, de Golnow, entra dans Stettin, où Horn le rejoignit avec les troupes qui étaient restées dans les provinces de Prusse. Cette entrée en campagne, ces premiers succès, surtout la considération que Gustave s'était acquise dans la province où il était entré par la noblesse de son caractère, par l'excellente conduite de ses troupes, commencèrent à inquiéter ceux qui jusque-là se riaient de lui et de son expédition. Ses ennemis tentèrent de le surprendre et de le faire assassiner. La prudence et le courage de ceux qui l'entouraient déjouèrent leurs complots, et Gustave continua sa marche victorieuse. L'approche de l'hiver effrayait les troupes de Conti, habituées au climat de l'Italie. Conti eut une entrevue avec quelques généraux suédois, et leur demanda s'ils voulaient suspendre les hostilités jusqu'au retour de la belle saison. Les généraux répondirent que des soldats qui avaient guerroyé dans la neige et la glace, aux extrémités du Nord, s'inquiétaient fort peu de l'hiver d'Allemagne. Conti retourna en Italie et fut remplacé par le général Scharembourg, à qui Gustave enleva coup sur coup, en plein mois de décembre, deux places importantes.

En apprenant ces nouvelles, Richelieu en revint avec plus de confiance à l'idée qu'il avait eue depuis longtemps de faire avec Gustave un pacte d'alliance contre la maison d'Autriche, et chargea Charnacé de cette négociation. Gustave choisit pour son plénipotentiaire Gustave Horn et Baner. Quelques discussions d'étiquette entravèrent d'abord le cours de cette grave affaire. Charnacé refusait au roi de Suède le titre de Majesté, et l'appelait *Votre Dignité*. De plus, il voulait que dans tous les actes son nom ne fût inscrit qu'après celui de Louis XIII, et qu'il reconnût l'appui que lui donnait la France. Gustave déclara qu'entre les rois il n'y avait d'autre différence que celle du mérite personnel, et qu'il ne reconnaissait d'autre appui que Dieu et son épée. Toutes ces difficultés furent enfin aplanies comme il le désirait. Le 16 janvier 1631, Charnacé et les délégués suédois signèrent un traité par lequel Gustave s'engageait à entretenir une armée de 30,000 fantassins, de 6,000 cavaliers, et Richelieu à lui payer annuellement une somme de 400,000 dalers. Il était convenu que les troupes suédoises seraient employées à combattre la puissance autrichienne, à maintenir l'indépendance des princes allemands; que les États catholiques conserveraient le libre exercice de leur culte, et que la

Bavière garderait les priviléges de la neutralité.

Gustave, qui avait déjà délivré une partie de la Poméranie de l'oppression des troupes impériales, avait hâte de continuer son œuvre. Il s'avança vers Dennin, qui était une forte place abondamment pourvue de munitions et gardée par 1700 hommes, sous le commandement du duc de Savelli. Le siége de cette ville était une entreprise hardie, qui exposait les Suédois à plus d'un échec. Mais à la seconde attaque, Savelli, qui était possédé du démon de l'avarice et qui tremblait de perdre ses trésors, offrit de rendre la forteresse, à la condition qu'on ne touchât point à ses bagages. La proposition fut acceptée. Ses troupes et ses chariots défilèrent devant l'armée suédoise. Quand Gustave le vit passer : « Voilà un homme, dit-il, qui a grande confiance dans la bonté de l'empereur; s'il avait commis à mon service une pareille lâcheté, je lui ferais trancher la tête. »

De là, Gustave s'en alla attaquer Francfort-sur-l'Oder, qui renfermait une garnison de 8 à 9,000 hommes, commandés par Scharembourg. Les habitants de cette cité, confiants dans leurs forces, se moquèrent des Suédois qui osaient s'aventurer au pied de leurs remparts, et, leur montrant des oies suspendues aux murailles, leur criaient qu'ils devaient, comme ces oiseaux de passage, retourner dans le Nord après avoir passé l'hiver en Allemagne. Les soldats de Gustave répondirent à ces railleries en montant à l'assaut une première, une seconde fois. A la troisième, ils étaient maîtres des remparts. Les Impériaux se débandèrent, s'enfuirent en désordre. Un grand nombre d'entre eux se noyèrent dans l'Oder. Scharembourg perdit plus de 2000 hommes, laissa entre les mains des Suédois 830 prisonniers, 80 canons et une quantité de munitions. Quinze jours après, Gustave s'emparait encore de Landsberg, qui était défendu par 3000 hommes d'infanterie et 1500 de cavalerie. La prise de ces deux villes augmentait considérablement son pouvoir et facilitait ses opérations. Il dominait de là le cours de l'Oder, et s'ouvrait à la fois le chemin de la Silésie, du Brandebourg, de la Saxe. Les protestants, en apprenant les rapides progrès de l'armée suédoise, reprirent courage; les catholiques furent effrayés, et à Vienne on n'osa plus rire de la *Majesté de neige.* Gustave profita de sa victoire pour gagner l'appui du Brandebourg. Il se rendit à Berlin avec une escorte de 1500 hommes, et détermina l'électeur à lui remettre les forteresses de Spandau et de Kentzin.

Pendant ce temps, Tilly et Pappenheim assiégeaient Magdebourg. La ville se défendit longtemps avec un héroïque courage, puis enfin fut emportée d'assaut, et devint le théâtre des scènes les plus affreuses. Une soldatesque effrénée, avide de sang et de carnage, se précipita dans les rues, ravageant, incendiant les maisons. Des milliers d'habitants périrent par le fer ou par les flammes; les femmes et les enfants furent victimes de la plus monstrueuse brutalité. Tilly proclama sa victoire en termes pompeux; les protestants poussèrent un cri d'horreur, et Gustave, qui avait

voulu secourir cette malheureuse cité, qui en avait
été empêché par d'autres opérations, jura de châtier
le *vieux caporal*. C'était ainsi qu'il désignait le chef
des Impériaux, et il tint sa parole.

Après la prise de Magdebourg, qu'il comparait fièrement à celle de Jérusalem, Tilly, qui semblait craindre de se mesurer avec le roi de Suède, fit une invasion dans la Hesse, abandonnant ainsi le terrain qu'il
venait de prendre à Gustave, qui se rapprocha de
l'Elbe, entra à Tangermunde, et établit son camp
près de Werben. Tilly, qui comprenait l'importance
de cette position, revint sur ses pas pour essayer de
la lui enlever, fut repoussé avec perte et entra en
Saxe, afin de forcer l'électeur Jean-Georges à se joindre à lui. Mais cette invasion cruelle et sanglante
produisit un effet tout contraire à celui qu'il en attendait. Jean-Georges, qui était un homme de peu de
talent et de peu d'énergie, un homme qu'on appelait
par dérision le *Roi de la bière*, Jean-Georges, séduit
par les promesses de l'empereur, avait déserté la cause
des princes protestants. Le retard que la reine Anne
d'Autriche apporta à remplir les engagements qu'elle
avait pris avec lui l'ébranla dans la confiance qu'il
avait eue en elle; les succès de Gustave éveillèrent dans
son esprit une autre espérance, la brusque et violente
attaque de Tilly le révolta. Au lieu de céder à ses
menaces, il résolut de le combattre, et, pour pouvoir soutenir la lutte, il se tourna du côté du roi de
Suède. Mécontent de ses longues hésitations et de son
inertie, Gustave le traita d'abord sévèrement, et lui

imposa de rudes conditions. Jean-Georges s'écria qu'il acceptait sans hésiter tout ce qui lui serait prescrit; qu'il se remettait, lui et sa principauté, entre les mains de Gustave. La négociation fut alors poursuivie rapidement, et le traité d'alliance fut signé. Par ce traité, l'électeur s'engageait à placer ses troupes sous les ordres du roi, à lui ouvrir les villes de l'Elbe, à pourvoir aux besoins des Suédois tant qu'ils seraient dans ses États. De son côté, Gustave s'engageait à ne pas déposer les armes avant d'avoir expulsé de la Saxe les Impériaux. Le 1ᵉʳ septembre, les deux armées confédérées se réunirent à Wittemberg; le 4, elles entrèrent à Düben; le 6, elles se mirent en marche pour Leipzig, et campèrent dans la plaine de Breitenfeld. Tilly apprit près de Leipzig la jonction des Saxons et des Suédois. Son avis n'était pas d'engager avec eux une bataille décisive. Les énergiques représentations de Pappenheim le déterminèrent à prendre ce parti. Le 7, les armées ennemies se trouvèrent en présence. Celle de Gustave se composait de 40,000 hommes, celle de Tilly n'était pas moins considérable et il avait une meilleure artillerie. Le lendemain, à midi, le combat s'engagea avec une égale ardeur de part et d'autre. Mais bientôt les Saxons lâchèrent pied, et l'électeur, qui se trouvait au milieu d'eux, jugea la bataille perdue. Tilly tressaillit de joie et s'écria : « Laissez les Saxons courir, et serrons les Suédois! » Gustave qui au milieu de ce commencement de désordre conservait toute sa résolution et toute sa présence d'esprit, s'en allait d'une aile à l'autre, stimulant le cou-

rage de ses troupes, dirigeant ses généraux, changeant,
selon les mouvements de l'ennemi, les dispositions et
la marche de ses légions. Après une mêlée terrible,
où les soldats de Pappenheim, et surtout les gardes
wallones, attaquaient, se défendaient, revenaient à la
charge avec un courage féroce, Gustave, par une habile et subite manœuvre, s'empara tout à coup des
canons de Tilly et les tourna contre lui. Ce succès décida du sort de la bataille. Les Impériaux essayèrent
encore de résister; mais, privés de leurs principaux
moyens de défense et mitraillés de toutes parts, ils
se débandèrent. En vain Tilly se jeta dans les rangs,
supplia, conjura les soldats de rentrer à leurs postes.
Le découragement s'était emparé d'eux, et ils ne reconnaissaient plus la voix de leur chef. En quelques instants la déroute devint générale. Tilly lui-même, emporté par les fuyards, faillit être pris par un cavalier
qui le suivait dans sa course, et, pour l'obliger à se
rendre, lui assenait des coups de crosse de pistolet
sur la tête. Le cavalier fut tué, Tilly s'échappa, meur-
tri, languissant, accablé de honte et de douleur, laissant dans les champs de Breitenfeld 6,000 morts,
27 canons, et 100 drapeaux.

Cette victoire des Suédois produisit en Europe un
effet inexprimable. L'Angleterre, la Hollande, le Danemark la proclamèrent avec enthousiasme; le tzar
de Russie la célébra par des fêtes publiques; les
protestants d'Allemagne chantèrent avec une sorte
de délire les louanges de Gustave. Le burin et le
crayon furent employés à reproduire son image sous

toutes les formes, la prose et les vers à répandre son
nom dans toutes les demeures. Ce n'était plus ce chef
d'une petite armée, qui excitait à son arrivée en Allemagne un sentiment de pitié parmi ceux qu'il venait
combattre, un sentiment de crainte parmi ceux qu'il
venait défendre. C'était le nouveau Gédéon, le héros
du Nord, le lion du Nord, l'étoile du Nord. Dans les
hommages qu'on lui rendait, on n'oubliait pas de faire
ressortir la molle conduite de l'électeur, et les étudiants des écoles protestantes s'en allaient disant :

> Non infans Christianus,
> Non rex cerevisianus,
> Sed Suecus nos liberavit,
> Qui hos tyrannos prostravit (1).

Le récit de la bataille de Breitenfeld jeta la terreur
dans les murs de Vienne. Déjà on croyait voir le
vainqueur des armées impériales aux portes de la
ville, et plus d'un habitant songea à se réfugier dans
la Styrie ou la Carinthie. Ferdinand ne se laissa cependant point abattre par ce revers funeste, et montra au contraire une mâle énergie. Il ordonna de nouvelles levées de troupes, et, pour subvenir aux frais de
la guerre, diminua les dépenses de sa maison, livra
ses économies. Plusieurs seigneurs autrichiens suivirent son exemple, et s'imposèrent volontairement un
tribut extraordinaire. Dietrichstein donna 100,000
florins, Strahlendorf 18,000 ducats, l'évêque de Vienne
80,000 dalers.

(1) Ce n'est pas l'enfant Christian, ni le roi de la bière, c'est le
Suédois qui nous a délivrés en écrasant nos tyrans.

Les troupes impériales qui avaient échappé au désastre de Breitenfeld se trouvaient dans une déplorable situation. Elles fuyaient de côté et d'autre par petits détachements. Dès qu'on en voyait passer un, le tocsin sonnait dans les villages, et les paysans, avides de vengeance, prenaient les armes et les poursuivaient avec acharnement.

Tilly, qui s'était d'abord réfugié à Mersebourg, jugea prudent de se retirer à Halle, et y fut rejoint par Pappenheim avec 1,400 hommes. Cette ville ne lui offrait encore qu'un asile trop incertain. Il la quitta, et bientôt Gustave s'en empara et y réunit plusieurs princes protestants. Là il fut résolu que, tandis que l'électeur entrerait en Bohême, le roi, ne pouvant pas faire plus longtemps l'entretien d'une armée sur les États protestants, se dirigerait vers les évêchés de Bamberg, de Wurtzbourg, de Mayence.

Cette expédition, qui n'était pas sans difficulté et à laquelle Tilly pouvait apporter de périlleux obstacles avec les troupes qu'il était parvenu à rassembler, fut faite rapidement et avec un éclatant succès. Après avoir enlevé la forteresse de Wurtzbourg, qui seule lui opposa une vive résistance, Gustave entra à Aschaffenbourg, à Francfort, à Oppenheim, à Mayence, où il trouva 80 canons et 600 quintaux de poudre. Il s'établit à Francfort pour y jouir de quelques semaines de repos.

Il n'y avait pas plus d'un an et demi qu'il était parti de son royaume, et, dans ce court espace de temps, il avait chassé les Impériaux du Mecklem-

Histoire de la Scandinavie.   24

bourg, du Brandebourg, de la Saxe, soumis à son pouvoir la Franconie et les provinces rhénanes, ravivé les espérances de tous les protestants, et répandu la terreur dans les camps de leurs adversaires. Son nom était entouré d'une auréole de gloire; sa noblesse d'âme, son désintéressement, son équité rehaussaient encore l'éclat de sa fortune militaire. Les catholiques eux-mêmes rendaient justice à ses vertus, et à la discipline de ses troupes.

Autour de lui, on vit se former à Francfort une cour pompeuse; des princes, des seigneurs d'Allemagne venaient s'allier à lui; des ambassadeurs étrangers lui apportaient les félicitations de leurs souverains; le peuple, avide de contempler celui dont la renommée occupait toute l'Europe, se pressait sur ses pas et le saluait de ses acclamations. Jamais l'Allemagne n'avait vu un souverain environné de tant d'éclat, poursuivi par tant d'hommages; et jamais elle ne revît cet imposant et splendide spectacle, jusqu'au jour où apparut dans ses capitales celui dont le génie et la puissance devaient éclipser la gloire de tous ses prédécesseurs, le héros d'Austerlitz, le défenseur des peuples et le dominateur des rois.

Gustave trouva non-seulement à Francfort les justes témoignages d'admiration qu'il méritait par son génie, par ses qualités de cœur, mais les adulations qui auraient pu fasciner, égarer son esprit. La fortune n'a-t-elle pas toujours ses courtisans? La sienne en eut de nombreux. Les rapides conquêtes qu'il avait faites devaient faire croire qu'il en projetait de plus grandes encore ; et l'on supposait qu'en défendant avec tant d'ardeur la cause du protestantisme, il n'oublierait point son intérêt personnel. Les uns le voyaient marcher à la conquête de la Pologne ; d'autres voulaient qu'il fût nommé empereur d'Allemagne. Gustave entendait avec calme parler de ces hypothèses, et y répondait avec une sincère modestie. Ses vœux ne se dirigeaient ni vers le trône des empereurs, ni vers celui de la Pologne catholique. S'il entrevit dans l'avenir une plus grande situation pour lui, son rêve tenait à la fois à un sentiment de cœur et à une pensée religieuse. Il paraît probable qu'il avait conçu l'idée de marier sa fille avec le fils de l'électeur de Brandebourg, et de constituer en Allemagne une grande puissance protestante, dont cet électorat serait le noyau. Si tel fut son projet, le temps a prouvé qu'il entrevoyait les œuvres de l'avenir par la divination du génie. L'électorat de Brandebourg est devenu le centre de ce royaume intelligent et vigoureux qui, selon les prévisions de Gustave, devait contre-balancer la puissance de l'Autriche.

L'alliance des princes protestants qui venaient chercher Gustave à Francfort augmentait de jour en jour ses troupes. En peu de temps, leur nombre s'éleva à 400,000 hommes d'infanterie et à 40,000 de cavalerie. Avec une telle force, avec la capacité militaire dont il était doué, et la confiance qu'il inspirait, que n'eût-il pas pu entreprendre ? Quelques-uns de ses conseillers l'engageaient à marcher sur Vienne, à attaquer l'ennemi au cœur de ses États. Lui-même

24.

penchait pour ce plan de campagne. Le cours des
événements lui fit prendre une autre direction. Tilly,
qui aspirait à se relever de son désastre de Breitenfeld, s'en alla attaquer près de Bamberg Gustave
Horn, qui n'avait avec lui que quelques régiments
suédois, et leur fit essuyer une rude défaite. Gustave,
qui pendant ce temps s'emparait de Creuztnach, se mit
en marche pour venger son général, rallier les soldats de Horn, de Baner, de Guillaume de Weimar,
et poursuivit Tilly, qui, par les ordres de son souverain l'électeur Maximilien, devait protéger les rives
du Danube et les domaines de la Bavière.

Gustave entra à Nuremberg, où il fut reçu avec les
plus vives manifestations de joie et de dévouement.
De là il s'avança vers les bords du Lech, dont Maximilien défendait le passage avec Tilly. Malgré leur
artillerie et l'avantage de leur position, un pont fut
jeté sur la rivière; Gustave Wrangel le traversa, tandis que le duc Bernard, ayant trouvé un gué, arrivait
sur le flanc des ennemis. Tilly reçut dans cette mêlée
une balle qui lui déchira les chairs. L'armée bavaroise
abandonna son camp. Quelques jours après, son vieux
général mourait à Ingolstadt(20 avril 1662). La perte
de cet homme, qui s'était fait en Allemagne un nom
si redoutable, bouleversa tous les projets et les espérances de l'électeur. Gustave, dont chaque succès ne
faisait que redoubler l'activité, Gustave était en Bavière; il entrait à Augsbourg, il s'avançait vers Ingolstadt. Dans son anxiété, Maximilien eut recours à la
France; il réclama l'intervention de Richelieu, qui

avait toujours soutenu ses intérêts, avec l'intention
de le détacher de l'Autriche.

L'envoyé de France à Munich se rendit auprès de
Gustave, et demanda que la Bavière fût traitée selon
les droits de sa neutralité. Le roi répondit qu'il savait
à quoi s'en tenir sur la neutralité de l'électeur, et
déclara que, pour sortir de ses États, il exigeait cinq
conditions : 1° que Maximilien restituât tout ce qu'il
avait pris aux alliés de la Suède ; 2° qu'il congédiât
ses troupes, et leur défendît d'entrer au service de
l'empereur ; 3° qu'il n'accordât aucun secours d'aucune espèce à ceux que Gustave venait combattre ;
4° qu'il s'engageât à ne pas porter pendant trois ans
les armes contre la Suède ; 5° qu'il donnât des gages
pour garantir l'exécution de ses promesses.

L'envoyé se retira sans pouvoir atténuer cette
sévère résolution. Maximilien quitta sa capitale et
sortit de sa principauté.

Gustave échoua dans son expédition d'Ingolstadt,
et faillit même être tué sous les murs de cette ville
par un boulet de canon qui abattit son cheval. Mais
il entra à Landshut, puis à Fraysingen, puis à Munich. Les habitants de ces cités bavaroises tremblaient
qu'il n'exerçât sur eux de cruelles représailles. Il les
étonna par la modération de sa conduite, par la douceur de son langage, et leur imposa seulement une
contribution de quelques cent mille florins.

Cependant l'Autriche épouvantée employait toutes
ses ressources et tous ses efforts à préparer sa rentrée
en campagne. Il ne lui manquait plus qu'un général,

et les regards se tournaient vers Wallenstein, que des abus de pouvoir excessifs et une ambition inquiétante avaient fait déposséder de son commandement. L'empereur lui offrit de se remettre à la tête de ses troupes. Le fier seigneur sentant combien on avait besoin de lui refusa, se fit prier, et enfin mit à son acceptation des conditions que Ferdinand n'osa refuser, mais qui l'humiliaient, et qui laissèrent dans son esprit un profond ressentiment.

La réputation de Wallenstein produisit en peu de temps plus d'effet que les ordres et l'argent de l'empereur. Les vieux soldats qu'il avait conduits à la victoire vinrent avec une nouvelle ardeur se ranger autour de lui. Des officiers déjà illustres, Gallas, Montecuculli, Tieffenbach, Holk, Piccolomini, Terzky, Isolani, se réjouirent de servir sous ses étendards. Au mois de juin 1632, il rejoignit avec son armée l'électeur Maximilien. Leurs forces réunies s'élevaient à 60,000 hommes, et Wallenstein, en regardant cette multitude soumise à ses ordres, disait avec son orgueil habituel : « Maintenant l'on verra qui de Gustave ou de moi doit gouverner le monde. »

Gustave était venu se poster près de Nuremberg. Wallenstein vint se placer en face de lui, à une demi-lieue environ de distance, s'appuyant sur les collines d'Altenberg, d'Alte-Veste, comme son adversaire s'appuyait sur les remparts de la ville qu'il voulait protéger. Les deux armées restèrent plus de deux mois en présence l'une de l'autre, ne voulant point engager une bataille décisive, mais se rencontrant fréquem-

ment dans des escarmouches. Le défaut de vivres les
obligea à sortir de cette situation, dont la durée éton-
nait tout le monde. Le 16 août, Gustave reçut un
renfort de troupes; le 24, il attaqua les retranchements des Impériaux, fut repoussé, perdit inutilement
deux mille hommes, et abandonna sa position. Wallenstein, dont la perte n'était guère moins considérable, parla pourtant de l'avantage qu'il avait obtenu
comme d'une grande victoire, et écrivit à Vienne que
ce n'était pas Gustave, mais l'empereur, qu'il fallait
déclarer invincible.

De soixante mille hommes qu'il avait amenés à Altenberg, il ne lui en restait que trente-six mille. Les
fatigues, les maladies, les combats journaliers avaient
enlevé le reste. Il se retira à Forchheim pour donner
un peu de repos à ses troupes, et de là se dirigea vers
la Saxe pour châtier l'électeur, qui s'était allié à
Gustave.

Pendant ce temps, le roi de Suède divisait son armée, confiant huit mille hommes à Bernard de Weimar pour protéger la Franconie, et avec ceux qu'il
conservait entra dans la Bavière. Son intention était
d'envahir toute cette contrée, et de pénétrer de là
dans l'empire d'Autriche. Il venait de reprendre le
siége d'Ingolstadt, quand il reçut un courrier de l'électeur de Saxe, qui le conjurait de venir à son secours.
Gustave avait alors devant lui une magnifique perspective : la Bavière ne pouvait lui résister, et l'Autriche avait peu de troupes pour se défendre. Mais le
danger auquel était exposé son allié renversa ses plans

de campagne. Il laissa sous le commandement de
Baner une partie de son armée en Souabe, rejoignit
Knephausen à Nuremberg, se rendit de là à Erfurth,
puis, le 3 novembre, vint camper près de Nuremberg
avec vingt mille hommes. Wallenstein était à quelques lieues de là avec une armée une fois plus considérable, et pensait à attaquer Gustave. Mais la rigueur
excessive du froid obligea les Suédois à replier leurs
tentes et à entrer dans la ville. Le général impérial crut
qu'ils s'établissaient là pour y passer leur quartier
d'hiver, résolut de prendre le même parti, et se mit
en marche pour Leipzig, abandonnant douze mille
hommes à Pappenheim, qui devait se rendre à Halle.

Le 4, Gustave, apprenant le départ de Wallenstein
et sa séparation de Pappenheim, quitta Nuremberg
pour tâcher de se rejoindre au duc de Lauenbourg.
Colloredo, qui était resté à Weissenfels, avertit Wallenstein des mouvements de l'armée suédoise. Celui-ci
se hâta de revenir sur ses pas. Les deux armées ennemies se retrouvèrent en présence dans la plaine de
Lützen. Pappenheim était encore éloigné. Gustave se
décida à profiter de l'absence de ce général pour attaquer les Impériaux.

Le 6, au matin, les troupes furent rangées en bataille, et le service divin fut célébré dans les deux
camps. A l'aile droite de son armée était Gustave avec
la cavalerie suédoise; à l'aile gauche, la cavalerie allemande, sous les ordres de Bernard de Weimar; au
centre, les fortes brigades de Suède, commandées par
Nils Brahe.

Wallenstein de son côté prenait toutes les précautions que lui dictait sa vieille expérience. Tourmenté par la goutte, tantôt il se plaçait dans une voiture, tantôt il se faisait porter sur un brancard; à l'heure du combat, il monta à cheval malgré ses souffrances. A huit heures, le ciel était couvert d'un brouillard si épais que les deux armées ne pouvaient pas même se voir; à onze heures, le soleil parut, et le vent dispersa les nuages.

L'artillerie commença le combat. Une brigade suédoise enleva sept canons, et les tourna contre les bataillons ennemis. A l'aile droite, la cavalerie était arrêtée dans sa marche par de profonds fossés. Le roi courut se placer devant elle : « Allons, camarades, dit-il, suivez-moi! » et d'un bond il franchit un fossé; ceux qui l'entouraient, n'étant pas aussi bien montés que lui, restèrent un instant en arrière. Gustave, ne s'apercevant pas qu'il était seul, s'élança vers le régiment de Piccolomini en s'écriant : « A l'ennemi! à l'ennemi! » Un caporal autrichien dit à ses soldats : « Voilà sans doute un important personnage, tirez sur lui. » Une balle atteignit Gustave au bras gauche. « Le sang du roi coule! s'écrièrent avec terreur les Suédois.—Ce n'est rien, mes enfants, répondit Gustave; marchez, marchez. » Bientôt cependant, abattu par la douleur et par la perte de son sang, il se tourna vers le duc de Lauenberg, et le pria en français de le conduire, sans qu'on s'en aperçût, hors de la mêlée. Au moment où il s'éloignait, le colonel Falkenberg se précipita sur ses pas, en s'écriant : « Il y a longtemps que je te

cherche. » Une balle fit tomber roide mort le hardi
colonel. Mais le roi s'affaiblissait de plus en plus, et
le duc le soutenait sur son cheval. Tout à coup arrive
encore un escadron ennemi; le cheval de Gustave,
blessé par un mousquet, se cabre; le duc reçoit une
balle presque à bout portant; le roi, ne pouvant
plus maîtriser son coursier fougueux, lâche l'étrier et
tombe. Son escorte était écrasée, dispersée; il n'avait
près de lui qu'un jeune page nommé Lenbelfingen,
trop faible pour le relever. Quelques cavaliers impériaux s'approchent, et demandent qui est ce blessé. Le
roi et le page se taisent. Un des cavaliers perce de son
épée Lenbelfingen; un autre lance une balle dans la
tête du roi, puis ils dépouillent leurs victimes et
s'éloignent.

En quelques instants la mort du roi fut connue de
toute l'armée. Son cheval lui-même l'annonçait en
courant à travers les rangs avec ses rênes flottantes et
sa selle ensanglantée. Cette affreuse catastrophe, au
lieu d'abattre le courage des Suédois, les jeta dans
une espèce de frénésie : un même sentiment faisait battre leur cœur, un même désir ravivait leurs
forces. Le duc Bernard se plaça à leur tête, les appela
à venger leur roi, et ils se précipitèrent contre l'ennemi avec une impétuosité irrésistible. En vain Wallenstein, courant d'une aile à l'autre de son armée
avec son manteau criblé de balles, cherchait à soutenir l'ardeur de ses troupes; en vain Piccolomini,
qui avait déjà eu plusieurs chevaux tués sous lui, se
jetait avec audace au-devant des combattants. Les ba-

taillons impériaux s'entr'ouvraient, se séparaient, et commençaient à lâcher pied, quand soudain apparaît Pappenheim avec quatre régiments de cavalerie. L'aspect de ce vaillant officier ranime ceux qui déjà étaient prêts à fuir. A leur tour, ils s'élancent contre les Suédois; la lutte recommence plus acharnée, plus terrible que jamais. Mais Pappenheim tombe frappé d'une balle, un cri sinistre retentit dans ses escadrons. L'armée impériale se débande, et Wallenstein se retire, abandonnant son artillerie sur le champ de bataille.

Le soir, le duc Bernard fit chercher le corps de Gustave. On le trouva sous un monceau de cadavres, tellement défiguré qu'à peine était-il reconnaissable. Il fut transporté à Weissenfels et embaumé. Quelques mois après, on conduisait en Suède les restes de ce grand homme. Sur toute la route, dès qu'on apercevait le convoi funèbre, les cloches sonnaient dans les églises; les habitants des villes, des villages, s'approchaient du cercueil, et venaient pieusement rendre un dernier hommage à celui qui avait illustré sa vie par tant de nobles actions, et dont la mort avait été encore couronnée par la victoire. Il fut enseveli, selon ses vœux, à Stockholm, dans le sépulcre qu'il avait choisi lui-même dans l'église des Chevaliers.

La Suède pleura amèrement la perte de son roi chéri. Deux de ses vieux serviteurs, Magnus Brahe et Jacob Spens, moururent de chagrin en l'apprenant. L'Allemagne fut inondée d'une quantité de chants de deuil; mais rien ne peut donner une idée de la douleur de Marie-Éléonore, la veuve de Gustave. Elle

n'avait pu résister au désir de venir le voir pendant
qu'il était à Francfort; elle accourut de nouveau en
entendant annoncer sa mort, s'attacha avec une sorte
de délire à sa dernière dépouille, la suivit pas à pas
jusqu'en Suède; et il fallut tous les efforts de ses
amis et l'autorité même du sénat pour l'arracher de
l'église sépulcrale, et l'empêcher de rouvrir chaque
jour la tombe de son époux.

A la mort de Gustave, la Suède, qui venait d'acquérir un si grand renom, se trouvait dans une pénible situation. Sur ce trône, occupé par le héros
de Breitenfeld, apparaissait un enfant de cinq ans;
la glorieuse guerre d'Allemagne était pour tout le
royaume un lourd fardeau; une autre guerre pouvait
d'un jour à l'autre éclater du côté de la Pologne; le
peuple se plaignait amèrement des charges qui pesaient sur lui, et les nobles n'étaient pas d'accord entre
eux. La sagesse d'un homme surmonta toutes ces difficultés, apaisa les dissensions intestines, affermit, régularisa la marche du gouvernement. Cet homme était
Axel Oxenstiern, le conseiller prudent, l'ami fidèle de
Gustave, et l'un des plus nobles personnages de son
temps (1). Ce fut lui qui poursuivit en Allemagne

(1) Christine a fait de lui un portrait qui mérite d'être cité :
« Ce grand homme, dit-elle, avait beaucoup d'acquis, ayant bien
étudié dans sa jeunesse. Il lisait encore au milieu de ses grandes
occupations. Il avait une grande capacité et connaissance des
affaires et des intérêts du monde. Il connaissait le fort et le faible
de tous les États de notre Europe. Il avait une prudence, une sagesse consommée, une capacité vaste, un cœur grand. Il était in-

l'œuvre de son roi. Les protestants le nommèrent directeur de leur association (*director fœderis evan-*
gelici). Il fut le chef de toutes les entreprises, l'âme
de toutes les délibérations. De l'Allemagne, où il avait
à lutter contre une foule d'obstacles et d'orgueilleuses
prétentions, il agissait encore sur la Suède par ses
lettres, jugeait de loin avec une admirable sagacité le
mouvement des affaires, et éclairait le sénat par ses
conseils.

La diète, convoquée à Stockholm au mois de février 1633, avait à résoudre les plus graves questions.
Il s'agissait d'abord de proclamer Christine reine de
Suède. — Un des membres de l'ordre des paysans
s'écria : « Qui est donc cette fille de Gustave dont on
nous parle ? Nous ne la connaissons pas. — Vous allez
la voir, » dit Gabriel Oxenstiern, qui, en l'absence de
son frère Axel, présidait l'assemblée. On fit venir dans
la salle la petite princesse. Le paysan la regarda atten-
tivement, et dit : « Oui, voilà bien les traits du roi, ses

fatigable. Il avait une assiduité et une application incomparable
aux affaires. Il en faisait son plaisir et son unique occupation ; et
quand il prenait relâche, ses propres divertissements étaient des
affaires. Il était sobre autant qu'on peut l'être dans un pays et un
siècle où cette vertu était inconnue. Il était assez dormeur, et disait
que nulle affaire ne l'avait jamais empéché de dormir, sinon deux
fois en sa vie : la première était la mort du feu roi, l'autre la
perte de la bataille de Nordlingue. Il m'a dit souvent que quand
il allait se coucher, il se dépouillait avec ses habits de tous ses
soins, et les laissait reposer jusqu'au lendemain. Au reste, il
était ambitieux, mais faible; incorruptible, un peu trop lent et
flegmatique. » *Mémoires de Christine*, t. III, p. 46.

yeux, son front, son nez; que Christine soit notre
reine!» Cette première affaire finie, il fallait régler la
forme du gouvernement pendant la longue minorité
de Christine. Les paysans demandaient qu'on nom-
mât comme autrefois un administrateur du royaume.
Axel avait, dans une longue lettre, exposé un avis
contraire. Après quelques débats, il fut décidé que
les affaires seraient régies par les cinq principaux
fonctionnaires de l'État. La troisième question était
la plus difficile. Il s'agissait de pourvoir aux besoins
matériels du royaume; tout le monde en comprenait
la nécessité, et les prêtres, les nobles, les paysans demandaient à la fois une exemption d'impôts. Les efforts de Gabriel Oxenstiern, de Jacques de la Gardie
parvinrent enfin à apaiser ces prétentions égoïstes.
Les impôts furent votés, et la diète se sépara.

En 1634 elle s'assembla de nouveau, et rédigea la
constitution dont elle n'avait fait que fixer les bases
dans sa session précédente. Nous rapporterons les
principales dispositions de cette sorte de charte suédoise, vraiment remarquable pour le temps où elle fut
conçue. En premier lieu, il y est dit que le roi doit
professer la doctrine luthérienne, telle qu'elle a été
formulée dans la confession d'Augsbourg. L'assemblée
confirme ensuite les décisions prises en 1544, 1604,
1627, relativement à l'hérédité de la couronne. Le roi
doit avoir, pour l'assister dans son administration, un
conseil ou sénat composé de vingt-cinq nobles, y
compris les cinq grands fonctionnaires de l'État, c'est-
à-dire le sénéchal, le maréchal, l'amiral, le chan-

celier et le trésorier. Le sénéchal est le chef de la
magistrature, des hautes cours de justice établies à
Stockholm, Jönköping, Abo, Dorpat. Le maréchal
préside le collége (ou ministère) de la guerre; l'amiral,
le collége de l'amirauté; le chancelier, le collége de la
chancellerie chargé des affaires étrangères; le trésorier,
la chambre des finances. Dans chacun de ces colléges
il doit y avoir de deux à quatre membres du sénat,
de deux à quatre assistants nobles, et de deux à quatre
fonctionnaires non nobles. Le royaume est divisé en
vingt-trois provinces ou préfectures, dont le chef porte
le titre de Landshöfding. L'armée doit se composer de
huit régiments de cavalerie et de vingt régiments d'infanterie. Tous les principaux employés doivent chaque année rendre compte de leur administration aux
cinq grands fonctionnaires qui transmettent ce compte
au roi. Les diètes générales se composent des quatre
ordres de l'État : nobles, prêtres, bourgeois, paysans.
Dans les cas pressants, le roi peut convoquer une assemblée exceptionnelle, composée seulement des cinq
grands fonctionnaires, de deux membres de chaque
collége, des évêques et des députés des six premières
villes. En l'absence ou pendant la minorité du roi,
le gouvernement est confié aux cinq grands fonctionnaires, et il leur est interdit de porter atteinte aux
priviléges de la royauté et aux biens de la couronne.
Si le roi meurt sans héritiers légitimes, ce sont encore
ces mêmes fonctionnaires qui exercent l'autorité suprême, en attendant que la diète ait pourvu à la va-
cance du trône.

Cette constitution, dont Axel avait en grande partie donné le plan, prévint les discordes qui menaçaient de troubler la Suède, et la sagesse avec laquelle le gouvernement usa de son pouvoir releva les forces du pays. Mais si les sollicitudes étaient apaisées de ce côté, elles s'aggravèrent du côté de l'Allemagne. La mort de Gustave-Adolphe avait ravivé l'ambition de Ferdinand. Il voulait reprendre ce qu'il avait perdu, poursuivre la guerre de toutes ses forces. Pour rentrer en campagne, il imposa un nouveau tribut à ses sujets: deux pour cent sur les revenus du rentier, cinq pour cent sur les marchands, dix pour cent sur les fonctionnaires; et Wallenstein employa tous ses moyens à rassembler des troupes. L'Angleterre, la Hollande, la France, qui avaient été inquiètes des rapides progrès de Gustave, comprirent alors que, si elles n'y opposaient une vive résistance, l'Autriche allait reprendre un terrible ascendant. Elles encouragèrent donc Oxenstiern, qui ne demandait pas mieux, à diriger la défense des protestants; et, comme l'a dit un écrivain du temps, l'Allemagne devint une table d'échecs où l'Autriche, la Suède, la France jouaient la partie avec des figures allemandes. Les députés des quatre cercles de Souabe, de Franconie, du haut et bas Rhin, en nommant Oxenstiern directeur de l'alliance évangélique, déclarèrent en même temps que les États protestants s'engageaient à entretenir une armée de soixante mille hommes; à soutenir la Suède jusqu'à ce qu'elle reçût, pour les sacrifices qu'elle avait faits, une indemnité convenable; à ne point se séparer l'une de l'autre, et à ne point conclure isolément un traité de paix. L'année suivante, le cercle de la basse Saxe et la Silésie s'adjoignirent au même pacte. Toute l'Allemagne protestante du midi et une partie de celle du nord reconnaissaient ainsi la suprématie des Suédois; et il faut dire qu'à l'exception du duc Bernard de Weimar, il n'y avait pas parmi les protestants un officier comparable aux chefs de l'armée suédoise, à Gustave Horn, Jean Baner, Torsteinsson; et dans le conseil, pas un homme comparable à Axel Oxenstiern, ni même à quelques-uns des membres du sénat de Stockholm, tels que la Gardie, Fleming, Pierre et Axel Banner, Gillenhielm, J. Skytte, etc.

En 1638 Oxenstiern divisa les troupes, selon son plein pouvoir. Il confia la défense de la Silésie à Tharu, Duvall, Arnheim, Burgdorf; celle de la basse Saxe avec la Westphalie, à George de Lunebourg et Kniphausen; celle de la Franconie, au duc Bernard; celle de la Souabe, à G. Horn. L'électeur de Saxe se chargeait de défendre lui-même ses États avec Guillaume de Weimar, et Jean Baner commandait dans la Thuringe une armée de réserve. Ces troupes obtinrent presque partout un avantage marqué sur leurs adversaires, avantage qu'elles durent en partie à l'extraordinaire inaction de Wallenstein.

Après la bataille de Lutzen, l'illustre général était allé établir ses quartiers d'hiver en Bohême. Il fit quelques préparatifs pour la campagne prochaine, mais avec une molle indifférence. Exalté par le pouvoir qui lui avait été accordé, par la fortune et

Histoire de la Scandinavie.   25

l'ascendant dont il jouissait, il ne se contentait plus
d'être généralissime des armées impériales, il aspirait
au rang suprême; il voulait une couronne, et dès
l'année 1633 il entrait en négociation avec Oxenstiern, déterminé à s'allier aux ennemis de l'empereur
pourvu qu'on l'aidât à réaliser ses rêves ambitieux.
Oxenstiern était trop prudent pour se laisser aller si
vite à des propositions si inattendues. Les choses en
restèrent là pour cette fois; mais, à la lenteur avec laquelle Wallenstein préparait le mouvement de ses
troupes, il était aisé de voir qu'il se souciait peu des
intérêts de la maison d'Autriche. Le 5 mai seulement,
il quitta son château de Gitschin, et il fit son entrée
à Prague avec un luxe qui effaçait celui des rois. Il
avait avec lui une escorte de quarante gentilshommes,
cent vingt serviteurs, quatorze voitures magnifiques à
six chevaux, dix trompettes. Le 18, il s'emparait de
Nimenstsch, occupé par une garnison saxonne et
suédoise, et le 28 il reprenait déjà, avec Arnheim,
les négociations qu'il avait commencées avec Oxenstiern, et adressait les mêmes propositions à la France.
Toutes ces manœuvres ne pouvaient rester longtemps
ignorées à Vienne. Déjà plusieurs fois ses amis avaient
été obligés de le défendre contre de graves imputa-
tions; bientôt on acquit la preuve certaine qu'il com-
plotait une éclatante trahison. Il retourna en Bohême,
toujours négociant, tantôt avec Richelieu, tantôt avec
Oxenstiern, puis avec le duc Bernard, demandant
qu'on lui donnât le trône de Bohême, et s'offrant à
conduire lui-même les protestants à Vienne pour dé-

trôner l'empereur. Ceux dont il demandait l'appui hé-
sitaient à se fier à ses promesses; cependant il finit
par les convaincre peu à peu de sa sincérité. Pendant
qu'il tramait ainsi sa conspiration, il renouvelait
dans ses lettres à Ferdinand toutes ses protestations
de dévouement; et Ferdinand, qui l'avait déjà condamné, lui écrivait également dans les termes les
plus affectueux. Mais la cour de Vienne avait habilement pris toutes ses mesures. Wallenstein se vit
peu à peu abandonné par ses meilleurs officiers,
et, le 15 février 1634, il fut assassiné dans la forteresse d'Eger par ordre de l'empereur. Le duc Bernard
était en marche pour se joindre à lui; il arriva trop
tard.

Ferdinand eut dans la même année le bonheur de
voir qu'il pouvait vaincre sans son redoutable général. Au mois d'août, Gallas remporta près de Nordlingen une éclatante victoire sur les troupes commandées par Horn et le duc Bernard. Six mille Suédois
périrent dans le combat, six mille furent faits prisonniers. Parmi eux se trouvait le vaillant Horn, qui
n'était point d'avis d'accepter cette bataille, mais qui,
une fois qu'elle fut engagée, se jeta dans la mêlée
avec un courage admirable.

Ce terrible événement eut pour les Suédois des
suites désastreuses. Le duc Bernard les quitta pour se
mettre aux ordres de la France, qui lui promettait
l'Alsace et un subside de 150,000 livres par an. Les
Impériaux envahirent la Souabe, la Franconie, s'emparèrent d'Augsbourg et de Nuremberg. Enfin l'élec-

teur de Saxe fit sa paix avec l'empereur. D'après le
traité conclu au mois de novembre 1634, ratifié à
Prague au mois de mai 1635, il était convenu qu'on
offrirait aux Suédois un million de dalers pour qu'ils
abandonnassent le pays, et que s'ils refusaient cette
offre, ils seraient repoussés de force. Les autres princes protestants acceptèrent successivement le même
traité, et bientôt il ne resta en Allemagne d'autre alliance à la Suède que celle du landgrave de Hesse.

Par une malheureuse fatalité, cette année même expirait la trêve conclue avec la Pologne. Les Suédois
désiraient la renouveler, à la condition que le fils de
Sigismond, Wladislas, abdiquât le titre de roi de
Suède qu'il continuait à porter, et renonçât à la Livonie. Mais Wladislas, qui, après avoir remporté plusieurs avantages sur les Russes, venait de conclure
avec eux une paix avantageuse, manifestait à l'égard
de la Suède d'importantes prétentions. Le récit de la
bataille de Nordlingen augmentait sa confiance. Les
négociations commencées au mois de janvier 1635
n'eurent aucun résultat. Jacques de la Gardie et Torsteinsson proposèrent alors d'équiper une armée pour
entrer en Prusse. Gabriel Oxenstiern dit que le sénat
devrait lui-même se charger de cette nouvelle dépense,
et que, pour son propre compte, il était prêt, s'il le
fallait, à se priver de sa bouteille et de son manteau.
Des nobles, des évêques s'associèrent à cette offre généreuse. Pour avoir des vivres, on tua cent élans dans
les parcs d'Aland; vingt mille hommes furent armés
et embarqués dans le courant de l'été.

La Suède, en même temps, ouvrait d'autres négociations, avec l'appui des envoyés de France et de
Hollande. Wladislas, qui venait de faire frapper une
médaille sur laquelle il était représenté à cheval, au
milieu de trois Turcs et de trois Russes qui jetaient
des palmes sur ses pas, demandait tout simplement
que la Suède le reconnût pour son légitime souverain ;
qu'elle remît à son frère la Finlande et l'Ingermanie ;
qu'elle abandonnât à la république polonaise les côtes
de Prusse, l'Esthonie, la Livonie. A ces conditions, il
voulait bien se charger lui-même de procurer un fief
à Christine.

Axel Oxenstiern, qui de l'Allemagne suivait avec son
habileté ordinaire toute cette affaire, écrivit à Richelieu que si son envoyé ne changeait pas les dispositions de Wladislas, les Suédois cesseraient de combattre contre l'empereur, et porteraient leurs armes
en Pologne. Cette menace produisit son effet. L'envoyé de France reçut des instructions plus formelles ;
l'électeur de Brandebourg, qui vit arriver en Prusse
les troupes commandées par la Gardie, eut peur, et
engagea Wladislas à faire la paix. Les Polonais, qui
connaissaient la valeur de ce général, eurent peur
aussi, et adressèrent de vives représentations à leur
roi. La Suède de son côté, qui avait à soutenir sa
rude guerre d'Allemagne, renonça, malgré l'avis d'Axel
Oxenstiern, à quelques-unes de ses demandes. Le
2 septembre, une nouvelle trève fut conclue pour
vingt-six ans. D'après ce traité, Wladislas et Christine
gardaient à la fois leur titre de souverains de Suède.

La Pologne reprenait possession des côtes de Prusse;
la Suède conservait l'Esthonie et la Livonie.

Après la solution de cette affaire, l'attention du
gouvernement suédois se reporta vers l'Allemagne.

La ligue protestante étant brisée par le traité de
l'électeur de Saxe avec l'empereur, Axel, qui se trouvait par là dépouillé de la grande mission qu'il avait
si honorablement remplie, résolut de retourner en
Suède. Mais avant de quitter la contrée où depuis dix
ans il avait employé, au service de la cause protestante, tant de zèle et tant de talent, il voulut assurer
à ses compatriotes l'appui de la France. Au mois d'a-
vril 1635, il partit pour Compiègne, où la cour était
réunie. Il y fut reçu avec les plus hauts témoignages
de considération. Le 27, il eut une longue entrevue
avec Richelieu. Les deux grands ministres s'entretin-
rent ensemble en latin pendant plus de trois heures.
Le lendemain, leurs conventions étaient arrêtées. La
France et la Suède s'engageaient à défendre conjointement l'indépendance des États allemands; ni l'une ni
l'autre ne pouvait traiter séparément avec l'empereur.
La liberté de religion était garantie aux catholiques
d'Allemagne; la France devait céder à la Suède
Mayence, Worms, quelques districts environnants,
et lui payer un subside annuel. Oxenstiern prit ensuite congé du roi, qui lui remit une chaîne de dia-
mants. De Paris, il se rendit en Hollande, où il chercha à stimuler le zèle du conseil contre l'empereur;
puis il retourna en Allemagne. Le sénat de Suède désirait qu'il fît la paix avec l'empereur. Mais au point

où en étaient les choses, il n'était pas possible d'y
songer. D'une part, on ne pouvait faire cette paix
sans violer les engagements pris à Compiègne; de
l'autre, on ne pouvait songer à atténuer les exigences
de l'empereur et de l'électeur, qui regardaient la Suède
comme une puissance vaincue. Tous deux devaient
bientôt être punis de leur présomption. Oxenstiern
confia le commandement des troupes à Jean Baner, et
rentra à Stockholm au milieu d'une foule de peuple
empressé de voir celui dont le nom était si étroitement lié depuis dix ans à toutes les grandes actions
de la Suède. Il entra dans la salle du sénat, s'assit modestement au bas de la table, et raconta ce qu'il avait
fait. Jacques de la Gardie déclara que le gouvernement était satisfait de lui, et l'engagea à reprendre sa
place de chancelier.

Cette fois, l'armée suédoise se trouvait en Allemagne expulsée de la plupart des forteresses et des
provinces qu'elle avait conquises, abandonnée de ses
alliés, livrée seule aux attaques de son ancien ennemi
l'empereur et de son ancien auxiliaire Jean-George de
Saxe. Sa situation était effrayante; mais son courage
inébranlable. Dès le mois d'octobre 1635, Baner se signala près de Domitz par une brillante victoire. Plusieurs milliers de Saxons furent tués dans cette bataille, deux mille cinq cents faits prisonniers. L'année
suivante, autre bataille près de Wittstock. Les Impériaux et les Saxons y perdent quatre à cinq mille hommes, leur artillerie, leurs bagages, et cent cinquante
drapeaux.

A partir de cette époque, la guerre prend un caractère qu'elle n'avait jamais eu du temps de Gustave-Adolphe, guerre de carnage et d'extermination. Les troupes suédoises envahissent successivement la Thuringe, le Brandebourg, la Saxe, et pillent et ravagent les lieux où elles passent. Il n'entre point dans le plan de notre histoire abrégée de retracer tous les détails de cette longue lutte, qui dévasta et épuisa toute l'Allemagne; nous ne pouvons qu'en signaler les principales phases. Repoussés en 1637 des districts qu'ils avaient envahis, ils reçoivent l'année suivante un renfort, et rentrent en campagne avec une nouvelle ardeur. Gallas, à qui la victoire de Nordlingen avait fait une énorme réputation, est battu deux fois dans l'espace de trois mois. Au mois d'avril 1639, Marazini a le même sort. Les Suédois se répandent dans la Lusace, dans la province de Meissen, s'avancent jusque sous les murs de Dresde, entrent en Bohême, et mettent cette contrée à feu et à sang. L'empereur rappelle Piccolomini, qui commandait des troupes espagnoles dans les Pays-Bas; et le vaillant compagnon d'armes de Wallenstein ne parvient pas plus que Gallas, Marazini, Hatzfeld, à arrêter le torrent dévastateur des armes suédoises, auxquelles s'étaient rejointes celles de la Hesse, de Lunebourg, et même de Weimar, dont le commandement fut confié à Guébriant, après la mort du duc Bernard (1639).

En 1641, l'empereur, fatigué de tant d'inutiles efforts, propose à la Suède de faire la paix, et lui offre la possession de l'île de Rugen, d'une partie de la Po-

méranie, avec une indemnité de 4 millions de rixda-
lers. Une partie du sénat suédois était d'avis d'accepter ces propositions. Oxenstiern déclarait qu'on
ne pouvait traiter sans l'assentiment de la France;
que d'ailleurs les propositions de Ferdinand n'étaient
peut-être qu'un piége, un moyen de jeter la division
entre la Suède et son alliée. Il rallia à son opinion
ceux qui d'abord l'avaient le plus vivement combat-
tue. Richelieu offrait un subside annuel de 480,000
dalers; le traité fait précédemment avec lui fut renouvelé.

L'année suivante, Baner meurt. Il est remplacé
dans son commandement par Torteinsson, qui, malgré
les tortures que lui faisaient éprouver de fréquentes
attaques de goutte, continue la guerre avec la même
intrépidité et le même succès. Au mois d'avril, il s'empare de Glogau; au mois de juin, de la forteresse d'Ol-
mutz, où il trouve d'abondantes munitions. Son intention était d'aller attaquer l'empereur jusque dans
les murs de sa capitale. Mais il fut arrêté près de
Brieg par une vigoureuse résistance, et se retira avec
un butin considérable. Le 23 octobre, il se vengea
grandement de cet échec. Il avait commencé à assiéger Leipzig. Les troupes de l'électeur, jointes à celles
de Piccolomini, accoururent au secours de cette place.
Les armées ennemies se rangèrent en présence l'une
de l'autre dans ces mêmes champs de Breitenfeld, déjà
illustrés par le triomphe de Gustave-Adolphe. La bataille fut longue et sanglante: deux mille Suédois y
furent tués ou blessés; mais les Impériaux y perdirent

cinq mille hommes, cent quatre-vingt-dix drapeaux,
quarante-six canons et quatre mille cinq cents prisonniers. Un mois après, Torsteinsson entrait à Leipzig,
et imposait à cette ville un tribut de 250,000 riksdalers. L'année suivante, il se préparait à rentrer avec
Königsmark en Autriche, quand il reçut un message
du sénat de Stockholm, qui l'invitait à quitter les
champs de bataille de l'Allemagne pour venir défendre
son propre pays.

Les hostilités secrètes qui depuis longtemps divi-
saient le Danemark et la Suède, les griefs que les deux
pays avaient l'un contre l'autre, venaient d'enfanter
une nouvelle guerre. Nous en avons dit les principaux événements dans le précis historique qui précède celui-ci : le Holstein envahi tout à coup par
Torsteinsson, Wittenberg et Wrangel ; la Scanie, par
Horn ; le Halland, par Stenbock.

Christian IV, déjà vieux, et n'ayant à sa disposition que de faibles ressources, soutint cette lutte avec
une courageuse opiniâtreté et une rare énergie. Mais
enfin il fut obligé de déposer les armes. La paix se fit
en 1645 à Brömsebro, par l'heureuse entremise de
l'envoyé de France, la Thuilerie.

La Suède y gagna la possession des districts de
Jemteland, d'Herjedalen, du Halland, de l'île de Gothland, d'Osel, et le maintien de ses franchises dans le
détroit du Sund. Oxenstiern, par son intervention
dans les négociations, ne contribua pas peu à assurer
ces avantages à son pays.

Torsteinsson, à qui cette guerre contre le Dane-

mark ne pouvait suffire, n'en avait pas attendu la fin
pour retourner sur un plus vaste théâtre. Dès le mois
de septembre 1644, nous le retrouvons en Allemagne,
poursuivant avec Königsmark les troupes impériales,
les battant en plusieurs occasions, leur enlevant au
mois de novembre, dans une rencontre près de Jü-
terbock, quinze drapeaux, mille cinq cents hommes,
trois mille cinq cents chevaux.

Après cette bataille, il ne restait plus à Gallas que
deux mille hommes. Il évitait tout engagement, mais
il courait risque de périr de faim, car Königsmark le
tenait pour ainsi dire assiégé dans une plaine dévastée, et lui coupait toutes les communications. Au
commencement de l'hiver, il parvint à s'échapper avec
mille cinq cents hommes que les Suédois poursuivi-
rent, et dont près de la moitié furent massacrés.

Torsteinsson rentra dans la Saxe, reprit plusieurs
villes, mit le pays à contribution, rallia à son drapeau une quantité de soldats aventureux, séduits par
ses succès. Cette année-là fut pour les Suédois une
année mémorable. Dans le Nord, ils enlevaient au Danemark le Herjedalen, le Halland; ils occupaient le
Holstein, le Jutland, la Scanie. En Allemagne, ils re-
prenaient possession de la Poméranie, du Brandebourg, de la Saxe électorale. Cette année-là, Christine
atteignait sa majorité, et le fidèle Oxenstiern lui remettait dans ces heureuses circonstances les rênes du
gouvernement.

Au mois de février 1645, Torsteinsson remporta sur
Götz et Hatzfeld, près de Jankowitz, une des plus

grandes victoires de la guerre de Trente ans. Quatre
mille hommes y furent tués; le comte de Hatzfeld y
fut fait prisonnier, avec cinq généraux, quatorze lieu-
tenants, et près de quatre mille soldats.

L'empereur était en ce moment à Prague, d'ou l'on
entendait distinctement la canonnade de Jankowitz.
Quand il apprit le funeste résultat de cette bataille, il
s'enfuit à Vienne, et de là à Gratz. Beaucoup d'habitants de la capitale se réfugièrent à Salzbourg; d'autres songeaient à s'en aller à Venise. L'empire se trouvait dans une effroyable situation : son sol épuisé,
ses troupes anéanties, et pas un auxiliaire; la Bavière
avait assez à faire de se défendre contre la France; la
Saxe était accablée. Ferdinand III ne perdit pourtant
pas courage; il était, comme son père, tenace et opiniâtre. Il s'adressa à l'Espagne, à l'Italie, et en obtint
des secours considérables. Il prescrivit une levée de
troupes, d'après laquelle on peut juger de sa détresse :
la Bohême dut lui fournir un homme sur dix, l'Autriche un homme sur cinq.

Torsteinsson cependant entrait dans la Moravie,
s'emparait d'Iglan, et, pour mieux assurer sa marche
sur Vienne, commençait le siége de Brunn. Mais une
nouvelle attaque de goutte, qui lui enlevait jusqu'à
l'exercice de ses facultés, l'obligea à lever ce siége; et,
quelques mois après, l'état de sa santé le força même
à quitter son commandement.

A sa place arriva Wrangel, qui s'était déjà signalé
plusieurs fois par de valeureuses actions. Le gouvernement suédois lui avait ordonné de tourner ses armes

du côté de la Bavière. Dès le mois d'août 1646, il en franchissait les limites. La Bavière, effrayée de cette invasion, pressée d'un autre côté par les Français qui avaient pour chef Turenne, demanda une trêve et l'obtint. Déjà l'électeur de Saxe en avait conclu une avec les Suédois. L'empereur n'avait plus d'alliés. La France, après lui avoir enlevé l'appui de la Bavière, semblait se retirer de la partie, et l'on vit pendant quelque temps la fière maison d'Autriche seule aux prises avec les légions suédoises. Mais l'électeur de Bavière ne tarda pas à violer la trêve qu'il avait demandée, et à réunir ses forces à celles de l'Empire, ce qui fit revenir les Français et lui attira d'affreuses calamités. Turenne et Wrangel envahirent ses États, les ravagèrent. L'électeur fut une seconde fois obligé d'abandonner sa capitale. Il s'enfuit à Wasserburg, puis à Braunau, puis enfin à Salzbourg.

Tandis qu'une partie de l'armée suédoise poursuivait cette expédition, leur centre, sous les ordres de Königsmark, tombait tout à coup sur Prague et s'emparait de la plus riche partie de cette ville. Les soldats y firent un prodigieux butin; et Königsmark, qui était avide, ne s'oublia pas. Il lui restait cependant encore à conquérir une grande moitié de la ville, séparée par la Moldau de celle qu'il occupait. Le 24 septembre, arrivèrent Magnus de la Gardie, Gustave, Lewenhaupt, Patkull, conduits par Charles-Gustave, fils de la sœur de Gustave-Adolphe, qui déjà avait servi avec Torsteinsson, et qui venait d'être nommé généralissime des troupes suédoises. On as-

siégea la partie de la ville qui ne s'était pas encore
rendue; et déjà, malgré une vigoureuse résistance, on
avait fait une large brèche dans ses remparts, quand
tout à coup les Suédois furent arrêtés dans leur entreprise par une grande nouvelle : le traité de paix,
le fameux traité de Westphalie, était conclu. L'Europe déposait les armes; l'Allemagne allait essayer
de réparer les ravages effroyables qu'elle avait souf-
ferts pendant plus d'un quart de siècle, et la Suède
allait se reposer sur ses lauriers. Certes si une puissance pouvait alors ne pas craindre de manifester ses
prétentions, c'était bien la Suède, qui depuis dix-huit
ans combattait sans relâche; qui la première avait relevé de leur découragement les États protestants d'Allemagne; qui, seule, avait tenu plus d'une fois en
échec la puissance impériale, la Bavière. Cependant
elle n'obtint pour tant de campagnes et tant de victoires qu'une assez faible récompense. On lui accorda
la partie de la Poméranie qui s'étend entre la mer
Baltique et le Mecklembourg; l'île de Rügen, qui
aujourd'hui appartient à la Prusse; Weimar, qui est
maintenant un des districts du duché de Mecklembourg-Schwerin; l'évêché de Brême, celui de Verdun,
avec une indemnité de 5,000,000 de riksdalers qui
ne fut jamais entièrement payée. A ces bénéfices matériels il faut ajouter tout ce que les officiers et les
soldats avaient rapporté des dépouilles de l'Allemagne,
les livres précieux, les objets d'art qui ont enrichi
les bibliothèques et les musées de Suède, les trésors
pillés çà et là, avec lesquels furent construits quel-

ques-uns des plus beaux châteaux du royaume, tels
que ceux de Skokloster et Löfstad. Les Suédois ne se
livrèrent point d'abord aux honteuses rapines des
troupes effrénées de Wallenstein, de Mansfeld. Tant
que Gustave-Adolphe resta à leur tête, ils se signalèrent par leur modération et leur austère discipline;
mais sous le commandement de Baner, de Torsteinsson, de Königsmark, ils suivirent l'exemple des Impériaux, et dévastèrent les lieux où ils passaient. Dans
plusieurs provinces d'Allemagne, leur nom est mêlé
à de douloureuses traditions. En Bohême, on chante
encore un chant populaire où il est dit :

> Der Schwede ist gekommen
> Hat alles weggenommen,
> Die Fenster eingeschlagen
> Das Vieh davon getragen.
> Buh! Buh! Buh! Der Schwede (1).

Mais la guerre de Trente ans eut pour la Suède
d'autres résultats qu'un agrandissement de territoire et des bénéfices d'argent plus ou moins licites.
Le courage qu'elle y avait déployé, les succès qu'elle
y avait obtenus, lui donnaient aux yeux de l'Europe
une grande importance. Oubliée jusque-là, ou à peine
connue, elle apparut comme une puissance dont on
pouvait redouter l'inimitié, dont on devait recher-
cher l'alliance. Cette situation développa parmi les

---

(1) Le Suédois est venu; il a tout enlevé. Il a brisé les fenêtres,
emporté le bétail. Buh! Buh! Buh! Le Suédois.

Suédois un esprit guerrier qui s'exalta encore par les campagnes de Charles X, qui prit un étonnant essor au temps de Charles XII, et qui fit gaiement accepter aux Suédois toutes les occasions où il s'agissait de combattre pour une cause nationale, ou pour une cause étrangère.

Pendant que Torsteinsson conduisait ses vaillantes cohortes à travers les provinces d'Allemagne, sur le trône de Suède montait une jeune fille qui, par la nature pacifique de son caractère, par ses goûts d'étude, semblait annoncer à son pays une autre ère: c'était Christine. A voir les précautions que Gustave prenait en quittant la Suède pour diriger l'éducation de sa fille et assurer son avenir, on eût dit qu'il avait comme le pressentiment qu'il ne la reverrait jamais. Elle fut confiée aux soins de sa tante Catherine, épouse du comte palatin Jean-Casimir. Son précepteur fut Jean-Matthias, homme instruit, prudent, éclairé, pour lequel Christine conserva toujours un sentiment de respect et d'affection. Grâces aux leçons de ce maître distingué, et au vif désir d'instruction qui de bonne heure se développa en elle, on la vit faire de rapides progrès. A dix-huit ans, elle lisait Thucydide et Polybe dans l'original, parlait et écrivait le latin, l'allemand, le français. Elle avait de la perspicacité dans les affaires, et exerçait, par ses propres qualités, une grande influence sur tous ceux qui l'entouraient. Le 8 octobre 1644, le conseil de régence lui rendit compte de sa gestion; le 6 décembre, jour anniversaire de sa nais-

sance, elle monta sur le trône et commença son règne
sous d'heureux auspices. Les troupes suédoises étaient
alors victorieuses sur tous les points; la paix avec le
Danemark allait se faire, et la puissance de l'empereur d'Allemagne cédait aux armes de Torsteinsson.
Le peuple saluait avec amour cette jeune reine, cette
fille de Gustave-Adolphe, qui rappelait par sa figure,
par la distinction de son esprit, ce roi chéri et vénéré.
A l'époque où elle était dans toute la plénitude de
son pouvoir, l'envoyé de France, Charost, faisait
d'elle un portrait sans doute trop élogieux, mais dont
une grande partie est cependant exacte. « Son visage,
disait-il, changeait si subitement selon les divers
mouvements de son esprit, que d'un moment à l'autre elle n'était plus reconnaissable. Ordinairement
elle paraissait un peu pensive, et passait fort souvent
à d'autres mouvements. Quelque révolution qui se fît
en son esprit, son visage conservait toujours quelque
chose de serein et d'agréable. Si quelquefois elle
désapprouvait ce qu'on lui disait, ce qui lui arrivait
très-rarement, on voyait sa figure se couvrir comme
d'un nuage qui donnait de la terreur à ceux qui la
regardaient. Elle avait pour l'ordinaire le son de la voix
fort doux, et, de quelque fermeté dont elle prononçât
un mot, on jugeait bien clairement que c'était le langage d'une fille. Quelquefois, néanmoins, elle changeait ce son, mais sans affectation ou cause apparente,
pour en prendre un plus robuste et plus fort que celui de son sexe, qui revenait petit à petit et insensi-
blement à sa mesure ordinaire. Sa taille était un peu

au-dessous de la médiocre, ce qui aurait peu paru
si cette princesse eût voulu se servir de la chaussure
dont les dames se servent ordinairement; mais, pour
être plus commodément dans son palais, marcher à
pied ou à cheval dans la campagne, elle ne portait
que des souliers à simple semelle d'un petit maroquin
noir, semblables à ceux des hommes.

« S'il est permis de juger de l'intérieur par les signes qui nous paraissent au dehors, elle avait de
grands sentiments de la Divinité, et un attachement
fidèle au christianisme.

« Elle se plait quelquefois de parler comme les stoï-
ciens de cette éminence de la vertu qui fait notre souverain bien en cette vie; elle est merveilleusement
forte sur ce sujet, et quand elle en parle avec des personnes qui lui sont familières, et qu'elle entre sur l'estime véritable que l'on doit faire des choses humaines,
c'est un plaisir extrême de lui voir mettre la couronne
sous les pieds, et publier que la vertu est l'unique
bien où tous les hommes doivent s'attacher indis-
pensablement, sans tirer avantage de leur condition.
Mais elle n'oublie pas longtemps qu'elle est reine,
elle reprend sa couronne, elle en reconnaît le poids,
et met le premier degré pour aller à la vertu à bien
s'acquitter de sa profession : aussi a-t-elle de grands
avantages de la nature pour y réussir dignement, car
elle a une facilité merveilleuse à comprendre et à pénétrer les affaires. Elle a des personnes savantes qui
l'entretiennent à ses heures perdues de tout ce qu'il y
a de plus curieux dans les sciences; et cet esprit,

avide de connaître toutes choses, s'informe de tout.

« Sa retenue paraît plus dans les affaires que dans les entretiens des sciences. Ses ministres, quand elle est dans son conseil, ont peine à découvrir de quel côté elle penche; elle se garde à elle-même le secret avec fidélité; et comme elle ne se laisse pas prévenir sur les rapports qu'on lui fait, elle paraît défiante, ou difficile à persuader, à ceux qui l'abordent avec quelque proposition qu'ils affectionnent, parce qu'ils ne trouvent pas qu'elle acquiesce à ce qu'ils veulent aussi promptement qu'ils souhaitent. Il est vrai qu'elle penche un peu vers l'humeur soupçonneuse, et que parfois elle est un peu trop lente à s'éclaircir de la vérité, et trop facile à présumer de la finesse en autrui. Cette réserve à former ce qu'elle veut croire et résoudre n'empêche pas qu'elle ne soit raisonnable, principalement dans l'expédition des affaires. Elle ne fait part à personne de celles de sa maison, ni de celles qui dépendent privativement de son autorité absolue; mais elle délibère dans son sénat de toutes celles qui concernent le gouvernement de l'État. Il est incroyable combien elle est puissante dans un conseil: car elle ajoute à la qualité de la reine la grâce, le crédit, les bienfaits, et la force de persuader, jusque-là que souvent les sénateurs mêmes s'étonnent du pouvoir qu'elle a sur leurs sentiments lorsqu'ils sont assemblés (1). »

(1) *Mémoires de ce qui s'est passé en Suède depuis l'année* 1645 *jusqu'en l'année* 1655, *tirés des dépêches de M. Charost*, t. I, p. 241.

26.

Cependant Christine ne tarda pas à renverser les espérances qui s'attachaient à son règne. L'année même de son couronnement (1650) fut agitée par les débats d'une diète orageuse. Les prêtres, les bourgeois, les paysans attaquèrent à la fois avec une ardente animosité la noblesse. Les prêtres disaient qu'en vertu des priviléges qui exemptaient leurs maisons de cette dîme, les nobles donnaient à la plupart des terres exemption, en y faisant construire une habitation, et réduisaient ainsi le clergé des campagnes à la misère. Les bourgeois disaient que la noblesse monopolisait à son profit le commerce avec les pays étrangers. Les paysans se plaignaient de vôir livrer à la noblesse les plus beaux domaines et les revenus les plus nets du royaume, et demandaient que la couronne reprît ces revenus pour faire face aux dépenses du pays. Le mécontentement des trois ordres s'accrut par la résistance que voulut leur opposer la noblesse. Des pamphlets enfantèrent de part et d'autre de nouvelles récriminations. L'irritation des paysans s'accrut à tel point qu'on craignait qu'ils n'en vinssent à des actes de violence, et qu'un grand nombre de nobles n'osaient plus voyager dans les campagnes. Christine accueillit d'abord avec toutes les apparences d'une sincère sympathie les réclamations du peuple, plaignit ses souffrances, et promit de chercher les moyens d'y apporter remède. Mais la confiance qu'elle lui inspira par ces promesses devait être cruellement déçue.

Au lieu de reprendre les domaines de la couronne

concédés à la noblesse, elle augmenta encore le nombre de ces donations, créa des comtes, des barons,
multiplia les titres de noblesse. Au lieu de chercher
à mettre l'ordre dans les finances, elle distribua d'une
main si prodigue les revenus de l'État, qu'elle se
trouva elle-même plusieurs fois réduite au dénûment
le plus complet. Elle eut des favoris qu'elle ne se las-
sait pas de combler de présents. D'abord ce fut le
comte Magnus de la Gardie, qu'elle nomma colonel
de sa garde, qu'elle envoya en ambassade en France
avec un luxe inouï, et auquel elle donna de magnifiques propriétés en Suède et en Finlande; puis le médecin Bourdelot, qui acquit sur elle un grand ascendant (1); puis l'ambassadeur espagnol Pimentelli, qui
restait avec elle jusqu'à trois ou quatre heures de la
nuit; puis le beau jeune comte Tott, qu'elle voulait
créer duc ; puis enfin Santinelli et le malheureux
Monaldeschi. L'amour même que Christine manifestait
pour la science lui fut, sous plus d'un rapport, pré-
judiciable. Au dehors, les lettres qu'elle adressait aux
savants, les témoignages de distinction qu'elle aimait
à leur donner, lui faisaient un grand renom. On lui
prodiguait les vers et les épîtres louangeuses, on la
chantait dans plusieurs langues, et avec tout l'attirail
des comparaisons mythologiques en usage à cette
époque. Mais ses goûts d'étude et ses entretiens

(1) En 1653, Vossius écrivait dans son style pédant à Heinsius :
« Bourdelotius ne ipso quidem Jove sese minorem existimat. Solus
« omnia istic terrarum potest. »

scientifiques la détournaient souvent des affaires de
son royaume. Puis on se réjouissait peu en Suède de
voir l'un après l'autre arriver ces écrivains étrangers,
qui apportaient, dit Geiier, leurs livres, publiaient
leur panégyrique, recevaient leur présent, et partaient.
La plupart de ces hommes n'étaient que des complaisants d'un mérite fort équivoque. Il faut en excepter
Descartes, qui honora le règne de Christine, mais dont
le principe sceptique eut peut-être une fâcheuse influence sur l'esprit de la jeune reine.

Les difficultés que Christine éprouva dans la gestion des affaires, dès les premières années de son
avénement au pouvoir, la division qui éclata entre
les divers ordres de l'État, le mouvement turbulent
des diètes, furent probablement les premières raisons
qui imprimèrent à la fille de Gustave l'idée d'abdiquer
sa couronne. Puis il s'y joignit une vaniteuse pensée,
la pensée d'étonner le monde par un tel sacrifice;
puis enfin elle était conduite à cette abdication par
le désir de voir les contrées dont l'histoire, dont les
œuvres d'art et de science l'occupaient sans cesse.
Elle confia d'abord son projet à Charost, qui employa
toute son éloquence à le combattre, et qui crut l'en
avoir détournée. Mais en 1651 elle y revint avec plus
de fermeté. Elle en parla à Oxenstiern, envers lequel
elle s'était montrée fort ingrate, mais qui ne pouvait
oublier ce qu'il devait de respect et de dévouement
à la fille de son cher maître Gustave. Le vénérable
chancelier la conjura de ne point descendre de son
trône, de ne point quitter la Suède, et l'engagea à se

marier. De plusieurs côtés il se présentait des partis
convenables : en Danemark, le plus jeune fils de
Christian IV ; en Allemagne, le fils de l'électeur de
Brandebourg, le roi Ferdinand de Hongrie, l'archiduc Léopold d'Autriche, et un prince héréditaire de
Saxe; en Pologne, les trois fils de Sigismond ; en
Espagne, le roi Philippe IV, et en Suède même le
comte palatin Charles-Gustave, cousin de Christine.
De tous les prétendants, c'était celui-ci qui semblait
avoir le plus de chances de succès; mais Christine,
après lui avoir fait entrevoir cette perspective d'une
union conjugale, résolut de lui abandonner sa couronne sans se marier avec lui.

En 1654, elle annonça aux états sa décision. « Eh
bien! soit, dit le chancelier. Si cela doit arriver,
mieux vaut plus tôt que plus tard. » Au mois de mai la
diète sanctionna ses propositions, adopta pour roi de
Suède Charles-Gustave, et accorda à Christine, non
pourtant sans quelques débats, le douaire qu'elle demandait : les îles de Gothland, d'Oland, d'Osel, de
Norrköping, plusieurs propriétés dans la Poméranie,
le droit de disposer de tous les emplois dans toutes
ses possessions, d'y conserver une autorité absolue.
Ces apanages devaient lui donner un revenu d'environ 240,000 riksdalers. Les états se chargeaient d'acquitter ses dettes, qui se montaient à une somme
considérable, et de lui donner une flotte pour la conduire en pays étranger. Le 6 juin, Christine parut
au milieu de l'assemblée, le diadème sur la tête, le
sceptre à la main; déposa l'un après l'autre tous ses

insignes royaux, et les remit à son successeur, qui fut couronné le même jour.

Deux mois après, celui qui avait été son conseiller, son ami, son tuteur, le noble Axel Oxenstiern, dont elle avait méconnu les services, achevait le cours de sa glorieuse carrière en parlant encore de sa jeune reine, dont il arrivait déjà d'étranges nouvelles, en disant : « C'est pourtant la fille de Gustave-Adolphe. »

Le peuple accueillit avec joie le jeune prince qui allait le gouverner. Il était du sang du héros de Lützen, il avait été élevé en Suède, et avait déjà donné des preuves d'habileté et de courage.

Quant à Christine, il semblait qu'en déposant la couronne elle se fût délivrée d'un odieux fardeau. Elle fit frapper plusieurs médailles en mémoire de cet heureux événement (1), et prépara son départ avec l'impatience d'un captif qui va sortir de sa prison.

Une huitaine de jours après son abdication, elle était en route; et lorsqu'elle franchit près de Bätsad le ruisseau qui, dans cette province, séparait alors la Suède du Danemark : « Enfin, s'écria-t-elle, me voilà libre; enfin, je suis hors de cette Suède, où j'espère bien ne jamais revenir ! »

Du Danemark elle se rendit à Hambourg, où elle scandalisa fort les bons sénateurs qui l'avaient accompagnée à l'église, le prêtre qui à cette occasion

---

(1) Une de ces médailles représentait une couronne, avec ces mots : *Et sine te;* une autre, le globe terrestre, avec cette inscription : *Ni mi besogna ni mi basta.*

fit un sermon sur la reine de Saba, en oubliant sur sa chaise un livre qu'elle avait lu avec une apparence de recueillement pendant l'office, et qui n'était autre chose qu'un Virgile.

Au mois d'avril, elle arrivait en Belgique, impatiente surtout de voir Condé qu'elle appelait son héros, et dont un témoignage de distinction avait, disait-elle, plus de prix à ses yeux que la couronne de Suède. Une question d'étiquette éteignit cet enthousiasme, et mit fin à tous ces beaux projets.

Christine fut reçue à Bruxelles avec une pompe extraordinaire par l'archiduc Léopold, et abjura en présence de ce prince, de Pimentelli, de Montecuculli, la doctrine luthérienne, pour embrasser le catholicisme. L'année suivante, elle renouvela solennellement cette abjuration dans la cathédrale d'Inspruck. C'était la condition que le pape avait mise à la réception qu'il voulait lui faire à Rome. Cette réception fut magnifique. Le pape avait fait préparer pour l'illustre convertie un appartement dans son propre palais, et tous les cardinaux et toutes les grandes familles la fêtèrent avec empressement. Mais elle ne tarda pas à fatiguer par les bizarreries de sa conduite, par la hauteur souvent déplacée de son caractère, ceux qui venaient lui rendre des hommages, et à se fatiguer elle-même du séjour de la capitale chrétienne.

Comme elle s'était passionnée pour l'Italie, elle se passionna pour la France, où elle arriva au mois d'août 1656. Les Mémoires de mademoiselle de Mont-

pensier et de madame de Motteville renferment de
curieux détails sur son séjour à Paris, sur sa visite
à Compiègne et à Chantilly. Un mois après, elle retournait en Italie, emportant de la France une idée
enthousiaste, et ne se doutant pas qu'elle y avait laissé,
par l'étrangeté de ses manières, un souvenir peu
agréable. Elle y revint une seconde fois. La cour ne se
souciait pas de la recevoir; on trouva un prétexte
pour l'engager à rester à Fontainebleau. Elle y resta
plusieurs semaines, très-délaissée, attendant de jour
en jour l'invitation de se rendre à Paris. Ce fut dans
cet isolement qu'elle fit égorger Monaldeschi qui avait
remplacé dans son intimité Pimentelli, et qui dispu-
tait sa faveur à Sentinelli. L'histoire de cette cruelle
exécution est trop connue pour qu'il soit besoin de
la relater encore (1). Elle produisit dans toute l'Europe une grande rumeur, et fut considérée en France
comme une grave offense envers l'autorité du roi. On
engagea Christine à s'en retourner sans passer par
Paris; mais elle voulait revoir cette ville : elle y courut à cheval, y fut reçue très-froidement, y resta
pourtant plusieurs semaines, et enfin se décida à
reprendre le chemin de Rome, où elle alla occuper le
palais de Mazarin.

De cette époque date une seconde révolution dans
l'âme de Christine. En 1651, elle s'était exaltée à la

(1) Entre autres relations : *Mémoires de la vie du comte D...* et
les *Récits du père Lebel* (6 novembre 1657), publiés dans le *Recueil
de diverses pièces curieuses;* Cologne, 1654.

pensée de déposer le pouvoir royal, de surprendre tous les esprits par une telle abnégation, de s'en aller librement de contrée en contrée, de pouvoir se dévouer tout entière aux charmes de la science et des lettres. Pendant quelques années elle vécut dans l'enchantement de son rêve. Son abdication avait en réalité produit un très-grand effet. Son nom était plus que jamais loué, chanté par les poëtes et les philosophes. C'était la *Pallas du Nord*, l'*immortel Phénix*. Partout où elle arivait, on accourrait pour la voir, on la recevait avec des démonstrations d'enthousiasme que nulle autre reine n'eût obtenues. Peu à peu, cette faveur populaire dont elle était l'objet s'affaiblit. Le prestige dont elle était entourée s'effaça, quand on la vit avec ses caprices singuliers, sa versatilité d'impression, et un entourage souvent fort peu respectable. Malgré son orgueil, Christine ne put pas se dissimuler ce changement; et plus le songe avait été brillant, plus la réalité fut amère. Les embarras financiers dans lesquels elle retombait sans cesse ajoutaient encore à sa déception. Plus d'une fois en France, en Italie, elle avait été obligée de contracter des emprunts onéreux, de mettre en gage ses bijoux, de vendre ses voitures. Elle commença alors à tourner ses regards vers cette Suède dont elle s'était éloignée avec tant de joie, et à regretter, comme le lui avait prédit le sage Oxenstiern, cette couronne royale qu'elle trouvait si lourde. Nous dirons ses dernières tentations; mais, pour ne pas trop intervertir l'ordre des faits, nous devons d'abord raconter le règne de son successeur.

CHAPITRE IV.

Maison de Deux-Ponts. — Charles X.

———

Ce trône que Christine abandonnait avec tant de gaieté devait être noblement occupé par celui à qui elle l'abandonnait. Ce prince, qui vivait modestement retiré dans l'île d'Oland, tandis que l'illustre fille de Gustave-Adolphe gouvernait la Suède; qui, lorsqu'elle parla de ses projets d'abdication, la conjura instamment et constamment d'y renoncer; ce jeune prince était doué des qualités les plus brillantes, et devait ajouter un éclatant rayon à sa couronne. Fils de la sœur de Gustave-Adolphe et du comte palatin de Deux-Ponts, il fut le chef d'une nouvelle dynastie qui ne compta que trois rois, mais trois rois mémorables, lui, Charles XI et Charles XII.

Christine lui avait laissé un royaume appauvri par ses prodigalités. En abandonnant la tâche de payer ses dettes, elle avait eu soin de se faire une bonne cargaison de tout ce que les résidences royales renfermaient de plus précieux. Elle avait tellement dépouillé le palais, que, le jour de son couronnement,

Charles-Gustave fut obligé d'emprunter des tapis et
des meubles, et que, le jour où il voulut donner à
dîner aux membres de la diète, la table qu'il fit dresser présentait les plus grossières disparates. A la place
réservée aux dames et aux nobles, on apportait les
mets sur des plats d'argent empruntés de côté et d'autre; les prêtres et les bourgeois avaient des assiettes
d'étain, et les paysans des assiettes en bois.

Mais, en chargeant ses navires de tous les trésors de
la couronne, Christine ne léguait du moins à son
successeur aucune guerre. Au dedans seulement, la
lutte de la noblesse contre les trois autres ordres;
au dehors, toutes les apparences d'une paix assurée.
Charles-Gustave eut le courage de résoudre le pro-
blème que Christine avait esquivé. Il décida qu'une
grande partie des dotations accordées à la noblesse
seraient rendues à la couronne. D'autres affaires plus
graves l'empêchèrent d'exécuter cette résolution. La
Pologne, qui du temps de Christine avait conservé
une attitude pacifique, en revint à ses anciennes exigences à l'avénement du nouveau roi. Jean-Casimir
déclara qu'il avait bien voulu accepter le règne de la
fille de Gustave-Adolphe, mais qu'il ne pouvait tolérer l'élection d'un prince de la branche féminine. La
guerre avec la Pologne fut décidée, puis une autre
guerre avec le Danemark et avec la Russie. La joie
qu'elles excitèrent dans l'âme de Charles X, le courage et l'habileté qu'il y déploya, prouvèrent qu'il
était le digne neveu de Gustave-Adolphe. A peine
Jean-Casimir avait-il formulé ses prétentions, que le

jeune roi faisait ses préparatifs de campagne, et rassemblait sous ses drapeaux tous les vieux soldats
dont l'esprit belliqueux tressaillait encore au souvenir
des batailles d'Allemagne. Les Polonais, effrayés de la
rapidité de ses mesures, voulurent entrer en négociations; mais il était trop tard. Les ambassadeurs
de Jean-Casimir étaient à Stockholm, demandant un
sursis, cherchant à retarder une rupture, définitive,
que déjà Charles X se mettait en marche. Un de ses
plus vaillants officiers, Arvid Wittenberg, avait rassemblé 20,000 hommes à Stettin. Le 3 juillet 1655,
Charles partait pour rejoindre cette armée; et avant
qu'il l'eût rejointe, Wittenberg subjuguait les districts
de Posen, de Kalisch, et ralliait à la Suède plusieurs
légions de Polonais. Charles fit alors une étonnante
campagne. Les villes dont il s'approchait lui ouvraient
leurs portes; les troupes destinées à le combattre se rangeaient sous ses drapeaux; les principaux
seigneurs du pays venaient se mettre sous ses ordres.
Il arrivait en Pologne comme ennemi, et la Pologne
le recevait comme un libérateur. Jean-Casimir, abandonné de tous ceux qui devaient le défendre, s'enfuit jusque dans les Carpathes, découragé, désespéré,
résolu à déposer sa couronne. Charles entra à Varsovie, à Cracovie. Dans l'espace d'un mois, il s'était
rendu maître de la Pologne, presque sans efforts et
sans combats. Il eut le tort de ne pas proposer en ce
moment un traité de paix que Casimir eût été heureux d'accepter, et à laquelle les Polonais eussent
volontiers souscrit. Mais un succès si rapide excita

son ambition, et une guerre si courte ne satisfaisait
pas son humeur belliqueuse. Il lui sembla que ce
ne serait point assez d'obtenir la satisfaction qu'il
avait d'abord demandée, qu'il pouvait aisément aspirer à réunir le royaume de Pologne à celui de Suède;
et cette ambition lui devint funeste. Les villes où il
était entré furent révoltées par l'indiscipline et le
pillage de ses soldats. Les prêtres excitèrent contre
lui le peuple. Les nobles qui s'étaient ralliés à lui comprirent qu'en s'abandonnant à leur irritation contre
Casimir, ils trahissaient la cause nationale, et déser-
tèrent peu à peu le drapeau étranger : un seul, Sapiéha,
resta avec Gustave, mais c'était pour le trahir. Il lui
tendit une embûche fatale, il l'entraîna près des Carpathes, dans une expédition où tout à coup il l'abandonna aux poursuites de l'intrépide et infatigable
Czarneski, et où Charles faillit périr. Harcelé sur toute
sa route, égaré dans une contrée où il ne trouvait
que des ennemis et des obstacles de toute sorte, où
la nature ainsi que les hommes trahissait son courage,
il parvint cependant à se rendre de Jaroslav à Varsovie; mais cette armée qu'on avait vue naguère si
fière et si forte, dans quel triste état il la ramenait!
Un grand nombre de ses soldats avaient péri sous le
sabre des légions de Czarneski, ou par l'excès des
fatigues; les autres étaient blessés, épuisés. Lui-même
avait dû, dans cette cruelle expédition, passer plus de
vingt jours sans se déshabiller. Il avait déjà fait un
traité d'alliance avec Frédéric-Guillaume de Brandebourg. Mais, après la retraite de Jaroslav, l'habile

électeur se tenait sur la réserve. Gustave, pour l'obliger à remplir ses promesses, entra en Prusse, et lui fit signer un traité par lequel Frédéric s'engageait à s'unir à lui avec ses troupes.

Pendant le cours de leurs négociations, Casimir venait, avec plus de 100,000 hommes, reprendre sa capitale. La garnison suédoise de cette ville ne s'élevait pas à plus de 3,000 soldats, dont la moitié malades ou blessés; mais elle était commandée par Arvid Wittenberg, qui, pendant près de deux mois, arrêta au pied des remparts, avec un courage incroyable, cette effrayante armée. Réduit enfin à la dernière extrémité, n'ayant plus autour de lui que quelques centaines d'hommes épuisés par les combats de chaque jour, par cette lutte accablante, il capitula, et, malgré les promesses de Jean-Casimir, fut jeté dans une prison, où il mourut l'année suivante.

Le roi de Pologne venait de rentrer à Varsovie, quand Charles arriva sous les murs de la ville avec l'électeur de Brandebourg. Leurs troupes réunies se composaient d'une vingtaine de mille hommes. Jean-Casimir en avait plus de 150,000. Le 18 juillet pourtant, Charles engagea la bataille. Elle dura deux jours entiers, avec un horrible acharnement. A la fin du second jour, les Polonais abandonnèrent leur camp, leurs canons, leurs bagages. L'armée suédoise rentra pour la seconde fois à Varsovie. Mais cette prodigieuse victoire n'eut pas les résultats qu'on devait en attendre. Frédéric-Guillaume, craignant d'élever trop haut la puissance de son allié, se retira

dans ses États avec ses troupes. Le roi de Suède se
trouva seul avec 8,000 à 10,000 hommes en face d'une
innombrable quantité de Polonais qui se rassem-
blaient de nouveau autour de Varsovie. Il comprit
alors l'impossibilité de conquérir cette contrée; des
symptômes d'hostilité commençaient à se manifester
du côté du Danemark; une partie des forces suédoises sous le commandement de la Gardie était occupée en Lithuanie, et les Russes, qui épiaient toujours
l'occasion de se rapprocher de la Baltique, assiégeaient Riga, envahissaient impétueusement la Carélie et l'Ingermanie. Au milieu de ce conflit d'événements, Charles ramena ses troupes dans la Prusse
occidentale, d'où il inquiétait à la fois la Pologne et
dirigeait les opérations de ses généraux contre les
Russes. Le siége de Riga fut levé, les Russes ne pouvant vaincre l'énergique résistance de la Gardie, de
Helmfeldt, qui défendaient cette ville; sur d'autres
points ils furent battus en plusieurs rencontres, mais
ils ravagèrent impitoyablement toutes les provinces
où ils étaient entrés.

En 1657, Charles rentra en Pologne avec Ragoczi,
prince de Transylvanie, qui dans son ambition rêvait
aussi la conquête d'une partie de ce royaume. Tous
deux venaient déjà de prendre quelques forteresses,
quand Gustave apprit que la guerre avec le Danemark était déclarée; et il partit pour défendre ses
États. Dans ces trois années d'expéditions hardies,
de combats héroïques, de victoires glorieuses, la
Suède n'avait gagné d'autre avantage que celui d'af-

faiblir la Pologne; mais elle avait été pendant tout ce temps surchargée d'impôts, les Russes avaient dévasté plusieurs de ses provinces, et les hostilités n'étaient pas finies.

La noblesse danoise ne voulait point exposer le royaume aux chances d'une nouvelle guerre contre la Suède; mais le roi Frédéric, dominé par d'anciens ressentiments, séduit par une espérance de succès que la situation embarrassée de Charles pouvait aisément lui faire concevoir, voulait cette guerre, et il parvint malheureusement pour lui à l'entreprendre. Une partie de ses troupes entra dans le Jemteland, et en fut bientôt chassée; d'autres envahirent l'évêché de Brême et s'en emparèrent. Frédéric, persuadé que Charles se rendrait directement de Dantzig en Suède, alla se poster sur sa route pour le surprendre. Mais Gustave rejoignit en Poméranie les soldats de Wrangel et s'avança vers le Holstein, heureux de commencer une nouvelle lutte, rêvant déjà de nouvelles victoires et de nouvelles conquêtes. Cette fois ces rêves ne devaient pas être une vaine illusion, cette fois tout devait lui réussir. Wrangel reprit possession du district de Brême, puis entra en Jutland, assiégea la forteresse de Frédériksunde et l'emporta d'assaut. Deux mille Danois y furent faits prisonniers, et l'armée suédoise y trouva une quantité d'armes, de munitions. Ce succès inespéré réveilla comme par enchantement l'ardeur de la Suède, qui se trouvait alors en guerre à la fois avec la Pologne, avec la Russie, en relations fort équivoques avec l'électeur de Brande-

27.

bourg, seule, sans appui au milieu de tous ses voisins, qu'on eût dits conjurés pour sa perte.

Pour sortir d'une telle situation, pour étonner et effrayer ses ennemis, Charles résolut de tenter une action audacieuse, et la nature le servit dans ses projets aventureux. Au mois de juin 1658, le froid fut si rigoureux, que le petit Belt, qui sépare la Fionie du Jutland, et le grand Belt, qui sépare la Fionie de la Seelande, furent complétement gelés. Charles traversa ce premier bras de mer sur la glace, battit les Danois qui voulaient s'opposer à son entrée en Fionie, et dans l'espace de quelques jours s'empara de toutes les villes et de toutes les forteresses de cette province. A la nouvelle de cet événement, la terreur se répandit à Copenhague, et Frédéric demanda une suspension d'armes pour négocier un traité de paix. Mais Charles n'était pas homme à s'arrêter au milieu d'une entreprise. La Seelande lui était ouverte; le même chemin qui l'avait conduit à Odensée pouvait le conduire à Copenhague. Pour arriver au cœur même du royaume, il fallait seulement que la glace du grand Belt fût assez forte. Le 4 février au soir, Dahlberg, qui avait été chargé de l'examiner, vint lui annoncer qu'elle était partout très-ferme et très-épaisse : « Ah ! s'écria Charles en se levant avec joie, maintenant, mon frère Frédéric, nous allons avoir ensemble un bon entretien. »

Le lendemain matin, Charles était en marche avec sa cavalerie, bravant la neige, la glace, et riant de ceux qui se plaignaient du froid. Il parvint sans ac-

cident à l'île de Langeland, d'où il envoya à Wrangel, qui était resté en arrière avec l'infanterie, l'ordre
de le rejoindre. Après quelques jours de repos, les
troupes se remirent en route, et, le 12, elles arrivaient sans obstacle à Wordingborg, sur la terre de
Seelande. Le pays était dans la consternation, la capitale dépourvue de troupes. Frédéric se hâta de
renouveler ses propositions de paix. Les conditions
que Charles lui prescrivit étaient dures; mais si on ne
les acceptait pas, il menaçait d'entrer à Copenhague,
et cette menace n'était pas une vaine fanfaronnade.
Frédéric dut se résigner, et payer chèrement la faute
qu'il avait commise en provoquant lui-même cette
guerre. Le 18 février, le traité de paix fut signé. Le
Danemark céda à la Suède les provinces de Scanie,
de Halland, de Blaking, l'île de Bornholm, le district
de Drontheim, et Bohnslän; il fut décidé en outre
que tous les navires suédois et les navires étrangers
chargés de denrées suédoises seraient exempts des
droits du Sund.

Cette guerre de Suède fut une des grandes choses
de l'époque. L'Europe entière fut occupée d'une résolution si hardie, de cette campagne d'hiver, de ce
passage du Belt, de cette entrée en Danemark par
des mers couvertes de glace. La Suède accueillit avec
enthousiasme son roi, qui lui revenait avec une si
brillante auréole et un traité si avantageux; mais
Charles n'était pas content. Il avait aspiré à la conquête, à la possession du Danemark. Il ne pouvait
renoncer à une telle perspective; et à peine était-il

de retour dans son royaume, que déjà il songeait à
reprendre les armes. Les Danois avaient rempli ponc-
tuellement les conditions du traité de Roeskilde.
Charles, pour avoir un prétexte de recommencer la
guerre, demanda plusieurs choses qui n'étaient pas
même indiquées dans le traité, et qui lui furent accordées. Une telle résignation de la part des Danois
ne fit qu'irriter sa belliqueuse ardeur. Wrangel était
encore en Danemark avec une partie de l'armée suédoise, mais devait, selon les conventions, quitter ce
pays. Il lui ordonna d'y rester; et, après avoir pendant quelques mois combiné toutes ses mesures, il
partit pour le Holstein, et rassembla ses troupes à
Kiel. On supposait qu'il allait se diriger sur le Brandebourg, et il pensait en effet à agrandir un jour ses
États de ce côté; mais auparavant il voulait faire du
Danemark une des dépendances de la Suède, devenir
l'unique roi des contrées scandinaves, et ensuite se
jeter sur le nord de l'Allemagne. Cette fois il marchait droit sur la Seelande. Le 5 août, il embarquait
ses soldats à Kiel; le 7, il arrivait à Korsoë, et quelques jours après il était devant Copenhague. C'était
au temps de la moisson. La ville n'avait pas encore
fait ses approvisionnements de grains, les fortifica-
tions étaient délabrées, les batteries en mauvais état,
et sa garnison ne s'élevait pas à cinq cents hommes.
Frédéric envoya demander à Charles des explications
sur une invasion si inattendue et si illégitime; Charles renvoya durement ses ambassadeurs, et pointa ses
canons sur Copenhague. Mais le courage de la bour-

geoisie sauva la ville du désastre dont elle était menacée. Charles fut repoussé. Wrangel le consola de
cet échec en s'emparant de la forteresse de Cronsborg; mais la possession de cette forteresse ne put
empêcher la flotte hollandaise, qui arrivait au secours
du Danemark, de franchir le détroit du Sund, de jeter des soldats et des munitions dans les murs de
Copenhague; et Charles, obligé de renoncer à ses immenses projets, se retira près de Bröndsby et y établit un camp retranché, en vue de la capitale qu'il
n'avait pu emporter d'assaut. En 1659, il revint encore attaquer cette ville. Au milieu d'une sombre
nuit d'hiver, ses troupes s'élancèrent avec impétuosité sur les remparts; mais elles furent encore repoussées. Charles pourtant ne pouvait se résoudre à abandonner le pays. Il le tenait par ses
troupes campées en Seelande et par celles qui occupaient la Fionie. Les puissances étrangères s'inquié-
tèrent de cette guerre, et engagèrent Charles à y mettre fin. L'Angleterre, l'Autriche étaient à son égard
dans de très-hostiles dispositions. La Hollande se
plaignait des pertes considérables que cette guerre du
Nord faisait subir à son commerce. La France seule
soutenait le roi de Suède, mais ne voulait pas pourtant qu'il subjuguât le Danemark. Charles rejeta fièrement toutes les propositions qui lui furent faites,
déclarant qu'il n'accordait point aux autres puissances, et surtout à des puissances ennemies, le droit
d'intervenir dans ses affaires. L'intervention armée
fut décidée. Les Anglais, les Hollandais entrèrent en

Fionie, et en chassèrent les troupes suédoises. La
perte de cette province, qui achevait de ruiner les
espérances de Charles, lui porta un coup mortel.
Pendant que les puissances étrangères engageaient
de nouvelles négociations, il retourna à Stockholm
et tomba malade. « Ah ! la Fionie, la Fionie, s'é-
criait-il, voilà ce qui me tue. » Il fit venir près de lui
ses compagnons d'armes, leur dit un cordial adieu,
s'accusa de n'avoir pu faire pour la Suède ce qu'il
avait désiré, et, le 12 février 1660, il rendait le dernier soupir.

Une ambition démesurée l'égara ; son caractère
guerrier, trop vif et trop impérieux, le jeta dans des
entreprises qu'il eût pu aisément éviter, et l'empêcha
de s'occuper des vrais intérêts de son royaume. La
Suède pourtant acquit par ses brillantes campagnes
une nouvelle illustration, par son audacieuse invasion du Danemark la possession des provinces qui
reportaient ses frontières au bord du Sund ; et les
paysans se souvinrent qu'en ordonnant la restitution
d'une partie des biens de la noblesse, il avait réalisé
un de leurs vœux les plus ardents.

Après la mort de Charles, on vit arriver en Suède
l'inquiète Christine, qui regrettait sa couronne et qui
eût voulu la reprendre. Elle fut reçue avec les plus
grands égards, mais n'obtint que le maintien de son
apanage, qu'un certain nombre de membres du clergé
menaçaient de lui enlever, depuis qu'elle avait abjuré
la religion luthérienne. En 1667, elle revint de nouveau. Le sénat lui fit signifier l'ordre de renvoyer le

prêtre catholique qui l'accompagnait. Elle s'en retourna, sans être entrée à Stockholm. Un an après,
elle manifesta une troisième fois l'intention de revenir; le sénat déclara qu'il croyait devoir lui interdire l'entrée du royaume. Elle apprit alors que Jean-
Casimir venait d'abdiquer son sceptre, et essaya de
se faire élire reine de Pologne. Mais toutes ses tentatives échouèrent, et ses dernières années se passèrent
à Rome dans d'impuissants efforts pour jouer aux
yeux des souverains de l'Europe le rôle de reine, que
personne ne voulait plus reconnaître. Elle mourut
le 9 avril 1689, et fut enterrée en grande pompe
dans l'église de Saint-Pierre. Un mausolée lui a été
élevé en 1702.

L'héritier du trône de Suède, Charles XI, fils unique de Charles-Gustave et de Hedwige-Éléonore, n'a-
vait que cinq ans lorsque son père mourut. L'administration du royaume, l'éducation du jeune prince
furent remises à un conseil de régence, composé de
la reine, P. Brahe, Wrangel Lars Kagge, Bonde, et
Gabriel de la Gardie. Ce conseil eut le bonheur de
mettre fin à l'état de guerre qui, pendant toute la
durée du règne précédent, avait agité la Suède. Le
3 mai, la paix fut conclue avec le Brandebourg et la
Pologne. La Suède conservait les avantages qui lui
avaient été accordés par le traité de Westphalie, et
Jean-Casimir renonçait à ses prétentions sur le trône
des Wasa. Le 6 juin, un autre traité fut signé à Copenhague, qui maintenait les principales dispositions
de celui de Roeskilde. Le Danemark rentrait seule-

ment en possession du district de Drontheim et de l'île de Bornholm. Enfin, le 23 juin de la même année (1661), les Russes firent aussi la paix, et se retirèrent des provinces qu'ils avaient envahies.

Mais il était dit que la belliqueuse Suède ne pourrait jouir de la pacifique situation dont elle avait pourtant si grand besoin. L'année suivante, elle reprenait déjà les armes, et allait rentrer en lutte avec tous ses voisins. Cette fois ce n'était plus pour sa propre cause qu'elle déployait ses étendards, c'était pour un roi étranger. Comme la Suisse, elle escomptait l'éclat de ses batailles, elle vendait le sang de ses enfants. Louis XIV craignant que, pendant sa guerre avec la Hollande, l'électeur de Brandebourg, Frédéric-Guillaume, ne prit parti contre lui, voulut s'assurer l'appui de la Suède, et l'obtint au moyen de présents qu'il fit distribuer parmi les membres du sénat. Le 12 avril 1672, la Suède s'engagea, moyennant un subside annuel de 400,000 riksdalers, à envoyer 16,000 hommes en Poméranie. Ces troupes, commandées par Wrangel et Helmfeldt, furent battues à Rathenow, à Fehrbellin, et poursuivies jusque dans le Mecklembourg. C'était là un douloureux revers; mais l'entreprise inconsidérée de la Suède devait lui attirer d'autres malheurs. La Hollande, l'Espagne, le Danemark se liguèrent contre elle avec le Brandebourg. La Poméranie fut prise, la flotte suédoise mise en déroute par les Danois près de Bornholm et près d'Oland. Christian V rentra dans les provinces qui avaient été enlevées à son père par le traité de Roeskilde, s'empara d'Ystad, de Landskrona, de Helsingborg, et assiégea Christianstad.

A la nouvelle de ces sinistres événements, Charles XI, qui jusque-là avait vécu d'une vie assez oisive, s'arracha tout à coup aux habitudes de plaisir dans lesquelles de perfides conseillers cherchaient à le maintenir, se mit à la tête de ses troupes, attaqua le corps d'armée danois commandé par Dunkam, et débuta dans la carrière des armes par une victoire. Quelques jours après, il se trouvait dans la plaine de Lund en présence de Christian. Les troupes suédoises n'étaient pas, à beaucoup près, aussi nombreuses que celles du roi de Danemark. Charles engagea cependant la bataille, défit ses ennemis, et les força à se retirer sur Landskrona. A la suite de ce combat, les Suédois reprirent Carlshamn et Helsingborg. Tandis qu'en Scanie l'armée de terre obtenait ces succès, la flotte suédoise subissait sans cesse de nouveaux échecs, et l'électeur de Brandebourg enlevait à la Suède Stralsund, Greifswald, et toutes ses possessions d'Allemagne.

La guerre, commencée en 1675, dura jusqu'en 1679, et se termina plus heureusement qu'on n'eût pu l'espérer. Louis XIV, en concluant le traité de Nimègue, n'oublia point ses alliés. Le Brandebourg rendit aux Suédois les canons qu'il leur avait pris et les provinces d'Allemagne. Le Danemark renouvela le traité de 1661, conclut en outre avec la Suède une alliance offensive et défensive, qui fut cimentée par le

mariage de Charles XI avec Ulrique-Éléonore, sœur
de Christian V.

Cette guerre, à la suite de laquelle le royaume
rentrait seulement en possession de ce qu'il avait acquis précédemment, avait coûté à la Suède des sommes considérables; plusieurs provinces étaient rava-
gées, plusieurs villes en ruines. Il s'agissait de réparer
ces désastres, de remettre l'ordre dans les finances;
et Charles XI accomplit des réformes auxquelles plusieurs de ses prédécesseurs avaient songé, et que nul
n'avait pu exécuter. La première fut d'affranchir la
couronne de l'autorité du sénat, qui avait pris un accroissement démesuré. Il fut soutenu dans cette grave
résolution par les trois ordres du clergé, de la bourgeoisie, des paysans, et, malgré la vive résistance de
la noblesse, trancha la question comme il le voulait.
C'était, sous une apparence de réforme gouvernementale, une véritable révolution, une révolution pareille
à celle qui s'était opérée en 1660 à Copenhague. Les
sénateurs étaient réduits à l'emploi de simples conseillers, et le roi devenait de fait roi absolu.

La diète de 1680, qui formula ce principe, décida
en outre que le gouvernement ferait rentrer dans les
domaines de la couronne toutes les propriétés qui, à
diverses époques, en avaient été distraites, et concédées aux nobles sous différents prétextes.

Cette mesure fut mise à exécution avec énergie et,
dans quelques cas, avec dureté. Dix comtés, soixante-
dix baronnies, furent enlevés à ceux qui en jouissaient
et remis aux domaines de l'État. Plus d'une famille

opulente tomba alors dans un état voisin de l'indigence; mais Charles XI, investi du pouvoir suprême, encouragé par l'assentiment du peuple, n'écoutait aucune plainte et ne cédait à aucune réclamation. Non content d'avoir, par cette restitution des anciennes dotations, augmenté les ressources de l'État, il traduisit devant la diète les membres du conseil de régence, accusés de malversation, et fit payer à chacun d'eux une amende dont le produit total s'éleva à la somme de près d'un demi-million de riksdalers. En Suède, la noblesse, malgré l'amère douleur qu'elle ressentait de ces rudes sentences, courba la tête sous la main vigoureuse qui la maîtrisait et sous le poids de l'animosité populaire. En Livonie, l'œuvre de restitution ne s'accomplit pas si facilement. Les nobles protestèrent contre la rigueur avec laquelle on leur prenait les biens dont ils se croyaient légitimes possesseurs. Ils envoyèrent à Stokholm une députation qui fut fort mal accueillie. Le chef de cette députation, Patkoul, ayant osé se plaindre, fut condamné à mort, prit la fuite, se réfugia en Saxe. Nous le verrons bientôt reparaître, non plus en suppliant, mais en ennemi déclaré.

Si les décisions prises par Charles XI pour reconstituer les domaines de l'État furent rigoureuses dans leur application, il faut dire qu'au fond elles étaient en général appuyées sur un principe équitable; que la noblesse avait souvent profité des embarras ou de la faiblesse des souverains pour obtenir ces riches dotations, et que le peuple réclamait depuis longtemps

contre un état de choses qui rejetait sur lui toutes
les charges du royaume. Charles XI fit, du reste, un
si sage et si utile emploi de ces nouvelles ressources,
que ceux même dont il avait si violemment lésé les
intérêts furent forcés de rendre justice à son intelligente administration. Avec les sommes qu'il avait re-
couvrées et le surcroît de revenu dont il disposait, il
amortit la dette publique, releva la marine de la décadence où elle était tombée, creusa des ports, établit des chantiers dans plusieurs villes, encouragea
les arts, les sciences, le commerce, assura un traite-
ment régulier aux fonctionnaires civils, aux officiers,
et laissa à sa mort un trésor de deux millions de riksdalers.

La Suède lui doit encore une institution qui, sauf
quelques modifications, s'est conservée telle qu'il l'a-
vait conçue : nous voulons parler de ces colonies militaires qui donnent à la Suède une armée considérable, employée en temps de paix aux travaux agricoles,
exercée régulièrement chaque année aux grandes manœuvres, organisée, comme celle qui forme les gar-
nisons, en régiments et compagnies, et prête au
premier signal à entrer en campagne; armée de laboureurs, d'artisans, qui ne coûte rien à l'État, qui
utilise le sol, et qui, en cas de besoin, saurait le défendre.

Sous le règne de Charles XI, l'exploitation des mines d'argent de Sala, des mines de cuivre de Fahlum,
des mines de fer de Dannemora, prit un large développement. Ce fut lui encore qui fonda le laboratoire

de chimie, la banque, le collége de médecine, le collége de commerce, et l'université de Lund.

Des savants et des artistes, dont il savait apprécier
le mérite, honorèrent son règne. Nous citerons entre
autres Dahlberg, l'auteur du magnifique ouvrage qui
a pour titre : *Suecia antiqua et hodierna;* Olaf Rudbeck, le célèbre érudit; Tessin, l'architecte qui construisit le palais de Stockholm; et le peintre Ehrens-
trahl.

En voyant tout ce que Charles XI avait fait pour la
prospérité de la Suède, ceux qui l'avaient affranchi
du contrôle des sénateurs, qui avaient remis entre
ses mains le sceptre de l'autorité absolue, durent plus
d'une fois s'applaudir de leur résolution. Ce roi, si
zélé pour le bien de l'État, projetait encore d'autres
réformes et d'autres institutions, quand malheureusement il fut, en 1697, atteint d'une maladie qui l'enleva en quelques semaines, à l'âge de quarante-deux
ans.

Il avait eu de son mariage avec la princesse de Danemark cinq fils, dont un seul, l'intrépide Charles XII,
lui survécut, et deux filles : Hedvige-Sophie, qui
épousa le duc de Holstein-Gottorp, et Ulrique-Éléonore, qui monta sur le trône à la mort de son frère.

A mesure que nous avançons dans cette histoire,
nous nous trouvons gênés, non plus comme à son
origine, par l'obscurité des faits, mais par leur trop
grand éclat. La vie de Gustave Ier et celle de Gustave-
Adolphe ont été si savamment et si explicitement
racontées, qu'il nous en coûtait de les réduire aux

proportions d'un pâle abrégé. Celle de Charles XII
est connue du monde entier : Voltaire lui a donné,
dans un livre qui n'est pourtant pas sans défauts, une
telle popularité, que nous serions tenté d'écrire en
lettres capitales, dans le cours de notre récit, *Charles XII*, et de passer outre. Mais puisque nous devons
tâcher de remplir aussi complétement que possible
le cadre que nous nous sommes tracé, nous essayerons de raconter les principaux événements de ce règne si aventureux et si dramatique.

Lorsque son père mourut, Charles XII touchait à
sa quinzième année, et pendant trois années encore
il devait rester sous la tutelle d'un conseil de régence.
Mais déjà il s'était fait remarquer par la hardiesse de
sa nature, par l'énergie et la fierté de son caractère.
Dès son bas âge, c'étaient les exercices violents, les
rudes chasses dans les forêts sauvages, qui excitaient
son ardeur ; et, lorsque son maître lui enseignait l'histoire, c'étaient les grandes batailles qui enflammaient
sa pensée. Gustave-Adolphe avait été investi des prérogatives royales avant l'époque prescrite par la loi,
Charles XII le fut plus tôt encore. A l'instigation du
comte Piper, les états lui remirent le pouvoir suprême
lorsqu'il eut quinze ans.

L'avénement au trône d'un prince si jeune éveilla
un ambitieux espoir dans l'esprit du tzar de Russie,
Pierre Ier, qui devait être Pierre le Grand ; de Frédéric IV, roi de Danemark, et d'Auguste, électeur roi de
Saxe, roi de Pologne, à qui le vindicatif Patkoul
donna l'idée de conquérir la Livonie. Ces trois souve-

rains firent ensemble un traité d'alliance contre la
Suède; et Frédéric, le dernier venu dans cette hostile
association, le premier armé, commença par envahir
les États du duc de Holstein, beau-frère de Charles.
« Trois contre un, s'écrie Charles en apprenant cette
confédération, c'est beaucoup; mais, avec l'aide
de Dieu, nous en viendrons à bout. » Et il part avec
12,000 hommes, ne se doutant guère qu'il ne devait
plus se reposer au foyer de son palais, qu'il ne devait plus revoir les murs de sa capitale. Le 4 août
1700, il s'embarquait à Carlscrona; quelques jours
après, il descendait sur la côte du Danemark, à peu
de distance d'Elseneur. Impatient de combattre, il
n'attend pas même que sa chaloupe aborde sur la
plage, il s'élance dans l'eau jusqu'à la ceinture. Tous
ses soldats le suivent. Il ne connaissait pas encore le
sifflement des balles; mais il l'écoute avec joie, et s'é-
crie : « Ce sera là désormais ma musique. » Les Danois,
surpris d'une telle attaque, abandonnent le terrain,
se retirent à Copenhague. Le jeune roi court les assiéger; mais déjà Frédéric comprenait le danger de
s'attaquer à un tel adversaire, et demandait la paix. Le
19, elle fut signée à Travendal. Charles, aussi généreux que brave, exigea seulement une indemnité pour
son beau-frère.

Cette première guerre achevée, il se dirigea vers ses
autres ennemis. Le 6 octobre, il débarquait à Pernau,
dans le golfe de Riga, et marchait au secours de
Narwa assiégée par les Russes. Le général Schernictoff
essaya de l'arrêter au défilé de Pyhageggi. Charles

Histoire de la Scandinavie.   28

força le passage, et arriva avec 8,000 Suédois devant
un camp retranché, bordé de 150 pièces d'artillerie et
occupé par 80,000 hommes. « Nous avons pour nous,
dit-il, Dieu, notre bonne cause, et le courage de nos
braves. En avant ! » Et la bataille commença. C'était le
30 novembre. La neige tombait à gros flocons, mais
les Suédois la recevaient au dos, et le vent la chassait
au visage des Russes. Le courage, l'activité de Charles enflamment l'ardeur de ses soldats. Il va de bataillon en bataillon, dirigeant les mouvements, donnant d'une voix ferme ses ordres. Son cheval s'abat
dans un marais, deux autres chevaux sont tués sous
lui; il en reprend gaiement un quatrième, et continue
à diriger une charge si vive, si impétueuse, que les
Russes ne peuvent y résister. Leur aile droite se débande,
bande, et cherche à fuir par le pont qui couvre la
Narwa; le pont se brise, et le fleuve est couvert de cadavres. Le reste des troupes se retire derrière des bar-
ricades. La nuit vient, et, dès le lendemain matin,
Charles s'apprêtait à recommencer le combat. Mais
l'aile gauche fuyait comme l'aile droite. Les généraux
déposèrent leurs armes. Les Suédois gagnèrent à cette
prodigieuse victoire tout le parc d'artillerie de l'armée ennemie, et 200 drapeaux. Quant aux prisonniers,
le nombre en était si grand qu'on ne pouvait songer
à les garder. Charles conserva seulement les principaux officiers, parmi lesquels se trouvait le duc de
Croy, qui, l'année suivante, mourut à Revel.

C'en était fait, au moins pour longtemps, de la
puissance du tzar Pierre, si Charles eût voulu marcher

à sa rencontre après la terreur que la bataille de
Narwa avait jetée dans l'esprit des Russes ; mais la
facilité avec laquelle il les avait écrasés dans cette
première rencontre les lui fit regarder comme des
ennemis peu dignes de lui ; il préféra aller chercher
les Polonais et les Saxons. Pendant ce temps Pierre Ier
reconstituait son armée, faisait fondre des canons
avec les cloches des églises, appelait des officiers
étrangers pour enseigner l'exercice à ses troupes, et
se préparait à continuer la lutte. « Les Suédois, disait-il, nous battront peut-être encore longtemps ;
mais ils nous apprendront eux-mêmes à les battre. »
Et les événements ont assez justifié ces prévisions.

Au printemps de l'année 1701, Charles ayant franchi la Livonie, arrive sur les bords de la Duna, à une
petite lieue de Riga. Douze mille Saxons, commandés
par Stenau, par le duc de Courlande et Patkoul, défendaient le passage de cette rivière. Pour dissimuler
ses mouvements, Charles fit allumer sur le rivage une
quantité de paille et de foin humides, d'où sortait un
épais tourbillon de fumée. Voilé par ce brouillard, il
traversa la rivière avec des radeaux garnis de canons ;
mais, de l'autre côté, la bataille fut terrible. Les
Saxons ne cédèrent qu'après une intrépide résistance.
Stenau et Patkoul étaient blessés, et le duc de Courlande fut emporté mourant hors du combat.

Après cette victoire, la Courlande entière se soumit aux Suédois. Les Polonais, effrayés, envoyèrent
une ambassade à Charles pour le prier d'épargner
leur pays, déclarant qu'ils ne s'étaient point associés

28.

aux projets hostiles d'Auguste, et que leur cause ne
devait pas être confondue avec la sienne. De son côté,
Auguste essayait aussi de négocier, et envoyait au
camp suédois une charmante ambassadrice, la comtesse de Köenigsmark. Charles ne voulut pas même la
voir. Il exigeait qu'avant tout Auguste fût dépossédé
du trône de Pologne; et après avoir poursuivi cette décision en Courlande, il allait la réitérer plus impérieuse-
ment dans les murs mêmes de Varsovie. Auguste, obligé
de renoncer à ses essais d'accommodement, se résigna
à éprouver encore les chances de la guerre. Au mois
de juillet 1702, l'armée qu'il commandait rencontra
près de Clissaw l'armée suédoise. Il engagea la bataille
avec courage, et la soutint avec une rare fermeté.
Trois fois il ramena ses troupes à la charge, trois fois
elles furent repoussées. Les Polonais s'enfuirent; les
Saxons, affaiblis par cette désertion, renoncèrent à
une résistance inutile. Auguste abandonna son camp,
son artillerie, ses bagages. Charles avait fait dans cette
bataille une perte cruelle : un boulet emporta sous
ses yeux son beau-frère chéri, le duc de Holstein.
A cette vue, le roi, saisi de douleur, se couvrit le
visage de ses mains; ses larmes coulèrent. Mais, ré-
primant soudain ce tendre mouvement de sensibilité,
il donna un coup d'éperon à son cheval, et s'élança au
milieu des ennemis.

Du champ de bataille où il venait de remporter
cette nouvelle victoire, Charles marcha sur Cracovie.
Au moment où il arrivait au pied des remparts, le
commandant entr'ouvrait la porte pour le voir; le

roi se jette sur lui, le terrasse, et, suivi seulement de
son vaillant général Stenbock et de quelques cavaliers, s'élance au galop vers la citadelle.

Un accident l'arrêta tout à coup dans son infatigable expédition. En se rendant à une revue, il fit
une chute de cheval, se cassa une jambe, et resta six
semaines dans l'inaction. Auguste se hâta d'annoncer
partout la mort de son victorieux ennemi ; la Pologne
le crut, et la diète ordonna la levée d'une armée de
cinquante mille hommes. Mais bientôt celui qu'on ne
s'attendait plus à revoir reparut plus hardi que jamais, battit Stenau à Pultusk, s'empara des villes de
Thorn, Posen, Elbing.

Auguste humilié, découragé, en revint à demander
la paix, et la demanda en se soumettant d'avance à
toutes les conditions qui lui seraient prescrites. L'in-
flexibilité de caractère qui jusque-là avait fait le succès
de Charles, l'égara dans cette circonstance. S'il eût
accepté les propositions de l'électeur, que d'avantages
il pouvait assurer à son royaume, et avec quel éclat
il retournait en Suède, vainqueur en si peu de temps
de trois ennemis puissants, et entouré à vingt-deux
ans d'une gloire merveilleuse et sans tache ! Il la rejeta, et prolongea volontairement une guerre dont il
devait être victime.

Les représentations de ses conseillers, les instances
d'Auguste ne purent vaincre son opiniâtre résolution :
« Quand je devrais, dit-il, rester ici cinquante ans, il
faut que le roi de Pologne soit détrôné. » Et, le 14 février 1704, ce roi fut enfin détrôné, et Stanislas Lec-

zinsky élu par la diète complaisante à sa place. Mais tandis que Charles allait assiéger la ville de Léopol , Auguste rentrait à Varsovie, en chassait Stanislas, et concertait avec le tzar russe un nouveau plan de campagne. La fortune pourtant servait encore l'opiniâtreté du jeune roi de Suède; il rétablit Stanislas dans sa capitale, obligea Auguste à écrire lui-même sa renonciation au trône de Pologne, et à lui remettre Patkoul, qui fut livré à un barbare supplice.

Auguste était vaincu, mais Pierre revenait sur la scène avec des troupes qu'il avait su former par la patience de son génie. Il revenait, s'emparait rapidement de plusieurs positions importantes, et obligeait la garnison suédoise à sortir de Narwa. En même temps il jetait sur les bords de la Néwa les fondements de sa nouvelle capitale, de sa ville de Pétersbourg, qui devait rapprocher la Russie de l'Europe, et changer la face de cet immense empire.

Charles ayant détrôné le roi de Pologne, aspirait à détrôner le plus persistant de ses ennemis, le tzar. Au mois d'août 1707, il traverse la Vistule, entre en Lithuanie. Pierre accourt à Grodno pour défendre le passage du Niémen : le passage est franchi. La première pensée du roi était de marcher sur Pétersbourg et de détruire cette ville naissante. Il renonça, par malheur pour lui, à ce projet, et se décida à pénétrer au cœur de la Russie. C'était en automne, et il fallait traverser par une pluie continuelle des forêts sauvages, des marais fangeux, d'immenses plaines désertes. Mais rien ne l'arrête. Avec sa volonté de fer, il brave tous les obstacles, et au mois de mars 1708 il était au delà de Minsk, près du Dnieper. Pierre, étonné d'une telle marche, d'une telle persévérance, demanda à entrer en négociations. « Point de négociations, s'écrie Charles, avant que je sois à Moscou! — Bien, répond le tzar; mon frère de Suède parle en Alexandre, peut-être ne serai-je pas son Darius. »

Alors commença du côté des Russes une guerre toute nouvelle pour Charles XII, guerre habile et patiente, semblable à celle qui épuisa notre noble armée en 1812. Point de bataille rangée, Pierre en connaissait le péril ; mais des escarmouches continuelles. La cavalerie russe tombait à l'improviste sur les Suédois, les harcelait, leur lançait sa décharge de mousqueterie, puis repartait au galop pour aller les attendre plus loin. C'étaient des combats partiels qui irritaient, fatiguaient, décimaient les bataillons de Charles, sans qu'il leur fût possible de se venger.

En continuant cette lutte de chaque jour, en surmontant toutes les difficultés d'une marche ainsi entravée au milieu d'un pays sans ressources, Charles atteignit pourtant Smolensk. Il avait donné ordre à Lewenhaupt de venir le rejoindre avec les troupes que cet officier commandait à Riga. On espérait que le roi irait attendre ce renfort à Moscou; mais il était séduit par les magnifiques promesses que lui avait faites l'illustre hetmann des Cosaques, Mazeppa, et il s'engagea dans les vastes steppes de l'Ukraine pour rejoindre cet aventureux allié. Pierre profita de cette

résolution, attendit Lewenhaupt, l'attaqua près de
Luna, lui enleva une partie de ses bagages, de ses
munitions, mais ne put l'empêcher cependant de gagner le camp royal.

L'hiver, ce rude auxiliaire des Russes, allait livrer
les Suédois à de nouvelles fatigues et à de nouveaux
périls. Si endurcis qu'ils fussent aux rigueurs du climat septentrional, ils ne pouvaient les supporter dans
cette région où ils ne trouvaient ni vivres ni repos,
où sans cesse il fallait combattre contre le froid, la
faim, les privations de tout genre, et les sauvages cohortes du tzar.

Au printemps, Charles arriva près de Pultawa. La
ville était forte, et occupée par une garnison de dix
mille hommes; mais elle renfermait des provisions
dont la pauvre armée suédoise avait grand besoin. Le
roi essaya de la prendre d'assaut, fut repoussé deux
fois, et se résigna à la bloquer. En visitant les travaux, il reçut une blessure au pied, qui ne lui permettait plus de monter à cheval. Après une opération
dont il subit les douleurs avec un admirable courage,
il parvint à supporter le mouvement d'un brancard;
et il était dans cette situation quand il apprit que le
tzar approchait avec une armée de soixante-dix mille
hommes. Il n'en avait guère que vingt-cinq mille à lui
opposer; mais il fallait à tout prix qu'il sortît de son
affreuse position, et il engagea la bataille : on sait
quelle bataille effroyable. Malgré les héroïques efforts
de Charles, qui, du haut de son brancard, un pistolet
à la main, encourageait du geste et de la voix ses sol-

dats; malgré le dévouement de ses généraux et la témérité de Lewenhaupt, qui cinq fois de suite se précipita au milieu des Russes, l'armée suédoise éprouva
une effroyable défaite. Six colonels furent tués; les
généraux Hamilton, Stackelberg et Piper, l'intime
conseiller du roi, furent faits prisonniers. Six mille
hommes restèrent sur le champ de bataille. Plus de
quinze mille, arrêtés, désarmés par les Russes, furent
envoyés en Sibérie.

Charles se retira avec les derniers débris de ses légions (environ deux mille hommes) vers le Borys-
thène, et parvint à gagner Bender, où, grâce à la protection du Grand Seigneur, il trouvait au moins un
asile assuré. Piper lui transmit là les propositions de
paix du tzar. Charles y répondit avec un injurieux
orgueil, comme s'il venait lui-même de remporter une
victoire.

La bataille de Pultawa avait pourtant réveillé l'ardeur de ses anciens adversaires. En apprenant la défaite, l'éloignement de Charles, l'électeur de Saxe reprit les armes, rentra en Pologne, et reconquit le
trône qui lui avait été enlevé. Le roi de Danemark,
animé du même ressentiment et du même désir de
vengeance, assembla ses troupes et débarqua sur les
côtes de Suède. Par bonheur, l'un des meilleurs généraux de Charles, le brave Stenbock, était là. A son appel, les vieux soldats sortent de leurs foyers, les jeunes
paysans viennent se ranger sous ses drapeaux. En quelques mois il parvient à réunir quatorze mille hommes
mal armés, mal équipés, mais animés d'un tel pa-

triotisme, qu'il n'hésite pas à les conduire au combat.
Le 10 mai 1710, il attaque près de Helsingborg l'armée danoise composée de quinze mille soldats, et en
anéantit plus de la moitié.

L'année suivante, le Danemark essuya sur mer une
nouvelle défaite. Une partie de ses troupes, réunies à
des régiments russes et polonais, envahit la Poméranie. Stenbock s'embarque en 1711 sur la flotte commandée par l'amiral Wachtmeister, attaque l'armée
ennemie près de Gadebusch, lui tue trois mille hommes et lui enlève quatre mille prisonniers. Quelques
mois après, cet héroïque Stenbock, cet homme qui
fut, on peut le dire, en une circonstance désastreuse,
le sauveur de la Suède, payait chèrement sa gloire.
Surpris à Tonningen par des troupes quatre fois plus
nombreuses que les siennes, il essaya vainement de
résister à de telles forces; il fut obligé de capituler.
Les Danois l'enfermèrent à Frédérikshaven, où il employa ses loisirs à écrire ses Mémoires. Mais sa prison était humide, malsaine; il y tomba malade, et y
mourut le 23 février 1717.

Sa captivité, sa mort furent un grand malheur pour
la Suède. Les Russes et les Danois ne trouvant plus
de résistance, s'emparèrent de toutes les provinces
allemandes. Le tzar envahit la Finlande, et s'avança
jusqu'à Torneå. Si dans ce moment les confédérés
avaient voulu pénétrer en Suède, la Suède n'avait
aucun moyen de leur résister.

Tandis que ce royaume, si glorieux naguère, était
livré à de telles calamités, Charles s'obstinait à rester

à Bender pour continuer ses négociations avec le sul-
tan, pour le déterminer à faire la guerre au tzar. Un
instant il put se réjouir de sa persistance. Les Turcs
s'étaient mis en campagne, et du premier coup ils
cernaient Pierre sur les bords du Pruth, de telle sorte
qu'il lui était impossible de leur échapper. Déjà il se
regardait comme perdu ; il l'était en effet, si l'artifi-
cieuse intelligence d'une femme ne l'eût sauvé. Catherine se rendit auprès de Mohamet, tenta sa cupi-
dité ; et pour quelques pierreries , pour un peu d'or,
l'avide général renonça à l'éclat d'une victoire assurée. L'armée turque se retira, et Pierre était libre.

L'infidèle vizir fut condamné à l'exil ; mais le sul-
tan renonça à ses projets de guerre contre la Russie,
et engagea Charles à abandonner ses États. Charles
rejeta ces offres , répondit avec dédain à ses menaces.
Achmet, irrité, eut recours à la force. Huit mille Turcs
entrèrent à Bender pour en chasser le héros de Narwa.
A leur aspect Charles, renfermé dans sa demeure avec
ses officiers, et le glaive à la main, dans une sorte de
frénésie entreprend de résister à ces légions qui viennent l'assiéger. Le commandant turc fait mettre le feu
au bâtiment. « Il faut se rendre, dit un Suédois. —
Plutôt mourir ! » s'écria le roi. Un de ses capitaines ,
Roen, propose de se retirer dans un autre édifice
construit en pierres, et à l'abri de l'incendie. Charles
l'embrasse, le nomme colonel, et s'élance au milieu des janissaires pour gagner la maison qui lui a
été indiquée. Mais il fait un faux pas , tombe ; les
Turcs se jettent sur lui, le désarment, et on le trans-

porte à Andrinople. Inflexible et indomptable jusque
dans cet état de faiblesse et de captivité, il se dit malade pour ne pas recevoir le vizir, devient malade en
effet, et n'en reste pas moins décidé à s'arrêter en
Turquie jusqu'à ce que le Grand Seigneur veuille faire
la guerre aux Russes. L'arrivée du général Lieven, qui
lui représente le douloureux état de la Suède, le détermine enfin à partir. Il emprunte de l'argent d'un
négociant anglais, et, le 1er octobre 1714, se met en
route avec une nombreuse escorte de Turcs. Bientôt
la lenteur de cette marche pompeuse l'impatiente. Il
se sépare de ceux qui l'accompagnaient, et, ne gardant
avec lui que deux officiers, s'en va à franc étrier de
la Transylvanie à Vienne, et de Vienne à Stralsund,
la seule ville allemande qui fût encore au pouvoir
des Suédois. Le 11 novembre, à minuit, il arrivait
aux portes de cette forteresse dans un si triste équipage, que le commandant eut peine à le reconnaître.
Dès le lendemain matin, il passait la revue de la
garnison. Les Prussiens, les Danois, les Saxons étaient
débarqués dans l'île de Rugen, au nombre de douze
mille hommes. Charles, qui n'avait pas plus de deux
mille soldats, les attaqua, fut battu, et se retira à
Lund.

Tant d'échecs, tant de malheurs réitérés auraient
dû le décider à faire la paix; mais le malheur même
ne lui donnait que plus de témérité. Il voulut continuer la guerre, et il n'avait ni troupes, ni argent.
Un ministre du duc de Holstein-Gottorp, le baron
de Goërtz, qui dans ces jours de désastres s'était at-

taché à la fortune chancelante du roi, lui procura
des ressources par des opérations financières contre
lesquelles les Suédois réclamèrent hautement et vainement, par l'altération des monnaies et par de nouveaux impôts. Avec le produit de ces violences fis-
cales, et en enrôlant des hommes de tout âge, Charles
parvint à rassembler une armée de vingt mille soldats,
avec laquelle il s'avança vers la Norvége. En commen-
çant cette expédition, il reconstruisait sur un autre
plan l'idéal édifice de sa puissance. Au lieu de continuer sa lutte contre le tzar, il voulait s'allier à lui, et
avec son concours changer la face de l'Europe, écraser la Prusse et le Danemark, rappeler Stanislas en
Pologne, détrôner George Ier, et remettre à sa place
Jacques II. Goërtz, qui avait contribué à lui faire rê-
ver et accepter toutes ces combinaisons, se rendit
avec le titre de ministre plénipotentiaire en France,
en Hollande, et près du tzar, pour mettre à exécution les projets de son souverain. Pierre accueillit
favorablement ces propositions. Un congrès se réunit
dans l'île d'Oland ; les conférences commencèrent le
10 mai. Mais pendant qu'on y traitait les grandes
questions présentées par Goërtz, quelques grains de
poudre mettaient fin aux gigantesques conceptions du
roi de Suède. Le 30 novembre 1718, Charles, appuyé sur le parapet d'un des forts de Frédérikshall,
tomba frappé d'une balle. On courut à lui, il était
mort. Cette mort est encore un mystère. Le plomb
qui tua le vainqueur de Narwa était du calibre d'un
pistolet, et ne pouvait venir de la citadelle enne-

mie. Fût-ce le plomb d'un assassin, et quel était cet
assassin? C'est ce que nul document certain n'a
révélé.

Les femmes n'avaient eu aucune prise sur cette
rude nature de soldat. Pas un rayon d'amour ne traversa l'ambition guerrière de Charles, pas une idée
de mariage ne s'arrêta dans son esprit. Son héritier
légitime était le duc Charles-Frédéric de Holstein,
fils de sa sœur aînée. Mais une autre sœur, Ulrique-Éléonore, mariée au prince de Hesse-Cassel,
voulait écarter ce jeune compétiteur; et, pour porter
elle-même la couronne, elle en sacrifia les plus belles
prérogatives; elle anéantit la réforme monarchique
de Charles XI; elle accepta des états une charte qui
transférait au sénat, à la diète, toute la puissance
gouvernementale; qui ne laissait à la royauté que son
titre héréditaire, le droit de préséance dans les assemblées, et le vain privilége de créer des comtes et
des barons. A ces humiliantes conditions, Ulrique-
Éléonore fut proclamée reine; le duc de Holstein se
retira en Russie, où il épousa la fille aînée du tzar,
Anne Petrowna. La noblesse suédoise, appauvrie,
domptée, dépouillée de son pouvoir par Charles XI,
reprit son ascendant suprême. D'après le pacte conclu avec Ulrique, le souverain ne pouvait plus, de son
plein gré, lever des troupes, équiper des flottes, faire
une déclaration de guerre ou un traité de paix, ni
même battre monnaie. La gestion des affaires était
abandonnée aux sénateurs, qui se réunissaient quand
bon leur semblait, lisaient les dépêches des ministres

étrangers, y répondaient eux-mêmes, et ne confiaient au roi que le soin de signer des ordonnances ou des lettres souvent rédigées sans son consentement. Ce règne de la noblesse, qui dura jusqu'en 1772, est désigné dans les annales de la Suède sous le titre d'*Époque de liberté* (*Frihetstid*). Mais ce fut une époque de discussions funestes et d'anarchie.

Ulrique, en se faisant donner la couronne avec un tel pacte, ne pensait qu'à la remettre à son époux, et toutes ses manœuvres furent dirigées dans ce but. Le prince, qui avait accompagné Charles à Frédérikshall, se hâta de revenir à Stockholm; les partisans du duc de Holstein furent destitués de leur emploi. Goërtz, que l'on savait dévoué à la cause de ce jeune prétendant, fut traduit devant un tribunal qui devait le trouver coupable, et condamné à mort. Il prévoyait sa sentence, et la reçut avec une mâle fermeté. *Fides in regem*, dit-il; *mors regis, mors mea.*

Malgré les intrigues d'Ulrique, les états ne paraissaient cependant pas disposés à placer sur le trône le prince de Hesse-Cassel. De nouvelles faveurs habilement répandues, des créations de nobles, des rumeurs publiques entretenues à dessein pour faire sentir au peuple le besoin de remettre les rênes du gouvernement entre des mains viriles, déterminèrent enfin la diète à céder au vœu d'Ulrique-Éléonore; et en l'année 1720, elle conféra le titre de roi au prince Frédéric, en lui imposant encore de nouvelles restrictions. En 1741, Ulrique mourut sans enfants. Avec elle s'éteignit la dynastie des Deux-Ponts.

Le premier soin de Frédéric Ier, en montant sur le trône, fut de négocier la paix. Elle fut faite d'abord avec le Danemark, sous la médiation de la France et de l'Angleterre, puis avec la Russie (28 août 1721), à des conditions rigoureuses, mais inévitables dans l'état de faiblesse et de dénûment où se trouvait la Suède. Le premier traité enlevait au royaume ses franchises du Sund; le second lui enlevait la Livonie, l'Esthonie, l'Ingermanie, la ville de Wiborg.

Ce règne, dont la nouvelle constitution semblait devoir écarter tout acte arbitraire, et dont ces traités de paix semblaient assurer la tranquillité, fut au contraire un règne inquiet, agité, fatigant, et fort triste à raconter. Les états avaient bien pris, à l'égard de la royauté, toutes les précautions possibles pour mettre le pays à l'abri de ces volontés despotiques qui si souvent l'avaient entraîné dans des guerres désastreuses. Mais en accomplissant cette grande réforme ils n'avaient fait qu'une œuvre irréfléchie, bizarre, qui ne pouvait durer. Le gouvernement suédois, tel qu'il fut constitué en 1720, fut un gouvernement exceptionnel, dont on ne retrouverait aucun exemple dans aucun temps et dans aucune contrée. Ce n'était plus une monarchie, ce n'était pas une république; c'était une administration aristocratique tempérée en apparence par les assemblées des quatre ordres, exposée à un conflit d'ambitions personnelles, de susceptibilités jalouses, et de rivalités de partis plus dangereux que le régime absolu. Le monarque dont on enchaînait le pouvoir, tout en l'entourant d'homma-

ges respectueux, n'était plus un roi, et n'était pas un
doge. Trop faible pour porter dignement le premier
titre, trop privilégié encore pour se contenter du second, il se trouvait, envers ceux qui prétendaient le
régenter, dans une position qui devait nécessairement
amener entre ses prérogatives et les leurs une lutte où
il fallait que l'une des deux puissances succombât.
Cette lutte dura un demi-siècle, et finit à Gustave III
par le triomphe de la monarchie.

Dès l'année 1723, Frédéric, impatienté des entraves
que lui opposait en toute circonstance le sénat, chercha à s'y soustraire, gagna les paysans, et les détermina à proposer à la diète le rétablissement et les
anciens priviléges de la royauté. Là-dessus, grande
rumeur; les trois autres ordres se révoltent à cette
motion, la rejettent avec colère, et déclarent que
ceux qui l'avaient conseillée devaient être punis sévèrement. Non contents d'une telle manifestation, les
états ordonnent que cinquante députés, choisis au
sein de la diète, composeront un comité secret, dont
la mission sera de surveiller et de contrôler les actes
du gouvernement. Chaque membre de ce comité ju-
rait de garder le plus grand secret sur les délibérations
des séances. C'était une espèce de conseil des Dix,
moins redoutable pourtant, mais qui acquit peu à peu
un très-grand pouvoir. Tandis que l'aristocratie travaillait ainsi à maîtriser de plus en plus le pouvoir
royal, elle s'oubliait elle-même dans de déplorables
séductions, et sacrifiait à son égoïsme les intérêts du
pays.

Au sein de la diète suédoise il se forma deux partis, désignés sous le nom de parti des *bonnets* et de parti des *chapeaux*. Cette dénomination grotesque n'indiquait ni des *wighs*, ni des *torys*, ni des *montagnards* ou des *girondins*, ni des *conservateurs* ou des *radicaux*, mais tout simplement deux classes d'hommes séduits par les promesses, gagnés par les présents, achetés par les pensions de la France et de la Russie, qui se disputaient la suprématie en Suède. Les bonnets étaient pour la Russie ; les chapeaux, plus fiers, pour la France. Entre les deux il y avait encore une masse flottante, qu'on appelait les *bonnets de chasse* : selon l'habileté du ministre russe ou français, selon les libéralités du Nord ou du Sud, l'un des deux partis se grossissait, et les bonnets de chasse faisaient pencher la balance de l'un ou de l'autre côté. Alors il s'opérait dans tous les emplois administratifs des réactions pareilles à celles que peuvent produire dans un temps de troubles les oscillations parlementaires. Tantôt les bonnets détrônaient les chapeaux, puis les chapeaux chassaient les bonnets. Pendant une grande partie du règne de Frédéric Ier, ce furent les chapeaux qui l'emportèrent. En 1738, ils portèrent à la présidence de la diète le comte de Tessin, partisan dévoué de la France ; ils firent signer avec la France un traité d'alliance offensive et défensive. Le comte Horn, qui était attaché à la Russie, fut obligé de se démettre de ses fonctions de premier ministre ; et cinq sénateurs, qui professaient la même opinion, furent destitués de leur emploi. Cette fois la Russie se fâcha, et il fallut en venir à une guerre ouverte. Les deux généraux suédois, Buddenbrock et Lewenhaupt, chargés de la soutenir, furent battus, et à leur retour en Suède condamnés à mort, exécutés.

Le funeste résultat de cette expédition détermina les Suédois à faire la paix. Elle fut signée le 23 juin 1743, à des conditions peu onéreuses pour la Suède, grâce à un événement qui flattait la Russie. Le roi Frédéric n'ayant pas d'enfants légitimes, on dut songer à lui donner un successeur. Le Danemark proposait son prince royal Frédéric; le roi proposait son neveu. La Suède élut le candidat de la Russie, Adolphe-Frédéric de Holstein-Gottorp, évêque de Lubeck.

Le Danemark, irrité de cette élection, prit les armes, et menaça d'envahir le royaume. L'arrivée d'une flotte russe l'empêcha de mettre ces menaces à exécution; mais la Dalécarlie prit parti pour lui. Six mille paysans de cette province s'avancèrent vers Stockholm, demandant à grands cris qu'on choisît pour souverain du pays le prince royal de Danemark. En vain on essaya de les apaiser, en vain le roi lui-même alla les haranguer. Pour disperser cette troupe, qui déjà campait sur une des places de la capitale, il fallut la mitrailler.

Au mois d'octobre 1743, Adolphe-Frédéric fit son entrée en Suède; l'année suivante, il épousa Louise-Ulrique, sœur de Frédéric le Grand. Tessin, qui avait été chargé de négocier ce mariage, attira l'esprit de la princesse, et par elle les sympathies du prince du

côté du parti français. La Russie s'emporta de nouveau ; et entre le roi, qui penchait pour la Russie, et
son successeur, qui se tournait vers la France, il s'é-
leva une mésintelligence dont la diète ressentit plus
d'une fois le contre-coup. En 1751, la mort du roi
mit fin à ces discordes de palais, qui donnaient un
aliment funeste à celles de la diète. L'aristocratie avait
eu du bonheur en lui imposant ses premières exigences. Beaucoup d'autres à sa place ne se seraient .
pas résignés si aisément à cette ombre de royauté.
Mais il était d'un caractère gai et aimable, confiant et
généreux. Quoiqu'il eût bien peu de pouvoir, il fonda
cependant plusieurs nobles institutions, entre autres
l'Académie des sciences et l'Académie des arts. Pour
suppléer à sa pénurie financière, pour donner une
récompense honorifique au mérite, il créa des ordres
de chevalerie, l'ordre des Séraphins, de l'Épée, et de
l'Étoile polaire. Linnée fut un de ses premiers chevaliers, et, en même temps que Linnée, Alströmer, riche
négociant qui avait fait sa fortune par son génie, et
qui contribua beaucoup à agrandir le commerce, à
améliorer l'état des manufactures en Suède.

CHAPITRE V.

Famille de Holstein-Gottorp.

———

Adolphe-Frédéric, en montant sur le trône, dut se résoudre à accepter un pacte plus rigoureux encore qui avait été imposé à son prédécesseur. Mais les humiliations que subissait la royauté ne faisaient qu'accroître les exigences du sénat et les prétentions du comité secret. Un jour, le roi n'ayant point voulu signer des décisions qu'il n'approuvait pas, les sénateurs déclarèrent que, bon gré, mal gré, il fallait qu'il leur donnât cette sanction officielle. Comme le roi s'y refusait encore, l'affaire fut portée devant les états, qui déclarèrent que, dans le cas où Adolphe-Frédéric persisterait cette fois ou d'autres dans un pareil refus, le sénat serait autorisé à remplacer la signature royale par une estampille. Ce n'était pas assez pour ce corps impérieux d'annuler ainsi l'action de la royauté dans les affaires publiques : il voulut pénétrer dans l'intérieur du palais, régenter la conduite privée du souverain.

Adolphe avait donné un vice-gouverneur à son
fils. On déclara que cette place était inutile, et on la
supprima. Il lui avait donné pour précepteur l'historien Dalin; on le destitua. Enfin les membres de l'opposition, ayant appris par une vague rumeur que la
reine, pour se faire des partisans, avait mis ses dia-
mants en gage, la sommèrent de leur présenter sa cas-
sette. La reine essaya vainement de résister à cette
demande injurieuse, elle fut obligée d'y céder.

Tant d'affronts révoltèrent les hommes qui avaient
conservé quelque respect et quelque affection pour
la monarchie. Plusieurs seigneurs se réunirent, dans
le but de restreindre le pouvoir du sénat et de relever celui de la couronne. A leur tête était le comte
Brahe, colonel de la garde à cheval; Hordt, fils d'un
sénateur, et le baron Horn, maréchal de la cour. Le
projet des conjurés était de distribuer des armes à
des ouvriers, à des soldats qu'ils avaient discrètement
gagnés; d'arrêter, la nuit, les membres du sénat les
plus hostiles à la cour, et de forcer les autres à proclamer une nouvelle constitution. Ce complot fut découvert la veille du jour où il devait éclater. A l'instant même, le comité secret composa une cour de
justice extraordinaire, et donna l'ordre d'arrêter les
prévenus. Deux d'entre eux, Hordt et Wrangel, eurent le bonheur de se sauver; mais le comte Brahe,
le baron Horn, portèrent leur tête sur l'échafaud.
Huit de leurs complices subirent la même sentence;
cinquante-trois autres furent condamnés à l'exil, à la
prison, ou à des amendes considérables. Les états,

comme s'ils venaient de sauver le royaume du dernier désastre, firent chanter dans les églises des actions de grâces, et ordonnèrent que le 21 juin, jour où le complot avait été découvert, on célébrerait chaque année un service solennel en mémoire de cet heureux événement.

Adolphe-Frédéric, qui avait encouragé cette conspiration sans oser la soutenir ouvertement, échappa aux ardentes poursuites de ce comité secret ; mais on ne lui épargna, ni à lui ni à la reine, les injures et les reproches. Le plaisir que le sénat éprouvait à humilier Louise-Ulrique fut certainement, en grande partie, cause de la détermination que prirent les états dans la guerre de Sept ans. La Suède n'avait aucune raison de s'immiscer dans cette guerre ; mais, d'une part, les subsides de la France ; de l'autre, comme nous venons de le dire, l'animosité du parti dominant à l'égard de la reine, entraînèrent le royaume à prendre les armes contre le frère de Louise-Ulrique, Frédéric le Grand.

Ceux qui avaient fait adopter cette résolution n'eurent pas lieu de s'en applaudir. La guerre entreprise si témérairement, et sans aucun motif légitime, dura cinq ans; elle enleva à la Suède un grand nombre d'hommes, et la jeta dans des dépenses énormes; car la France ne lui payait qu'une partie des subsides qu'elle avait promis. Enfin les plus opiniâtres comprirent eux-mêmes la nécessité de renoncer à cette campagne contre la Prusse, et le sénat vint prier le roi et la reine de vouloir bien négocier eux-mêmes

la paix avec Frédéric. Elle fut signée à Hambourg en
1762. Frédéric n'imposa aucun sacrifice à la Suède,
mais elle avait payé assez cher sa belliqueuse fantaisie.

Cette guerre pénible, coûteuse et sans gloire, dé-
trôna le parti qui depuis le dernier règne dominait
le royaume. Les chapeaux perdirent à la diète la majorité; les bonnets triomphèrent, et éloignèrent leurs
antagonistes des principaux emplois. A la diète de
1765, nouvelle lutte entre les deux camps, nouvelle
victoire pour les bonnets. Au milieu de ces discussions d'opinions, de ces âpres hostilités de partis, il
ne se faisait rien pour le pays. Le trésor était épuisé,
le peuple se plaignait du poids des impôts, les billets
de banque mis en circulation par le gouvernement
étaient également dépréciés dans le royaume et dépréciés à l'étranger. Mais qu'importaient toutes ces
questions à ceux qui alors aspiraient à gouverner l'É-
tat? N'était-il pas bien plus nécessaire de savoir qui,
des bonnets ou des chapeaux, compterait le plus de
voix à la diète; si elle choisirait pour son président
Fersen ou Rudbeck; et si le sénateur Höpken, chef
de la chancellerie, serait remplacé par le sénateur
Ekblad? A ce funeste jeu, la Suède perdait son ancienne gloire et épuisait ses forces. Par bonheur, un
tel état de choses ne devait plus durer longtemps.
Adolphe-Frédéric mourut en 1771; et l'œuvre que
ce prince timide avait à peine osé tenter, son fils
Gustave III allait l'accomplir; il allait briser le despo-
tisme du sénat et venger la royauté.

Gustave III avait reçu une éducation distinguée.

Son premier gouverneur fut le comte Tessin; son premier précepteur, l'illustre écrivain Dalin. Un caprice du sénat lui enleva ces deux maîtres, mais les leçons qu'ils lui avaient données fructifièrent dans son esprit. Il aima les arts et les sciences, il cultiva les lettres, il eut à un haut degré le goût des spectacles, des fêtes, des modes élégantes du dix-huitième siècle; et ces habitudes de luxe, façonnées sur celles de Versailles, ne l'empêchèrent point de garder pour les circonstances importantes une mâle résolution. Il fut à la fois énergique et galant, soldat et poëte, l'un des rois les plus brillants et les plus chevaleresques que la Suède ait jamais eus. Sa vie fut tout un drame plein de péripéties, entouré d'un appareil pompeux, entremêlé de chants et de danses; et, pour que rien ne manquât à cette sorte de représentation scénique, il fut frappé d'un coup mortel sur le théâtre, en habit de bal.

Gustave III venait d'entreprendre, pour compléter son éducation, un voyage dans le midi de l'Europe, et se trouvait en France lorsqu'il apprit la mort de son père. Il se hâta de partir pour la Suède, et s'arrêta cependant à Berlin près de son oncle Frédéric II. Il est probable que l'aspect de la cour de Versailles, de Potsdam, rendit plus sensible à Gustave le poids des entraves dans lesquelles était enlacée la royauté suédoise; que les conseils de Louis XV, dont il avait gagné l'affection, et ceux de Frédéric II, l'engagèrent à tenter une révolution qu'il devait ardemment désirer comme prince, et qu'il pouvait légitimer par l'es-

poir d'arracher son pays à une funeste anarchie. La
France contribua d'ailleurs à lui faciliter cette entreprise en lui payant des subsides qu'elle devait à la
Suède, en lui donnant ainsi les moyens de séduire
des consciences plus ou moins faciles, et d'accroître
les forces de son parti.

Si sa résolution était prise lorsqu'il rentra dans son
royaume, il eut l'adresse de la dissimuler de telle
sorte qu'il n'éveilla pas le moindre soupçon. Le 24
juin 1771, il parut au milieu des états assemblés à
Stockholm, reçut en souriant le pacte qu'on lui présentait, et qui restreignait encore son pouvoir. « Je
suis sûr, dit-il, qu'il ne renferme que des clauses
utiles ; » et il le signa sans vouloir même le lire. Le
29 mai 1772, il fut couronné selon les anciennes
coutumes, qui contrastaient singulièrement avec la
servile position que l'on avait faite au souverain.

Les débats entre les bonnets et les chapeaux continuaient avec plus d'âpreté et plus de violence que
jamais. La discorde était dans la diète, l'agitation dans
le pays. Gustave jugea le moment favorable pour mettre à exécution ses projets. Il ne les confia d'abord
qu'à ses deux frères, puis à quelques personnes de
son intimité en qui il pouvait avoir pleine confiance,
au colonel Sprengporten, aux comtes Scheffer et
Salza. Des officiers étaient réunis à Stokholm pour
apprendre, sous la direction de Sprengporten, de nouvelles manœuvres. Gustave assista à leurs exercices,
et, par ses manières affables, par son langage cour-
tois, ne tarda pas à gagner leur affection. Le sénat

s'alarma de ces rapports journaliers du roi avec les chefs de l'armée. Les manœuvres cessèrent. Sprengporten fut envoyé en Finlande, mais il ne partit qu'après avoir reçu les instructions secrètes de Gustave, et résolut avec lui ce qu'il aurait à faire au moment décisif. Les deux frères du roi partirent aussi, l'un pour la Scanie, l'autre pour l'Ostrogothie. Un prétexte spécieux dissimulait le but de leur voyage. Mais ils devaient tous deux travailler les esprits, et se tenir prêts à agir dès qu'ils en recevraient le signal. Pour donner à son frère aîné un motif de faire marcher les troupes, qui pendant les sessions ne pouvaient se mettre en mouvement sans un ordre formel de la diète, on organisa une sorte d'insurrection révolution·naire. Hellechius, commandant de la forteresse de Christianstad, gagna ses officiers, et proclama la révolte contre les états. Le prince Charles assembla aussitôt quelques régiments, et s'avança vers Christianstad, non point, comme il l'annonçait, pour soumettre les rebelles, mais pour les soutenir.

Les états, effrayés, se hâtèrent de prendre des mesures pour réprimer ce soulèvement. Au milieu de la rumeur produite par un événement si inattendu, Gustave affectait une gaieté et une insouciance d'esprit qui devaient éloigner de lui toute espèce de soupçon. Quelques sénateurs, qui s'étaient rendus au château pour observer sa contenance, le trouvèrent occupé à faire répéter un opéra, ne parlant que de cette œuvre lyrique, et du plaisir qu'il se promettait à la voir transportée sur la scène. Ils se retirèrent parfaitement convaincus de son innocence, et l'un d'eux, en s'éloignant, dit à son collègue : « Nous lui faisons trop d'honneur de le craindre. »

Lorsqu'ils furent sortis, Gustave entra dans son cabinet, passa une partie de la nuit à écrire à sa mère, à ses frères et à tous ceux dont il connaissait le dévouement; puis il se jeta tout habillé sur un canapé, et dormit comme un autre Alexandre à la veille d'une bataille décisive.

Il avait ordonné à son écuyer, le comte de Lewenhaupt, de lui amener le lendemain matin (19 août 1772) un certain nombre de chevaux, comme pour faire une promenade. Le gouverneur de la ville, qui les vit sortir de l'écurie, voulut empêcher Lewenhaupt de les conduire au château. « Je n'ai point d'ordres à recevoir de vous, répondit le grand écuyer; retirez-vous, si vous ne voulez être écrasé. » En ce moment le roi descendit dans la cour du palais; il en fit fermer les portes, et s'adressant aux officiers des gardes, il leur demanda s'ils ne voulaient pas l'aider à rétablir l'ordre et la paix dans le royaume, en faisant revivre ses anciennes lois? Tous jurèrent de lui obéir fidèlement. Un seul refusa de lui prêter serment, et lui remit son épée.

Gustave s'avança alors vers le sénat. Mais à son aspect les sénateurs, instruits déjà de ce qui venait de se passer au château, poussèrent des cris de colère : les uns disaient qu'il fallait le détrôner; d'autres se jetèrent à sa rencontre, comme pour l'arrêter. Le roi, désespérant de faire accepter ses projets à cette

assemblée passionnée, mit un détachement de grena-
diers à la porte de la salle, en lui ordonnant de ne
laisser sortir personne. Il se rendit ensuite avec une
escorte de quelques centaines d'hommes à l'amirauté,
à l'artillerie, aux casernes, séduisant tous ceux auxquels il s'adressait par l'éloquence de son langage, et
recevant partout des témoignages de sympathie et de
dévouement. Un seul homme essaya de s'opposer à
ce mouvement populaire : c'était le général Kulling,
commandant en chef de la garnison. Il s'élança dans
les rues l'épée à la main, en s'écriant : « Aux armes!
aux armes! ou c'en est fait de la liberté! » Mais personne ne répondit à son appel. Le peuple avait assez
souffert du régime oligarchique, pour se rallier sans
effort à un autre système de gouvernement. Le général fut arrêté, et nul autre obstacle ne s'éleva sur
la route de Gustave. La révolution commencée le
matin était finie dans l'après-midi. Le roi, qui avait
quitté son palais esclave du sénat, y rentra roi absolu. Les ministres étrangers se réunirent autour de
lui pour observer son attitude. L'ambassadeur de
France lui adressa ses compliments sur le résultat
de cette journée. Les autres, inquiets d'un tel changement, gardèrent le silence.

Pour achever d'assurer son succès, Gustave parcourut encore le soir toute la ville; mais nulle apparence de trouble ne surprit ses regards, et de tous
les côtés il n'entendit que de nombreux et joyeux
vivat! Le lendemain, il reçut au milieu des plus éclatantes manifestations d'enthousiasme le serment des

troupes de la garnison, des soldats de la milice
bourgeoise, des magistrats, et des fonctionnaires des
diverses administrations.

La nouvelle de cette révolution, proclamée par ses
frères, fut accueillie dans les provinces avec la même
faveur que dans la capitale. Le 21, Gustave reparut
au milieu de la diète, non plus cette fois pour y signer l'acte arbitraire du sénat, mais pour y présenter
sa nouvelle constitution. En vertu de cette constitution, la royauté reprenait le pouvoir dont elle était
investie au temps de Charles XI, le droit de convoquer les diètes, de fixer leur durée, de les dissoudre,
de déclarer la guerre et commander les armées. Les
sénateurs étaient comme autrefois réduits à l'emploi
de simples conseillers, et les états n'exerçaient d'autre faculté que celle de voter les impôts et de concourir à la rédaction des lois. Dans cette constitution, si nette sur les principaux points, Gustave eut
le malheur de laisser un article qui portait que le roi
ne pourrait s'engager dans une guerre *offensive* sans le
consentement des états. Cet article devint plus tard
pour lui la cause d'une funeste défection.

Plusieurs années s'écoulèrent dans un état de
calme et de sécurité dont la Suède n'avait pas joui
depuis longtemps. Le peuple avait confiance en Gustave, la noblesse vaincue se tenait dans une prudente
réserve, et le roi se montrait digne des attributions
éminentes qu'il avait reconquises. Doué d'une vive
perspicacité d'esprit, d'une instruction variée, d'une
intelligence étendue, il sut à la fois protéger les arts,

les sciences, encourager le commerce, favoriser le développement de l'industrie. Il fonda l'Académie suédoise, et y remporta lui-même, sous un nom supposé, le premier prix d'éloquence qu'elle décerna. Il s'occupa aussi avec zèle de l'état de l'armée, augmenta le nombre des troupes de terre et de mer, et, dans un généreux sentiment de sollicitude, fonda dans différentes provinces des maisons de travail et de refuge pour les pauvres. Tout en consacrant des sommes considérables à tant d'utiles établissements, il sut, à l'aide de son ministre Liliencrantz, améliorer la situation des finances. Le numéraire reparut dans le royaume, la banque recouvra son crédit. Gustave jouissait ainsi du bonheur d'avoir fait une révolution gouvernementale, et de justifier cette révolution par l'habile exercice de son pouvoir, par le respect et l'attachement que lui témoignait la nation. En 1778, après douze ans d'un mariage stérile, la naissance d'un fils acheva de mettre le comble à ses vœux. Nous ne redirons pas les suppositions auxquelles cet événement donna lieu, suppositions honteuses que le caractère vertueux de la reine Sophie-Madeleine ne permet pas un instant d'admettre, et qui n'ont pu être accréditées que par de méchants pamphlets.

La naissance du royal enfant, qui fut le malheureux Gustave IV, fut saluée avec des acclamations de joie dans toute la Suède. Le roi lui donna pour parrain les *états*, et ces magnifiques parrains votèrent pour leur filleul une dotation de quatre millions deux

cent mille francs. En même temps ils mirent à la disposition du roi une somme de cinq millions. C'é-
taient les trois ordres du clergé, de la bourgeoisie,
des paysans, qui se plaisaient ainsi à lui témoigner
leur dévouement. La noblesse, après être restée quelque temps silencieuse, immobile et comme atterrée
sous le coup de la révolution de 1772, commençait à
relever la tête et manifestait une opposition qui peu
peu à se développa, s'enhardit, et qui en 1778 devint
si vive, que, pour en prévenir la dangereuse influence,
Gustave congédia la diète.

En 1783 il entreprit, par raison de santé, un
voyage à Pise, visita Rome, où il fut accueilli par le
pape avec distinction; puis revint en France, où il
se laissa aisément retenir par la sympathie qu'il
éprouvait dès sa jeunesse pour la cour de Versailles,
et par l'affection que lui témoigna Louis XVI. L'agitation des esprits, si vive qu'elle fût alors dans notre
pays, ne faisait cependant point pressentir l'effroyable révolution qui devait bientôt éclater, et rien
n'annonçait en Suède le sanguinaire complot dont
Gustave devait être victime. A voir ces deux rois au milieu des fêtes de Versailles, qui eût dit qu'une destinée si cruelle planait sur eux; qu'à un an de distance,
ils devaient mourir, l'un de la balle d'un assassin,
l'autre sur l'échafaud?

Ce séjour de Gustave en France fut utile à la
Suède. Louis XVI, pour acquitter le reste des subsides dus à ce royaume, lui abandonna l'île Saint-Bar-
thélemy, dans les Indes occidentales. Mais Gustave,

qui aimait le luxe et qui surtout en pays étranger
voulait être entouré d'un faste royal, Gustave fit dans le
cours de ce voyage des dépenses qui l'endettèrent. Il
comptait sur la complaisance des états pour obtenir
les moyens de satisfaire ses obligations. A son retour
en Suède, il se hâta de les convoquer; mais il les
trouva, contre son attente, dans de si mauvaises dispositions, qu'il prit le parti de les dissoudre.

Ne sachant comment expliquer une opposition
qui avait fait de si rapides progrès, il l'attribua aux
intrigues de la cour de Russie, dont l'ambassadeur
avait en effet de fréquentes conférences avec les mécontents; et, pour la punir d'intervenir ainsi dans ses
propres affaires, il lui déclara la guerre. Un article de sa
constitution lui interdisait, comme nous l'avons vu,
le droit de déclarer une guerre offensive. Il chercha
à justifier cette violation de son contrat en disant
que c'était une guerre défensive, puisqu'il devait se
défendre contre la Russie, qui depuis longtemps
cherchait à susciter des troubles dans son royaume
et à s'emparer de la Finlande. A l'aide de cette interprétation, il se crut en droit d'entrer en campagne.
Le 23 juin 1788, il s'embarqua sur *l'Amphion* et arriva heureusement en Finlande, y fut rejoint en
quelques jours par la flotte que commandait l'amiral
Wrangel, et s'avança avec une armée imposante vers
les frontières de la Russie. La cour impériale, qui ne
s'attendait point à une marche si rapide, en éprouva
un tel effroi, que Catherine fut sur le point de quitter sa capitale. Un de ses ministres, Markoff, qui

connaissait mieux qu'elle et mieux que Gustave lui-
même les dispositions de la Suède, la rassura en lui
disant qu'on verrait bientôt éclater un événement qui
paralyserait la force de cette armée.

L'un des frères du roi, le duc Charles, qui régna
sous le nom de Charles XIII, s'approchait cependant
avec une autre flotte. Le 22 juin, il rencontra, à la
hauteur de l'île de Gothland, une escadre russe qu'il
eût pu facilement battre. Mais, n'ayant pas encore
reçu l'ordre d'attaquer, il continua sa marche et
laissa le passage libre à ces navires ennemis, qui s'en
allèrent ravager les côtes de la Scanie. Le 17 juillet,
il rencontra, près de Högland, une autre flotte, commandée par l'amiral Greig, composée de dix-huit
vaisseaux de ligne et de neuf frégates. Les forces du
duc Charles n'étaient pas aussi considérables. Il n'a-
vait que quinze vaisseaux et cinq frégates. Comme il
connaissait alors les dispositions du roi, il engagea
vigoureusement la bataille. Les Russes s'emparèrent
du vaisseau *le Gustave;* les Suédois leur prirent le
Wladislas et plusieurs petits bâtiments. Des deux
côtés on s'attribua la victoire. La retraite de l'amiral
Greig sur Cronstadt indiquerait pourtant qu'en définitive elle était restée aux Suédois. Mais un autre
danger, le danger prévu par Markoff, menaçait Gustave. Des germes d'insubordination se manifestaient
parmi ses troupes. Les soldats se plaignaient de manquer de vivres et de vêtements, accusaient le roi de
toutes les souffrances qu'ils éprouvaient, et, dans leur
mauvaise disposition d'esprit, se moquaient de lui

en le voyant passer à cheval avec sa grande épée et
son pourpoint de soie. Il y avait là un indice de rébellion qui ne tarda pas à éclater. Gustave se préparait à assiéger Frederikshamn et avait toute raison
de compter sur le succès de cette entreprise, quand
soudain plusieurs officiers, ayant à leur tête les colonels finlandais Hestsko et Von Otter, déclarèrent
qu'ils marcheraient volontiers au secours de la patrie
lorsqu'elle serait attaquée; mais qu'ils ne se croyaient
point tenus de prendre part à une guerre offensive
qui, d'après la constitution, ne pouvait se faire sans
l'assentiment des états. Gustave essaya en vain par ses
explications, par ses prières et ses menaces, de les
amener à d'autres sentiments. Ils restèrent inébranlables, et leur défection eut un effet contagieux.
Trente-quatre officiers se réunirent à Rujala, chez le
général Armfeldt, signèrent un manifeste par lequel
ils réclamaient la paix avec la Russie et la convocation d'une nouvelle diète. Quelques-uns d'entre eux
furent envoyés en députation à Pétersbourg pour y
porter ce coupable manifeste. Je laisse à penser
quelle joie un pareil acte causa à l'impératrice, tandis
qu'il jetait Gustave dans le désespoir. Une nouvelle
qui dans d'autres circonstances eût pu lui donner
de vives inquiétudes ne lui donna qu'une émotion de
joie dans celle-ci. Il apprit que le Danemark, qui espérait profiter de son embarras, venait de déclarer la
guerre à la Suède : « Dieu soit loué! s'écria-t-il ; je suis
sauvé. » En effet, cet événement inattendu devait le
tirer de la fâcheuse situation où il se trouvait, et don-

ner une heureuse impulsion au patriotisme suédois.
Il partit pour Stockholm, laissant le commandement
de la flotte à son frère Charles, et le commandement
des troupes au général Meyerfeld, qui fit arrêter et
transporter en Suède les officiers rebelles. Le peuple,
avec son sentiment de nationalité, était furieux de
leur conduite. En Finlande, leur nom fut attaché au
poteau auquel on liait les condamnés. A Stockholm,
ils faillirent être écharpés par la populace. Au mois
de mars 1789, ils furent traduits devant un tribunal
et condamnés à mort. Un seul, le colonel Hestsko,
fut exécuté; les autres obtinrent de la clémence du
roi une commutation de peine.

Gustave, animé d'une mâle résolution, préparait
ses forces pour résister au Danemark. Du haut de
ce tertre de Mora, témoin jadis de l'ardeur patriotique
des Dalécarliens, il harangua les paysans de cette
forte province, et leur inspira un tel enthousiasme
que quatre mille d'entre eux promirent de suivre ses
drapeaux. De là il s'en alla dans plusieurs provinces,
partout appelant le peuple à se lever pour la défense
de la patrie, et partout recevant les témoignages
d'un énergique dévouement. Le prince de Hesse s'a-
vançait vers Gothembourg avec dix mille Danois, et
cette ville était en proie à une sorte de terreur pani-
que. Gustave monte à cheval, y court sans s'arrêter,
assemble les principaux citoyens, leur annonce qu'il
vient se joindre à eux pour les défendre, qu'il les
défendra jusqu'à la dernière extrémité. Exaltés par
ses encouragements, tous jurent de le seconder, puis

se mettent à l'œuvre. Dans l'espace de quelques
jours, grâce à l'actif travail de la population entière,
les murs d'enceinte sont relevés, les batteries re-
constituées. Les Danois, qui s'attendaient à trouver
une ville mal dirigée et mal défendue, n'osèrent, à
la vue d'une telle disposition, poursuivre leur entreprise, et se retirèrent en Norvége. Le 4 décembre 1788,
Gustave écrivait au colonel Stedingk, qui commandait une partie de ses troupes en Finlande : « Nous
sommes délivrés des Danois. Je n'ai pas tiré un seul
homme de la Finlande; et si l'armée de ce pays-là
avait obéi, les opérations de la Russie n'auraient été
dérangées en rien par l'invasion des Danois. Elle n'a
servi qu'à réveiller l'esprit national, et à me procurer
des troupes que le pays m'a fournies (1). »

De cette même ville qu'il venait de sauver par sa
courageuse résolution, le roi convoqua les états pour
le 2 février 1789. Le clergé, la bourgeoisie, les paysans se montrèrent dans cette réunion très-disposés
à accueillir les vœux du roi. La noblesse, au contraire, se jeta dans une opposition violente et opiniâtre. En vain le comte de Lewenhaupt, que le roi
avait nommé président des états, essaya de la rappeler

(1) *Mémoires posthumes* du feld-maréchal comte de Stedingk,
t. I, p. 135. Nous ne saurions trop recommander, à ceux qui étu-
dient l'histoire de Suède, la lecture de ces Mémoires, publiés à
Paris par M. le comte de Biörsntierna, gendre du maréchal de
Stedingk. Ils renferment sur le règne de Gustave III, de Gustave IV, de Charles XIII et de Charles XIV, une foule de détails
curieux, racontés dans un style charmant.

aux principes d'ordre et au respect qu'elle se devait
à elle-même. De bruyantes rumeurs, des cris injurieux étouffèrent sa voix. L'un des membres de cette
fougueuse opposition osa même lever sur lui la main.
Lewenhaupt, après cette insulte, déclara qu'il ne
pouvait plus présider l'assemblée, et offrit au roi sa
démission.

Gustave refusa de l'accepter, réunit les quatre ordres, et, après avoir énergiquement représenté aux
nobles la faute qu'ils avaient commise en outrageant
un vénérable vieillard, leur ordonna de nommer une
députation qui irait présenter leurs excuses au comte
de Lewenhaupt, et le ramènerait à la diète pour effa-
cer sous ses yeux tout ce qu'il y avait d'inconvenant
dans le procès-verbal des séances.

Quand le roi fut sorti, les nobles se retirèrent
dans la salle de leurs délibérations; mais, au lieu
d'obéir à l'ordre qui leur avait été donné, ils déclarèrent que, ne se reconnaissant coupables d'aucune
offense envers le maréchal de la diète, ils ne pouvaient lui faire aucune excuse. Pour vaincre une telle
résistance, le roi, qui se sentait appuyé par les trois
autres ordres, eut recours à un coup d'État. Il fit arrêter trente membres de l'opposition, en tête desquels se trouvaient les comtes Brahe, Horn, Fersen,
les barons de Geer, Stierneld, Engeström. Après cette
rigoureuse mesure, Gustave rédigea une nouvelle
charte, qui était une sorte d'acte additionnel à la
constitution de 1772. Au moyen de cette charte, à
laquelle il donna le titre d'*Acte d'union et de sûreté*,

c'en était fait des dernières restrictions qui pouvaient
encore sur certains points gêner l'exercice du pouvoir royal. La monarchie suédoise devenait de fait
une monarchie absolue. Les nobles qui étaient restés
à la chambre, et qui, au lieu d'être effrayés par l'arrestation de leurs collègues, n'en étaient que plus
hostiles à la couronne, repoussèrent avec vigueur la
nouvelle charte de Gustave; mais les trois autres ordres l'ayant acceptée et le comte de Lewenhaupt
l'ayant signée comme maréchal de la diète, elle fut
admise comme loi de l'État et promulguée.

Après cette victoire, le roi n'eut pas de peine à se
faire accorder les subsides nécessaires pour payer ses
dettes et continuer la guerre contre la Russie. Le
tout se montait à environ 60 millions de francs. La
noblesse seule, l'inflexible noblesse essaya encore de
s'opposer à cette dernière concession : les trois autres
ordres l'emportèrent. Gustave, n'ayant plus rien à demander à cette diète qui s'était ouverte sous de si
fâcheux auspices, et dont il avait fini par obtenir tant
de choses, la congédia.

Pendant qu'il soutenait ainsi à Stockholm sa lutte
parlementaire, ses troupes luttaient péniblement en
Finlande contre les hordes de Cosaques et les privations de toutes sortes. Le 6 mai 1789, Stedingk lui
écrivait : « Le manque total d'argent me coupe bras
et jambes. M. de Meyerfeld me mande la même
chose. L'officier n'est point payé chez moi depuis six
mois, et le soldat depuis cinq. Il est au pain et à l'eau
pour toute nourriture, car on ne peut donner de la

viande ici au soldat que les jours de fête , et la seule
manière possible de l'entretenir est de lui donner du
pain et de l'eau. Aucun soldat de l'univers, si ce n'est
le soldat russe, n'endurerait tant de maux avec patience; mais si ventre affamé n'a point d'oreilles,
il a encore moins de cœur. Je ne puis pas même
tirer le soldat de ses quartiers, où il trouve à vi-
voter avec le paysan, et le faire camper, de crainte
de le faire périr, faute de nourriture. L'ennemi connaît notre position, et, malgré son infériorité, nous
brave (1). »

Le 3 juin 1789, Gustave s'embarque à Stockholm
pour aller se remettre à la tête de ses troupes; le 8,
il arrivait à Abo. Cette nouvelle expédition ne fut pas
heureuse. Meyerfeld et Stedingk y obtinrent quelques
avantages; mais le roi, après s'être avancé jusqu'à
Frederikshamn, fut forcé de battre en retraite; et le
24 août, son frère Charles, qui commandait la flotte,
essuya près de Svinsksund un grave échec.

L'année suivante mit fin à cette guerre, qui épuisait
en combats sans gloire les forces de la Suède. Gustave
débuta dans cette troisième campagne par une victoire. Avec une petite flotte, il attaqua l'escadre
russe sous les batteries de Frederikshamn, et lui
brûla une quantité de bâtiments. Le 16 avril, il écrivait cette jolie lettre à Stedingk : « Kacanakoski est
pris avec deux canons de bronze et un grand butin.
Peu de blessés, aucun de tué. Ce sont les Dalécar-

(1) *Mémoires*, t. I, p. 167.

liens Tawast et Vegesack qui se sont distingués le
plus. Adieu. A vous le dé ! »

La flotte fut cependant battue une seconde fois ;
mais, quelques jours après (9 juillet), elle prenait sur
le prince de Nassau, qui commandait la flotte russe,
une éclatante revanche : elle lui enlevait quinze frégates, trente-cinq bâtiments plus petits, quatorze
cents canons et six mille prisonniers. Cette victoire,
l'une des plus belles qui soient inscrites dans les
fastes de la Suède, détermina la Russie à faire la
paix. Le traité fut signé le 14 août à Werelä-Slått.
Les deux puissances rentrèrent dans leurs anciennes
limites.

Gustave, qui depuis trois ans était vivement préoccupé des progrès de la révolution française, crut pouvoir, après avoir rendu la paix à son royaume, prêter
un utile appui à Louis XVI. Sous le nom de comte
de Haga, il se rendit à Aix-la-Chapelle, afin de voir
de plus près de quelle façon il devrait intervenir
dans la lutte sanglante engagée entre la monarchie
des Bourbons et la démocratie. Mais là il apprit la
fuite, puis l'arrestation de la famille royale, et retourna à Stockholm avec la douloureuse conviction
qu'il ne pouvait rien pour le salut du trône de
France. Tandis qu'il gémissait sur les infortunes d'un
autre souverain, il était lui-même déjà condamné par
ses ennemis, et devait mourir avant celui qu'il avait
eu le noble désir de protéger.

Au mois de janvier 1792, il convoqua les états à
Gefle pour aviser aux moyens d'acquitter les dé-

penses occasionnées par la guerre. Cette séance fut
très-orageuse. Les nobles y reparurent avec leur ancienne animosité, et y provoquèrent de turbulentes
discussions. La diète fut dissoute un mois après sa convocation. Cette mesure mettait fin aux débats de l'assemblée, mais elle était pour les mécontents un grief
de plus. Dès cette époque le complot qui devait faire
périr Gustave était organisé, et plus d'une fois, pendant le cours de la diète, le roi avait passé sous le
regard de son assassin. Il retourna à Stockholm, troublé d'une prédiction qui lui annonçait que le mois
de mars lui serait fatal, mais s'imaginant qu'en con-
gédiant les états, il avait écarté l'unique danger dont
il fût menacé.

Le 16 mars, la salle de l'Opéra était disposée pour
un bal masqué auquel Gustave devait se rendre. Il
soupait dans ses petits appartements, ayant avec lui
le comte d'Essen, son premier écuyer, et M. le comte
G. de Lövenhielm (1), lorsqu'un page lui apporta une
lettre qu'un inconnu avait remise, dans la rue, à un
valet de pied. Cette lettre était à peu près conçue en
ces termes : « Je ne vous aime pas, et je n'ai jamais
approuvé votre conduite; mais l'assassinat me fait
horreur, et ma conscience ne me permet pas de vous
laisser ignorer que ce soir vous serez tué au bal. Plusieurs autres occasions ont manqué : celle-ci, soyez-
en sûr, ne manquera pas. »

---

(1) Le même qui, depuis plus de trente ans, remplit avec une si
parfaite distinction les fonctions de ministre de Suède à Paris.

Après souper, Gustave montra cette lettre au comte
d'Essen, qui le conjura de ne pas aller à ce bal, ou
tout au moins de prendre des précautions pour sa
sûreté. Le roi ne voulut point se rendre à ses conseils.
Il entra dans la salle, revêtu d'un simple domino.
Vingt minutes après, il recevait au côté gauche un
coup de pistolet. Plusieurs voix crièrent en ce moment : *Au feu!* pour produire un désordre à l'aide duquel l'assassin parviendrait à s'échapper. Mais le
comte d'Essen ordonna de fermer les portes de la
salle, et de ne laisser sortir personne. Le baron de Li-
liensparre, grand maître de la police, prit le nom et
l'adresse de tous ceux qui se trouvaient au bal ; après
quoi il leur fut permis de se retirer. Rien n'indiquait
jusque-là quel pouvait être le meurtrier. Ses armes le
trahirent. A l'endroit où le roi avait été frappé, on
trouva deux pistolets, dont un déchargé, et un grand
couteau à dents de scie. Un armurier reconnut ces
armes pour les avoir raccommodées, et dit qu'elles
appartenaient au capitaine Ankarström. Pendant qu'on
faisait cette découverte, Ankarström sortait tranquillement d'un café. On l'arrêta sur la place des Chevaliers. Il avoua sans hésiter son crime, et demanda à
être promptement exécuté. La police ne tarda pas à
découvrir les autres conjurés. Elle en arrêta plus de
quarante, dont les principaux étaient le fils du sénateur de Horn, jeune homme de vingt-huit ans, qui
avait lui-même chargé les pistolets d'Ankarström ; le
fils du comte de Rybing ; Lilienhorn, major des gardes, qui avait écrit au roi la lettre que nous venons

de citer; le baron de Bielke, chef du complot, qui seul échappa au jugement de ses complices en s'empoisonnant.

Le roi avait été transporté au château. Aux douleurs qu'il éprouvait, il connut la gravité de sa blessure, et, dans le pressentiment d'une mort prochaine, nomma un conseil de régence, composé de son frère Charles, du comte Wachtmeister, d'Oxenstiern, des généraux Armfeld et Taube. Au premier aspect de la plaie qui lui avait été faite, les médecins crurent cependant pouvoir le guérir. Mais la blessure était si profonde que bientôt il fallut renoncer à tout espoir. Gustave supporta avec un admirable courage ses souffrances, reçut avec un front serein la visite de son frère, de la reine, d'autres personnes, se fit amener trois fois son fils, et mourut dans une noble tranquillité d'esprit (29 mars 1792). Ce ne fut qu'après sa mort qu'on put découvrir l'intérieur de sa blessure. Toute la charge du pistolet d'Ankarström y était entrée. Elle se composait d'une grosse balle ronde, d'une autre carrée, de quelques chevrotines, et d'un lambeau de cuir gras qui avait servi de bourre (1).

---

(1) Il existe un grand nombre de relations de l'assassinat de Gustave III, presque toutes remplies d'erreurs. La moins inexacte est celle qui fut publiée en 1797 par un officier polonais. L'une des plus populaires et des plus fautives est celle de Brown. (*Cours du Nord*, 3 vol.)

Un article inséré dans le *Moniteur*, le 27 septembre 1820, en a relevé les nombreuses inexactitudes et les fautes grossières, et l'on peut se fier à cet article. Il est écrit par un homme qui con-

Le procès des conjurés avait été poursuivi sans interruption. Cinq d'entre eux, Ankarström, Horn, Rybing, Ehrensward, Lilienhorn, furent condamnés à mort. Mais Gustave III avait demandé que la peine capitale ne fût appliquée qu'au meurtrier. La sentence de ses quatre principaux complices fut commuée en un arrêt d'exil à perpétuité ; les autres obtinrent leur grâce, ou ne subirent qu'un assez léger châtiment.

Le 19 avril, commença l'exécution d'Ankarström. Il devait pendant trois jours de suite être conduit sur trois échafauds différents, et recevoir chaque fois vingt-cinq coups de verges. Il marcha au supplice avec audace, et entendit son arrêt sans sourciller. Mais lorsqu'il eut reçu quelques coups de verges, sa fermeté l'abandonna, il poussa d'horribles cris de douleur, et pendant tout le reste de l'exécution mordit avec une espèce de rage le poteau auquel il était attaché. Le 20 et le 21, il subit la même torture sur deux autres places. Le 27, il fut traîné sur une charrette au *Champ des criminels*. Il avait une Bible entre les mains et un prêtre à ses côtés. Arrivé au pied de son dernier échafaud, il se jeta à genoux, demanda pardon à Dieu, au roi, à la nation. Le glaive du bourreau lui trancha la main droite, puis la tête ; ses

naît la Suède, qui, en parlant des diverses phases par lesquelles ce royaume a passé depuis cinquante ans, des événements qui l'ont ému, des hommes qui y ont encore une notable influence, pourrait ajouter : *Et quorum pars magna fui.*

membres écartelés restèrent sur le sol exposés à tous
les regards, et ses entrailles furent ensevelies au pied
du poteau.

L'horreur que l'aspect d'Ankarström excita parmi
le peuple, les cris d'indignation que fit entendre la
multitude en le voyant passer, la profonde douleur
avec laquelle elle apprit la mort du roi, durent faire
voir à ceux qui avaient pris part à cet affreux complot combien ce souverain, qu'ils regardaient comme
un tyran, était cher à la nation; et les événements qui
plus tard éclatèrent en Suède ne pouvaient attirer
sur eux que de nouvelles récriminations.

La mort de Gustave n'amena aucune réforme dans
la constitution qu'il avait établie. Son fils avait quatorze ans, et ne devait régner qu'à dix-huit ans. Son
frère Charles prit à titre de régent les rênes du gouvernement, et administra le pays avec sagesse et intelligence. Au lieu de se laisser entraîner à cette ardeur belliqueuse qui agitait alors l'Europe entière et
qui ne pouvait que nuire aux vrais intérêts de la
Suède, il résista aux instances de la Russie et de l'Angleterre, qui le pressaient de prendre les armes contre
la France; il reconnut la république française, et en
obtint par l'entremise de son ambassadeur, le baron
de Staël, des dispositions avantageuses au commerce
de la Suède. Il s'appliqua à diminuer par de prudentes économies les dépenses de la cour, à rétablir
l'ordre dans les finances de l'État. Sous son patronage, une société d'actionnaires commença les importants travaux qui devaient réunir par un canal le lac

Wener au port de Gothembourg, et plus tard la mer
Baltique à la mer du Nord. Il reconstitua sur une
plus large échelle l'école des Cadets, la transporta de
Carlscrona à Carlsberg, et en fit la véritable école po-
lytechnique du royaume. Enfin, il affranchit la presse
d'une partie de ses anciennes entraves.

Sa pacifique et bienfaisante administration fut cependant traversée par un hostile complot. Le comte
Armfeld, qui avait été envoyé à Naples en qualité de
ministre, regarda cette mission comme un exil. Pour
s'en venger, il forma le projet de s'allier à la Russie
afin de renverser le régent, et de porter Gustave-Adolphe au trône avant le temps fixé pour sa majorité.
Déjà il avait affilié à cette entreprise plusieurs personnes notables à Stockholm, entre autres le colonel
Aminoft, Ehrenström et mademoiselle de Rudensköld, dame d'honneur de la sœur du régent, Sophie-
Albertine. Dès que Charles connut cette conspiration, un commandant de frégate qui croisait dans la
Méditerranée reçut l'ordre de se rendre à Naples et
de s'emparer d'Armfeld. Mais celui-ci, vraisemblablement prévenu du danger qui le menaçait, implora la
protection de la reine Caroline et se réfugia à la cour.
Un de ses domestiques livra ses papiers, qui ne laissaient plus aucun doute sur le but et la marche de sa
conspiration. Il fut condamné à mort par contumace,
et son nom attaché au pilori dans les principales
villes de Suède. Ehrenström, frappé de la même sentence, reçut sa grâce au pied de l'échafaud, et fut enfermé dans une forteresse avec Aminoft. Mademoi-

selle de Rudensköld fut exposée une heure au pilori,
et condamnée à passer le reste de ses jours dans une
maison de correction. Quelque temps après cependant, elle sortit de prison, et se retira dans l'île de
Gothland. A la majorité de Gustave, le chef du complot, Armfeld, et ses deux agents furent amnistiés.

Pendant le cours de ces événements, Gustave atteignait sa dix-septième année, et le régent voulait le
marier. Il avait jeté les yeux sur une princesse de
Mecklembourg-Schwerin,et les négociations pour cette
alliance étaient ouvertes quand l'impératrice de Russie, Catherine II, annonça qu'elle avait pensé à marier le jeune roi avec sa petite-fille Alexandrine-Pau-
lowna; que cette princesse apprenait le suédois, et
qu'elle avait même le portrait de Gustave dans sa
chambre. Cette proposition renversa les premiers
plans de Charles. Il n'aimait ni Catherine, ni la Russie; mais une alliance avec cet empire était trop importante pour qu'il fût possible de la rejeter. Le régent partit avec son pupille, Reuterholm et une suite
nombreuse, pour Saint-Pétersbourg. En peu de temps
toutes les conditions du mariage furent réglées; la
princesse était jeune, belle, bien élevée; Gustave en
fut de prime abord épris, et Catherine fit préparer un
grand bal où les fiançailles devaient être officiellement
déclarées. Un incident inattendu rompit tout à coup
ce brillant projet. En rédigeant les articles du contrat,
on avait omis de traiter la question de religion. Gustave était protestant, Alexandrine suivait le rit grec.
L'évêque Flodin, qui avait été l'instituteur du roi, lui

donna un scrupule de conscience. Déjà l'heure décisive était venue, et Gustave allait monter en voiture
pour se rendre au bal, lorsque M. Manoff vint, de la
part de Catherine, lui demander si la princesse aurait
en Suède le libre exercice de son culte. Le roi répondit à cette question en termes vagues. Un second
messager, qui exigeait une parole positive, lui arriva
un instant après. Cette fois Gustave répondit par un
refus qui mettait fin à toute négociation. Les représentations du régent et celles de Reuterholm, la vi-
vacité avec laquelle tous deux lui montrèrent combien il serait dangereux pour lui, pour la Suède, de
rompre ainsi avec une cour puissante et vindicative,
rien ne put ébranler sa résolution. A dix-sept ans il
avait déjà la fatale opiniâtreté qui devait causer tous
ses désastres. L'impératrice était au milieu des personnes de sa cour, attendant le fiancé de sa petite-
fille, quand on vint lui annoncer qu'il ne paraîtrait
pas. La violente émotion qu'elle éprouva de cet affront lui donna une attaque d'apoplexie, dont elle
mourut.

Le 1ᵉʳ novembre 1796, Gustave-Adolphe monta
sur le trône. L'année suivante, il épousa la princesse
de Bade, Frédérique-Dorothée, belle-sœur de l'empereur Alexandre. Dès le commencement du nouveau règne, Charles remarqua que son neveu le traitait avec froideur. Sans se plaindre, il se démit de
ses emplois de grand amiral, de général d'artillerie,
se retira dans un de ses domaines qu'il se plaisait à
embellir, et ne reparut plus que rarement à la cour.

Sauf ce refroidissement injuste envers son oncle, il
n'y eut d'abord dans la conduite de Gustave que de
louables tendances. Il se montrait animé du désir de
faire le bien et dévoué aux principes de justice, re-
cherchant les conseils des hommes éclairés, accueillant avec affabilité les requêtes des gens du peuple.
Rien en lui n'annonçait qu'il aspirât à devenir un
grand roi, mais on espérait généralement qu'il serait
un bon roi, et l'on n'en demandait pas plus. Deux
années se passèrent ainsi dans une situation d'heureux augure; mais plusieurs mauvaises récoltes suc-
cessives, le préjudice que la guerre des États méridionaux de l'Europe apportait au commerce de la
Suède, la dette publique, dont le peuple supportait
plus impatiemment le fardeau dans les temps de
disette, produisirent un mécontentement général, qui
se manifesta dans plusieurs villes par de violentes
rumeurs et par des émeutes. Pour remédier à cet état
de choses, Gustave convoqua, le 10 mars 1800, la
diète à Norköping. Ce fut là que, pour la première
fois, il laissa voir la violence de son caractère. Sept
députés, ayant ouvertement combattu les mesures
qu'il proposait, furent arrêtés par son ordre et traduits
devant une cour de justice, qui les traita avec ména-
gement. Gustave aurait voulu qu'on les punît comme
coupables de lèse-majesté. Une intention si rigoureuse avec des hommes qui, après tout, étaient dans
leur droit, ne fit qu'augmenter l'agitation de la diète.

Les états accordèrent cependant au roi les subsides
qu'il demandait; mais soudain, au lieu de s'en tenir

au plan de finances qui venait d'être arrêté, il emprunta du duc de Mecklembourg-Schwerin une
somme de 1,500,000 riksdalers, et lui abandonna
pour cent ans la possession de la ville de Wismar.

Dans cette même année, qui s'annonçait sous de
fâcheux auspices, Gustave fut couronné, et conclut
avec le Danemark et la Russie un traité de neutralité
armée. L'assassinat de Paul Ier brisa le principal
nœud de cette association; l'ignominieux bombardement de Copenhague par les Anglais écrasa les forces
du Danemark. L'Angleterre ne dirigea pas la même
attaque contre la Suède, mais elle lui enleva plus de
deux cents bâtiments qui se trouvaient dans les
ports anglais à cette époque.

Jusque-là cependant Gustave n'avait encore commis que des fautes faciles à réparer; mais son aversion innée pour tout ce qui avait l'apparence d'un
mouvement révolutionnaire, sa haine pour Napoléon
et sa folle témérité de caractère, devaient bientôt l'entraîner dans la voie fatale où il succomba. Au mois
de juillet 1803, il partit avec la reine pour l'Allemagne, et resta près de deux ans dans le pays de Bade.
Là, ses idées absolutistes s'exaltèrent de plus en plus
par le mouvement de la France, dont il était si près.
Plus il voyait grandir la fortune de Napoléon, plus il
en éprouvait de colère, et plus il s'affermissait dans
la pensée de lui résister. Le rôle de Charles XII, luttant à la fois contre la Russie, la Pologne, le Danemark, lui semblait le rôle le plus digne d'envie. A son
tour il aspirait à montrer la même énergie; il voulait

31.

être un autre Charles XII; mais, comme le dit plai-
samment le *Moniteur*, « il n'avait de son illustre prédécesseur que les bottes et l'entêtement. »

Quand Napoléon fit enlever le duc d'Enghien,
Gustave expédia aussitôt le colonel Tawast à Paris
pour réclamer la mise en liberté de ce prince. Quand
Napoléon fut couronné empereur, Gustave refusa de
lui reconnaître ce titre et continua à l'appeler *Monsieur Bonaparte*. Quand il sut que le roi de Prusse
avait offert à M. Bonaparte le grand cordon de l'Aigle noir, Gustave, qui avait reçu aussi cette décoration, la renvoya brutalement, en disant qu'il ne voulait plus d'une marque de distinction donnée à un
tel homme. Après la paix de Tilsitt, il renvoya aussi à
Alexandre la décoration de Saint-André.

Dès son retour d'Allemagne, sa rage contre la
France et contre Napoléon ne connaissait plus de
frein, et dès ce moment nous allons le voir tomber
d'extravagance en extravagance. En 1805 il s'allie à
l'Angleterre, s'engage, moyennant un subside que lui
promet cette puissance, à entretenir un corps de
troupes en Poméranie. Napoléon entre en campagne,
s'empare d'Ulm, entre à Vienne, et couronne cette
merveilleuse expédition par la bataille d'Austerlitz.
L'Autriche et la Russie se soumettent. Gustave reste
inébranlable. En vain le général Mortier lui fait offrir la paix par l'entremise du comte d'Essen, gouverneur de la Poméranie; il la rejette fièrement. Ses
troupes sont battues; il en accuse l'impéritie de ses
généraux, se rend lui-même en Poméranie, et fuit au

premier coup de feu. Le résultat de cette ridicule campagne fut de livrer à l'ennemi la Poméranie et l'île de Rügen. Pour s'excuser de n'avoir pas même pu défendre Stralsund, il raya cette ville du nombre des places fortes.

Après la paix de Tilsitt, la Russie et le Danemark firent de nouvelles tentatives pour, le détacher de son alliance avec l'Angleterre. N'ayant pu y parvenir, ces deux États lui déclarèrent la guerre. Trente mille Russes entrèrent en Finlande; Gustave n'en avait pas plus de dix mille à leur opposer. Avec cette faible armée, le général Klerker, le feld-maréchal Klingspor, le général Adlercreutz résistèrent pourtant aux troupes ennemies, disputèrent pied à pied le terrain, et remportèrent même plusieurs victoires. Cette dernière campagne de Finlande est l'une de celles qui font le plus d'honneur à la Suède par le courage intrépide, par l'admirable patience que ses soldats y déployèrent (1). Écrasés enfin par le nombre toujours croissant de leurs adversaires, privés de ressources, ils furent forcés de battre en retraite. Il leur restait encore dans cette province de Finlande un point d'appui, un rempart, la forteresse de Sveaborg, à laquelle la Suède avait consacré cinquante années de travaux et une dépense de 25 millions de riksdalers. La trahison la leur enleva. L'amiral

(1) Elle a été racontée d'une façon très-intéressante par M. Holm, *Anteckningar öfwer Fälttägen emot Ryssland 'aren* 1808, *och* 1809. 8, Stockholm, 1836.

Cronstedt, qui était chargé de la défendre, avait à sa
disposition six mille hommes et des magasins abondamment pourvus de vivres et de munitions. Après
une canonnade de quelques jours, il capitula. Artillerie, munitions, tout tomba entre les mains des
Russes. Les légions du tzar entrèrent en triomphe
dans cette citadelle maritime, qu'on regardait comme
inexpugnable. Cronstedt se retira en Russie, où il
vécut honteusement d'une pension impériale. C'en
était fait du dernier boulevard de la Finlande, c'en
était fait de cette province, alliée depuis sept siècles
à la Suède. Elle tombait sous le joug des Russes, qui
la convoitaient trop depuis longtemps pour jamais
consentir à la rendre.

Avec plus de prudence et plus de fixité dans les
idées, Gustave aurait pu cependant réparer encore
une partie de ses désastres. Il venait de porter par de
nouvelles levées son armée à cent mille hommes.
Une flotte anglaise, commandée par le général Moore,
lui en amenait quinze mille. Moore se rendit à Stockholm pour se concerter avec le roi sur l'emploi de
sa flotte, et le trouva si déraisonnable, si extravagant,
qu'après de vives et inutiles représentations, il l'abandonna à son sort et retourna en Angleterre.

Gustave, toujours convaincu que ses malheurs ne
provenaient que de l'impéritie de ses généraux, voulut lui-même diriger les opérations, alla s'établir dans
l'île d'Aland, et acheva de tout perdre par ses ordres
absurdes, par le découragement que ses injustices et

ses brutalités jetaient dans l'esprit de ses meilleurs
officiers.

Pendant qu'en Finlande il aidait ainsi aux progrès
des Russes par sa propre impéritie, un autre danger
le menaçait du côté du Danemark. Une armée de
vingt-cinq mille Français et Espagnols et de quatorze mille Danois devait, sous le commandement de
Bernadotte, entrer en Scanie. La défection du mar-
quis de la Romana, qui emmena en Espagne les régiments qu'il commandait, fit échouer ce projet d'invasion.

Gustave revint à Stockholm au mois de novembre
1808. Tout le monde le conjurait de faire la paix ; le
ministre d'Angleterre lui-même l'engageait à prendre
ce parti. Mais rien ne pouvait plus éclairer le malheureux roi. Il ne parlait que de nouveaux armements et
de nouvelles expéditions. L'idée lui étant venue que
le ministre britannique ne lui conseillait tant de déposer les armes que pour se dispenser de lui payer
des subsides, il rompit brusquement avec lui, et mit
l'embargo sur tous les navires anglais qui se trouvaient alors dans les ports de Suède. On lui fit cependant comprendre le danger d'une telle rupture.
Il révoqua l'ordre qu'il avait donné, il renoua ses
rapports avec le ministre d'Angleterre, qui lui promit un subside de 100,000 livres sterling par mois.
Cette somme ne lui suffisant pas, il s'empara des
fonds publics, obligea les commissaires des états à
émettre des assignations de banque pour plusieurs
millions, frappa d'une nouvelle contribution tout son

royaume. Tant de mesures illégales, tant de résolutions oppressives finirent par révolter tous les esprits.
Dans l'espace de quelques années, la Suède avait
perdu la Poméranie et la Finlande, son commerce et
son industrie étaient dans un affreux état de décadence, son trésor épuisé, et plus de soixante mille
hommes étaient restés sur ses champs de bataille.
Gustave seul s'obstinait à ne pas voir le gouffre qu'il
avait creusé sous ses pas, et fermait l'oreille à toutes
les représentations. Pour en finir avec une telle folie,
il fallait une révolution. Quelques hommes se décidèrent à l'entreprendre. Le lieutenant-colonel Adlersparre en donna le signal. Sur les frontières de la
Norvége, où il commandait un corps de troupes, il
leva l'étendard de la révolte et marcha vers Stockholm. A la nouvelle de ce mouvement, Gustave ordonne aux principaux fonctionnaires de la capitale
de se rendre à Nyköping, aux commissaires de la
banque de lui remettre tout l'argent qui leur reste,
et à ses officiers de faire leurs préparatifs pour combattre la rébellion. Mais la rébellion était plus près
de lui qu'il ne le pensait. Le général Adlercreutz, qui
s'était illustré dans la guerre de Finlande, veut lui-
même renverser cette royauté aveugle qui menace de
perdre la Suède. Un matin il entre au château avec
quelques officiers, s'avance vers Gustave, le désarme,
et le fait enfermer dans un de ses appartements. De
là il se rend avec le général Klingspor chez le duc
Charles, et le prie de reprendre le gouvernement des
affaires jusqu'à la prochaine convocation des états.

Charles refuse, puis hésite, puis enfin se décide à accepter le titre et les fonctions d'administrateur général du royaume. Quand Adlersparre arriva à Stockholm, la révolution était accomplie. Gustave était renfermé à Drottningholm avec sa famille, et la diète convoquée pour le 1er mai allait décider de son sort.

Un des premiers soins de Charles en rentrant au pouvoir fut de prévenir, par un commencement de négociations, la triple invasion qui, du côté des Russes, des Danois, des Français, menaçait le royaume. Ces négociations, qui ne se terminèrent que l'année suivante, lui permirent cependant d'apporter immédiatement quelque allégement aux charges qui pesaient sur le peuple. Il supprima la nouvelle contribution ordonnée par Gustave, diminua le chiffre de la conscription, et rendit par là un grand nombre d'hommes aux travaux de l'agriculture et de l'industrie.

Le 1er mai 1809, les états, qui n'avaient pas été convoqués depuis neuf ans, se réunirent à Stockholm. Deux mois auparavant, le roi avait abdiqué la couronne. Après la lecture de son acte d'abdication, la diète déclara qu'elle dégageait les Suédois de leur serment de fidélité envers Gustave, et qu'elle l'excluait à jamais, lui et ses enfants, du trône de Suède. Les membres des quatre ordres acceptèrent à l'unanimité cette sentence, et la signèrent. On abandonna au roi le revenu de son domaine privé, on y ajouta une pension annuelle de 30,000 riksdalers, puis une frégate le conduisit à Stralsund. Le reste de sa vie ne

présente qu'une triste série d'aventures grotesques,
de fantaisies bizarres. A peine était-il en Allemagne,
qu'il se sépara de sa femme. Il se rendit d'abord à
Pétersbourg, puis en Angleterre, puis revint à Hambourg, cherchant partout un repos que son humeur
mobile, inquiète, ne lui permettait pas de trouver.
Tantôt il se passionne pour l'institution des frères
Moraves, et veut entrer dans l'établissement; tantôt
il imagine de fonder un ordre de pèlerins qui irait
délivrer la terre sainte de la domination des Turcs.
Un beau jour, il renonce à tous ses anciens principes
d'aristocratie, prend le modeste nom de Gustafsson,
et sollicite le titre de citoyen de Bâle. On le vit successivement s'arrêter dans différentes villes du conti-
nent, vivant comme un simple particulier, et fumant,
comme un bon bourgeois d'Allemagne, sa pipe dans
les clubs. En 1836 il retourna en Suisse, et mourut
l'année suivante à Saint-Gall, à l'âge de cinquante-
neuf ans.

La même diète qui avait prononcé la déchéance de
Gustave donna le trône à son oncle Charles, dont
l'administration avait été, à deux époques différentes,
si utile au pays. Il fut couronné sous le nom de
Charles XIII. L'œuvre de pacification qu'il avait commencée avec son titre d'administrateur, il la continua
avec son pouvoir royal. La paix avec le Danemark fut
faite le 10 décembre 1809, et avec Napoléon le 6 janvier 1810. Par ce dernier traité la Suède s'associait au
système continental, s'engageait à fermer ses ports

aux Anglais, et en récompense de cet engagement re-
couvrait la Poméranie et l'île de Rügen.

La paix avec la Russie coûta cher. L'empereur voulait garder la Finlande; la Suède ne pouvait se déterminer à abandonner cette province. Mais que pouvait cette pauvre Suède, si affaiblie, si épuisée, contre
les forces de l'empire russe? Il fallut céder; et, le 17
septembre 1809, les plénipotentiaires suédois signèrent avec douleur un traité qui conservait à la Russie
toute la Finlande jusqu'au delà de Torneå et les îles
d'Aland, dernière barrière de la Suède du côté de son
ambitieux voisin.

Cette déplorable guerre étant enfin terminée, le
roi, de concert avec la diète, établit plusieurs institutions libérales. Les douanes furent abolies dans l'intérieur du royaume, la liberté de la presse proclamée,
et le droit de posséder des terres nobles accordé sans
distinction à tous les citoyens. Le commerce, l'industrie reçurent de puissants encouragements, et
les importants travaux du canal de Gothie furent
poursuivis avec une nouvelle activité.

Ce souverain, dont le règne fut marqué par une
sage et bienfaisante administration, n'avait malheureusement point d'enfants, et il était trop avancé en
âge pour qu'on pût espérer qu'il en eût jamais. Les
états résolurent de lui donner, de son vivant même,
un successeur qui serait associé à son gouvernement
en qualité de prince royal. Charles leur proposa le
prince Christian-Auguste de Holstein-Sonderbourg.
Le 28 août 1809, il fut élu par les états, et prit le

nom de Charles, nom cher à la Suède par les brillants souvenirs qu'il lui rappelait. Dans sa jeunesse, ce prince avait fait avec distinction plusieurs campagnes en Allemagne. En 1808, pendant la guerre de la Suède avec le Danemark, il commandait un corps de troupes norvégiennes, et s'était fait remarquer par la modération de sa conduite et la dignité de son caractère. Il entra à Stockholm, précédé d'une noble réputation; il y conquit rapidement par ses qualités de cœur l'affection générale. Le peuple, séduit par sa physionomie aimable, par sa nature bienveillante, l'observait avec amour et se complaisait dans la perspective de son règne. L'année suivante, c'en était fait de toutes ses espérances. En assistant aux manœuvres du camp de Scanie, le prince royal tomba de cheval et mourut sur-le-champ. Les médecins constatèrent qu'il avait été frappé d'un coup d'apoplexie foudroyante. Mais le peuple ne voulut point croire à cette déclaration : le bruit se répandit que le prince avait été empoisonné. Cette rumeur, bientôt accréditée, excita dans le royaume et surtout dans la capitale une ardente fermentation. Le 20 juin, le convoi funèbre du prince passait dans les rues de Stockholm. Parmi les voitures qui l'accompagnaient, se trouvait celle du comte Axel de Fersen, ce même Fersen qu'on avait vu combattre vaillamment en Amérique pour la cause de l'indépendance, puis briller à la cour de Versailles, où on l'appelait le beau Fersen, puis se dévouer aux infortunes de Louis XVI, et lui servir de cocher lorsque le malheureux roi prit la route de Varennes. Il était dans sa destinée d'échapper au péril d'une guerre immense, d'une révolution sanglante, pour succomber au milieu d'une extravagante émeute. On ne sait par quelle fatalité, les soupçons d'empoisonnement s'étaient fixés sur lui. A sa vue, quelques personnes s'écrient : *Voilà l'assassin!* Aussitôt la populace se précipite de son côté, et l'assaille à coups de pierre. Il se réfugie dans une maison ; ses persécuteurs le suivent, l'atteignent, lui arrachent son épée et ses décorations. Deux officiers supérieurs essayent en vain de le sauver. Une horde effrénée se rue sur lui, et le massacre. Son corps est dépouillé de ses vêtements, déchiré en pièces, et des hommes furieux s'en disputent, comme des cannibales, les lambeaux. La populace, dont cet effroyable crime n'a fait qu'accroître la rage, demande encore d'autres victimes, vocifère des cris de vengeance, au milieu desquels on distingue le nom du comte Ugglas et celui de la comtesse Piper, sœur de Fersen, qui peut-être aurait péri comme lui, si elle ne se fût hâtée de s'embarquer sur une chaloupe qui la conduisit à Waxholm. Les troupes parvinrent enfin à réprimer cet affreux désordre, et toutes les perquisitions faites sur la mort du prince royal prouvèrent la parfaite innocence de Fersen.

Cette agitation populaire, et l'état de la Suède en face de l'Europe armée, firent comprendre la nécessité d'appeler sur les marches du trône un homme qui, au besoin, fût en état de le défendre. Plusieurs princes aspiraient à obtenir la succession de Charles XIII. Le principal était le roi de Danemark, dont la France appuyait la candidature. Les états, réunis à Orebro au mois de juillet 1810, portèrent leurs suffrages sur Bernadotte, qui par sa carrière militaire s'était fait un renom brillant, qui par la générosité avec laquelle il avait traité, dans une de ses campagnes, des prisonniers suédois, s'était acquis dans leur pays un souvenir de reconnaissance.

L'illustre maréchal, qui n'avait point eu la pensée de devenir prince royal de Suède, apprit, à peu de jours d'intervalle, qu'il était proposé au choix de la diète et qu'il était élu. Il pria Napoléon de sanctionner sa nomination. Napoléon y consentit, non toutefois sans laisser remarquer qu'il avait sur le trône de Suède et sur son maréchal d'autres vues. Dès ce moment, il s'établit entre le puissant empereur et le nouveau prince royal des rapports dont il était aisé de tirer un mauvais présage. Napoléon, comme s'il eût eu le pressentiment de l'avenir, voulait que Bernadotte s'engageât à ne jamais porter les armes contre la France. Bernadotte répondit que sa situation politique ne lui permettait pas de souscrire à cet engagement. Napoléon, abandonnant cette première proposition, demandait que Bernadotte s'obligeât à maintenir la Suède dans le système continental. Le prince royal répondit qu'avant de se lier par cette promesse, il devait connaître les principes d'administration et l'état du commerce de la Suède. « Combien de temps, dit l'empereur, vous faut-il pour faire cette étude? —Jusqu'au mois de mai, répliqua Bernadotte. —Soit;

mais à cette époque j'attends une réponse positive, et alors, ami ou ennemi, vous choisirez. » De tels entretiens n'indiquaient pas de part et d'autre une grande confiance. Le dernier adieu de l'empereur en indiquait encore moins : « Allez, dit-il à son ancien compagnon d'armes, et que vos destinées s'accomplissent. »

Et ces destinées se sont accomplies, bien cruelles pour Napoléon, dont Bernadotte déjoua en 1813 le plan de campagne; bien cruelle aussi pour la France, qui trouvait à la tête de ses ennemis un de ses plus nobles enfants; et cruelle aussi, il faut le dire, pour celui qui, ayant pendant tant d'années servi si vaillamment son pays, s'associait aux Russes, aux Prussiens, pour le combattre. Oui, nous le savons par de hauts témoignages, cette fatale guerre de 1813 a lourdement pesé sur le cœur du soldat français; il en racontait avec douleur les détails, il en expliquait avec un amer regret les motifs. Nous-même, s'il nous est permis de mêler nos propres impressions à ce récit historique, nous-même nous avons été plus d'une fois émus par l'éloquente et touchante expression avec laquelle le maréchal de France, devenu roi de Suède, parlait de cet épisode de sa vie; et il nous est pénible d'avoir à retracer un événement où il peut être justifié par de hautes raisons politiques, sans que la France cesse de l'accuser et de le condamner.

Malgré le sentiment de respect et de reconnaissance que nous aimons à professer pour la mémoire de Charles-Jean, nous n'essayerons pas de recommen-

cer un plaidoyer entrepris déjà plusieurs fois par des
hommes plus habiles que nous. Il faut se rappeler
pourtant que le titre de prince royal de Suède donnait à Bernadotte une position exceptionnelle, que
l'on ne peut comparer à aucune de celles qui furent
créées par Napoléon. C'était un royaume non conquis,
un royaume indépendant, qui, malgré les vœux de
l'empereur, appelait au trône le noble maréchal. Du
jour où ce prince acceptait la dignité qui lui était
offerte, il adoptait une nouvelle patrie, il s'imposait
de nouveaux devoirs. Son cœur, sans doute, ne se
détachait point de la France; mais si la France venait
à menacer les intérêts du pays qu'il avait juré de
défendre, dans quelle pénible alternative il se trouvait placé! Nous savons qu'il s'est efforcé de prévenir
cette fatale collision entre sa terre natale et sa terre
d'adoption, et nous croyons qu'en employant quelques ménagements, Napoléon eût pu l'éviter. Mais,
habitué à voir tout plier à son impérieuse volonté,
et servi par des agents qui apportaient une inflexible
ténacité dans l'exécution de ses ordres, il provoqua,
il détermina peu à peu entre la France et la Suède
une rupture funeste.

Bernadotte entra à Stockholm au mois de novembre 1810, comme prince royal, comme fils adoptif
du souverain, qui lui donna son nom de Charles.

Napoléon lui avait accordé un délai de sept mois
pour étudier l'état de la Suède et répondre catégori-
quement aux propositions qu'il lui avait faites. A
peine avait-il reçu le serment des états et des fonc-

tionnaires du royaume, que le ministre de France,
M. Alquier, qui traitait ce pays avec une hauteur injurieuse, somma le conseil d'avoir à prendre, dans
l'espace de cinq jours, la détermination que désirait
l'empereur. Cette détermination fut prise : la Suède
se rangea du côté de la France. Napoléon alors demanda 3,000 matelots pour la flotte de Brest, et des
troupes de terre. Il exigeait en outre que les denrées
coloniales fussent frappées, dans le royaume, d'un
droit de 5o pour cent, et qu'une douane française fût
établie à Gothembourg. On lui représenta toutes les
difficultés qui s'opposaient à de telles mesures, le
préjudice énorme qui en résulterait pour les intérêts
matériels de la Suède ; et le prince royal lui écrivit à
cette occasion une lettre parfaitement sensée et fort
respectueuse. Napoléon y répondit en lui ordonnant
de renvoyer en France les officiers qu'il lui avait permis d'emmener comme aides de camp. Cette insulte
faite au prince royal fut suivie de deux actes de violence qui ne pouvaient manquer d'exciter une vive
irritation dans le pays. Une centaine de bâtiments
suédois furent pris par des corsaires français, et
conservés malgré les instantes réclamations du roi
et de Charles-Jean. Enfin, au mois de janvier 1812,
le maréchal Davoust envahit la Poméranie suédoise.

Le gouvernement considéra cette invasion comme
une déclaration de guerre qui le déliait de ses engagements envers la France, et se tourna du côté de la
Russie et de l'Angleterre, qui, pour prix de son alliance,

lui promirent la possession de la Norvége. La diète,
convoquée le 12 avril à Orebro, prit les mesures nécessaires pour pourvoir aux dépenses d'une guerre qui
semblait imminente, et qui en effet ne tarda pas à
éclater.

Quand Napoléon entreprit sa campagne de Russie,
il essaya pourtant de se rattacher la Suède, et lui
offrit de lui faire rendre la Finlande. Par malheur
pour nous, cette offre ne fut pas acceptée. Si dans ce
moment la Suède s'était ralliée à la France, si, lorsque nos troupes entraient en Russie par la Pologne,
les Suédois avaient attaqué cet empire par la Finlande, n'est-il pas probable que la Russie aurait été
obligée de se soumettre? Si plus tard Charles-Jean
n'avait pas dirigé les opérations des armées confédérées, n'est-il pas démontré qu'après le désastreux
hiver de 1812 Napoléon l'eût encore, par ses habiles
manœuvres, emporté sur ses ennemis? Voilà ce qui
est triste à rappeler, et ce qui a marqué dans ces circonstances l'hostilité de la Suède d'un signe fatal,
que nous ne pouvons oublier.

Mais il fallait, comme l'avait dit Napoléon, que les
destinées s'accomplissent; et, au mois d'août 1812,
Charles-Jean concluait à Abo avec l'empereur Alexandre un traité définitif, et, au mois de mai 1813, il débarquait à Stralsund. Son armée, qui, d'après ses
conventions, se montait à 30,000 hommes, était commandée par le maréchal Stedingk, par les généraux
Sandels, Sköldbrand, Posse, Döbeln, Schulzenheim,
Lagerbring. Les aides de camp généraux du prince

royal étaient le comte G. de Löwenhielen et le baron
Tawast.

Le 10 juillet, Charles-Jean eut à Trachenberg une
conférence avec l'empereur Alexandre et le roi de
Prusse. Ce fut là qu'il leur développa et qu'il leur fit
adopter son plan de campagne : « A Leipzig! leur
dit-il en les quittant. C'est là que nous nous rejoin-
drons. » Et les armées confédérées n'ont que trop
justifié cette parole prophétique. Des négociations de
paix avaient cependant été ouvertes à Prague; le 16
août, elles furent rompues, et l'Europe se remit en
marche. D'un côté, trois cent mille hommes commandés par Napoléon et ses maréchaux; de l'autre,
cinq cent mille alliés, divisés en trois grands corps
d'armée : armée de Bohême, commandée par le prince
de Schwartzemberg; armée de Silésie, commandée par
Blücher; armée du nord de l'Allemagne, commandée
par Charles-Jean. Celle-ci occupait une position que
le prince royal s'obstinait à garder, malgré l'avis de
Blücher, de Moreau et du roi de Prusse. Elle couvrait
Berlin, et les efforts tentés par Napoléon pour s'emparer de cette place firent assez voir avec quelle
prudence stratégique le prince royal avait reconnu la
nécessité de la conserver. Les troupes qu'il commandait la défendirent vaillamment. L'artillerie suédoise
se distingua surtout à la bataille de Gross-Beeren et
de Dennawitz.

Dans la conférence de Trachenberg, Charles-Jean
avait déclaré à l'empereur de Russie et au roi de
Prusse qu'il fallait se borner à refouler Napoléon hors

32.

de l'Allemagne, à restreindre l'étendue de son empire
dans ses limites naturelles, c'est-à-dire entre le Rhin,
les deux mers, les Alpes et les Pyrénées. Après la désastreuse bataille de Leipzig, lorsque Napoléon eut
repassé le Rhin, Charles-Jean en revint au même
projet, et conseilla à ses alliés de proposer la paix,
en prenant pour base du traité la circonscription de
l'empire français selon les limites que nous venons
d'indiquer. Il écrivait alors à Alexandre : « L'unique
but de la coalition était de refouler la puissance
française dans ses bornes naturelles, et de la forcer
de respecter celles des autres États. Je n'ai consenti à
prendre part à ses opérations que sous la condition expresse que les frontières de la France, telles
que les traités les avaient établies, seraient formellement respectées. Rappelez-vous, Sire, qu'il n'a jamais été question de passer le Rhin, et que, même à
Trachenberg, il fut résolu qu'on n'aurait jamais cette
pensée. »

Des négociations s'engagèrent dans ce sens. On sait
quel en fut le résultat, et il n'entre pas dans le plan
de notre livre de raconter notre glorieuse et fatale
lutte de 1814, l'invasion de nos provinces, la douleur
et l'humiliation de la France, après tant d'années de
gloire et de triomphes éclatants.

Pendant que nos ennemis allaient profaner notre
sol, régner dans nos villes, s'enrichir de nos dépouilles, Bernadotte retournait vers le Nord. Il voulait punir le Danemark qui avait déclaré la guerre à la
Suède, prendre la Norvége qui lui avait été promise

par les alliés; et, en accomplissant ces deux projets,
il s'éloignait du douloureux spectacle que présentait
alors sa patrie vaincue. Cette guerre contre le Danemark ne fut pas longue; les Danois, battus à Born-
höft, forcés de capituler à Frédériksort, à Glückstadt,
demandèrent un armistice qui aboutit au traité de
Kiel. Par ce traité, le Danemark abandonnait la Norvége à la Suède, renonçait à son alliance avec Napoléon, et s'engageait à joindre dix mille hommes à
l'armée de Charles-Jean, pour achever d'expulser les
troupes françaises du nord de l'Allemagne. Pendant ce
temps, les alliés poursuivaient leur marche vers la
capitale de la France. Charles-Jean les rejoignit au
mois de février, entra dans Paris avec eux, mais n'y
resta que peu de jours. Après avoir fait ratifier par
les puissances coalisées le traité de Kiel, il repartit
pour la Suède, où il était rappelé par de graves intérêts.

Le traité conclu avec le Danemark ne s'exécutait
pas. La Norvége, au lieu de se réunir à la Suède, se
constituait en État indépendant. Une assemblée nationale, réunie à Eidsvold, rédigeait une constitution;
et, le 17 mai, elle appela, au trône de ce royaume
improvisé, Christian, prince royal de Danemark.
Pour mettre à exécution la principale clause du traité
de Kiel, pour que la Norvége fût jointe à la Suède, il
fallait encore prendre les armes. Avant d'en venir à
ce dernier moyen de rigueur, Charles-Jean voulut encore avoir recours aux négociations. Sur sa demande,
des commissaires de Russie, d'Angleterre, d'Autriche,

de Prusse, se rendirent à Christiana, et invitèrent
le prince Christian à se démettre de sa royauté norvégienne. Christian n'ayant pas voulu y consentir,
les troupes suédoises se mirent en marche. Elles
étaient divisées en deux corps. L'un, commandé par
le comte Essen, devait forcer le passage de Tistedal;
l'autre, sous les ordres de Charles-Jean, entrait en
Norvége par le détroit de Svinesund. Le prince Oscar,
fils de Charles-Jean, accompagnait son père dans cette
expédition. Tout jeune encore, il s'y fit remarquer
par la droite intelligence, par la noblesse de sentiments qui plus tard n'ont fait que se développer en
lui. Charles XIII, quelque vieux qu'il fût, avait voulu
aussi s'associer à cette guerre, qui lui rappelait les
vives émotions de son active jeunesse. Monté sur le
vaisseau de ligne *le Grand Gustave*, il attaqua, près
des îles Hval, l'escadre norvégienne, et la dispersa. En
même temps le comte Essen enlevait le Tistedal, et
le corps d'armée de Charles-Jean faisait capituler Fré-
dérikstadt. Après ces rapides succès, les généraux
Biörnstierna et Mörner furent envoyés à Christian
pour lui proposer une nouvelle négociation. Après
plusieurs conférences, le prince finit par céder aux
représentations qui lui étaient faites. Le 14 août, on
convint d'un premier arrangement en vertu duquel
la forteresse de Frédérikshall devait être remise aux
Suédois, et le *storthing* (diète) norvégien convoqué
immédiatement pour recevoir l'abdication de Christian.

Le 10 octobre, en effet, Christian renonça solen-

nellement à toutes ses prétentions sur la Norvége pour
lui et ses descendants. Le 4 novembre, la diète proclama l'union de la Norvége à la Suède, reconnut
pour roi Charles XIII, et pour son successeur Charles-
Jean.

Le 9, Charles-Jean se rendit à Christiania, et y fut
accueilli avec toutes les démonstrations d'une joie et
d'une confiance unanimes. Debout, au milieu de la
diète, il prononça en français une noble et touchante
harangue que le prince Oscar répéta aussitôt en suédois. Après trois semaines de séjour dans la capitale
de la Norvége, Charles-Jean reprit la route de Suède,
au milieu des acclamations d'un peuple qu'il avait
promptement subjugué par l'élévation de son esprit, par tout ce qu'il y avait en lui de qualités à la
fois aimables et imposantes. Au mois de décembre
1814, une députation du storthing vint à Stockholm
lui prêter serment de fidélité, et recevoir son adhé-
sion à la constitution norvégienne (1). L'union des
deux contrées était définitivement accomplie, et
le roi de Suède redevenait roi de la péninsule scandinave.

Au mois de février 1815, les états de Suède, convoqués sous l'impression de ces heureux événements,
eurent encore à remercier Charles-Jean d'un nouveau
bienfait. Il lui avait été alloué, comme indemnité
pour la perte de ses dotations, et pour celle de la

(1) Nous avons donné une analyse de cette constitution dans le
premier volume de notre *Relation de Voyage*, p. 37.

Guadeloupe, rendue à la France par le traité de Paris, une somme de 24 millions. Il proposa d'abandonner, moyennant une rente annuelle de 400,000 francs, cette somme aux états pour être affectée à la liquidation de la dette étrangère, qui s'élevait à plus de 60 millions.

Un mois après, une grande nouvelle retentissait comme la foudre au milieu des peuples. Pendant que les diplomates du congrès de Vienne refaisaient avec leurs protocoles la carte politique de l'Europe, celui qui de son glaive tout-puissant en avait si souvent changé la face, Napoléon, débarquait avec quelques centaines d'hommes sur la côte de France; et, de clocher en clocher, son aigle s'en allait, comme il l'avait dit, se poser triomphalement sur les tours de Notre-Dame. Un million d'hommes reprit les armes pour combattre celui qui naguère ne commandait qu'à quelques compagnies dans sa petite principauté de l'île d'Elbe. Cette fois, malgré les vives instances des alliés, Charles-Jean refusa de se joindre à eux, et (Dieu soit loué!) la France n'eut du moins pas à lui reprocher le désastre de Waterloo.

Il partit avec son fils pour la Norvége, parcourut du nord au sud toutes les provinces de cette belle contrée, s'arrêtant dans toutes les villes, s'informant avec une affectueuse sollicitude de leurs besoins, devinant, avec sa rare perspicacité, leurs ressources, portant partout de sages conseils, de puissants encouragements, et partout recueillant les témoignages d'un enthousiasme sincère.

Le 5 février 1818, Charles XIII mourut, à l'âge de soixante-dix ans. Charles-Jean, qui depuis son entrée gouvernait de fait le royaume, fut proclamé roi de Suède et de Norvége, et devint le chef d'une dynastie à laquelle tout garantit un heureux avenir.

CHAPITRE VI.

Famille de Ponte-Corvo.

———

Le règne de Charles-Jean, depuis 1818 jusqu'à sa mort, est un des règnes les plus salutaires dont la Suède ait jamais joui. Pas une guerre, pas une rumeur orageuse n'en a traversé le cours, et une quantité de réformes utiles, d'institutions fécondes, en ont marqué les différentes phases. Des quatre rois créés par Napoléon, pas un n'a pu conserver son trône. Bernadotte seul a su maintenir et agrandir le sien, et il l'a maintenu, non point par la force, mais par la haute intelligence de son administration, par son dévouement pour les intérêts des peuples qu'il était appelé à gouverner, par la confiance qu'il leur inspirait et le bien qu'il leur a fait. Nous avons déjà, dans une autre partie de cet ouvrage, essayé d'esquisser les principaux résultats de son règne; nous devons y revenir encore (1). Par ses soins, l'armée suédoise a été organisée de telle sorte qu'elle présente maintenant,

(1) *Relation de Voyage*, t. II, p. 180.

avec la *landwher*, un effectif de cent soixante-dix
mille hommes, tout prêts au premier appel à prendre les armes. La marine, fort délabrée lorsque Charles-Jean arriva en Suède, se compose aujourd'hui de
dix vaisseaux de ligne, de huit frégates, de quatre
corvettes et de deux cent soixante bâtiments plus petits, bricks, goëlettes, chaloupes canonnières, etc.
Le port de Carlscrona a été fortifié et agrandi de telle
sorte qu'il peut contenir mille bâtiments. D'autres
ports ont été creusés à Malmö et à Helsingborg; des
forteresses ont été construites à Waxholm. Une école
pour l'instruction des officiers d'artillerie a été fon-
dée à Marieberg.

Le canal de Gothie, dont Gustave-Adolphe avait
déjà compris l'importance, dont Charles XIII avait vu
commencer les travaux, a été achevé en 1832. C'é-
tait une œuvre gigantesque, que les Suédois ont entreprise avec courage et poursuivie avec une admirable résolution. Cinquante-huit écluses, ouvertes en
partie au milieu des rocs, corrigent une pente d'eau
qui en certains endroits n'a pas moins de cent cinquante pieds de profondeur. Le canal entier parcourt
un espace de cent dix lieues, relie l'un à l'autre six
lacs, et rejoint la mer du Nord et la mer Baltique.
Quinze autres canaux ont été continués ou entièrement creusés dans différentes provinces du royaume.
Vingt-cinq millions de francs ont été, sous le règne de
Charles-Jean, employés à ces travaux, un million en
déblayement de plusieurs rivières, un demi-million
au percement de plusieurs nouvelles routes.

Malgré ces dépenses, très-considérables pour un pays dont le budget est si restreint, la dette publique a été convertie, et la banque de Suède est dans un état de prospérité parfaite. Sous le gouvernement de Charles-Jean, le commerce, l'industrie, se sont développés dans des proportions extraordinaires. De 1821 à 1840, la recette des postes a été doublée, la recette des douanes triplée. En 1824, on ne comptait en Suède que 1,127 fabriques, occupées par 8,156 ouvriers; en 1840, on en comptait 2,176, qui employaient 15,410 artisans. En 1840, la balance du commerce de Suède présente le tableau suivant :

	Valeur de l'importation en Suède.	Valeur de l'exportation.
	Riksdalers.	Riksdalers.
Norvége	2,784,200	966,000
Finlande	1,047,090	632,850
Russie	1,461,920	225,490
Danemark	1,309,420	2,739,160
Prusse	99,110	1,330,770
Hambourg et Lubeck	4,298,960	937,810
Brême, Mecklembourg et Hanovre	514,840	1,080,172
Hollande	227,670	454,028
Belgique	84,340	201,530
Angleterre	1,851,320	4,848,850
France	286,420	1,407,160
Espagne	180,150	291,770
Portugal	216,150	817,130
Italie	112,210	236,830
Autriche	....	40,270
Turquie	32,870	2,330
Égypte	....	1,090

Algérie...............	....	......	289,790
États barbaresques....	....	......	3,220
États-Unis..........	1,125,390	......	2,544,490
Indes occidentales....	51,690	.... .	29,410
Brésil..............	2,072,020	......	385,120
Plata..............	....	......	80,870
Indes orientales......	552,450	......	835,470
Australie.......... .	....	. ...	34,120

Cette vive et intelligente pensée, qui a si utilement
servi les intérêts matériels de la Suède, Charles-Jean
l'a appliquée aux progrès intellectuels de ce royaume.
Des centaines d'écoles ont été créées par lui dans les
villes, dans les villages, et jusqu'au milieu des sauvages montagnes de la Laponie; les gymnases ont été
agrandis; les universités de Lund, d'Upsal, de Christiania, ont reçu de nouvelles dotations; les bibliothèques, les musées, les collections scientifiques, se
sont enrichis de nouveaux dons. Charles-Jean devina
tout ce qui pouvait être utile aux deux royaumes réunis sous un sceptre, et encouragea avec ardeur tout
ce qui pouvait les élever, les ennoblir. Que de fois sa
main libérale s'est ouverte pour répandre ses faveurs
sur la science et les lettres! Berzelius a reçu de lui le
titre de baron, la grande croix de Wasa; et les poëtes,
tels que Tegner, Franzen, Wallin, ont été appelés à de
hautes fonctions. De son règne datent les meilleurs
travaux historiques, et quelques-unes des plus belles
publications dont la Suède s'honore, les œuvres de
Geiier, de Fryxell, de Strinnholm, la collection des

Scriptores rerum sveciearum et le *Diplomatarium sve-
canum.*

Par bonheur ce règne, qui devait réparer tant de
désastres et guérir tant de plaies, a duré longtemps. Prince royal en 1810, roi de Suède et de
Norvége en 1818, Charles-Jean a, jusqu'en 1843, dirigé les affaires, surveillé, avec une étonnante activité, l'administration de ses États. A soixante-dix ans,
il avait encore toutes les qualités, toute la puissance
d'un autre âge, le corps droit, l'œil vif, l'esprit alerte,
pas un signe de faiblesse, pas une infirmité. Je n'ou-
blierai jamais les derniers instants que j'eus l'honneur de passer près de lui en 1842, l'étincelle de son
regard, l'éloquence de sa parole, et le touchant adieu
qu'il m'adressait en me tendant une main bienveillante
que je ne devais plus revoir.

L'action bienfaisante de son règne se continue en
Suède et en Norvége par son fils Oscar.

Né à Paris le 4 juillet 1799, conduit en Suède à
l'âge de onze ans, élevé par les meilleurs maîtres,
le roi Joseph-François-Oscar annonça dès sa première
jeunesse les qualités qui devaient le rendre cher à
la nation suédoise. Ami des lettres, des arts et des
sciences, il se serait distingué dans la vie privée par
ses vastes et sérieuses connaissances (1). Sur le trône

---

(1) En 1840, il publia, sous le titre de *Des peines et des prisons*,
un ouvrage qui a obtenu un très-grand succès, et a été traduit dans
la plupart des langues de l'Europe.

il a donné l'exemple d'une droite et noble intelligence, unie à un généreux et ferme caractère.

Marié en 1823 avec la princesse Joséphine de Leuchtenberg, il a eu de ce mariage une fille et quatre fils, dont il a été lui-même le premier guide, et dont il peut à juste titre s'enorgueillir.

TABLE

DES MATIÈRES CONTENUES DANS CE VOLUME.

HISTOIRE DE DANEMARK ET DE NORVÉGE.

CHAPITRE PREMIER.

Topographie du Danemark. — Climat. — Produits agricoles. — Anciennes notions sur le Nord. — Anciens monnments. — Première époque historique. — Invasion d'Odin. — Successeurs d'Odin. — Dynastie des Skioldungues. Page   1

CHAPITRE II.

Gorm le Vieux. — Introduction du christianisme en Danemark. — Saint Ansgard. — Organisation sociale du royaume . . .   33

CHAPITRE III.

Harald à la Dent bleue. — Svend à la Barbe fourchue. — Canut le Grand. — Conquête de l'Angleterre. — Invasion de la Norvége. — Mort d'Olaf le Saint   53

CHAPITRE IV.

Magnus le Bon. — Svend Estridsen. — Canut le Saint. — Éric Ejegod. — Nicolas. — Éric Emund. — Svend Graths. — Division des provinces. — Guerre civile de Norvége   71

CHAPITRE V.

Valdemar I. — Canut VI. — Valdemar le Victorieux   89

CHAPITRE VI.

Partage des duchés. — Éric, fils de Valdemar. — Troubles religieux. — Guerres civiles. — Christophe I. — Éric Glipping. — Éric Menved. — Christophe II. — Nouvelles discordes. — Déplorable état du Danemark. — Le comte de Geert. — Interrègne. — Valdemar III. — Règne de Marguerite. — Réunion du Danemark et de la Norvége. — Réunion de la Suède aux deux autres États scandinaves. Page.................. 103

CHAPITRE VII.

Éric de Poméranie. — Révolte des Suédois. — Engelbrechtson. Kanutson. — Expédition d'Éric en Suède. — Déchéance d'Éric. — Christophe de Bavière. — Christian d'Oldenbourg. — Jean. — Christian II. — Sten Stine administrateur de la Suède. — Massacres de Stockholm. — Fuite de Christian...... 137

CHAPITRE VIII.

Frédéric I. — Réformation. — Christian III............. 165

CHAPITRE IX.

Christian V..................................... 199

HISTOIRE DE SUÈDE.

CHAPITRE PREMIER............. 233

CHAPITRE II. 255

CHAPITRE III.

Gustave Wasa.................................... 299

CHAPITRE IV.

Maison de Deux-Ponts. — Charles X. Page............ 413

CHAPITRE V.

Famille de Holstein-Gottorp......................... 453

CHAPITRE VI.

Famille de Ponte-Corvo......................... 507

.

FIN.

.

Ingram Content Group UK Ltd.
Milton Keynes UK
UKHW022004170723
425314UK00005B/106